J. L. Salcedo-Bastardo

SIMÓN BOLÍVAR

J. L. SALCEDO-BASTARDO

SIMÓN BOLÍVAR

Ein Kontinent und sein Schicksal

VERLAG R. S. SCHULZ

Dieses Buch »J. L. Salcedo-Bastardo — Simón Bolívar« ist als Sonderdruck bereits in folgenden Ländern erschienen:

1. BOLÍVAR: UN CONTINENTE Y UN DESTINO. Secretaría General, Organización de los Estados Americanos, Washington, D.C., Academia Nacional de la Historia, Caracas, Venezuela, 1972.
2. Edición Especial de la Presidencia de la República. Caracas, 1972.
3. Ediciones de la Biblioteca. Colección Temas. N° 49. Universidad Central de Venezuela. Caracas, 1972.
4. BOLÍVAR: UN CONTINENT ET UN DESTIN. La Pensée Universelle. Paris, 1976.
5. BOLÍVAR. A CONTINENT AND ITS DESTINY. Richmond Publishing Co. Ltd., London, 1977.
6. Escuela de Formación de Oficiales de las Fuerzas Armadas de Cooperación. Gráficas Armitano, C.A., Caracas, 1977.
7. Ediciones de la Biblioteca. Colección Temas. N° 49. Universidad Central de Venezuela. Caracas, 1977.
8. BOLIBAR. AMERIKAKO ASKATZAILEA. Ediciones Vascas. Bilbao, 1978.
9. The Richmond Publishing Co. Ltd., London, 1978.
10. Edition R. S. Schulz, München/Percha, 1978.

8136 Percha am Starnberger See, Berger Straße 8 bis 10
8136 Kempfenhausen am Starnberger See, Seehang 4

Deutsche Übersetzung: Mercedes Medina-Hanitzsch
Umschlagentwurf: Studio Meier-Freiberg.
ISBN 3-7962-0094-x

INHALTSVERZEICHNIS

Seite

ZUM GELEIT

Dieses Buch über Simón Bolívar, das Herr Dr. Salcedo-Bastardo in der vorliegenden Fassung dem deutschen Publikum vorstellt, ist, so glaube ich, von großem Wert, besonders seines Bezuges zur Gegenwart wegen. Europa durchlebt einen Prozeß politischer und wirtschaftlicher Integration, wie ihn sich der große venezolanische Held im XIX. Jahrhundert für Lateinamerika vorgestellt hatte. Geboren am 24. Juli 1783 in Caracas, erlitt er am 17. Dezember 1830 einen frühen Tod. Sein 1810 begonnenes politisches Leben stand im Dienst eines großen Ideals: Die Befreiung der von einer Kolonialmacht beherrschten Länder Lateinamerikas und deren Vereinigung zu einem gemeinsamen Vaterland.

Der Historiker Salcedo-Bastardo erläutert in seinem Werk mit umfangreicher Sachkenntnis und Akkuratesse die Vorstellung Bolívars von einem vereinten Lateinamerika. Von dieser Vision geleitet, führte Simón Bolívar am 7. August 1819 die Schlacht von Boyacá, welche die Unabhängigkeit Neu-Granadas, gegenwärtig Kolumbien und Panamá, zur Folge hatte, wie auch am 24. Juni 1821 die Schlacht von Carabobo, wodurch die Befreiung seiner Heimat, Venezuela, erreicht wurde. Die Unabhängigkeit von Ecuador war das Resultat der Kampfhandlungen von Bomboná und Pichincha. Der letzten Machtstellung der Spanier in Perú wurde durch die Schlachten von Junín und Ayacucho ein Ende bereitet. Aus diesem Territorium sind die heutigen Republiken Perú und Bolivien hervorgegangen.

Insgesamt waren es sechs Länder, die als Folge des Befreiungsfeldzuges Bolívars entstanden. Durch die Vereinigung von Venezuela, Neu-Granada und Ecuador gründete er die Republik Groß-Kolumbien, deren Zentralregierung ihren Sitz in Bogotá hatte. Doch diese neue politische Konfiguration sollte nur von kurzer Dauer sein, da die drei Länder unfähig waren, sich zu einigen und schon ab 1830 mit der Gründung der heutigen Republiken Kolumbien, Ecuador und Venezuela jedes seinen eigenen Weg ging.

Das Ideal Bolívars von der Integration Lateinamerikas ist eine seiner wichtigsten Hinterlassenschaften an die nachfolgenden Generationen. Seine Vorstellungen von der Gründung und Entfaltung der Republik Groß-Kolumbien gingen Hand in Hand mit dem Gedanken, zwecks Schaffung eines Staatenbündnisses eine Konferenz mit Vertretern aller lateinamerikanischen Länder, Brasilien inbegriffen, einzuberufen. Dieser Gedanke fand in seinem schon 1814 formulierten Satz »Unsere Heimat ist Lateinamerika« seinen Ausdruck. Während seines gesamten politischen Lebens bestand Bolívar auf der Notwendigkeit der Gründung einer »Republik der Nationen«. Die Einberufung des Kongresses von Panamá im Jahr 1826, zu welchem Groß-Kolumbien, Perú (aus dessen Territorium später auch Bolivien hervorgehen sollte), México, die Zentralamerikanische Republik (die aus Costa Rica, Guatemala, Honduras, Nicaragua und El Salvador bestand) Bevollmächtigte entsandten, war ein erster Schritt in diese Richtung. Es nahmen ebenfalls Beobachter aus Großbritannien und Holland teil.

Doch sollte auch dieser Versuch an der Unfähigkeit der Beteiligten scheitern, die für einen Integrationsprozeß unerläßlichen Übereinstimmungen in konkreten Punkten zu erzielen. Seitdem sind jedoch zahlreiche bedeutende lateinamerikanische Persönlichkeiten für die Verwirklichung dieses Zieles eingetreten. So werden heute sowohl auf regionaler wie auch auf kontinentaler Ebene eine Anzahl von Abkommen und Programmen vorbereitet, welche die konkreten Bedingungen zur Verwirklichung dieses Ideals schaffen sollen. Auf politischem, wirtschaftlichem und auch kulturellem Gebiet sind Bestrebungen in dieser Hinsicht erkennbar und werden miteinander abgestimmt. Lateinamerika kann gegenwärtig behaupten, einen Integrationsprozeß zu durchleben, auch wenn das Ende dieser Entwicklung noch fern ist.

Die Vorstellungen Bolívars von der Integration des lateinamerikanischen Kontinents erlangen heutzutage, obwohl sie im XIX. Jahrhundert konzipiert wurden und sich auf jenen Kontinent bezogen, auch für Europa, wo von einer »Vereinigung innerhalb der Grenzen der Zivilisation und seiner Geschichte« die Rede ist, eine vorrangige Bedeutung. Zweifelsohne verfolgen viele zeitgenössische europäische Staatsmänner die gleichen Ideale, die das Leben des Befreiers Lateinamerikas leiteten.

Unsere Generation, der Kriege und der sinnlosen und fatalen Zusammenstöße der Vergangenheit müde, strebt ein Organisationssystem an, welches auf Zusammenarbeit und auf Koordinierung der legitimen Interessen beruht. Die Ziele des europäischen Integrationsprozesses sind die gleichen, die Simón Bolívars genialer und zukunftsweisender Integrationsplan für Lateinamerika verfolgte.

Dies ist einer der wesentlichsten Aspekte des Werkes von Dr. Salcedo-Bastardo. In seiner vorliegenden Fassung vermittelt es dem deutschen Publikum einen Überblick der gegenwärtigen Entwicklung Lateinamerikas. Die Schaffung der Grundlage für eine wirtschaftliche Integration, die Gründung von politischen Institutionen auf der Grundlage der Freiheit und der Achtung der Menschenwürde, die Verwertung der gemeinsamen kulturellen Tradition unter Berücksichtigung der Eigentümlichkeiten der einzelnen Gruppen, sind Prinzipien, die den wesentlichen und wertvollen Gedanken Bolívars entsprechen. Die Tatsache, daß Lateinamerika bei der Erörterung zahlreicher grundsätzlicher Probleme in den verschiedensten internationalen Gremien mit einer Stimme spricht, ist kein Zufall. Die Integration dieses Kontinents trägt zur Schaffung der Möglichkeiten für die Verwirklichung der sogenannten »Neuen Wirtschaftsordnung« bei. Ein integriertes Lateinamerika, ebenso wie ein integriertes

Europa, werden wesentliche Faktoren zur Sicherung des Friedens und des Ausgleichs im Rahmen der internationalen Beziehungen darstellen.

José Francisco Sucre Figarella
Botschafter der Republik Venezuela
in der Bundesrepublik Deutschland

VORWORT DER UNIVERSITÄT

Die Zentral-Universität von Venezuela darf sich mit Recht darüber freuen, in der Themen-Sammlung ihres Bibliotheks-Verlags ein Werk wie dieses anzubieten, das in einem von der »Organisation Amerikanischer Staaten« veranstalteten Wettbewerb zu Ehren des »Befreiers« mit dem *einzigen* Preis ausgezeichnet wurde.

Ein berühmter Akademiker, der in den Jahren 1958 und 1959 die höchsten Führungspositionen in diesem Haus der Gelehrsamkeit bekleidete und Ordinarius für Soziologie und Mitglied der Beratenden Kommission des Bildungsdirektoriums ist, hat unserem Land mit diesem Buch einen schönen Sieg beschert. An dem Wettbewerb nahmen etwa dreißig Schriftsteller aus ganz Amerika teil und viele der eingereichten Arbeiten brachten, nach Meinung der Jury, hervorragende Voraussetzungen mit.

Salcedo-Bastardo ist anerkannter Essayist und Historiker. Seit seiner Jugendzeit widmet er sich der Ergründung des Lebens und der Gedanken des Befreiers »Simón Bolívar«. Daraus entstand sein 1957 erschienenes Buch »Visión y Revisión de Bolívar«, das bis heute zehn Auflagen erreicht hat.

Seine Lehrtätigkeit ist umfangreich und verdienstvoll, seine ganze Kraft steht im Dienste schwieriger öffentlicher Aufgaben Venezuelas.

Vor kurzem wurde er zum ordentlichen Mitglied der National-Akademie für Geschichte gewählt.

Im Jahre 1970 brachte die Zentral-Universität von Venezuela seine »Grundlagen der Geschichte Venezuelas« an die Öffentlichkeit, ein ausgesprochen originelles Werk, von großer Solidität und methodischer Konzeption, mit vier hohen Auflagen.

Das hier vorliegende Buch »Simón Bolívar — Ein Kontinent und sein Schicksal« ist auf beispielhafte Ernsthaftigkeit und reichhaltige Dokumentation gestützt. Allein die Mühe der Nachforschungen verdient Beifall.

Die Tatsache, daß das Werk unter so zahlreichen und qualifizierten Arbeiten ausgewählt wurde, verleiht ihm eine hohe intellektuelle und kontinentale Bedeutung.

DIE VERLEIHUNG DES »PREMIO UNICO«

Die Jury des Wettbewerbs zu Ehren Simón Bolívars, ernannt von der »Ständigen Kommission« des interamerikanischen Rates der OAS für Bildung, Wissenschaft und Kultur, hat die 25 Arbeiten, die an dem Wettstreit teilgenommen haben, in mehreren Geheimsitzungen geprüft und bewertet und verkündet nun folgenden Urteilsspruch:

Sie verleiht den »Premio Unico« in Höhe von US-Dollar 5 000,—, dazu Urkunde und Verlegung des Werkes dem Autor mit Pseudonym Daniel Juan Fortimbrás, weil sie sein Werk »Simón Bolívar — Ein Kontinent und sein Schicksal« für das beste aller vorgelegten und das am elegantesten geschriebene hält.

Nicht nur, daß er unaufhörlich interpretiert und urteilt, seine Werturteile sind auch solide begründet. Außerdem formuliert er Beobachtungen von offenkundiger Originalität.

Neben der Tatsache, daß ein großer Teil des Werkes der Analyse des Panamerikanismus gewidmet ist, erlangen folgende Kapitel höchste Bedeutung: »Der politische Rückschritt«, »Die Halsstarrigkeit der Sklaverei-Anhänger«, »Der andere Bolívar«, und »Die Agrar-Gerechtigkeit«. Man sieht und spürt förmlich, wie sich ein großes Drama entwickelt. Jeder Teil des Werkes erweist sich tiefgründig in der Fülle seiner Urteilskraft und der Dokumentation, dazu sicher in der Analyse.

Angesichts der außerordentlichen Verdienste des Werkes von Choquehuanca »Freiheit und Einheit; Bolívar, Gestalter der Republiken«, und in Anerkennung der »Zweiten Basis«, entschied die Jury einstimmig, eine spezielle ehrenvolle Erwähnung zu gewähren.

In den zwei ideologischen Achsen des Werkes dieses Autors
a) Unabhängigkeit der amerikanischen Völker und
b) Einheit und Solidarität des Kontinents
werden die Taten des »Befreiers« in unverwechselbarer Weise deutlich, schon aus den Zitaten seiner Dokumente oder auch wegen der logischen Folgerungen aus seiner standhaften Haltung auf dem Gebiet des Krieges oder der Lehre, welche genaue Wege für das Geschick der befreiten Nationen vorzeichneten.

Die genannte kompakte Studie basiert außerdem auf einer strengen Methodik in den Nachforschungen und ist in einem schlichten und ehrfürchtigen Stil verfaßt.

Schließlich gewährte die Jury wegen ihrer wertvollen Beiträge zur Untersuchung des Bolivarischen Werkes folgenden Arbeiten eine »Ehrenvolle Erwähnung«: Simón Bolívar, von Herodoto; Bolívar, Befreier und Architekt der amerikanischen Einheit, von Simón Andino; Wir, die Kinder Bolívars, von Juan de la Cruz.

Die Offenlegung der Identifizierungs-Karten ergab, daß sich hinter dem Pseudonym Daniel Juan Fortimbrás, dem Autor des prämiierten Werkes, der Venezolaner José Luis Salcedo-Bastardo verbarg, hinter dem von Choquehuanca der Peruaner Andrés Townsend Ezcurra, mit Wohnsitz in Costa Rica, hinter dem von Herodoto der in Peru lebende Argentinier Julio C. Schiappa-Pietra, hinter dem von Simón Andino: Darío Guevara aus Ecuador und hinter dem von Juan de la Cruz der in Kolumbien lebende Venezolaner Juan Mariño Sánchez.

Caracas, den 7. April 1972
José Nucete-Sardi (Venezolaner)
Präsident
Rafael Bernal Medina (Kolumbianer)
Charles C. Griffin (US-Amerikaner)
Alfonso Rumazo González (Ecuatorianer)
Armando Correia Pacheco (Brasilianer)
Sekretär.

Für den Wettbewerb wurden 37 Werke (Arbeiten) aus 14 Ländern eingesandt:

Argentinien 4, Bolivien 1, Brasilien 1, Kolumbien 7, Costa Rica 3, Cuba 1, Chile 2, Ecuador 5, USA 1, México 2, Paraguay 1, Peru 1, Uruguay 1, Venezuela 7; fünfundzwanzig (Arbeiten) wurden zugelassen, aus denen die Jury dann die im oben genannten Dokument verzeichnete Wahl traf.

Der renommierte argentinische Historiker Don Enrique de Gandia, Mitglied der Jury, konnte bei der Zusammenkunft in Caracas, bei der der Urteilsspruch abgegeben wurde, nicht anwesend sein, gab aber sein Votum im geschlossenen Umschlag mit Hilfe des Sekretariats ab. Noch bevor das Resultat veröffentlicht war, schrieb der berühmte Denker aus dem Süden für die Presse:

»Mich erstaunt die große Qualität und Quantität der Studien über Bolívar, die sich in diesem Wettstreit vorgestellt haben. Das bedeutete für mich eine große Schwierigkeit bei der Wahl des besten Werkes und der besten Arbeiten. Mehr als die Hälfte der Bücher, die für den Wettbewerb eingereicht wurden, kann man als außergewöhnlich bezeichnen. Alle könnten sie von verschiedenen Verlagen herausgebracht werden in der Gewißheit, daß sie mit Leidenschaft gelesen und studiert würden. Ich möchte ihre Autoren zu der großartigen Anstrengung beglückwünschen, die sie auf sich genommen haben.

Ich war oft Mitglied einer Jury, bei historischen und literarischen Wettbewerben, und noch nie sah ich mich einer so großen und guten Ansammlung von Arbeiten über eine bestimmte Persönlichkeit gegenüber. Dies zeigt uns etwas, das die Geschichte vorausgesagt hat, was dieser Wettbewerb bestätigt und was die Zeit wiederbringen wird: Bolívar wächst mit den Jahrhunderten.« (»El Universal« Caracas, 19. 4. 72.)

PREMIO NACIONAL DE VENEZUELA

VORWORT DES AUTORS

Im Interamerikanischen Rat für Erziehung, Wissenschaft und Kultur haben alle Länder der Hemisphäre — mit einstimmigem Votum — vereinbart, anläßlich der 150-Jahr-Feier seiner Feldzüge für die Freiheit Simón Bolívar eine kontinentale Huldigung zu erweisen.

Mit dieser Initiative —, die konkrete Absicht, welche wirklichen Nutzen in der Integration unserer Völker sieht, darin eingeschlossen —, begann ein dynamisches Programm der Analyse, der Untersuchung und der Verherrlichung der hervorragenden und gemeinsamen Werte des amerikanischen Lebensraums.

So eröffnete man den Wettbewerb, bei dem schließlich dieses Buch ausgezeichnet wurde.

Man stellte den Schriftstellern und Gelehrten dieses Teils der Erde die Aufgabe, ein »Kompendium der Entstehungsgeschichte des Unabhängigkeits-Ideals des Befreiers, seiner Taten für die Emanzipation sowie die geistige Einheit und Solidarität des Kontinents« zu verfassen.

Zwei Gründe regten uns zur Teilnahme an diesem Wettbewerb an, abgesehen von der Motivation durch alles, was gerecht und erhöhend für Bolívar ist.

Offen gesagt bewog uns das Vertrauen, das die ehrenvolle Aufforderung durch den berühmten Don Cristóbal L. Mendoza — Direktor der National-Akademie für Geschichte — uns bewies. Außerdem haben wir uns dazu entschlossen wegen der überzeugenden Garantie der Kompetenz und Unparteilichkeit, gesichert durch die überaus große und unbestreitbare intellektuelle und ethische Solvenz der mehrköpfigen Jury, die die Arbeiten prüfen sollte, zusammengesetzt aus fünf qualifizierten Spezialisten, aus fünf verschiedenen Ländern der Gemeinschaft der Hemisphäre je einer.

Die Früchte eines etwa dreißigjährigen Studiums sind in diesem schmalen Band zusammengefaßt. Das Wesentliche einer verflochtenen, verbreiteten und ausgeführten These, während einiger Jahrfünfte der Lehr- und Forschungstätigkeit auf akademischer Ebene, in einer gewissen Zahl dieser Länder über alle Medien der sozialen Kommunikation verbreitet, hat bei dieser Gelegenheit internationale Anerkennung und internationalen Einfluß gewonnen; das ist für uns ein geheiligter und entscheidender Ansporn, eine reichhaltige Belohnung für viele Mühen, die wir aber immer allezeit für sinnvoll und zu Recht aufgewendet hielten.

In diesem Buch wird als erstes — und mit systematischem Eifer — versucht, Simón Bolívar in den Zusammenhang der damaligen Zeitumstände zu stellen und ihn in eine Perspektive zu bringen, beide authentisch lateinamerikanisch, als glaubhafter Ausdruck dafür, daß er dazugehörte.

Leben und Werk werden analysiert, ohne eine Biographie traditioneller Art zu schreiben, ebensowenig wie einen gelehrten Essay über abstrakte Ideen.

Es werden die voraufgegangenen Umstände untersucht, die seine Persönlichkeit und seine Gedanken geprägt haben; ebenso werden der Weg und die Zufälle der historischen Wirkung dieser einmaligen Gestalt ergründet. Nach Maßgabe der Ausschreibung des Wettbewerbs werden hier die »Taten« dieses Schöpfers und Führers der Völker erklärt.

Sie unterscheiden sich unserer Meinung nach nicht von dem gewaltigen totalen und lückenlosen organischen Plan der Revolution für Amerika, den er mit seinen Aktionen und Worten aufstellte. Hier wollen wir auch Rechenschaft geben über Simón Bolívars Dienst an der lateinamerikanischen Welt in bezug auf die politische Ordnung, die soziale und wirtschaftliche Veränderung, das internationale Recht, die Kultur und die Geschichte. Mit Themen der Unabhängigkeit und der moralischen Einheit dieser Völker, ebenso wie die der tiefen und andauernden Besorgnis Bolívars bezüglich des gegenseitigen Verständnisses und der Solidarität zwischen ihnen allen, beschäftigen wir uns auf diesen Seiten mit besonderer Vorliebe.

Eine Menge Meinungsverschiedenheiten und Differenzen in diesem Werk beziehen sich auf die traditionelle Geschichtsschreibung und die routinemäßigen Interpretationen des Befreiers, die gegeben worden sind und weiter gegeben werden, Nahrung für oberflächliche Betrachtungen und ungenaue Kommentare, die ohne Unterlaß immer wieder kopiert und nachgebetet werden.

Der berühmte »caraqueño« (Anm. des Übersetzers: der aus Caracas stammende) war bevorzugtes Thema hartnäckiger Übungen in Lüge und üblicher Fälschung, und weniger verwerflich ist genaugenommen nicht einmal der, der ihn beim Versuch zu rühmen kleiner macht, indem er ihn zerpflückend entkräftet. Von ihm stammt das Urteil: »Falsche Sachen sind sehr schwach.«

Mit verantwortungsbewußter Klarheit haben wir vorher gesagt und müssen es hier wiederholen: Was Bolívar die universale Bedeutung gibt, ist nicht eine opportunistische Manipulation nominellen Zudeckens von Unterschieden auf dem amerikanischen Kontinent, sondern lateinamerikanische Authentizität.

Was Bolívar die universale Bedeutung verleiht und ihn über die Zeiten heraushebt, ist seine Zähigkeit im Verbindenwollen des Gleichartigen, sein Beispiel und seine Hingabe an das hohe Ziel von Leben oder Tod, und die tragische Fürsorge seiner unerschütterlichen Loyalität für das unermeßliche Vaterland der romanischen Sprachen, der Wesensverwandtschaft und der übereinstimmenden Interessen.

Für das Amerika, das der Apostel einfach und genau »das unsere« nennen würde, steht Simón Bolívar im Rang eines vollendeten Vorbilds. In den Ängsten und Träumen des Sohnes von Caracas erkennt man die großartigsten Gestalten unserer Nationen wieder. In ihm existieren sie und wechselseitig existiert er in ihnen, wie die brennenden Fragen der unauflösbaren Widersprüche, zwischen der unteilbaren Menge und dem Ewig-Menschlichen, in den Pionieren: Miranda, Tiradentes, Viscardo, Espejo, Picornell, Nariño . . . Noch früher: Atahualpa, Cuauhtémoc,

Guaicaipuro, Lautaro, Hatuey, Andrea de Ledesma, Tupac Amaru, Chirinos, Galán . . .; seine Zeitgenossen: San Martín, Sucre, O'Higgins, Petion, Santander, José Bonifacio, Hidalgo, Morelos, Valle ... Die ganze beispielgebende Legion, die zur Weite Lateinamerikas gehört: Dessalines, Louverture, Montúfar, Murillo, Saavedra, Belgrano, Yegros, Moreno, Artigas, Carrera . . . und mit dem Abstand der folgenden Jahre: Morazán, Juárez, Duarte, Sánchez, Mella, López, Céspedes, Martí, Gómez, Maceo . . ., alle hervorragend für die kontinentale Identität, in bezug auf die Berufung und die Pläne, die zu der massiven Vereinigung der Anführer und der Teile des anonymen Volks führten, selbstlos und heldenhaft, gestern und heute standhaft im Auftrag einer unvollendeten Geschichte.

Von Bolívar inspiriert oder aus ihm hervorgegangen sind viele Meister, die an der Beschreibung der lateinamerikanischen Seele arbeiten: Bello, Sarmiento, Lastarria, Rodó, Alberdi, Nabuco, Rui Barbosa, Hostos, Darío, Varona, Mariátegui, Vasconcelos, Haya, Martínez Estrada, Caso, Henríquez Ureña, Gallegos, Reyes, Vaz Ferreira, Palacios, Picón Salas, Arciniegas, Asturias, Freyre, Athayde, Uslar Pietri, Carrión, Paz y Zea ...

Drei Jahrhunderte des Opfers und der zerstörten Sehnsüchte führen direkt zu Bolívar. Für unsere entscheidende Gegenwart und für die Zukunft ist er das Schicksal. Seit der Entdeckung und dem Aufbau der Neuen Welt hat der Mensch hier immer das gesucht, was Simón Bolívar in völliger Harmonie der Gruppen und wichtigsten Sehnsüchte gestaltete: Freiheit und Gerechtigkeit über allem, die absolute Gleichheit — rassisch und sozial —, Erlösung von der ewigen Armut — das heißt faßbare Ansprüche, die überall die gleichen sind — die Möglichkeit seiner vollständigen Verwirklichung in der Kultur, und die echte und legitime Herrschaft über sein Erbe.

Besorgt um eine objektive Genauigkeit bei der Kommentierung Bolívars wollten wir ihn in diesem Buch mit seinen eigenen Worten vorstellen. Gleichzeitig kann man feststellen, daß wir, ohne Enthusiasmus oder Emotion auszuschließen — was letztlich erlaubt sein muß in einem Werk, das lebendig und flott sein sollte, und in dem uns eine Verbindung aus Ernsthaftigkeit, Wissenschaftlichkeit und Forschung mit literarischer Kunst vorschwebte — immer daran dachten, auch die Form der Glosse einzusetzen, anstelle manch schmuckloser und freier Interpretation.

Vergessen wir nicht, daß 1829, an den Toren zur Ewigkeit, der Befreier schon wußte, daß viele die eigenen Irrtümer mit Gedanken Bolívars begründeten, eine sehr bedauerliche, aber unvermeidliche Sache; in seinem Namen wollten sie Gutes und Schlechtes tun, und sie beriefen sich sogar darauf wie auf »Texte seiner Dummheiten«.

Andererseits versuchen wir zwecks Klarheit der Exegese so oft es notwendig ist, den geschichtlichen Zusammenhang zu rekonstruieren, der nur für Bolívar gilt und nicht zu übertragen ist, die unterschiedliche und vielschichtige Umwelt, in der er sich formt und entfaltet. Deshalb vermehren sich die Bezüge auf Venezuela und Kolumbien . . .

Ohne Zweifel ist Bolívar ein Exponent unseres Amerika, genauer und direkter Ausdruck von alledem; seine Wurzeln hatte er im Land seiner Herkunft und in der größeren Republik, die er geschaffen hatte, und dazu eine Art Startbahn für die übernationale Aufgabe, die er von dort in Angriff nahm. Unter vielen anderen, und ohne daß sie auch nur einen Moment seiner großen Gesamtschau widersprechen, sind seine Worte von 1827 und 1829 überzeugend: »Ich bin entschlossen, Venezuela zu dienen, solange ich kann und will nichts anderes tun. Dies ist mein Land und dies ist meine Pflicht. Venezuela ist das Idol meines Herzens und Caracas ist mein Vaterland, beurteilen Sie danach mein Interesse an seinem Wohlstand und seinem Aufstieg.«

Das Gelübde am Ende seines Lebensweges ist eindeutig, einfach und kategorisch: »Ich strebe nach keiner anderen Ehre als der der Festigung Kolumbiens.«

Eine wahrhafte Studie über Bolívar bliebe unvollständig ohne eine freimütige Gegenüberstellung von dem, was er erreichen wollte und dem, was er tatsächlich erreichte. Um wieder seine imponierende Größe zu betonen, diesmal mit Worten von Goethe — der sogar den Zustand seiner Vollkommenheit tadelte, weil er ihn nicht frei von Widersprüchen fand —, gleichzeitig sein relatives Scheitern und sein Unglück ausmalend: »Was Du nicht erreichen kannst, macht Dich groß.« Wir glauben, daß Unkenntnis, ungezügelte Opposition und erbitterte Ablehnung von seiten der Zeitgenossen und der unmittelbaren Nachfolger die Verbindung Bolívars mit den folgenden Epochen herstellt. In den unerfüllten Versprechen ist Bolívar lebendig. Amerika verlangt mit höchster Dringlichkeit nach einer Orientierung. Bolívar, der vollkommenste Führer unserer Hemisphäre, lebt in der Geschichte, wach und wirksam im lehrenden Beispiel seiner Taten und in der erleuchtenden Dauerhaftigkeit seines Wortes, uns die Verpflichtung aufzeigend, die uns bindet.

Auf vielen Wegen kann man den Gipfel erklimmen, den Bolívar uns wies. Wenn wir die ganze Verantwortung übernähmen, die jeden einzelnen und uns alle trifft, genauso, wie er ihr ins Auge sah, fänden wir uns alle auf dem Gipfel, angeführt durch seinen edlen Namen, der dem Namen der Freiheit gleicht, »dem einzigen Ziel, das ein Opfer an Menschenleben wert ist.«

Und es gäbe die Gleichheit, »das Gesetz der Gesetze«, die Rassenunterschiede wären nicht mehr, als sie sind: »Ein Zufall«; und es gäbe Moral und Erleuchtung, »unsere Grundbedürfnisse« und es gäbe Gerechtigkeit und Fortschritt, Fortschritt in Gerechtigkeit, und eine wachsame und schöpferische Demokratie, unerläßliche Voraussetzungen für die Unabhängigkeit und den Frieden.

Um der Geschichte willen, um der Gnade der Wahrheit willen, um der Gebote einer unvermeidlichen, verheißenden Gegenwart willen; Bolívar ist ein Kontinent und ein Schicksal.

J. L. Salcedo-Bastardo
Staatsminister für Kultur,
Wissenschaft und Technologie

I.
Die Umgebung für die Bemühungen

GEOKULTURELLER MITTELPUNKT

Das Gebiet, in dem Simón Bolívar tätig war, ist fünf Millionen Quadratkilometer groß und befindet sich im Norden und Osten Südamerikas: Von der südlichen Grenze Mittelamerikas bis Nordchile und Nordargentinien.

Es handelt sich um ein ausgedehntes Areal, das sich von den Anden und dem Pazifischen Ozean bis zum brasilianischen Amazonasbecken und bis zum Atlantik und der Karibikküste hin erstreckt.

In diesem weitläufigen Betätigungsfeld Bolívars finden sich die vielfältigsten Naturerscheinungen wie sonst selten auf unserem Planeten: Also Landschaften, Klimazonen, Höhen, Berge, Täler, Ebenen; Ströme wie den Orinoco, den Magdalena, den Guayas, den Tumbes; undurchdringliche Urwälder, ungastliche Sandwüsten. Dort findet man alle geographischen Phänomene ohne Ausnahme, die ganze Mannigfaltigkeit der überaus reichen Flora und Fauna dieses Kontinents.

Dieser geographische Bereich, Schauplatz der Bolívarischen Aktivitäten, ist, wie der amerikanische Kontinent insgesamt, durch das erfolggekrönte, so glorreiche und kühne Unternehmen des Christoph Kolumbus — Ende des 15. Jahrhunderts — der »finsteren See« entrissen worden.

Im unergründlichen Dunkel verlieren sich die Mutmaßungen darüber, wann der erste Mensch in Amerika lebte. Dreitausend oder dreißigtausend Jahre haben für den gemeinen Leser denselben Wert, wie wenn man von einer Milliarde, hundert Millionen oder einer Million Jahren im Zusammenhang mit dem Alter der Galaxie spricht, zu der die Erde gerechnet wird. Hier zählen

Nullen, auch wenn sie vor dem Komma stehen, nichts oder nur sehr wenig.

Zur Zeit der Entdeckung bietet Amerika in bezug auf Menschen und Kultur ein ausgesprochenes heterogenes Bild. Hier lassen sich unschwer zumindest drei Kulturstufen erkennen, auf Grund derer man sich drei Amerika vorstellen könnte: Eines mit dem höchsten Entwicklungsstand und dem größten Bevölkerungsreichtum; ein zweites ohne spezielle hervorragende Eigenschaften, mittlerer Bevölkerungsdichte und ein niedrigeres Kulturniveau als bei den Völkern der höchsten Entwicklungsstufe, doch ein höheres im Vergleich mit den zerstreuten Gemeinschaften der dritten Stufe. Zu dieser letzten und niedrigsten Stufe könnten außerdem die unermeßlichen Einöden Amerikas hinzugerechnet werden.

Das Amerika mit der höchsten Entwicklungsstufe reichte — nach heutigen Begriffen — von einschließlich Mexiko bis nach Nordchile. Dieser sehr weite Raum besaß zwei bedeutende Schwerpunkte: im Norden Mexiko und Nicaragua; im Süden Ecuador, Bolivien und der Norden Argentiniens.

Im erstgenannten entstand bei den Azteken eine Zivilisation, die, obgleich von den iberischen Eroberern willkürlich zerstört und nur noch in Resten vorhanden, die ganze Welt heute noch in Erstaunen versetzt. Ein Jahrtausend vor Christus herrschten dort die Mayas und taten sich durch ihre Werke hervor. Sie hatten ein relativ vollkommenes Schriftsystem und ausgezeichnete Mathematik- und Astronomiekenntnisse; von ihrer hohen Kultur zeugen die Reste der Städte Copán, Palenque, Chichen Itza, Tulum, Uxmal, Mayapan. Nach den Mayas hatten verschiedene Nahuas-Gruppen die Vorherrschaft: so die Tolteken, die Zapoteken, die Chichimeken. Schließlich kamen die Azteken an die Reihe; um 1325 gründeten sie die Stadt Tenochtitlán, über die sich heute die aufstrebende Hauptstadt der Mexikaner erhebt.

Auch im südlichen Bereich, dem der Inkas, lösten verschiedene denkwürdige Herrschaften einander ab. Auch hier bestaunen die heutigen Menschen Ruinen von Städten wie Cuzco. Um den Titicacasee gab es zwei wichtige Zentren: den von Tiahuanaco und den von Chavín. Die Quechuas errichteten ein bedeutendes Reich, das von den Inkas regiert wurde. Ihr politisches System hat der bedeutendsten Kultur Südamerikas den Namen gegeben. Auf technischem Gebiet waren sie zwar nicht so hoch entwickelt wie die Mayas und Azteken, aber auf dem sozialen Sektor waren sie fortschrittlicher. Auch sie sind Opfer der zerstörerischen Wut der spanischen Eroberer geworden.

Als eine Art Verbindungsglied zwischen den beiden Bereichen mit den höchsten Kulturen, Mexiko und Peru, lag die Region der Chibchas — nach dem obigen Schema auf der mittleren oder zweiten Kulturstufe — mit recht ansehnlichen Bevölkerungsziffern. Dank einer gut entwickelten Landwirtschaft waren sie wohlernährt; besonders berühmt waren bei ihnen die Kunsttöpfer und Goldschmiede von Quimbaya. Schmuckstücke von außergewöhnlicher Schönheit geben Zeugnis ihrer feinen Kunst. Sie hinterließen keine aufsehenerregenden Bauwerke.

Wenn man die schematische, rasche und vereinfachte Zusammenfassung von so komplexen Begriffen wie Zeit und Kultur etwas großzügiger auslegt, ließen sich in diese Gruppen der mittleren Kulturgemeinschaften eventuell auch die Tainos auf den Antillen und die Araucanos in Chile aufnehmen; beide auf einer etwas niedrigeren Stufe als die Chibchas.

Das dritte Amerika, das auf der untersten Kulturstufe, sah so aus: arm, primitiv, ständig im Kriegszustand; einfache Kulturzeugnisse, elementarste politische und soziale Struktur, am dünnsten besiedelt. Manche lebten als Nomaden. Unter ihnen herrschte eine ungeheure Vielzahl von Sprachen, Religionen und Bräuchen vor. Unaufhörliche Stammesstreitigkeiten führten zu einer allgemein unsicheren und gewalttätigen Situation.

Wenn man die soziopolitischen Gegebenheiten auf dem amerikanischen Kontinent während jener langen präkolumbischen Periode genauer betrachtet, stellt man bei den Azteken eine theokratische und militärische Gesellschaftsstruktur, eine aristokratische Ordnung mit verschiedenen Klassen fest. Bei den Inkas findet man einen absolutistischen Zentralismus vor. Die Chibchas, die Taínos, die Araucanos, die Timoto-cuicas, die

Tupis, die Guaranis, die Kariben sowie die mehr als tausend Volksgruppen auf der dritten Kulturstufe hatten mit der gesamten Hemisphäre die Geringschätzung des Menschen gemein. Vor dem gewalttätigen und majestätischen Staatsapparat — im Falle der komplexen und hochentwickelten Gesellschaften — genauso wie angesichts der simplen despotischen Autorität des Kaziken — bei den primitiven Stammesorganisationen — galt der einzelne nichts; Freiheit zählte nicht, sie gehörte zum Besitzstand des Häuptlings oder Herrschers, war Teil der Siegesbeute.

Die Sklaverei war auf dem Kontinent bekannt, und vereinzelt gab es auch Menschenfresser. Das Leben eines Menschen war eine angemessene Opfergabe an die barbarischen Götter, die nur mit tapferen Kriegerherzen oder mit zarten Jungfrauen zufriedenzustellen waren.

Die Würde des Menschen hatte im präkolumbischen Amerika einen sehr untergeordneten Wert. Andere Werte hatten einen höheren Rang.

Auf dem Schauplatz von Simón Bolívars Wirken — heute die Republiken von Panama, Kolumbien, Venezuela, Ecuador, Peru und Bolivien — sind die drei Amerika vertreten.

Das Zentrum dieses Raumes ist gleichzeitig das Zentrum der Hemisphäre selbst.

Vom gesellschaftspolitischen Standpunkt aus ist es eine relativ junge Welt, aus der Simón Bolívar hervorgeht und in der er kämpft; weder auf ihm noch auf der Gesellschaft, in die er hineingeboren wird, lastet das entscheidende und ausschließliche Vermächtnis eines einzigen Vorzeichens: weder absoluter Fortschritt noch absoluter Rückstand. Bolívar ist die Verkörperung eines Durchschnittsamerika, in dem sowohl Großes als auch Geringes nebeneinander bestehen. Als Mensch und als Persönlichkeit ist er zweifellos ein Symbol des amerikanischen Menschen, des Siedlers aller Breitengrade auf dem Kontinent. Kolumbien, wo er drei Viertel seines politischen Lebens zubrachte, lag sozusagen auf halbem Wege zwischen den vordersten und den rückständigsten Gemeinschaften.

Bolívar weiß diesem Umstand Rechnung zu tragen; er vertritt

alle unsere Nationen mit all ihren Menschen. In ihm findet Amerika seinen vortrefflichsten und vollendetsten Ausdruck.

Die Chronik seines öffentlichen Lebens ist die Geschichte eines entschlossenen und mutigen Handelns, das im Namen und Sinne aller Amerikaner vollbracht wurde. Für alle Zeiten spricht Bolívar für alle, er ist unser aller Repräsentant.

DIE DREI RASSEN

Im gemischtrassigen Venezuela der Kolonialzeit, wo Bolívar seine Laufbahn begann, ist der Eingeborenenanteil gering. Hier war die Urbevölkerung nicht in der überwältigenden Überzahl, wie es in Mexiko und Peru der Fall war, aber hier war es auch nicht wie in jenen Gegenden, wo der Indio ausgerottet worden war und die Rassenmischung nur zwischen Weißen und Afrikanern stattfinden konnte.

Zur Zeit der Entdeckung hatte Venezuela nur wenig Menschen. Genaue Untersuchungen lassen eine Zahl von nicht über 350 000 vermuten, die über eine Fläche von einer Million Quadratkilometer verstreut lebten. Sie waren es, die in einer — aus verschiedenen Gründen — langjährigen und blutigen Konfrontation dem spanischen Einfluß ausgesetzt sein sollten.

In jenem nur mangelhaft abgegrenzten Venezuela gab es in der Tat kein zusammenhängendes Staatengebilde, das es ermöglicht hätte, nach Einnahme seiner Hauptstadt oder seines Funktionszentrums das gesamte Gebiet und all seine Menschen endgültig zu beherrschen. Die Eingeborenen waren in viele Gruppen zersplittert; in diesem Territorium sind nicht weniger als fünfzehn Sprachenfamilien mit zahlreichen Dialekten gezählt worden; die moderne Anthropologie unterscheidet hier nicht weniger als zehn präkolumbische »Kulturgebiete«. Die Eroberung Venezuelas konnte daher nicht schnell und unblutig erfolgen.

Die Herrschaft über die venezolanischen Indios setzte den Sieg über jeden einzelnen von ihnen oder ihre Ausrottung voraus. Die

Konquista glich mehr einer Menschenjagd als einem Krieg. Ein Teil der Indios waren Kariber, die als mutige Krieger bekannt sind. Das kulturelle Niveau der meisten — die Timoto-cuicas der Andenregion vielleicht ausgenommen — war eins der niedrigsten in der gesamten Neuen Welt. Trotz der hohen Verluste bei jenem kolossalen Zusammenprall der Indios mit den Spaniern wurde die Urbevölkerung nicht völlig aufgerieben, so daß die Überlebenden ein wesentlicher Bestandteil des sich bildenden venezolanischen Volkes werden konnten.

Die kulturelle, geistige und temperamentmäßige Mitgift dieser Indios, wie immer ihre Zahl oder ihre Kulturstufe gewesen sein mag, wurde den eigenen Nachkommen aus der Verbindung mit Spaniern und Afrikanern übertragen.

Die Heterogenität unter den Ureinwohnern gerade in der Gegend des Geburtsortes Simón Bolívars ist ein Charakteristikum, das hier besonders unterstrichen werden soll. Nie gab es »den venezolanischen Indio«, genausowenig wie es nie »einen« einzigen Typus des Ursiedlers gegeben hat; es gab Indios, nicht sehr viele übrigens, bei denen die Unterschiede offenkundig waren: speziell wenn es sich um den Körperbau, die Genetik, die kulturellen Merkmale oder die geographische Verteilung handelte. Unterschiede im Hautton und der Hauthelligkeit, in der Körper- und Kopfgröße, der Augen- und Lippenform waren immer unverkennbar. Daraus könnte gefolgert werden, daß diese Vielfältigkeit das Ergebnis einer früheren Vermischung gewesen sei, noch vor der Entdeckung.

Alles in allem, die Indios in Venezuela hatten einige allgemein gültige Gemeinsamkeiten, die eben der Beitrag des lokalen Faktors an die sich herausbildende Nationalität werden sollten.

Die spanischen Menschen, die in den venezolanischen Provinzen als das vermeintlich »weiße« Element eintreffen, vereinen in ihrem Wesen etliche Völker Kleinasiens und des sehr komplexen Europa und sogar schwarze Völker — durch die arabische Vorherrschaft, die so viel schwarzes Blut in die iberische Halbinsel gebracht hat —. Etwa siebzehn Geschlechter kommen mit dem Spanier. Andererseits finden sich in Venezuela alle Steinchen des spanischen Völkerschaftenmosaiks: es kommen nicht nur Leute aus Kastilien, sondern auch aus den verschiedenen Königreichen: Aragón, Andalusien, Extremadura und León, gefolgt von Männern aus Euzcadi (dem Baskenland), Katalonien und allen übrigen spanischen Ländern. Der Spanier kommt ohne Frauen, hier nimmt er die hoch gerühmten einheimischen Indiomädchen, die Rassen können sich frei mischen. Die Zahl der spanischen Konquistadoren in Venezuela ist sehr klein, man rechnet, daß es nicht mehr als fünftausend während des ersten Jahrhunderts nach Kolumbus gewesen sind. Diese eigentlich winzige Zahl, verglichen mit der Indioübermacht, wird durch die kulturelle Einheit in Sprache, Religion, Politik und durch die technologische und organisatorische Überlegenheit aufgewogen. Das Produkt wird spanischen Charakter haben: wird dem westlichen Kulturkreis angehören.

»Ihre Symbole — wie Mario Briceño Iragorry treffend bemerkt — sind nicht das afrikanische Tabu und auch nicht das Totem der Ureinwohner. Ihre Symbole sind eine Transfiguration der hispanischen Symbole, aber mit einer universelleren Gültigkeit. Historisch betrachtet, halten wir dies für eine Weiterentwicklung der spanischen Welt.«

Der Afrikaner wird mit Gewalt in den Schmelztiegel der neuen Welt gestoßen. Die Zahl der nach Venezuela kommenden Schwarzen war relativ bescheiden, aber auch bei ihnen waren deutliche Unterschiede zu beobachten. Die Anthropologie hebt im Zusammenhang mit dem vieldiskutierten Thema der »Rassen« hervor, daß gerade zwischen den Völkern des negroiden Stammes die größten Unterschiede bestehen. Die typologische Mannigfaltigkeit jener afrikanischen Zwangseinwanderer war deutlich sichtbar. Und erneut kann man hier darauf verweisen, so groß die genetischen und körperbaubedingten Unterschiede auch sein mochten, die kulturellen waren es nicht weniger. Etwa zehntausend Afrikaner wurden in den ersten hundert Jahren nach Venezuela gebracht. Weder wirtschaftliche noch sonstige Gründe rechtfertigen die Ansiedlung einer größeren Sklavenmasse.

Beim Venezolaner wird man so deutlich wie sonst bei keinem

anderen Volk Amerikas einen allgemeinen Charakter erkennen; daran sollte man sich erinnern, wenn man das Werk Bolívars verstehen will.

In der Tat, in Venezuela ist das Amerika der Indios vertreten, in denen Asien und vielleicht auch das ferne Ozeanien lebendig ist aufgrund der möglichen Kontakte mit Polynesien über den Pazifik hinweg, wie in jüngster Zeit Versuche wie der mit den *Kon-Tiki* bewiesen haben. Amerika, Asien, Ozeanien waren also im Eingeborenen anzutreffen. Mit dem Spanier kommt Europa — Iberer, Ligurer, Kelten, Römer, Basken, Griechen, Germanen, Westgoten, Sueven, Alanen —; auch Kleinasien — Phönizier, Juden, arabische Muselmanen —; und schließlich Afrika — Karthager, Völker aus Ägypten, Lybien, Tunesien, Algerien, Marokko, dem Kongo, aus Niger; sie alle aus dem Völkerstrom, der sich über die iberische Halbinsel ergossen hatte —. Afrika im eigentlichen Sinne wird darüber hinaus durch seine Bantu-, sudanesischen und Yorubasöhne vertreten sein, die durch die Schmach der Sklaverei dem Land ihrer Väter entrissen wurden.

Alle Rassen, alle Kontinente, alle Kulturen vereinigten sich auf venezolanischem Boden, auf dem Knotenpunkt für inneramerikanische Völkerwanderungen längst vergangener Zeiten. Dieser Landstrich hatte überaus unterschiedliche Eingeborenenvölker vorbeiziehen sehen, von den Antillen nach Süden und umgekehrt, entlang der Küste von Osten nach Westen und von Westen nach Osten. Die weltweite Begegnung nach der Entdekkung findet nicht ohne Gewaltanwendung statt und führt zu einer umfassenden, tiefgreifenden und vielfältigen Rassenmischung.

Kein Element wurde vom Verschmelzungsprozeß ausgeschlossen und keines versagt seinen Anteil am Werden des künftigen Vaterlandes.

Die offene und positive Haltung gegenüber der Rassenkreuzung ist in einem höchst bedeutsamen Zeugnis des Gelehrten Humboldt festgehalten. Um 1800, drei Jahrhunderte nach dem Beginn jener Entwicklung, die mit etwa 350 000 Eingeborenen,

5 000 Spaniern und 10 000 Afrikanern begonnen hatte, zählt Venezuela bereits 800 000 Einwohner. Humboldt schreibt, daß die Hälfte von ihnen — also nicht weniger als 400 000 — Frucht jener Vermischung sind: weder Spanier, noch Indios, noch Afrikaner.

In anderen Landstrichen Amerikas gab es ein ähnliches Phänomen, Rassenmischung war auch dort die Regel, aber nicht selten überwog als Ergebnis der Mischung das Element der Indios.

Oder aber dort, wo die Indios ausgerottet waren und aus wirtschaftlichen Gründen viele Neger das Land bewohnten, prägten diese den Nachkommen ihren Stempel auf. In Venezuela, wieder einmal im Mittelpunkt, entstand ein ausgewogenes Verhältnis. Das Land Bolívars war, sowohl im Kulturellen als auch Menschlichen, durchaus repräsentativ für das durchschnittliche echte Amerika.

IN DER ERSTEN ZEIT

Welches System wurde eingeführt, um dieses venezolanische Konglomerat, vorwiegend aus Mestizen zusammengesetzt, zu organisieren, das Leben zu lenken? Die Lebensordnung der Ureinwohner war es gewiß nicht. Es wurde schon davon gesprochen, daß im Gegensatz zu Mexiko und Peru, wo es zur Bildung von Großreichen gekommen war, und — wie sonst in den seltensten Fällen — ein Kaiserreich zur vollen Entfaltung gelangte, es in Venezuela nur eine einfache Stammesorganisation gab; es gibt keine Kunde, daß eine von ihnen mehr als 40 000 oder 50 000 Indios vereint hätte. Wir erinnern uns noch, daß — allein was die Sprachen angeht — dort über fünfzehn linguistische Familien unterschieden werden. Sozio-politische Zersplitterung also auch in jenem Teil Amerikas, einschließlich dem, der später portugiesisch werden sollte.

Die recht primitive Stammesorganisation, deren Machtstrukturen an einen Kleinstabsolutismus erinnerten oder allenfalls an mehr oder weniger abgeschwächte monokratische Formen, war für die Absichten des spanischen Eroberers nicht geeignet, der im übrigen nicht hierher gekommen war, um hier Organisationsformen zu lernen, die er längst überwunden hatte, oder sich mit rückständigen und andersartigen Systemen abzufinden. Er war vielmehr gekommen, um in bezug auf die Herrschaft sein eigenes System aufzuzwingen. Der spanische »Konquistador« war vom ersten Augenblick an bestrebt, das Machtsystem seines Mutterlandes nach Amerika zu übertragen, es hier zu wiederholen. Davon abgesehen, daß die Entscheidung über die Form des Zusammenlebens bei ihm lag, wurde sein Handeln auch stark durch zwei mächtige psychologische Beweggründe bestimmt: den Nachahmungstrieb und die Gewohnheit. Es war für ihn ja viel leichter und bequemer, das zu machen, weiter so zu handeln wie die anderen und wie er es selbst immer gemacht hatte.

Die Organisation mußte folglich so aussehen, wie die in Spanien, selbstverständlich mit den notwendigen Abänderungen, die sich aufgrund der Verschiedenheit beider Kontinente und natürlich auch aus dem Größenunterschied zwischen der schon bestehenden oder besiedelten Welt der spanischen Halbinsel und der nun in Amerika entstehenden ergaben. Aufstrebende Städte wie Cumaná, Coro oder Santiago de León de Caracas konnten nicht mit denselben Methoden regiert werden wie Madrid oder Sevilla.

Ganz am Anfang, d. h. etwa im 16. Jahrhundert, entsteht in Venezuela ein grobmaschiges Netz von Institutionen, eines, wie es die Gegebenheiten erfordern. Spanien will jedoch die absolute Herrschaft, man könnte sagen, die Vorherrschaft über die amerikanische Gesellschaft, um sie nach spanischem Vorbild zu formen und zu gestalten. Um das zu erreichen, wird für jedes Ziel das entsprechende Instrument geschaffen.

So entspricht die Gewalt der Eroberungsfeldzüge der absoluten Notwendigkeit, das Territorium und alles, was dazugehört, vollständig in Besitz zu nehmen und dabei außerdem noch den hinderlichen Widerstand der eingeborenen Bevölkerung zu überwinden. Trotz ihrer Macht, die sich in einem aufstrebenden und starken Absolutismus — in Politik, Wirtschaft und Religion —

manifestierte, war die spanische Krone nicht in der Lage, das amerikanische Unternehmen ausschließlich aus eigener Kraft und als rein staatliche Angelegenheit zu bewältigen. Sie ist auf die Mitarbeit von Privatleuten angewiesen, mit ihnen mußte sie paktieren — in den sogenannten »Capitulaciones«, der Grundlage des Rechts in Amerika — über die Pflichten und Belohnungen der Teilnehmer an den gefährlichen Abenteuern der Eroberung und Kolonialisation.

An der Spitze jedes Expeditionszuges — eines bunt zusammengewürfelten Haufens von Söldnern aus unterschiedlichsten Berufen — steht der »Adelantado«. In seiner Person vereinigen sich — kraft des Vertrages, in dem der Monarch gnädig entsprechende Zugeständnisse macht — politische, administrative, militärische und rechtsprecherische Macht. Er kann seinen Mitstreitern Land zuweisen, und ebenso kann er ihnen Indianer zuteilen. Er ist berechtigt, Verordnungen zu erlassen, genießt das Privileg, Steuern einzutreiben und kann sogar seine eigenen Münzen prägen. Der notorische Mangel an Menschen und die Risiken der Eroberungstätigkeit, die eine starke und schnell entschlossene Führung verlangen, erklären diese zwangsläufige Konzentration von Machtbefugnissen der ersten Stunde, genauso wie die entsprechende Unsicherheit in der Rechtsprechung; alles das macht jeden »Adelantado« zu einer lebendigen und agierenden Keimzelle eines Mikroabsolutismus nach westlichem Muster. So waren die kühnen Erkundungsreisen und die ersten Gründungen zu verwirklichen.

Das Ziel der geistigen Herrschaft — eine Sache von höchster Bedeutung für ein Volk wie das spanische, das im Laufe der Jahrhunderte in religiösen Dingen so sehr sensibilisiert wurde und das so idealistisch ist — ein Ziel, das auch das Aufzwingen der Kultur bedeutet — insbesondere des Glaubens, der Sprache und der Sitten — soll mit dem gescheiterten Programm der »Reinen Evangelisierung« erreicht werden, das die Dominikaner Venezuela zugedacht hatten. Sie glaubten an eine Bekehrung, wie sie von Jesus und seinen Jüngern praktiziert worden war, ohne Waffen und ohne Gewaltanwendung. Trotz des Mißerfolges ihres Vorhabens beginnt in diesem Teil Amerikas mit den Dominikanern und den Franziskanern die Katholisierung. Andere religiöse Orden kommen später hinzu, bis schließlich zwischen der zweiten Hälfte des 17. Jahrhunderts und der ersten Hälfte des folgenden ein ganzes Netz von Missionen das Gebiet bedeckt, das einmal Venezuela sein wird.

Die Herrschaft auf sozialem und wirtschaftlichem Gebiet wird mit Maßnahmen wie der Verwaltung und Verteilung von Land angestrebt. Erstere verfolgte mehrere Ziele: Belohnung und Anreiz für den Konquistador, Disziplinierung der Eingeborenen in einem Herrschaftssystem, das ihren freien Willen einschränkte und im Grunde zu einer Art Sklaverei führte. Die Verwaltung verlangsamte die Ausrottung der eingeborenen Rassen; sie erleichterte die Verbreitung des Christentums in kontrollierbaren Siedlungsräumen und förderte die Einverleibung des Indio in die spanische Kultur.

Zu den Encomienda (größeres Stück Land, das vom spanischen König samt den dort lebenden Indianern europäischen Siedlern zugeteilt wurde, wobei die Indianer zur Arbeit für deren neuen Herrn gezwungen wurden. Anm. d. Ü.) gehört die Aufteilung des Landes; das bedeutete die Ausbeutung. Sie war die endgültige und pragmatische Version einer Reihe von Lehrsätzen und Handlungsweisen, die zu jener Zeit großen Einfluß hatten: die zeitliche Besitzherrschaft des Obersten Hirten über die Welt als Nachfolger des Sohnes Gottes, das Recht des Papstes, Kontinente zu verteilen, das u. a. aus den päpstlichen Bullen abgeleitete Recht der spanischen Krone, und das Recht des Adelantado, Land zuzuteilen kraft der Capitulaciones. Gleichzeitig mit der Verwaltung und dem so in Besitz genommenen Land beginnt der Spanier hier mit Ackerbau und Viehzucht. Dies war eine wichtige Entwicklung der Produktivkräfte, die die verstreute und individualistische Landwirtschaft der Indianer ablöste. Diese waren damit letzten Endes dessen beraubt, was ihnen gehörte, und aus Herren oder Untertanen eines eigenen, einheimischen Lehensystems wurden Diener einer fremden Vorherrschaft. Was die Afrikaner betrifft, so kommt man gar nicht erst auf die Idee, daß sie Menschen sind.

Sie sind eine Sache oder eine Art Tier und können Gegenstand eines Handels oder einer anderen Transaktion sein.

So bilden aufreizende Ungleichheit und offensichtliche Ungerechtigkeit zusammen die Grundlage der Organisation Amerikas, die zu Beginn des 16. Jahrhunderts geschaffen wird.

ZUR BEGRIFFSBESTIMMUNG

Wenngleich dies das Schema ist für das, was wir Mittelamerika nennen, so werden doch am Rande einige, — wenn auch nicht sehr bedeutsame — Varianten sichtbar. Dort, wo nur zwei Rassen sich vermischten, nämlich die spanische und die afrikanische, sei es, weil der Indianer ausgerottet wurde, oder weil er niemals dort gelebt hatte, etablierte sich Spanien leichter mit all dem, was es in seinem Gepäck voller Institutionen und Kultur von der spanischen Halbinsel mitgeschleift hatte. Der Spanier errichtete und reproduzierte offen ein System der Sklaverei. Der Neger hatte sich anzupassen und sich dem Überlegenen zu unterwerfen. Der Überlegene mußte zwar wohl oder übel die Zugeständnisse machen, die auch ein Zusammenleben von Ungleichen erfordert, aber das Opfer des anderen war größer. Im Falle Venezuelas und Amerikas im allgemeinen verlor der eingeschleppte Afrikaner als erstes seine eigene Sprache.

Im dichter bevölkerten, kultivierteren und, relativ gesehen, fortgeschritteneren Amerika bediente sich Spanien auf hervorragende Weise der lokalen Systeme der Ungerechtigkeit, Unterdrückung und Ungleichheit, wie sie für das Leben der Eingeborenen charakteristisch waren und benützte sie, mit dem einzigen Unterschied, daß der einheimische Herrscher durch einen spanischen ersetzt wurde, weiter; dazu kam die eine oder andere Abänderung. Für die Masse der Azteken oder Inkas bedeutete die »Konquista« im wesentlichen einen Wechsel der Herrscher, der Sprache und der Äußerlichkeiten. Für sie personifizierte sich im Eroberer die traumatische Beleidigung des eigenen und althergebrachten Glaubens, verbunden mit der erzwungenen und gewaltsamen Übernahme eines neuen, fremden. Ein sehr anschauliches Beispiel kommt aus Peru, wo Spanien das Kazikentum erhält, um sich der Einheimischen als Instrumente seiner ausbeuterischen Herrschaft zu bedienen. Ohne Zweifel war es ein intelligenter Kunstgriff der Eroberer, nur eine kleine begrenzte Minderheit der Unterworfenen zu erniedrigen, um sie für die Verwaltung und Lenkung der großen Mehrheit zu benutzen. Bolívar wird 1825 dieses schändliche System der Sub-Magistraturen beseitigen mit dem Wunsch, es möge für immer sein.

Bolívar wird zusammen mit anderen echten Befreiern und für einen Zeitraum von drei Jahrhunderten der größte Rächer all der Ungerechtigkeiten werden, die — damals von den Mächtigen verübt — das Bild der Neuen Welt bestimmten. Im Namen aller dem iberischen Joch unterworfenen, der Ausgebeuteten, als Anführer der wirklichen und echten Vertreter Amerikas wird er versuchen, diesen Mechanismus in Stücke zu zerreißen, den wir mittlerweile, mit dem Abstand der Zeit, für korrupt und zugleich korrumpierend halten, für eine Schande und Erniedrigung, um an seiner Stelle ein System zu errichten, das die Würde des Menschen und seine unverlierbaren Rechte die allein mit ihm zu vereinbarenden nennt, als das einzige — überdies — das den Fortschritt und die gesellschaftliche Vervollkommnung fördert.

Während des 17. und 18. Jahrhunderts versucht man sich in dem Land, das zum Land Simón Bolívars werden sollte, weiter an der gewaltigen und mühsamen Aufgabe der Errichtung einer Nationalität, die es nicht gab. Nachdem sich deren wichtigste Bestandteile zusammengefunden hatten: Natur, Menschen und Kultur, Metallen gleich verschmolzen im Schmelzofen der für die Konquista charakteristischen Gewalt, kommt nun eine Zeit der lebendigen Hoffnung.

Das 17. und 18. Jahrhundert sind jedoch keine friedliche Zeit. Im Widerspruch zu dem falschen Bild einer ruhigen und stillen kolonialen Phase, einer arkadischen Ruhepause der Geschichte, einer Zeit des stillen Abwartens, während der nichts entsteht und nichts geschieht, stehen die fortlaufenden inneren Konvulsionen innerhalb der sich bildenden ungleichen Gemeinschaft, dazu die wiederkehrenden Gewalttaten der Piraten.

Letztere hatten in der Art einer Pockenimpfung bedeutende Auswirkungen auf die neue Gemeinschaft, denn schließlich wird der Venezolaner angesichts der Aggression von außen sich seiner selbst bewußt und verbündet sich gegen die allen gemeinsam drohende Gefahr, überwindet die Kirchturmpolitik.

Er spricht gegenüber dem Fremden im Glauben, der Sprache und der Eigenart zum ersten Mal von »Vaterland«. Während dieser zwei Jahrhunderte beharrt Spanien auf seiner eigensinnigen und heldenhaften Berufung, sich auszubreiten, alles zu geben, nichts abzulehnen, sondern alle Gegebenheiten zu benützen, um Amerika nach seinem Ebenbild zu formen. Die Entwicklung in Venezuela in den letzten beiden Jahrhunderten der Kolonisation ist gekennzeichnet durch die nationale Konsolidierung, deren Ausgangspunkt ja die völlige Zersplitterung war. Die über das Land verstreut liegenden Zentren vereinigen sich, die steuerliche und wirtschaftliche Einheit wird beschlossen und allmählich verwirklicht, gleich darauf die politische und militärische Einheit, dann die Einheitlichkeit der Rechtsordnung, der Verwaltung, des Sozialen und der Religion: Das Venezuela, in dem Simón Bolívar 1783 geboren wird, entsteht formell — in der Dekade von 1776 bis 1786 — ganz sicher aus der Organisation und Zusammenfassung vieler einzelner Bestandteile.

Für ganz Amerika sind die zweihundert Jahre zwischen 1600 und 1800 die Zeit, in der sich das Kolonialsystem herauskristallisiert; hohe und niedere Gerichtsbarkeiten werden festgelegt; die Siedlungen vergrößern sich durch den Zustrom spanischer Einwanderer und der Aufnahme von Sklaven, die der wirtschaftliche Aufschwung erforderlich macht. Die Kultur entfaltet sich auf den verschiedensten Gebieten: Architektur besonders in Mexiko, Lima und Cordóba; Malerei in Quito, Musik in Caracas. Der koloniale Absolutismus erreicht seinen Höhepunkt. Bezeichnend ist jener Ausspruch des Vizekönigs von Mexiko, in dem er den Amerikanern einschärft, daß sie nicht dazu da wären, um über die Regierung zu urteilen, das sei Sache des großen Monarchen auf dem spanischen Thron, sondern um den Mund zu halten und zu gehorchen. Die Kirche festigt ihre Macht. Die religiösen Orden, wie z. B. die Jesuiten, sichern sich über die Erziehung einen entscheidenden Einfluß.

Gleichsam unter Mißachtung der spanischen Absicht ließ die neue Welt die exakte Übertragung der charakteristischen Verhältnisse des Mutterlandes hier nicht zu; rückblickend stellt man fest, daß das Ergebnis ganz anders war, als man ursprünglich beabsichtigt hatte. Das Leben fordert Anpassung von allen Beteiligten; alles Lebendige, das an einem Prozeß teilhat, verändert sich durch die ständige Reibung im Zusammenleben. Keiner kann den anderen ignorieren. Denn: Schauplatz gibt es nur einen; die darauf spielenden Akteure sind zahlreich; Aufgabe und Schicksal ist aber ihnen allen gemeinsam.

DIE REIFE DES KOLONIALSYSTEMS

Das Venezuela des beginnenden 19. Jahrhunderts ist nicht mehr das Venezuela, das Christoph Kolumbus, Juan de la Cosa und Alonso de Ojeda erblickten. Dieses faszinierende Stück Erde, das seine Entdecker »Das Land der Gnade« nannten, wird nicht mehr von zerstreut lebenden, primitiven Eingeborenenstämmen bewohnt, jetzt gibt es dort ein Volk, das aus der dreihundertjährigen Geschichte hervorgegangen ist.

Venezuela hat Gestalt angenommen und den Weg zur Einheit eingeschlagen. Zu den knapp dreißig Städten der ersten 100 Jahre mit den sechs Provinzen, die sich um die wichtigsten von ihnen gebildet hatten, sind nun als Frucht der Missionsbemühungen etwa dreihundert städtische Zentren hinzugekommen. Zweihundert Jahre lang hatte keine dieser sechs Provinzen eine Vorrangstellung. Sie standen in verschiedenen Abhängigkeitsverhältnissen zu anderen Metropolen. Als Beispiel sei hier Cumaná genannt: politisch war es Madrid unterstellt; administrativ und gerichtlich von Santo Domingo und Santa Fé abhängig; wirtschaftlich von Mexiko; religiös von San Juan de Puerto Rico; die Universität von Caracas aus verwaltet ... Jene voneinander isolierten Provinzen wurden nun unter der Herrschaft Karls III. zusammengeschlossen.

Der Boden für diesen Zusammenschluß, der die Geburtsstunde Venezuelas bedeutet — nicht die der gleichnamigen Provinz, sondern des geopolitischen und juristischen Gebildes dieses Namens — war bereits von der Guipuzcuanischen Handelskompagnie vorbereitet worden.

Effektiv ist es die baskische Handelsgesellschaft, die die späteren »venezolanischen« Provinzen zu einer Einheit fügt. Auf ihr Betreiben hin gewährt der König eine Art von vorläufiger Unabhängigkeit — im Rahmen des bestehenden Abhängigkeitsverhältnisses —, als er 1739 beschließt, jene Provinzen von Santa Fé loszulösen und sie unter den Schutz von Caracas zu stellen. 1742 erfolgt die Ratifizierung. Dabei weist der König ausdrücklich darauf hin, daß bei seiner Entscheidung der Rat der baskischen Gesellschaft eine wichtige Rolle gespielt habe. Ursprünglich waren die Handelsprivilegien der Kompagnie auf die Provinz Caracas beschränkt, obgleich sie auch die Erlaubnis hatte, Cumaná, Trinidad und Margarita, die später ihrem Gebiet einbezogen wurden, sowie Guayana ebenfalls zu versorgen. Von Guayana aus sollte später auf ihre Veranlassung hin der Schmuggel bekämpft werden. Als letztes kommt 1739 Maracaibo in den baskischen Einflußbereich, der am Ende das venezolanische Herrschaftsgebiet werden sollte.

Im Laufe von zehn Jahren, von 1776 bis 1786, wird Caracas Sitz folgender Einrichtungen: Der ›Intendencia‹, der obersten Finanzverwaltungsbehörde (1776); eines Generalkapitanats, mit administrativen und militärischen Vollmachten über die Generalkapitanate und Gouvernements von Cumaná, Guayana, Margarita, Trinidad und Maracaibo (1777); des Konsulats, das als Handelsgericht und als Vertreter der Wirtschaftsinteressen fungiert (1786); der ›Audiencia‹, der obersten Rechtsprechungsbehörde, der sowohl Verwaltungsaufgaben als auch gesetzgebende Funktionen obliegen (1786). 1804 wird Monsignore Francisco de Ibarra erster Erzbischof von Caracas und Metropolit — wie die päpstliche Bulle des vorangegangenen Jahres besagt. Damit erlöschen auf dem bereits geeinten venezolanischen Gebiet die drei Kirchenhoheiten von Puerto Rico, Santo Domingo und Santa Fé, die dem Stuhl von Caracas überantwortet werden. Auch die Bischöfe von Merida, Maracaibo und Guayana sind ihm unterstellt. Die Schaffung des Erzbistums besiegelt die Stellung von Caracas als Hauptstadt der Nation. Die Gründung der Universität im Jahre 1721 hatte ihr bereits eine gewisse Vorrangstellung auf kulturellem Gebiet verliehen.

Bolívar erblickt das Licht der Welt eben in diesem Jahrzehnt der venezolanischen Integration. Als sich sein kindlicher Verstand zu regen beginnt, da spricht man nicht mehr von »Caraquenos«, »Guayanes«, »Cumanes«, »Margaritenos«, »Trinitarios«, »Marabinos«, oder »Meridenos«; jetzt sind alle »Venezolanos«.

Betrachtet man den hispanoamerikanischen Kontinent als ein Ganzes, dann fällt hier auf, daß die Entwicklung während der zwei grundlegenden Jahrhunderte weder gleich noch parallel zu der in den übrigen Karibikstaaten verlief. Venezuela war immer der Nachzügler. In den größeren dicht bevölkerten Kolonialzentren konnte man seit dem 16. Jahrhundert das erkennen, was sich in Venezuela ermöglicht, durch die Allgegenwärtigkeit, erst viel später zeigt: nämlich die Perfektionierung und Festigung des Kolonialsystems. Die großen Vizekönigreiche wurden in dem Moment errichtet, als die spanische Monarchie ihre zögernde Haltung — weil von der Entdeckung noch völlig benommen — aufgab und ihrer Möglichkeiten gewahr wurde. Karl V. schafft die Vizekönigreiche von Neu-Spanien und Perú. Im 18. Jahrhundert entstehen Neu-Granada und Río de la Plata. In Guatemala, Chile, Cuba und Florida werden Generalkapitanate eingerichtet, in Chile eine ›Presidencia‹. Audiencias entstehen nacheinander in Santo Domingo 1511, México 1527, Panamá bzw. Tierra Firme 1535, Lima 1542, Guatemala 1543, Guadalajara 1548, Santa Fé 1549, Charcas 1551, Quito 1563, Chile 1609, Buenos Aires 1661 und schließlich in Caracas und Cuzco 1786.

Die Bourbonen richteten zahlreiche Intendencias in Amerika

ein: ein bedeutender Fortschritt in der Finanzverwaltung, verglichen mit der primitiven Handhabung der ersten Zeit. Auf dem ganzen Kontinent bestanden insgesamt elf Konsulate. Darüber hinaus hatten sich überall Cabildos d. h. Stadträte gebildet. Dies waren die einzigen beratenden Organe, die — zwar auf lokale Angelegenheiten beschränkt — die absolutistische Herrschaft zuließ. Obgleich der Einfluß dieser Stadträte starken Schwankungen unterworfen war, spielten sie immer eine wichtige Rolle. Immerhin waren sie die Vertreter der Allgemeinheit. Der Rat von Caracas setzte 1676 durch, daß ihr Bürgermeister die Geschicke der ganzen Provinz leiten sollte, falls die Stelle des Gouverneurs nicht besetzt sei. Die Cabildos waren sehr auf ihre Vorrechte bedacht und, entsprechend ihrer Zusammensetzung, dienten sie vornehmlich, ja fast ausschließlich, den Interessen der Kreolen.

Amerika wurde prinzipiell nach dem gleichen Recht regiert wie Kastilien, d. h. nach einer großzügigen Neuauflage des vorherrschenden römischen Rechts. Bereits Ende des 17. Jahrhunderts — genauer 1680 — wird eine Sammlung von ad hoc Gesetzen für die Neue Welt, die sogenannten »Leyes de Indias« veröffentlicht. Sie besteht aus 9 Büchern, 218 Kapiteln und 6377 Gesetzen. Diese Gesetzessammlung ist in vielerlei Hinsicht ein großartiges Werk. Abgesehen davon, daß es die politisch-soziale Ordnung widerspiegelt, aus der heraus sie entsteht, und ein wirksames Werkzeug für die Interessen der Monarchie ist, strahlt sie jenen Idealismus aus, der das hervorstechende Wesensmerkmal der hispanischen Seele ist. In vielerlei Hinsicht ist bei den »Leyes de Indias« ihre Ausrichtung auf höhere Ziele spürbar. Die alltägliche Praxis jedoch, wie auch der soziale Alltag in den Kolonien und die im Widerstreit stehenden Interessen machen zu guter Letzt jenes edle Ansinnen zunichte. Überall ist die humanitäre Grundhaltung gegenüber den Eingeborenen zu spüren, und wenn sie auch in vielen Fällen nicht eingehalten wurde, so gereicht das Werk seinen an Ideale glaubenden Schöpfern zum Ruhm.

In diesem außergewöhnlichen Gesetzeswerk findet man im Keim ein Merkmal der hispanoamerikanischen Kultur, das uns sehr viel Leid gebracht hat: der Widerspruch zwischen Recht und Praxis. Im Gegensatz zu den angelsächsischen Staatsgemeinschaften, werden bei uns ideale Gesetzeswerke geschaffen. Sie sind so vollkommen, so abstrakt, so makellos, daß sie sich in der Lebenswirklichkeit nie als ein nützliches, wirksames und funktionierendes Verhaltensmuster bewähren können. Die hispanoamerikanische Gesetzgebung zeichnet sich durch ihren Idealismus und durch ihre Wirkungslosigkeit aus. Seit jenen Anfängen haftet an unseren Rechtsnormen der Ruch eines Luxusartikels, der keinerlei Beziehung zur Wirklichkeit hat.

Es ist sehr wichtig, diese Dinge genauer zu betrachten, da sie für das Venezuela Simón Bolívars, aber auch für den Kontinent als Ganzes Geltung haben. Sie erklären die späteren Taten des großen Revolutionsführers.

Während der dreihundertjährigen Kolonialherrschaft behielt Spanien seine unverändert starre Vormundschaftsstellung bei. Die Herrschaftsstruktur machte im wesentlichen keinen bemerkenswerten Wandel durch. Die wichtigste Änderung ist vielleicht der unterschiedliche Charakter und Regierungsstil der beiden Dynastien, die in dieser Zeit auf dem spanischen Thron wechseln — 1701 Beginn der Regierung Philipps V. Natürlich besitzt jeder Herrscher eine eigene Persönlichkeit und regiert auf seine Art und Weise, doch das System, das sich im allgemeinen auf die Gesetze und die Rechtsordnung stützt, geht vom einen auf den anderen über, ohne wesentlichen Wandel seines unwandelbaren Autokratismus.

DIE DYNASTIEN UND DIE GESELLSCHAFT

Die Herrschaft der Habsburger war äußerst streng, wie besessen vom Katholizismus und verschlossen gegenüber jeder Neuerung, auf der die politisch-theologische Philosophie des unbeugsamen Regimes lastete. Diese Dynastie, die die Nation geeint hatte, wurde geradezu die Verkörperung des spanischen Wesens, die Wahrerin der traditionellen spanischen Werte. Der Absolutismus der Habsburger hat einen theokratischen Charakter und wurzelt in einem egoistischen Zentralismus, der nicht ganz frei von mittelalterlichen Anklängen ist.

Von Anfang an prägen die Bourbonen einen anderen Regierungsstil. In Frankreich hatten ihre Könige eine mutige und reformfreudige Politik getrieben; sie waren gemäßigte Katholiken und der Kunst, der philosophischen Diskussion, der wissenschaftlichen Forschung und dem Fortschritt allgemein zugetan, ohne daß dies ihrem Absolutismus Abbruch getan hätte. Die Bourbonen bringen als neue Staatsdoktrin die Rechtseinheit nach Spanien und eine noch straffere Zentralregierung. Zu den ersten politischen Maßnahmen Philipps V. gehört das Beschneiden der alten Vorrechte Aragóns, Kataloniens, Valencias und Mallorcas; damit steigerte er unversehens seine persönliche Macht. Der Staatsapparat wurde um die Intendencia bereichert, die bald tragende Stütze der neuen Verwaltung werden sollte. Die Cortes und die Stadträte büßten ihre Macht ein.

Im sozialen Bereich bekam Amerika den Wandel durch die neue Politik der Bourbonen bald zu spüren. Diese Dynastie vertrat einen relativen Liberalismus und machte keinen Hehl aus ihrer Absicht, die Aristokratie des Mutterlandes und der Kolonien zu entmachten; ihre Politik in Venezuela hat fast volksnahen Charakter.

Wenn auch die anfängliche Situation immanenter Ungleichheit nicht beseitigt wurde, so beginnen doch um 1800 in der Neuen Welt sich neue Perspektiven abzuzeichnen. Die Bevölkerungszunahme und die Rassenmischung, die allen Verboten zum Trotz sich zwischen den drei großen ethnischen Gruppen vollzog, läßt die hier bestehende Ungleichheit noch offenkundiger werden und die Aufrechterhaltung jener Ordnung als völlig absurd erscheinen.

Der Sklavenhandel hat jetzt an Bedeutung gewonnen. Das eher bescheidene Geschäft des 16. Jahrhunderts, das wie probeweise betrieben wurde, erfuhr durch die maßlosen Gewinne — man schätzt bis zu 20 000 % — einen ungeheuren Auftrieb. Nun beteiligen sich auch England, Holland, Portugal, Frankreich u. a. an diesem Geschäft. Im Laufe der Kolonisation sind zwischen zwölf und dreißig Millionen Schwarze Afrika entrissen worden. Ungefähr 120 000 davon kamen nach Venezuela. Noch zahlreicher wurden sie auf die Antillen, nach Brasilien, an die Nordküste des Golfs von Mexiko und in die Karibik gebracht.

Zu Beginn des 19. Jahrhunderts verstärkt sich der Sklavenhandel mit indianischen Eingeborenen. Im präkolumbischen Amerika war bei vielen Indianerstämmen der Handel mit Gefangenen durchaus üblich; ihre Freiheit gehörte zur Siegesbeute. Dieses Geschäft war so einträglich, daß viele Häuptlinge sich darauf spezialisierten, Angehörige von feindlichen Stämmen gefangenzunehmen, um sie dann an die Spanier zu verkaufen. Bei den Indianern auf höherer Kulturstufe war die Sklaverei durchaus nicht unbekannt. Obgleich die kastilische Krone die Indianer zu »freien Vasallen« erklärte, kommt die Erlaubnis Königin Isabellas im Jahre 1503, Kariben und Araukaner gefangenzunehmen, unter dem Vorwand, daß sie Kannibalen und Rebellen seien, einer königlichen Billigung des aufkommenden Sklavenhandels gleich.

Aber abgesehen von der Sklavenhaltung, die an sich schon gegen das Prinzip der Gleichheit verstößt, ist unübersehbar, daß nicht alle Freien — d. h. alle Nichtsklaven — auf der gleichen Ebene stehen. Bei den Freien kann man in Venezuela mindestens acht verschiedene Schichten unterscheiden. Die im allgemeinen privilegierten Weißen sind in drei Kategorien unterteilt: ganz oben auf der sozialen Leiter stehen die privilegierten Spanier, dann kommen die hochmütigen Kreolen und gleich hinter ihnen die untergeordneten Kanarier. Dann folgen die Mischlinge nach dieser Abstufung: Mestizen im eigentlichen Sinne, Mulatten, Zambos, Terzeronen, Quarteronen, Quinteronen, Morisken, Kiyotes, Chamisos; weiter unten rangieren Gibaros, Sambaigos, andere, deren Namen nicht einmal genau bekannt ist, dann Cholos, Quatralbos, Tresalbos, Castizos, usw., usw. Am Ende der Skala stehen die freien Indianer, gefolgt von den unfreien Indianern; und darunter noch die freien Schwarzen und nach ihnen die Negersklaven.

Nicht nur Blut oder Rasse entschieden über die Zugehörigkeit zu einer dieser Gesellschaftsschichten; auch Recht, Bildung, Besitz und Vermögen, Sitte usw. taten das ihre, um die Gesellschaft zu differenzieren. Vorschriften und Anordnungen bestimmten, wer Umhänge, Schmuck, Perlen, Seide, Samt, Kissen, Schirme tragen, wer auf einem Sessel sitzen, wer auf einem Betstuhl knien durfte. Selbst beim Gottesdienst waren Schwarze und Weiße getrennt; lange Zeit hindurch war die Priesterweihe den Weißen vorbehalten. In Caracas waren die verschiedenen Kirchen einzelnen Schichten reserviert: z. B. die »Candelaria« wurde von den Kanarios besucht, San Mauricio von den Farbigen, San Francisco von den Kreolen . . .

Auch über die Berufe läßt sich vieles sagen. Bildung und Erziehung als Stütze der bestehenden Ordnung tragen ebenfalls zur gesellschaftlichen Unterscheidung bei. Das Studium eröffnet die Möglichkeit, eine Laufbahn einzuschlagen, die zu einem bestimmten Punkt auf der sozialen Stufenleiter führt; das gleiche gilt für alle handwerklichen und nichthandwerklichen Berufe.

Die höchsten Bildungsgrade waren den maßgeblichen Kreisen vorbehalten, d. h. den Spaniern und den Kreolen oder Mantuanos. Die Universitäten verlangten sehr hohe Gebühren. Mischlinge waren von der Schulbildung prinzipiell ausgeschlossen. Niemand kümmerte sich um den Unterricht für die Schwarzen. Ganz im Gegenteil: in Catamarca kam es sogar vor, daß ein Neger, der sich selbst das Lesen beigebracht hatte, öffentlich ausgepeitscht wurde, als dies bekannt wurde. Was die Indios betraf, so sahen die offiziellen Empfehlungen wenig mehr als die strikte Unterweisung im Lesen und Schreiben und in den religiösen Grundbegriffen vor.

Ein wichtiges Kriterium für die soziale Einstufung ist also der Beruf. Ob man die Militär-, die akademische oder die geistliche Laufbahn einschlägt, welcher Art von Beschäftigung man nachgeht, welches Handwerk man ausübt, welche Fertigkeit, welche Erfahrung man vorweisen kann: das alles bestimmt das Ansehen des einzelnen in der Kolonialgesellschaft. Um Aussicht auf einen akademischen Grad zu haben, mußte man beweisen, daß man »ehelicher Abstammung sei, keinen Tropfen minderwertigen Bluts einer anderen Rasse in den Adern habe ... und die Eltern allgemein bekannt seien«. Findelkinder, selbst wenn sie weiß waren, konnten ohne Dispens durch den König keinen Universitätstitel erwerben.

Manuelles Arbeiten war lange Zeit mit dem Adelsstand unvereinbar. Philipp II. hatte 1562 das Handwerk als etwas »Niedriges, Gemeines und Unziemliches« bezeichnet, als etwas, was einer erlauchten Person unwürdig sei. Daher waren es vorwiegend die Farbigen, die Pardos, die die handwerklichen Arbeiten verrichteten. Da ihre Tätigkeit für die Gesellschaft unerläßlich war — eingeschlossen die Chirurgie — genannt »Romancista« — erlangten sie in diesem Bereich eine Monopolstellung. Ihre wertvollen Dienste eröffneten ihnen bessere Verdienstmöglichkeiten, was wiederum ihre sozialen Aufstiegschancen sehr verbesserte. Die Schwarzen durften nur die schwersten und unangenehmsten Arbeiten verrichten. Ihre Freiheiten waren im höchsten Maße eingeschränkt. So durften sie nachts weder auf die Straße, noch in die nächste Ortschaft gehen. In Caracas war es ihnen verwehrt, zu den Gebirgsquellen zu gehen, es sei denn, um Wasser für den Haushalt zu holen. 1545 wurde ihnen das Reiten auf dem Pferd verboten; um 1620 werden sie daran erinnert, daß ihnen das Waffentragen verboten ist. Es war auch nicht gestattet, mit Sklaven Geschäfte zu machen, denn man ging davon aus, daß alles Gold in ihrem Besitz entweder gestohlen oder sonst unrechtmäßig angeeignet sei.

Die Mischlinge, d. h. die große Masse der Bevölkerung — in Venezuela die Hälfte — waren verachtet und wurden ausgebeutet. Die Universität war ihnen verschlossen, und daher war es für sie unmöglich, irgendwelche Titel oder Diplome zu erwerben. Zu geistlichen Ämtern hatten sie ebenfalls keinen Zugang, da sie kein Priesterseminar besuchen durften. Bei der Rechtsanwaltkammer und der Audiencia wurden sie nicht einmal als Pförtner zugelassen. Füs sie gab es einen speziellen Militärdienst, doch sie konnten es nicht weiter als bis zum Hauptmann bringen. Die Ehe mit Weißen war streng verboten. Ihrer Beerdigung durfte kein Domherr beiwohnen. In der Kirche konnten sie sich nicht auf die Bänke setzen und auch keinen Teppich zum Knien mitbringen. Noch 1805 verweigerte ihnen der Stadtrat von Caracas das elementare Recht auf Schulbildung. 1796 hatte er sich dafür ausgesprochen, daß die »Mischlinge, wie in der Vergangenheit, auch künftig den Unterricht entbehren sollten«.

WIRTSCHAFT UND GEISTESLEBEN

In der Beschreibung des kolonialen Amerika muß auch die Inquisition erwähnt werden, eine Institution von enormem Einfluß im Dienste der absolutistischen Monarchie, gegen die Freiheit gerichtet. Im Unterschied zu der Inquisition des Mittelalters, die vor allem religiösen Charakter hatte und ausschließlich in kirchlichen Händen lag, war die Inquisition in Spanien politischer und sogar wirtschaftlicher Natur, bewahrte sich aber selbstverständlich ihr Gewand als Verteidigerin des Glaubens. In diesem Sanctum Officium war stets der Monarch von gewichtiger Bedeutung. Im Jahre 1478 hatte der Papst Sixtus IV. dem König die Macht verliehen, die Richter des Inquisitionsgerichtes zu benennen; vier Jahre später nahm der Oberste Hirte diese Befugnis wieder zurück, überließ aber der Krone das Recht, die Kandidaten für dieses Amt vorzuschlagen. So oder so waren die Wächter des Glaubens immer Instrumente der politischen Gewalt.

Das Ziel der Inquisition war anfangs die Zerstörung des Judentums. Dann brach sie zum Kampf gegen den Islam auf, und schließlich gegen die Protestanten. Ihre Wirkung in Amerika war sehr fraglich; auf alle Fälle jedoch verbreitete sie bis in die religiösen und zivilen Organisationen hinein Schrecken, und selbstverständlich war sie bei den Vorhaben der Monarchie des Mutterlandes ein geschicktes Mittel der Einschüchterung. Das im Laufe der Zeit überlieferte Bild der Inquisition übertreibt sicher deren diabolisches und erschreckendes Tun, aber ihr Verschwinden befreite die Seelen der Menschen von einer weiteren Angst, die während der Kolonisation zu der allgemeinen Situation von Einschränkungen, Verboten und Furcht hinzukam.

Wirtschaftlich entwickelte sich Amerika auf einer Grundlage größter Ungerechtigkeit. Übereinstimmend mit der These von Ostia konnte der Papst die Welt aufteilen; so erhielten die katholischen Könige in einer päpstlichen Schenkung die Länder der Neuen Welt. Die Herrscher wiederum verfügten darüber in den Capitulaciones, und die Adelantados ihrerseits teilten sie nochmals auf. Auf alle Fälle wurde die Eroberung und Inbesitznahme zum Zwecke der Errichtung der spanischen oder kolonialen Herrschaft in Amerika über die Ausbeutung der einheimischen Bevölkerung erreicht. Durch deren Leistung und die Arbeitskraft der afrikanischen Sklaven begann der Aufbau großer Vermögen. Die Haciendas sind eine direkte Folge der Konquista und der Sklaverei. In all diesen Ländern weiß man von ungeheuren kolonialen Latifundien; auch die Kirche besaß große Ländereien.

Herr über ein größeres oder kleineres Stück Land zu sein, gute oder auch nicht so gute Pflanzungen zu besitzen, die Anzahl der Sklaven oder die Größe der Viehherden, kurz gesagt, Qualität und Quantität des Vermögens bestimmen die soziale Stellung. Auf der einen Seite stehen die mächtigen »Mantuanos«, die »großen Kakaopflanzer«, hochgestellte Beamte, die Aussicht auf ein schnell erworbenes Vermögen haben, Rentiers mit angehäuftem Kapital, das hohe Zinsen bringt; auf der anderen Seite die mittelmäßig Begüterten und Handwerker, die ihres Besitzes Beraubten, durch die Armut verdammt zur Minderwertigkeit, noch weiter abseits die, die überhaupt keine Güter besitzen, auch das höchste nicht, die Freiheit.

In Venezuela hatten viele Adlige keine Skrupel, Handel zu treiben; die »Beute« der Konquista hatte den Anstoß zu einer toleranten und wohlwollenden Haltung gegenüber der Spekulation im Handel gegeben. In Amerika war die Abwicklung von Handelsgeschäften im allgemeinen der oberen Schichten nicht unwürdig, ebensowenig wie das Betreiben von Bergwerken, von

Ackerbau und Viehzucht Indianern übertragen oder von afrikanischen Sklaven ausgeführt.

Die Bourbonen sanierten die spanischen Finanzen und führten eine neue Handelspolitik ein, die schließlich eine uneingeschränkte Handelsfreiheit gestattete.

Was die Kultur und die Verbreitung von Wissen betrifft, muß berücksichtigt werden, wie der bourbonische Absolutismus — der im Mutterland das Zeitalter der »Aufklärung« einleitete, dessen Folgen umstritten sind — die Kolonien immer wieder darauf hinweist, daß alle Entscheidungsgewalt beim König liegt, und daß die Freiheiten, die evtl. gewährt werden, nur relativ sind. Die Krone, die zwar kein Konzept hat, aber die Schnelligkeit dessen, der alles in sich aufnimmt, und zwar so, daß man sich ihr nicht widersetzen kann, fördert die schulische Bildung nicht; was die Kirche in bezug auf ihre pädagogische Aufgabe leistet und was sie der Initiative des einzelnen überläßt, entscheidet sie danach, was der Monarchie genehm ist.

Das Venezuela, in dem Simón Bolívar zur Welt kommen sollte, gehörte kulturell zu den rückständigsten und am meisten vernachlässigten Teilen des Reiches. Seine Universität wurde 1725 gegründet, während Santo Domingo bereits 1538, Perú und México 1551 eine erhielten. Dasselbe gilt für den Buchdruck: in Mexiko gibt es ihn 1536. Es wird sogar zum Teil behauptet, er wäre schon vorher in Guatemala anzutreffen; 1581 findet man ihn in Perú; in Paraguay und Cuba wird er 1705 bzw. 1707 eingeführt, 1747 in Brasilien, 1750 in Haití; vorher, nämlich 1738, kommt er nach Neugranada, danach (1755) nach Quito und Río de la Plata (1766). In Venezuela hingegen ist der Buchdruck erst ab 1808 anzutreffen.

Die intellektuelle Regsamkeit der Venezolaner hatte enorme Hindernisse zu überwinden. Amerika war eine vom Absolutismus eingegrenzte Welt, der man zudem mit Härte und Mißtrauen begegnete. In den Leyes de Indias waren Geschäfte mit Ausländern, unter welchem Vorwand auch immer, bei Todesstrafe verboten. Große Einschränkungen gab es, was das Lesen, den Druck und den Verkauf von Büchern betraf. Es oblag den Kommissionen der Inquisition, darüber zu entscheiden, welche Bücher eingeführt, verbreitet und verwendet werden durften, egal, woher sie stammten und in welcher Sprache sie geschrieben waren. Der Besitz von verbotenen Büchern wurde hart bestraft. Der König ordnete an, daß seine weltlichen und geistlichen Beamten in der Neuen Welt ketzerische Schriften beschlagnahmen sollten, ebenso alle jene, die von den protestantischen Piraten bei ihren Beutezügen zurückgelassen wurden.

Das Reich wachte sogar kleinlich darüber, daß in den Kolonien keine Bücher mit profanem Inhalt, Fabeln und fiktiven Liebesromanen verbreitet wurden. Auch dies ist in den Leyes de Indias niedergelegt und wird am 29. September 1543 durch einen Erlaß Karl V. ratifiziert.

Besonders vorsichtig war die Krone mit Werken, die sich mit der Neuen Welt selbst beschäftigen. Erst wenn der Consejo de Indias seine Zustimmung gegeben hatte, konnten diese Schriften nach Amerika gelangen. Kein Herausgeber oder Buchhändler konnte sie ohne vorherige Zensur durch das genannte Gremium veröffentlichen, besitzen oder verkaufen, wollte er nicht das Risiko einer hohen Strafe und Beschlagnahmung eingehen.

Auch wenn Bücher auf gesetzlichem Wege und trotz des oben Gesagten von Spanien nach Venezuela kamen — und manche sogar umgehend — so trug auch der Schmuggel zur Entstehung bedeutender Bibliotheken in Caracas und anderen Provinzen bei. Die Real Compañia Guipuzcoana führte in ihren Schiffen, die durch ihre relative Unverletzbarkeit einen Schutz boten, aktuelle und gefährliche Schriften mit.

Und so sah das Amerika aus, das sich in dreihundert Jahren geformt hatte: politische und administrative Einheiten, die von der Krone abhängig waren: Vizekönigreiche, Intendencias, Generalkapitanate, Consulados, Audiencias. Mehr oder weniger ansehnliche Städte, Paläste, Herrschaftshäuser, Kathedralen und Gotteshäuser, Klöster; große Dienerschaften, Viehherden und Pflanzungen; bedeutende Universitäten, Straßen, Festungen, Plätze; Bergwerke und Zuckerfabriken, usw., kurz gesagt, ein erstaunlicher Komplex aus Institutionen, Material und Kultur.

Wenn man bedenkt, daß es vor der großen Entdeckung des Kolumbus streng gesprochen Amerika und die Amerikaner nicht gab, und daß 300 Jahre später eine ganze Welt dort existierte, mit Nationen mit individuellen Schicksalen, versteht man den wahren Umfang dessen, was dieser Kontinent geleistet hat, in dem Bolívar geboren wurde, dieser Teil unserer großen Welt, der jene geniale Persönlichkeit hervorbrachte.

EINE IDEE WÄCHST

Wichtig war in Wahrheit das Ergebnis der Kolonisation. Die materielle Realität Amerikas und Venezuelas um 1800, die so anders war als die des Jahres 1500, findet ihre Parallele in dem Phänomen der Verschmelzung aller Rassen, aus der der Amerikaner hervorgeht — weder Indianer, noch Spanier, noch Afrikaner — ein universelles Wesen, Verkörperung aller Kontinente. Der Mensch war neu, und neu waren auch die Namen. Die Stimme Amerikas war eine Neuheit, und das waren auch Venezuela, Neugranada, Nueva España, La Española, Puerto Rico, Santo Domingo, Santa Fé, Florida, Río de la Plata, Asunción und viele andere. Aber im Verlauf der drei Jahrhunderte, während derer dieses Werk vollendet wurde, entstand auch etwas anderes von gleicher oder größerer Bedeutung: eine Idee nahm Gestalt an, ein Bewußtsein, schon jetzt sehr ausgereift und selbstsicher, auch wenn es im Jahre 1800 noch jung war.

Dreihundert Jahre waren viel und waren wenig. Nirgendwo sonst auf der Erde ist in einem so kurzen Zeitraum eine Welt von der Größenordnung und Beschaffenheit unseres Amerika entstanden. Es ist nicht nötig, auf Vergleiche mit der Antike und den Völkern des Fernen und Mittleren Ostens zurückzugreifen. Die Geschichte Spaniens selbst bietet aufschlußreiche Zahlen: 600 Jahre dauerte das römische Zeitalter, und dann 800 Jahre die arabische Herrschaft. In England erhielten die Normannen ihre Oberhoheit 400 Jahre lang aufrecht. Und diese chronologischen

Abschnitte, wenn zum Teil auch viel länger als das gesamte Kolonialzeitalter, werden wohl kaum als Phasen, Etappen, Segmente oder Geschehnisse im Entwicklungsprozeß jener Nationalitäten betrachtet. Die Geschichte unseres Amerika spielte sich in ganzen drei Jahrhunderten ab.

Innerhalb von 300 Jahren entstand eine Idee. Eine Kultur nahm ihren Anfang. Zeichen dieser Idee, die in jener Zeit bei all unseren Völkern wieder und wieder auftauchte, hartnäckig und unbezwingbar, war die Ablehnung und Zurückweisung — wenn auch unterschiedlich in Form, Art und Stärke — des Kolonialsystems, das sich auf Ungerechtigkeit, Ungleichheit und Unterdrückung stützte. Von dem Augenblick an, in dem es die »Amerikaner« gab, begannen sie, Widerstand gegen die herrschende Ordnung mutig zu demonstrieren.

Spanien brachte ein absolutistisches System nach Amerika, das sich im wesentlichen nicht viel von dem unterschied, das die Kolonialmächte ihren Besitzungen aufzwangen. Der spanische Absolutismus ist jedoch auf alle Fälle der vollständigste, den es je gegeben hat: Es war ein einzigartiger Absolutismus, wie ihn selbst Frankreich zur Blütezeit des Ançien Regime nicht gekannt hatte. Ludwig IX. konnte von sich sagen, er sei der Staat, und das war nicht einmal eine Lüge, denn er hatte das gesamte politische Gefüge in seiner Hand. Die spanischen Monarchen jedoch konnten noch mehr von sich sagen: Karl V. oder Philipp II. konnten, ohne der Wahrheit den geringsten Abbruch zu tun, von sich behaupten, sie seien der Staat . . ., mehr noch, die Nation. Keine dieser Persönlichkeiten hätte geirrt, bei der Versicherung, sie wäre Spanien, und das Reich, mit allem was es umfaßte, gehöre ihnen.

Der spanische Absolutismus zeigte sich nicht nur auf politischem Gebiet, sondern gleichzeitig auch auf wirtschaftlichem und religiösem. Der Merkantilismus gab dem Herrscher die volle Gewalt über die gesamte Produktion; der ganze Wirtschaftsablauf, einschließlich des Verbrauchs, stand unter seiner Leitung. Besondere Bedeutung kam dem Bergbau zu. Das größte Augenmerk war darauf gerichtet, Gold und Edelmetalle anzuhäufen und zu verhindern, daß der Reichtum einem anderen in die Hände fiel. Eine schier endlose Reihe von Maßnahmen strengster Reglementierungen vervollständigten dieses System der übermäßigen Kontrolle.

Das Patronat und die Inquisition ergänzten die Macht des Königs durch ihren Einfluß auf das Gewissen der Menschen und in der gesamten Religion, so wie nur ein Statthalter Christi ihn hätte haben können. Die Könige waren in Wirklichkeit in ihren Reichen auch Herrscher über die Kirche. Sie waren nicht nur Schutzherren des Kirchenrechts und Verwalter der Kirche. Über den »Pase Regio« war es sogar ihrer Entscheidung überlassen, das Wort des Papstes unter den Katholiken in ihren Reichen bekannt zu machen. Das Sanctum Officium seinerseits verschaffte den Königen über die Einheitlichkeit des Glaubens hinaus ein beträchtliches Vermögen aus den beschlagnahmten Besitzungen der Ketzer.

Nur über das Ehrgefühl der Untertanen hatte der absolutistische König keine Gewalt. Königin Isabella sagte in Betonung ihrer Macht, daß die Könige Eigentümer ihres Reiches wären. In einem solchen System unbegrenzter und uneingeschränkter Macht stand fest, daß das Recht von Einzelpersonen auf Grundbesitz allein auf Gnade und Wohlwollen des Monarchen beruhte. Die Freiheit ist eine Gnade dessen, der auch das Leben gewährt. Im Absolutismus gibt es weder persönliche Freiheiten noch Garantien. Das Individuum ist gegenüber der Allmacht des Staates praktisch nicht existent.

Die absolutistische Ordnung hat in Amerika weitreichende Auswirkungen. Es gibt weder Meinungsfreiheit, noch die Freiheit, sich zu äußern. Diese Verbote wurden von zwei Einrichtungen des Königs überwacht: die zivile und administrative Zensur und die auf religiösem Gebiet. Auch die Freizügigkeit oder das Recht, seinen Wohnsitz zu bestimmen, existierten nicht. Jede Reise, jeder Ortswechsel, mußte vom König genehmigt werden, und sei es nur von einer Provinz in die andere. Auch freie Berufswahl gab es nicht. Der Zugang zu Berufen und Ämtern, zu Studium oder Ausbildung und zum Militär war durch bedeutsame und genaueste Vorschriften geregelt. Ebensowenig gab es eine freie Religionsausübung; sie war — natürlich — am gefährlichsten für die spanische Einheit. Im Jahre 1492 wurde die Ausweisung der Juden aus Spanien verordnet. Zehn Jahre später entledigte man sich der nicht konvertierten Mohammedaner, einschließlich der seit langem in Kastilien lebenden Mudejaren, und 1609 hatten auch die Morisken zu gehen. Protestanten wurden nicht toleriert. Ihre Fälle und die einiger Freunde des jüdischen Glaubens bildeten im Amerika die Hauptaufgabe der Inquisition. Innerhalb des monopolistischen Absolutismus gab es auch in Handel und Seefahrt keine Freiheit. Karl III. sollte es sein, der die Handelsfreiheit gestattete, und Karl IV. erlaubte 1797 auch nicht-spanischen Schiffen das Anlaufen der amerikanischen Häfen.

Das System des Absolutismus war, kurz gesagt, ein totalitäres System, in dem sich die Krone zudem über ihre Beamte erlaubt, übermäßige Steuern einzutreiben, um ihre wachsenden Ausgaben für Bürokratie und Militär bestreiten zu können.

Das Merkmal des Absolutismus schlechthin ist die Tatsache, daß innerhalb seines eindeutigen juristischen Dogmatismus und angepaßt an die Regeln seiner Konzeption keine politischen Rechte existieren. Die Regierenden sind nicht die, die das Volk will und wählen kann, sondern die, die der Herrscher bestimmt. Die einzige Möglichkeit in Amerika mitzureden hatten die Cabildos — die, wenn auch nur auf ihre Gemeinde beschränkt, relativ selbständig waren — und die Consulados, deren Tätigkeit auf Handel und Wirtschaft begrenzt war. Die Cabildos und die Consulados waren die einzigen Organe, in die ohne größere Einschränkungen auch die Kreolen aufgenommen wurden. Die Amerikaner waren von der großen Verantwortung der Regierung ihres eigenen Landes ausgeschlossen. Manuel Palacio Fajardo konnte am Ende einer überraschenden und detaillierten Studie bescheinigen, daß »von den ersten Anfängen der Kolonisation bis zum Jahre 1810 unter den 166 Vizekönigen und 588 Capitanes Generales, Gouverneuren und Präsidenten (d. h. von den 754 höchsten Beamten), die im spanischen Amerika ernannt wurden, ganze 18 Kreolen waren«. Die Amerikaner waren Menschen zweiter

Klasse in ihren Ländern, der Vorzug wurde stets — wie bereits erwähnt — den Ausländern gegeben. Simón Bolívar sollte diese Situation wie folgt beurteilen: »Die Bewohner des amerikanischen Kontinents verhielten sich Jahrhunderte lang nur passiv. Ihre politische Existenz war gleich Null. Wir lebten noch eine Stufe tiefer als Knechte. Amerika war nicht nur seiner Freiheit beraubt, sondern sogar der aktiven und eigenen Tyrannei. Uns wurde eine Verhaltensweise aufgezwungen, die uns der uns zustehenden Rechte beraubte und uns überdies in einem permanenten Zustand des Kindseins beließ, was die Dinge des öffentlichen Lebens betraf. Die Amerikaner nehmen in der Gesellschaft nur den Platz von Dienern und höchstens von einfachen Konsumenten ein, und auch als solche sind sie noch empörenden Zwängen unterworfen. In bezug auf die Kunst der Staatsführung und -verwaltung waren wir schlichtweg nicht existent. Nie waren wir Vizekönige, nie Gouverneure, es sei denn, in ganz besonderen Fällen; Erzbischöfe und Bischöfe waren wir selten, Diplomaten nie, Soldaten nur in den unteren Rängen, Adlige ohne wirkliche Privilegien; wir waren weder Magistratsbeamte noch Finanziers, und fast nicht einmal Händler.«

DER UNUNTERBROCHENE WIDERSTAND

Entgegen der oben beschriebenen Situation könnte man sagen, daß der Geist der Rebellion in Amerika eigentlich erst seit der Entdeckung selbst vorhanden ist. Die Vermischung der Rassen und die Rebellion sind Phänomene, die Hand in Hand gehen. Sklaverei und Widerstand in Amerika treten gleichzeitig auf. Um 1800 gibt es auf dem ganzen Kontinent praktisch kein Fleckchen, wo nicht um der Freiheit und Gerechtigkeit willen Blut geflossen wäre. An den verschiedensten Orten und zu den unterschiedlichsten Zeiten verstand es die Würde der Amerikaner — und das war der Preis des Lebens — sich als stark und aktiv zu offenbaren.

Es waren nicht die Texte von Ideologen, die im XVIII. Jahrhundert hoch im Kurs standen — Nordamerikaner, Franzosen, Engländer —, in denen die amerikanischen Völker die Lehre von der Freiheit studierten. Es war nicht das Beispiel von Paris — der Sturm auf die Bastille, die Hinrichtung der Kapetinger, die die alte Ordnung beseitigte —, das den Amerikanern das Signal zum Kampf gab. Amerika brauchte keinen fremden Doktrinär oder erleuchteten Jakobiner, der ihm von Gerechtigkeit erzählte.

Das amerikanische Volk lernte die Freiheit auf dem Weg des Opfers lieben und suchen. Es strebte nach ihr, ohne an ihren Preis zu denken. Bolívar fand später eine wichtige Begründung der Unabhängigkeit und Freiheit in eben der Quelle, die diese verweigerte; deshalb sagte er von der Unabhängigkeit und Freiheit, »daß die Gesetze Spaniens selbst und die Beispiele aus seiner Geschichte uns das Recht gaben, zu den Waffen zu greifen«. Miranda, ein anderer ruhmreicher Vertreter desselben Landes, konnte behaupten: »Ich verschrieb mich dem Dienst für die Freiheit lange bevor Frankreich auch nur daran dachte, sich damit zu befassen.«

Die Chronik der Ereignisse, in denen sich der Kampfgeist der Amerikaner für Freiheit, Gerechtigkeit und Gleichheit demonstriert, ist reich und mannigfach. Es sei hier an einige besonders hervorstechende Beispiele erinnert.

Schon 1501 kommt es in La Española zu einem Aufstand von Negersklaven. In Santo Domingo folgen 1519 und 1533 die Aufstände des Indianers Enriquillo. Die einheimische Rasse der Kariben wird dabei fast vollständig ausgerottet. Der intensive Widerstand der Einheimischen zeigt sich 1534 in den Kriegen von Arauco in Chile. Was den Umfang dieses Gemetzels betrifft, so war er ebenso erschreckend wie der einer Auseinandersetzung weiter nördlich, auf den Inseln und an den Küsten der Karibik. In Perú rebellieren 1536 unter Manco II. etwa 100 000 Indianer; die kulturelle und technische Überlegenheit der kleinen spanischen Zentren macht diese jedoch unbesiegbar.

In den alten Büchern ist zu lesen, daß 1532 in dem neu entstehenden Villa de Santa Ana de Coro ein Sklavenaufstand stattgefunden hat. Die nächste Demonstration für Freiheit und Gerechtigkeit ist die Rebellion des Negers Miguel im Jahre 1552 in den Bergwerken von Buría in der Region Yaracuy. Schwere Unruhen erschüttern das Gebiet der Inkas: 1572 stirbt Tupac Amaru; sechs Jahre vorher breitete sich ein in Quito beginnender Aufstand bis nach Chile aus. So erregt wurde das gesamte Gebiet, daß 1577, als der Pirat Drake nach Callao kommt, sich die Neger danach drängen, ihm zu helfen. Weit weg davon, im Norden Méxicos, in Topia, kommt es 1589 zu einem Aufstand. Für die frechen Beutezüge des Piraten Hawkins durch die Karibik erweist sich das Jahr 1597 sehr ertragreich.

Im Verlauf des 17. Jahrhunderts häufen sich die verschiedensten Zeichen der Ablehnung eines Systems, das in all unseren Ländern doch erst in der Entstehungsphase war. Von Huila bis Tolima erheben sich 1601 die Pijaos. Ähnliches ereignet sich 1608 in Panamá und 1612 in México. Der Kampf, den die unterdrückten Indianer Perus gegen die Spanier führen, wird 1625 besonders intensiv. Lima und der Norden Chiles erleben 1629 und 1630 ähnliche Bewegungen. Tucumán ist 1645 und 10 Jahre später erneut Schauplatz großer Konflikte. Chillán wird 1651 zerstört. In den Jahren 1666, 1675 und 1676 zeichnen sich in Lima innere Unruhen ab und brechen schließlich aus, ebenso wie 1692 in México.

Große Aktivität herrscht im 17. Jahrhundert in Venezuela. Eine gründliche Analyse zeigt, wie dicht die Ereignisse aufeinander folgen. 1603 erheben sich die Neger, die in Margarita bei der Perlenfischerei verwendet werden, wegen der unmenschlichen Behandlung, der sie ausgesetzt sind. Der Aufstand breitet sich bis an die Küste Cumanás aus. In Nirgua scheitert 1628 eine »Revolution«. Die königlichen Behörden konnten sich gegen die »farbige« Überzahl nicht durchsetzen, die schließlich die Beachtung des Königs fand und sich nach ihrem Willen in der, wie sie ironisch genannt wurde, »Republik der Zambos und Mulatten« organisieren konnte. Mehrere Gruppen verwildeter Neger sorgen 1650 für Unruhe in den Tälern des Tuy und den Gebieten von Charallave, Yare, Pariaguán, Paracotos und La Guaira. Die Behörden lassen die Anführer hinrichten und verhängen drastische Sanktionen gegen die freien Einwohner, die den Aufständischen helfen. Schon verbraucht, in einem — wie es scheint systematischen — Ausrottungsprozeß, liefern Gruppen von Kariben und Otomaken unter der Führung des Häuptlings Chipa-rara 1652 und 1653 in den Savannen von Guaira die letzten großen Kämpfe gegen die Spanier. In Carora und Monay herrscht 1671 und 1677 Unruhe.

Was ist all diesen Ereignissen gemeinsam? Die Teilnahme der niedrigeren Schichten, besonders der am härtesten Unterworfenen: die Indianer — die lieber starben, um so die Vasallenschaft abzuschütteln, die ihnen ungleich verhaßter wurde, als die alte Unterwerfung durch Einheimische — Schwarze, Mischlinge — Mulatten, Mestizen, Zambos —. Der Konflikt hat trotz seiner verschiedenen Aspekte und Spielarten ein gemeinsames Objekt, nämlich die Forderungen derer (auf sozialem, wirtschaftlichem, kulturellem oder politischem Gebiet), die sich, getragen von der unbezwingbaren inneren Kraft der Rebellion, weigern, eine so unerträgliche nachteilige Situation zu akzeptieren.

Im 18. Jahrhundert erreichen die subversiven Aktionen allmählich ihren Höhepunkt. Zu den Motiven im wirtschaftlichen und sozialen Bereich kommt das politische. Im Jahre 1721 kommt es in Paraguay zu einem Aufstand der Kreolen, der sein Ziel erreicht. Er wurde von dem Magistratsbeamten Antequera gegen das Vizekönigtum geführt; es wurde eine Regierung gebildet, die zehn Jahre lang im Amt war und von den Comuneros unterstützt wurde. Die Bewegung wurde 1735 zerschlagen. Fünf Jahre vorher hatte der Silberschmied Alejo Calatuyud einen Aufruhr gegen die Steuern angeführt. Es ist dies die Zeit der Protestdemonstrationen gegen die steuerlichen Belastungen und die administrativen Regelungen. Rufe wie »Neuer König, neues Gesetz« werden laut. Der Widerstand kommt von den Kreolen. Später sagt Carlos Pereyra: »Jedes Land wird in der Verherrlichung der längst vergangenen präkolumbischen Zeit einen Anknüpfungspunkt finden«. Jede Richtung wird ihren Namen bekommen: Aztekismus, Inkaismus, Araukanismus, Mosquismus, Karibismus, Nativismus — Brasilien —, Siboneyismus . . .

Die Compañia Guipuzcoana erzeugt in Venezuela mit ihrem Handelsmonopol, das den Reichen wehtut und mit der unterschiedlosen Unterdrückung des Schmuggels, mit der sie den Armen schadet und alle trifft, eine Art erster Einheitsfront aus den ungleichen sozialen Komponenten der venezolanischen Kolonien, bevor diese offiziell zusammengeschlossen werden. Im Jahre 1732 nimmt der Zambo Andrés López del Rosario aus Valencia, besser bekannt unter dem Namen Andresote, den Kampf gegen das baskische Handelskonsortium auf. Szene dieser Ereignisse sind die Täler von Yaracuy und die Küstengegend von Puerto Cabello und Tucacas, einem Schmugglergebiet, in dem sich der Einfluß der Holländer stark bemerkbar macht. 1741 kommt es zu der Meuterei von San Felipe; zwar ist der Vorwand dafür die Ungleichheit in der Rechtsprechung, doch richtet sie sich in Wahrheit gegen das gesamte Kolonialsystem, das die Kreolen dazu zwingt, die von der Handelsgesellschaft auferlegte Ordnung zu akzeptieren.

In Tocuyo spielt sich 1744 ein bedeutsamer Aufstand gegen die Provinzregierung und ihre örtlichen Vertreter ab. Im Verlauf dieses Aufstands entsteht und wird zum ersten Mal — unter Verwendung des konkreten Begriffes — die Idee, die aufkeimende Wirklichkeit der »Heimat« formuliert. Dieses Wort taucht wie ein Leuchtsignal in der Erklärung mehrerer Edelleute aus Tocuyo an den Gouverneur auf, in der die drei Motive aufgezählt werden, die gegenüber den aufgebrachten Massen als Rechtfertigungsgründe für den Aufstand angeführt wurden: »Die Verteidigung unseres katholischen Glaubens, der Dienst an unserem König und natürlichem Herrscher und die Verteidigung unserer Heimat«. Sechs Jahre später wird in den Haciendas von Yare die Revolte des Negers Miguel Luengo niedergeschlagen. Es wird von einem Königlichen Dekret gesprochen, das die Freiheit der Sklaven anordnet, das aber von den Besitzern geheimgehalten wird. 1749 erregen sich die Gemüter in geheimen Zusammenkünften, die auf den Cumbes und Haciendas von Tuy stattfinden; der Neger Manuel Espinoza, der vermutliche Anstifter, wird hingerichtet.

Das wichtigste Ereignis in 50 Jahren des Kampfes der Einheimischen, der von der Handelsgesellschaft ausgelöst wurde, ist der Aufstand des Juan Francisco de León in den Jahren 1749 und 1751. Die keimende Idee der Heimat regt sich erneut. Diesmal wird sie von Nicolás de León, dem einzigen Sohn des kanarischen Führers, der in Caracas geboren wurde, angeführt: »Wir haben die Verpflichtung, unsere Heimat zu verteidigen, denn wenn wir das nicht tun, werden wir immer Sklaven aller anderen bleiben«. Ein um das andere Mal wird das fruchtbare Gebiet des Tuy zur Brutstätte subversiver Aktionen; 1771 und 1774 hält dort der Neger Guillermo, ein Sklave des Marcos Ribas, die Kolonialbehörden in Schach.

Während Andresote in Venezuela kämpfte, stritt Juan Vélez de Córdova in Orura gegen die Steuerabgaben und für die Wiedereinsetzung des Inkaregimes. Auch Castrovirreina und Cotabambas und viele andere verweigerten den Gehorsam. Von 1742 bis 1761 hält der peruanische Untergrundkämpfer Juan Santos Atahualpa seinen heldenhaften Kampf aufrecht. 1750 vereitelt der Vizekönig Manso de Velasco einen Putsch in Lima. Zu diesem Zeitpunkt ist die Saat bereits in ganz Amerika aufgegangen. 1755 gibt es einen Aufstand in Cuba. Im Süden flammt 1766 der Krieg in Arauco auf. Im Norden stiften die Sympathisanten der Jesuiten in México 1767 und 1768 Unruhen an. Zur gleichen Zeit häufen sich die Revolten in Quito, Chile, Neugranada und Perú gegen Zölle, Branntweinmonopol, gegen Steuern, gegen Beamte. 1778 und 1784 gibt es Unruhen in Buenos Aires. Demonstrationen der Unzufriedenheit erschüttern auch Puebla, Guanajuato, San Luis de la Paz, San Luis de Portosí und Patzucuaro. Später tritt das gleiche Phänomen in den peruanischen Städten auf: Chumbivilcas, Llata, Urubamba, Lambayeque, Conchucos, Huarás, Yungay, Huancavelica, Pasco, Arcquipa und Cuzco.

Besondere Erwähnung verdient der stolze Aufstand, der von José Gabriel Condorcanqui angeführt wurde, der sich selbst Túpac Amaru nannte, zu Ehren des einige Jahrhunderte vorher durch den Vizekönig Toledo getöteten Inka. Er mobilisierte 60 000 Mann, die die Forderung nach Aufgabe der Mitas, Schließung der

Manufakturen und Verbot der Repartimientos unterstützten. In ihrem Rachedurst überschätzte die Masse der Einheimischen ihre Fähigkeiten. Trotz des offensichtlichen Umfangs ihrer Macht, die sich auf einen großen Teil Perús bis nach Tucumán erstreckte, wurde sie durch den Mangel an Organisation und militärischer Disziplin praktisch aufgerieben, als sich ihr eine kleinere militärische Einheit entgegenstellte. 1781 wurde der Anführer gevierteilt. Einer seiner Vettern, Túpac Inca, führte den Aufstand noch einige Jahre weiter. Die beiden südlichen Vizekönigreiche waren ein Hexenkessel. Carlos Nina Catari belagerte La Paz und Sorata. Ein anderer Catari griff Chayanta an. Immer mehr Nachfolger fand Túpac Amaru, die seine Rache in die Tat umsetzten: Jacinto Rodríguez in Oruro, Diego Cristóbal, der Bruder von Condorcanqui, Mariano, sein Sohn, Luis Lasso de la Vega in Tupiza, Julián Apasa (Túpac Catari), Alejandro Calisaya, Pedro Vilcapasa und viele andere.

Durch ihre enge geistige Verwandtschaft und die Gleichheit der Faktoren hatten die Geschehnisse in Perú großen Einfluß auf ganz Südamerika. In Neugranada kam die Unzufriedenheit in der Bewegung der Comuneros von Socorro zum Ausdruck. In dieser Stadt verbündete sich die von José Antonio Galán und Juan Francisco Berbeo angeführte Bevölkerung im Kampf gegen die Steuern und erreichte die später allerdings nicht eingehaltenen »Capitulaciones von Zipaquirá«. Das Beispiel dieser Rebellen erinnert an den Aufstand der Comuneros von Castilla 200 Jahre früher. Manuela Beltrán aus Socorro entfachte das Feuer mit dem Zerreißen der Dekrete, die die so verhaßten Steuern anordneten. Vier Jahre später sollte Galan zusammen mit drei seiner treuen Anhänger am Galgen sterben.

Und weiter verbreitete sich der Widerstand. Vom Vizekönigreich Santa Fé aus nahm er den Weg zu den venezolanischen Anden bis nach Trujillo. Was die Gebiete von Táchira, Mérida, Maracaibo und Trujillo im Juni und August 1781 mitmachten, war eine wahre Welle von Tumulten und Auflehnung des Volkes, die sich anschickte, auf das gesamte kürzlich gegründete Generalkapitanat überzugreifen. Von den Massen zum »Generalkommandanten« ausgerufen stand an der Spitze dieser mächtigen Bewegung Juan José García de Hevia. Das Schlagwort der Rebellion war »Es lebe der König, nieder mit der schlechten Regierung«, der Grund die Unterdrückung von Gedanken und Rechten aller durch die Steuereinnehmer. Sie endete in Trujillo, als das Cabildo dort beschloß, den Capitanes Comuneros in Mérida seine Unterstützung zu versagen; nun ergriff die Bewegung auch Barinas und Zulia.

Auch die Mantuanos von Caracas äußerten ihre Ablehnung einiger Maßnahmen, die ihre wirtschaftlichen Interessen berührten. Ihr Unbehagen ließ sie sogar an einen Wechsel in der Politik denken. Im Juni 1781 schreibt Juan Vicente de Bolívar y Ponte — im reifen Alter von 55 Jahren — an den eben 30jährigen Francisco de Miranda über die Tyrannei, die nach Meinung der örtlichen Aristokratie von dem Intendanten der Real Hazienda in Caracas, José de Abalos, ausgeübt wurde.

Im darauffolgenden Jahr, genau 18 Monate vor der Geburt Simón Bolívars, hält derselbe Juan Vicente zusammen mit Martín de Tovar und dem Marquis von Mijares dem inzwischen in Caracas bekannten Miranda die Idee der Freiheit wie ein Banner vor Augen; die drei bieten ihrem jungen Landsmann an, ihm als ihrem »Führer« zu folgen und »bis zum letzten Blutstropfen für eine ehrenvolle und große Sache zu kämpfen«.

Die Schilderung so vieler und unterschiedlicher Ereignisse überall in der riesigen hispanoamerikanischen Welt zeigt, wie verbreitet, konstant und andauernd der Kampf für Freiheit, Gerechtigkeit und Gleichheit war, d. h. für jene dem neuen Menschen unseres Amerika bereits so teuer gewordenen Werte. In jeder einzelnen dieser Taten ist mehr oder weniger deutlich ein unbezwingbarer Wille zu erkennen, gerichtet gegen das Vasallentum und bereit zum Opfer, unbeugsam in der Ablehnung des Kolonialsystems und dessen ganzer Last der Unterdrückung. Die Entscheidung so vieler Anführer und Anhänger ist eindeutig, auch wenn sie sich bisweilen unvollständig und naiv darstellt und manchmal unglücklich zum Ausdruck kommt. Jede dieser Taten hat der Geschichte einen weiteren Anstoß gegeben, hat gezeigt, daß es keine dem versklavenden, ungerechten und despotischen Kolonialismus zuträgliche Ruhe gab. Die Unterdrückung war letztlich unwirksam; niemand ließ sich einschüchtern. Es vollzog sich die entscheidende Phase eines Schicksals.

ES FOLGT DIE TAT

Die letzten Jahrzehnte des 18. Jahrhunderts stehen im Zeichen der Vorkämpfer. Unter ihnen sind die bedeutendsten: Francisco de Miranda, José Joaquim da Silva Xavier, Juan Pablo Vicardo y Guzman, Francisco Eugenio de Santa Cruz y Espejo und Antonio Nariño.

Miranda (1750—1816) ist ein wichtiges Glied in der Kette derer, die die amerikanische Nationalität definieren. Er ist die erste der drei Persönlichkeiten aus Caracas, die fast ein Jahrhundert lang in erstaunlich chronologischer Folge das Geschick des Kontinents bestimmen: Miranda, Bolívar und Bello. Er ist der erste Kreole von universellem Format. Nie zuvor hat einer seiner Art, auch nicht in den wichtigsten und weitestentwickelten Nationen seiner Zeit, eine so bedeutende Rolle gespielt.

Die Hingabe Mirandas an die Unabhängigkeit Lateinamerikas hat einen bestimmten Ursprung. Er selbst beschreibt ihn konkret. Als er für die Selbständigkeit der Vereinigten Staaten kämpfte, sagte er: »Zunächst brannte in meiner Seele der Wunsch nach Freiheit für das Land, in dem ich das Licht der Welt erblickt hatte, denn zu der Zeit wagte ich es noch nicht, Südamerika Heimat zu nennen«.

Von Miranda gehen die Impulse für die Revolution auf den ganzen Kontinent aus. Um ihn scharen sich Männer von unterschiedlichster Herkunft — zu Brüdern geworden — um ihren gemeinsamen Glauben: so z. B. O'Higgins, der 1828 sagen wird: »Miranda verdanke ich die Inspiration, die mich in die Revolution zur Rettung meiner Heimat drängte.« Weiter gehören zu dieser Gruppe der Peruaner José del Pozo y Sucre, die Neugranadier Antonio Nariño und Pedro Fermím de Vargas; Pablo de Olavide, Manuel José Selas, der Kubaner Pedro José Caro. Viele von ihnen wurden geschult in der Freimaurerloge »Gran Reunión Americana«, die Miranda in London gründet und der auch Bolívar, Bello, der Mexikaner Frai Servando Teresa de Mier, der Argentinier José de San Martín, Carlos Montutar aus Quito, Vicente Rocafuerte aus Guaraque, Bernardo Monteagudo und Mariano Moreno vom Río de la Plata angehören. Seine Berichterstatter sind in México, Caracas, Guatemala, Río de Janeiro, Buenos Aires. Alle sind Landsmänner.

Als Miranda daran geht, Venezuela zu befreien, denkt er dabei an Amerika. An seine Leute, die er das »Heer von Columbien zum Dienst an dem freien Volk Südamerikas« nennt, er schwört und läßt sie — in Jacmel — schwören: ». . . dem freien Volk Südamerikas gegenüber treu und loyal zu sein.«

Seine Ideen erscheinen in weiterentwickelter Form bei Zeitgenossen wie Picornell, Cual und España; viele davon wird Bolívar sich zu eigen machen und verwirklichen; so das Vorhaben, Kolumbien zu schaffen.

In dem riesigen Gebiet Brasiliens spielt José Joaquim da Silva Xavier (1748—1792), bekannt unter dem Namen Tiradentes, eine wichtige historische Rolle. Die »Revolution« entzündet sich, wie im übrigen Amerika auch, an den überhöhten Steuern, die die portugiesische Monarchie fordert. Die Folge dieser Unzufriedenheit war die Entwicklung eines vollständigen Programms, das die Schaffung einer unabhängigen Republik in Brasilien einschloß; die Fahne sollte weiß sein und einen Vers Vergils tragen: Libertas quae sera tamen. Die Schulden der rückständigen Steuerzahler sollten für nichtig erklärt werden. Die Sklaverei sollte bedingt abgeschafft werden. Es sollte Handelsfreiheit geben, Schulen für das Volk geschaffen und Fabriken errichtet werden, in denen alles produziert werden sollte, was bisher aus dem Mutterland importiert worden war. Der Staat sollte sich der Familien mit mehr als 5 Kindern annehmen. Der Ruf der Verschwörer sollte sein »Viva a liberdade!« (Es lebe die Freiheit). Tiradentes war der Verkünder dieses Evangeliums der Neuerungen.

Die Verschwörung platzte, der Anführer und seine Kameraden wurden festgenommen und verurteilt. Tiradentes erhielt die Todesstrafe und allein in seinem Fall wurde sie von der Königin nicht umgewandelt. Die Hinrichtung fand am 21. April 1792 statt. Der Vizekönig hatte angeordnet, sie so schreckenerregend wie möglich zu gestalten, und so geschah es auch.

Seine apostolische Figur und sein Beispiel als Bannerträger einer Sache verkörpert in Ecuador den ersten historischen Vorkämpfer der Unabhängigkeit. Er war Mestize. In ihm floß das Blut dreier Rassen. Er war ein Mann von hervorragenden Qualitäten. Er war Arzt, Jurist, Philosoph, Theologe, Journalist und Geschichtsschreiber. Auch für ihn stellte Amerika eine Einheit dar, sein revolutionärer Plan umfaßte die Ganzheit, für die er eintrat, ohne Unterschiede zu machen.

Er pries die Autonomie und Selbstbestimmung der Amerikaner, die es nicht erforderte, daß die Spanier vernichtet oder verfolgt würden. Er wollte ihnen lediglich die wichtigen Stellungen nehmen, die sie im politischen Leben innehatten. Espejo schlug die Verstaatlichung der Kirche vor und die Beschlagnahmung ihres umfangreichen Besitzes zugunsten der Nation. In den ganzen 300 Jahren der Kolonialherrschaft gibt es niemand in Ecuador, der diesem Mestizen überlegen gewesen wäre. Schüler und Anhänger von Espejo, der unsagbaren Verfolgungen ausgesetzt war, waren es, die die ruhmreichen Geschehnisse des 10. August 1809 vorbereiteten und verwirklichten. An diesem Tag wollten die Bürger von Quito die Herrschaft an das Volk zurückgeben, die Regierung der spanischen Behörden beseitigen und eine Junta Suprema bilden, die die Macht in voller Unabhängigkeit von der spanischen Halbinsel übernehmen sollte. Die Leiden Espejos und das Martyrium der schändlich ermordeten Bürger von Quito an diesem 10. August erheben diese einzigartige bürgerliche Heldentat in die Unsterblichkeit.

Im Vizekönigtum Santa Fé vollendet zur gleichen Zeit Antonio Nariño (1765—1823) eine ebenso große Aufgabe im Vorfeld des Umschwungs, den Bolívar wird verwirklichen müssen. Nariño war ein Freund Mirandas, und wie dieser und Espejo ein Mann von großer Bildung und Empfindsamkeit. Im August 1794 kam er in den Besitz des französischen Textes der Menschenrechte. Nariño übersetzte ihn und ließ ihn in seiner eigenen Druckerei vervielfältigen. Im Hause Nariños versammelte sich die intellektuelle Schicht der Kreolen, die in Bogotá den politischen Wandel diskutierte und vorbereitete.

Auch Nariño war den in solchen Fällen üblichen Repressionen der Kolonialbehörden ausgesetzt. Sein Vermögen wurde beschlagnahmt, er selbst zu 10 Jahren Haft in Afrika verurteilt. Von allen Vorkämpfern war es ihm allein beschieden, die von ihm ins Leben gerufene Unabhängigkeitsbewegung triumphieren zu sehen.

Noch während Chirinos nach seiner Gefangennahme auf das Urteil wartet, geht am 3. Dezember 1796 in La Guaira das Postschiff La Golondrina vor Anker. An Bord befindet sich der vom Staat angeklagte Juan Bautista Picornell, der eine der Hauptpersonen beim Aufbau der am besten organisierten revolutionären Unabhängigkeitsbewegung Venezuelas sein wird. In La Guaira gibt es seit 1794 subversive Tätigkeiten. Picornell trifft in der richtigen Minute mit Manuel Gual und José María España zusammen. Zur richtigen Zeit, am richtigen Ort, für die Revolution.

Das grundlegende Werk dieser Verschwörung sind die Ordenanzas-Constituciones aus der Feder Picornells. Darin findet sich das gesamte Gedankengut der Bewegung. In absolut klaren Grundsätzen wird die politische Unabhängigkeit erklärt. Venezuela soll wie eine demokratische föderalistische Republik organisch werden, deren oberste Werte das Gesetz, die Gerechtigkeit und die Freiheit sind. Nicht nur die Gleichheit vor dem Gesetz, auch die umfassendere Gleichheit der Rassen wird verkündet: »Natürliche Gleichheit aller Bewohner der Provinz und der Distrikte. Es wird anheimgegeben, daß zwischen Weißen, Indianern, Mischlingen und Schwarzen die größtmögliche Harmonie herrsche, daß alle sich als Brüder in Jesus Christus sehen, die gleich sind vor Gott, daß alle sich ausschließlich durch innere Verdienste und Tugenden hervortun mögen, durch die allein sich die

Menschen unterscheiden und die als einzige einen Unterschied zwischen den Einwohnern unserer Republik begründen werden«.

Gemäß dieser Erklärung »wird selbstverständlich die Sklaverei abgeschafft, denn sie steht im Gegensatz zur Menschlichkeit.«

Obwohl es sich um ein venezolanisches Vorhaben mit seinem Schwerpunkt in La Guaira und Nebenzentren in Caracas, Carúpano, Valencia, Puerto Cabello, Barlovento usw. handelt, wird in jedem Detail das Merkmal der Rückforderung des ganzen Kontinents sichtbar. Als zentraler Grundsatz gilt die Einheit Amerikas. So erfährt die 1782 von Miranda formulierte Idee hier ihre eindeutigste und stärkste Entwicklung. Nie zuvor ist sie so klar und standhaft in Betonung der Einheit und Brüderlichkeit in Amerika zum Ausdruck gekommen. Alle Dokumente, Schlagwörter, Devisen, Lieder, Pamphlete usw., alles richtet sich ausdrücklich an das »amerikanische Volk«. Von diesem Zeitpunkt an kommt die beste der venezolanischen Ideologien unverändert und wortgetreu der Gedanke von der Heimat, ein Konzept, das das stärkste Verbindungsglied zwischen Miranda, Bolívar und Bello sein wird. Venezuela wird im weiteren Verlauf die Integration und die Verständigung auf dem ganzen Kontinent anführen.

Das Scheitern dieser bewundernswerten Verschwörung im Juli 1797 gibt der spanischen Regierung auf venezolanischem Gebiet dennoch die Ruhe nicht zurück. Die Nationalität, die sich bei jedem Vorstoß klarer zeigt, kämpft um die Anerkennung, die einem erwachsenen Volk zusteht.

Auf Picornell, Gual und España folgt die Erhebung von Pirela in Maracaibo (1799), die aber fehlschlägt, ebenso wie einige weitere im Osten. Im Jahre 1806 nun steht Francisco de Miranda selbst mit seinem unermüdlichen Streben nach Emanzipation vor den Toren der Heimat. Es ist dies ein weiterer Schritt auf diesem verantwortungsvollen und fest abgesteckten Weg, verbunden mit Plänen internationaler Zusammenarbeit, mit einer klaren und vollständigen Vision der großen Aufgabe, die schon bald in den wichtigen Jahren 1810 und 1811 Gestalt annehmen wird.

In den ersten fünf Jahren des 19. Jahrhunderts sind die Haitianer siegreich. Sie werden 1804 unabhängig. In Tepic (Mexiko) kämpft Mariano für die Autonomie, Villalba y Sanz in Potosí.

Über 250 Jahre lang, vom ersten Sklavenaufstand in Xoro (1532) bis zur Besetzung derselben Stadt durch Miranda (1806) erlebt Venezuela die ständige Erneuerung und Hingabe an den Glauben, an Ideale, die einer Nation ihr unlöschbares Siegel aufdrücken. Die Überschneidungen und die Reihenfolge der letzten Episoden in dieser Reihe sind wie ein historischer Staffellauf, bei dem die Fackel von einer Hand zur anderen weitergegeben wird: Chirinos, Picornell, Gual, España, Pirela, Miranda. Auf dem gesamten Kontinent hat es Revolten und Aufstände gegeben, Kämpfe und Opfer, Tapferkeit und Verzicht. Blut ist in Strömen geflossen, für eine andere Ordnung: Gerechtigkeit, Unabhängigkeit, Freiheit und Gleichheit.

Als das Kolonialsystem in Schwierigkeiten gerät und die revolutionären Bestrebungen zur Reife gelangen, als Francisco de Miranda schon ein Veteran im Kampf für die Freiheit geworden ist, betritt Simón Bolívar den Schauplatz des Geschehens. Er tritt das Erbe von drei Jahrhunderten reger Aktion in einer rebellierenden Welt an. Eine ehrenvolle Last der Unzufriedenheit und Wünsche senkt sich auf die Schultern dieses Mannes aus Caracas. Er wird der Befreier sein.

II.

Qualität und Ursache der Persönlichkeit

ÄUSSERES UND ANFÄNGE

Simón Bolívar ist der Prototyp des Amerikaners schlechthin, das Produkt eines intensiven und vielfältigen Vermischungsprozesses der Rassen, aus dem der authentische Amerikaner hervorgeht. In der Persönlichkeit Bolívars vereinigen sich die verschiedensten Einflüsse aus der Vergangenheit dieses Kontinents. Seine spanische Herkunft wird überlagert vom amerikanischen Geist, der sich in zwei Jahrhunderten ständig weiterentwickelt hat, seit im Jahre 1589 der erste Bolívar, auch Simón mit Vornamen, nach Venezuela gekommen war.

Man kann sagen, daß in Simón Bolívar das indianische Element vorhanden war, obwohl dieses Blut nicht in seinen Adern floß, denn in jedem Menschen, welcher Herkunft er auch sei, der verwurzelt ist im Habitus seiner Vorfahren, wirkt unvermeidbar und konstant die Umwelt, die das menschliche Wesen erklärt, dessen Ausdruck sie ist. In unserer geographischen Umgebung existieren die Elemente, die den Einheimischen, wie ihn die Spanier kennenlernten, formten, und die sich bei jedem, der sich dort niederließ, bemerkbar machen sollten.

Diese Formung war die Folge des mannigfaltigen und unaufhaltsamen Wirkens zahlreicher Faktoren, manche von ihnen greifbar, manche kaum sichtbar. Alle zusammen machen den Einheimischen aus und erklären die Existenz eines indianischen Bestandteils auch in heutigen Venezolanern, bei denen kein entsprechender Vorfahr bekannt ist.

Die Tatsache, daß unter Bolívars Vorfahren väterlicherseits María Josefa Marín de Narváez zu finden ist, die uneheliche Tochter von Francisco Marín de Narváez, geboren 1668 in Caracas, von deren Mutter die Herkunft unbekannt ist, gab Anlaß, ihm einen afrikanischen Vorfahren anzudichten, auf den man sein gutes Aussehen und die schöne dunkle Hautfarbe zurückführte. Simón Bolívar hätte auf diese Weise einerseits das Erbe seiner geographischen Umwelt über seine seit langem hier ansässigen Vorfahren erhalten, und andererseits einen Schuß afrikanischen Blutes, zusätzlich zu dem, das bereits über Vorfahren aus Kastilien, Galicien, dem Baskenland, Navarra, Portugal, Aragón, Andalusien, Italien, Deutschland, Estremadura, Asturien, Frankreich, Katalonien, England, Ungarn, den Kanarischen Inseln usw. in ihm floß. Mit Recht sagt Salvador de Madariaga, die »70 Namen sind wie andere Wurzeln, durch die die Kraft so vieler Geschlechter der Alten und Neuen Welt Simón Bolívar zufließt, um sein Wesen mit Erinnerungen und Traditionen zu nähren, die viel stärker sind, als ihm selbst bewußt ist. Man kann die Seele des Befreiers nicht erfassen und seinen abwechslungsreichen und bisweilen unzusammenhängend erscheinenden Weg nicht verstehen, vertieft man sich vorher nicht in diese Verzweigungen seiner Herkunft, die sein Wesen in dem historischen Boden seines Volkes verwurzelte. Denn jeder Mensch, ob bedeutend oder unbedeutend, ist die Summe von Tausenden von Vorfahren und damit die Essenz des ganzen Volkes, in dem er zur Welt kommt.«

Das Äußere Bolívars wird von O'Leary wie folgt beschrieben: »Bolívar hatte eine hohe, nicht sehr breite, aber schon in jungen Jahren von tiefen Furchen durchzogene Stirn — ein Zeichen des Denkers. Die Augenbrauen waren dicht und gut geformt, die Augen schwarz, lebhaft und durchdringend. Die Nase war groß und vollkommen; er hatte darauf eine kleine Warze, die ihn sehr störte, bis sie 1820 verschwand und ein kleines, kaum sichtbares Mal hinterließ. Die Wangenknochen traten hervor, die Wangen selbst waren eingefallen, seit ich ihn 1818 kennenlernte. Der Mund war häßlich und die Lippen etwas dick. Zwischen Nase und Mund gab es einen beträchtlichen Abstand. Die Zähne waren weiß, gleichmäßig und schön; er pflegte sie mit großer Sorgfalt. Die Ohren waren groß, aber wohlgeformt. Das Haar schwarz, fein und kraus. Von 1818 bis 1821 trug er es lang, doch dann ergraute es und von da an trug er es kurz. Der Bart war hell. Er rasierte ihn zum ersten Mal 1825 in Potosí. Bolívar war fünf Fuß, sechs Zoll groß. Die Brust war schmal, die ganze Gestalt schlank, besonders die Beine. Die Haut war dunkel und ein wenig rauh. Hände und Füße waren klein und wohlgeformt, daß eine Frau ihn darum beneidet hätte.«

Die geistigen Qualitäten Bolívars beschreibt ein anderer, ebenfalls unparteiischer ausländischer Gelehrter, der kanadische General John Robertson: »Keiner seiner Landsleute kommt ihm gleich, geschweige denn er übertrifft ihn. Es gibt wenig Menschen, die ein größeres Ehrgefühl und größere Delikatesse besitzen. Seine Großzügigkeit und sein Uneigennutz kennen keine Grenzen; die Güte seines Charakters zeigt sich bei allen Gelegenheiten, die sein Mitgefühl erwecken. Größte Befriedigung bereitete es ihm, als er noch im Besitz seines umfangreichen ererbten Vermögens war, den Bedürftigen zu helfen. Er wurde nie müde, ihr Unglück auf diskrete und feine Art zu lindern. Seine Gedanken schweifen niemals ab, und in dieser Hinsicht bildet er eine außerordentliche Ausnahme. Wie kein zweiter kann er Anstrengungen und Entbehrungen ertragen. Wenige bleiben im Angesicht der Gefahr oder widriger Umstände so standhaft wie er. Seine Ausdauer ist unbegrenzt. Diese beiden Eigenschaften wurden mehr als bestätigt durch Ereignisse, die sich in meiner Gegenwart zutrugen.«

Das Caracas seiner Kindheit ist eine Stadt bescheidenen Umfangs, erst kurz zuvor zur Hauptstadt aller venezolanischen Republiken gemacht, Diego de Losada hatte sie 1567 gegründet. Als Bolívar geboren wird, am 24. Juli 1783, hat sie etwas mehr als 20 000 Einwohner.

Dort also erblickt Bolívar als viertes Kind der aristokratischen Verbindung zwischen Juan Vicente Bolívar y Ponte und María de la Concepción Palacios y Blanco das Licht der Welt und wächst heran.

Im Alter von 2½ Jahren verliert Simón Bolívar den Vater, mit 9 Jahren die Mutter. Seine Erziehung liegt in den Händen der besten Tutoren und Lehrer, die es in der Stadt gibt. An nichts wird dabei gespart. Er selbst sagt, er sei erzogen worden, wie es in jenem spanisch beherrschten Amerika für ein Kind reicher Eltern möglich war.

Den ersten Unterricht erhielt er von dem Priester José Antonio Negrete, dem Lehrer Carrasco, Guillermo Pelgrón, Fernando Vides und anderen angesehenen Pädagogen, darunter auch Andrés Bello, der ihn in Literatur und Geographie unterwies. Mathematik lehrte ihn der Kapuzinermönch Fray Francisco de Andújar, der im Hause Bolívar ausschließlich für Simón Bolívar eine Akademie errichtete. Simón Rodríguez jedoch hatte den größten Einfluß. Keinem anderen gestand Simón Bolívar in den Jahren des Ruhms und der Größe eine solche Macht über sein Herz zu; von Rodríguez allein sagte er: »... dessen Ratschläge und Hinweise für mich immer von so großer Wichtigkeit waren.«

Simón Rodríguez ist der Urheber und Herold der inneren Unruhe Bolívars, und sein Lehrer schlechthin. Bevor Bolívar Amerika befreien wird, erfüllt Simón Rodríguez, sein »universeller Lehrer«, seine Aufgabe: er trägt zur Unabhängigkeit Bolívars selbst bei, hilft, ihn von der traditionellen Wirklichkeit freizumachen und bringt ihn der Wahrheit der Zukunft näher. Er treibt ihn an in dem Bemühen, die dem Schöpferischen eigene Weitsicht zu erlangen. Er hilft ihm, den Sinn und Umfang seiner schweren Aufgabe zu begreifen und die Kräfte richtig einzuschätzen, die den Ablauf der Geschichte bestimmen. Simón Rodríguez fordert Bolívar auf, mit seinen Landsleuten zu brechen, die sich als Ursprung der Vernunft und Besonnenheit betrachten, und in deren Augen Bolívar seine Anstrengungen darauf verwenden sollte, die Vorrechte seiner Familie zu festigen und zu mehren, nach dem Aufstieg innerhalb der kolonialen Ordnung zu streben, der ihm eine Vergrößerung seines Einflusses und Vermögens sicherte, und niemals sein Leben selbst zu gefährden.

Simón Rodríguez, der unverstandene Philosoph von Caracas, ist ein wichtiger Faktor in der Jugend Simón Bolívars, der die von ihm geleitete öffentliche Schule besucht und sogar in seinem Hause wohnt. Ganz besonders intensiv war dieses Wirken, als Simón Bolívar an der Schwelle zum Mannesalter stand, in Zeiten engen Zusammenlebens in Europa, wo das gegenseitige Verständnis beider sich ungeheuer vertiefte. Aus dem unabhängigen und rebellischen Geist von Rodríguez wird verständlich, warum gerade er so tief in den Geist des jungen Bolívar eindringen konnte.

Außer dem Unterricht durch diese Lehrer, der ohne feste »Methode« ablief, mit Unregelmäßigkeiten und Unterbrechungen, wie sie eine unruhige und unstete Seele bedingt, ist noch Bolívars systematisches Studium der Mathematik an der Academia de San Fernando in Madrid und sein kurzes Gastspiel an der »Ecôle Royal Militaire« von Soreze in Frankreich im Jahre 1802 zu erwähnen.

Den wichtigsten und grundlegendsten Teil seiner Formung erfuhr Simón Bolívar in Madrid, wo er drei Jahre lang lebte. Ein äußerst kompetenter Experte, nämlich Manuel Pérez Vila, sagt: »Der Wissensdrang und die Liebe zur Lektüre, die sein ganzes Leben lang charakteristisch für ihn sein werden, erwachten in ihm konkret in Madrid. Die Studien, die er in Caracas betrieben hatte, wurden in Spanien dank des positiven Einflusses von Esteban Palacios ein geordnetes und methodisches Unterfangen, in dem diese ihm eigene bewunderungswürdige Willensstärke begann, sich zu zeigen.«

In der spanischen Hauptstadt studiert Bolívar bei qualifizierten Professoren Französisch und Englisch, unter der Aufsicht seines Vormunds, des gelehrten Marquis Jerónimo de Ustáriz y Tovar, eines liebenswürdigen und aufgeschlossenen alten Herrn, der über tiefgehende Kenntnisse auf dem Gebiet der moralischen und politischen Wissenschaften verfügte. »Bolívar erhält in Madrid«, so sagt Pérez Vila, »die Bildung, die damals für junge Aristokraten üblich ist, die eine militärische Laufbahn einschlagen wollen. Wenn er auch in diesen Jahren mit Eifer und Freude seinen Studien nachgeht, so besucht er doch auch Gesellschaften und Bälle, geht ins Theater und einige Male auch an den Hof.«

Es muß hinzugefügt werden, daß die für Bolívars Erziehung Verantwortlichen sich nicht nur um theoretische Kenntnisse kümmerten. Schon als Kind erhielt er Unterricht im Fechten, Reiten und Tanzen. Er sollte später die Vorteile so unterschiedlicher Fertigkeiten zu schätzen wissen.

Unbewußt strebten sie eine alles umfassende Erziehung an und die Formung einer abgerundeten Persönlichkeit, die mit anderen Maßstäben gemessen werden sollte.

Bolívar trug in sich selbst das Genie, denn er schuf sehr viel mehr als das, was er systematisch lernte und las. Er wußte mehr, als ihm beigebracht wurde. Über seine hervorragenden geistigen Fähigkeiten sind alle seine Kritiker und jene, die sein Leben erforschten und studierten, einer Meinung.

DIE WELT UND DIE BÜCHER

Großen Einfluß auf die Persönlichkeit Simón Bolívars hatten auch die Reisen. Schon von altersher ist ihre Bedeutung für den Aufbau des moralischen und intellektuellen Wesens bekannt. Kein anderes Mittel wäre besser dazu geeignet, eine umfassende und tolerante Geisteshaltung zu zeitigen, eine Weitsicht, die die Relativität der Kulturen erkennen und folglich den Fortschritt fördern und den Dogmatismus entwurzeln kann. Der Befreier selbst schreibt seinen Reisen einen grundlegenden Einfluß auf seinen Lebensweg zu; am 10. Mai 1828 sagt er: »Es ist wahrscheinlich, daß ich in Caracas oder San Mateo nicht die Ideen gehabt hätte, die mir auf meinen Reisen kamen, und in Amerika hätte ich nicht diese Erfahrung gemacht und dieses Studium der Welt, der Menschen und der Dinge vollendet, das mir während meiner gesamten politischen Laufbahn von so großem Nutzen war.«

Dreimal reiste Bolívar nach Europa. Das Motiv war jeweils ein anderes, doch der Zweck, ohne daß er erwähnt wurde, immer derselbe, nämlich Erfahrungen zu sammeln und den Sinn des Ruhms zu finden. Die beiden ersten Reisen erfolgen innerhalb eines Zeitraums von insgesamt sieben Jahren, getrennt in zwei Abschnitte von fast gleicher Dauer. Bei seinem dritten Besuch in der alten Welt hält sich Bolívar elf Wochen seiner sechs Monate dauernden Reise in London auf.

Die erste Reise tritt Bolívar als 15jähriger zu Beginn des Jahres 1799 (am 19. Januar) an. Man kann sagen, sie erfolgt der Studien halber und führt über Mexiko und Kuba nach Spanien und Frankreich. Ihren Höhepunkt bildet die Heirat Bolívars in Madrid am 26. Mai 1802. Im August desselben Jahres kehrt Bolívar nach Caracas zurück.

Um über den frühen Tod seiner Frau hinwegzukommen, unternimmt er seine zweite Reise von Venezuela über den Atlantik. Sie beginnt Ende Oktober 1803. Diesmal bleibt Bolívar drei Jahre und acht Monate in Europa und verschwendet während dieser Zeit ein umfangreiches Vermögen. Den Höhepunkt erfährt diese Reise am Monte Sacro und dem endgültigen Schwur; es ist dies die Reise des Lernens und der Freundschaft mit Rodríguez, und wird auch die sein, während der die bahnlenkenden Begegnungen und die Entscheidung für seinen Lebensweg erfolgen. Bolívar besucht Spanien, Frankreich, Italien, Österreich, Belgien, Holland und Deutschland.

Im Oktober 1806 tritt er von Hamburg aus die Rückreise an und trifft im Januar 1807 in der nordamerikanischen Hafenstadt Charleston ein. Er bleibt noch vier Monate in den Vereinigten Staaten und kehrt im Juni nach Caracas zurück. Über seinen kurzen Aufenthalt in jenem Land sagt er: »Während meines kurzen Besuchs der Vereinigten Staaten habe ich zum ersten Mal in meinem Leben die wirkliche Freiheit gesehen.«

Ein gemäßigter und gerechter Sinn für die Verhältnisse ist das Ergebnis so vieler Erfahrungen. Das Bild der verschiedenen europäischen Völker, Gemeinschaften mit einer fast zu langen Tradition, läßt ihn für sein Volk Verständnis haben. Er gewinnt in Europa einen genaueren Blick für Proportionen, findet einen optimalen Aussichtspunkt zur Betrachtung der Geschehnisse in der Welt. Europa bringt ihn zum Nachdenken. Mit verwunderter Befriedigung sieht er nun Amerika klarer. Bolívar entdeckt sich selbst in Europa, schätzt sich selbst richtig ein. In seinen Reisen stellt er fest, daß er auf dem richtigen Weg ist. Bolívar mißt die Unterschiede zwischen den beiden Kontinenten: der eine mit einer abgeschlossenen geistigen Einheit, die sich im Verlauf von mehr als 2000 Jahren gebildet hat; der andere mit dem Problem, ungleiche Kulturen zu besitzen, die nicht zu vereinen sind, und mit kaum drei Jahrhunderten bekannter Geschichte und in dem kritischen Moment der Suche nach seinem wahren Wesen begriffen.

Seine dritte Reise führt Bolívar als Diplomat nach Europa. Er kommt an der Spitze der wichtigsten der ersten venezolanischen Botschaften nach Großbritannien. Dieses Mal hat er die Möglichkeit, das englische Leben kennenzulernen. Diese dritte Reise hat aus diesem Grunde auch fundamentalen Charakter. Immer wird Bolívar eine außerordentliche Bewunderung für das englische Volk empfinden, an dem ihn am meisten beeindruckte, was in Amerika nicht vorhanden war und was er sich vornimmt, zu begründen: Stabilität, Respekt, Würde, Besonnenheit, Sinn für die Praxis; diese einfachen Tugenden wünscht er für Amerika, eine effektive Verwirklichung der Freiheit und Demokratie in einem Klima ohne Gewalt; eine liebevoll gepflegte Tradition als Rückgrat der kollektiven Persönlichkeit durch die Geschichte hindurch. Diese richtige Einschätzung der gesellschaftlichen Stärke Großbritanniens wird der Grund sein, warum Bolívar immer wieder den Lebensstil dieser reifen Gesellschaftsordnung als Modell hinstellt.

Aber Bolívars Unruhe beschränkt sich nicht auf Europa allein. Später, mitten in der Zeit der Emanzipation und von ihr gefordert, bereist er zu Fuß, zu Pferd und zu Schiff mehr als die Hälfte des amerikanischen Kontinents. Boston und Plata waren der nördlichste bzw. der südlichste Punkt von Bolívars Reisen. Er lernte seine ganze amerikanische Heimat kennen, er nahm sie ganz in sich auf. Heute zeigt ein Flug über die Anden den ganzen Umfang seiner Anstrengungen.

Seit seiner Jugend, und insbesondere seit seiner disziplinarischen Schulung in Madrid, gehörte das Lesen zu Bolívars Gewohnheiten. Es war bei ihm ein ständiger Prozeß der geistigen Stärkung und Erneuerung. Es ist bekannt, daß in seinem Hause eine umfangreiche Bibliothek vorhanden war. Sein Vater, ein Oberst der kreolischen Milizen, hinterließ bei seinem Tod eine bedeutende Sammlung von Werken, die unter seinen Söhnen aufgeteilt wurde. Neben vielen Einzelwerken enthielt sie 15 Bände des »Espectáculo de la Naturaleza« des Abtes Pluche, 18 Bände des Werks von Pater Feijoo, 13 Bände der »Ordenanzas Militares«, 13 Bände der Antiken Geschichte, 7 Bände mit den Komödien Calderóns; einige der Bücher dieser Sammlung waren neueren Datums.

Aus den Aufsätzen des Professors Pérez Vila erhält man eine klare Vorstellung dessen, welcher Art die Lektüre im Hause Bolívar war, d. h. was es für Texte waren, die Bolívar in jungen Jahren zur Verfügung standen.

Es ist unmöglich, eine Liste aller von Bolívar gelesenen Autoren aufzustellen, aber aus seinen Schriften ist zu erkennen, daß seine Behauptung stimmte, er kenne die Klassiker des Altertums, griechische und römische, Homer, Polibio, Plutarch, Cäsar, Vergil, alle Gattungen; moderne Klassiker aus Spanien, Frankreich, Italien und England, auch hier aus verschiedenen geistigen Richtungen.

In seinen Briefen werden viele Namen spontan genannt, des öfteren zitiert er die Enzyklopädisten und die Grundsätze der Französischen Revolution, die er gut und gründlich studiert hat, und deren Einfluß auf das Denken Bolívars offensichtlich ist. »Auch wenn ab April 1810 — und verstärkt noch ab 1813 — politische und militärische Aufgaben, die Organisation und Verwaltung des Staates, fast die gesamte Zeit und Energie Bolívars beanspruchen, so bleibt sein Geist doch offen für die Lehren, die ihm die Erfahrung erteilt; sein Verstand ist wach und bereit, über Zeitung, Broschüre und Buch den wahren Sinn dessen zu erfassen, was anderswo geschieht, ebenso wie die neuen Aspekte zeitgenössischen Denkens. So sehen ihn Offiziere und Soldaten in den Lagern oder beim Kampieren während der Märsche häufig bei der Lektüre in jenen Stunden erzwungenen Nichtstuns — wenn die aktuellen militärischen Anordnungen gegeben sind —, in denen andere sich der Muße, dem Spiel oder dem Trunk ergeben. Im Geburtshaus des Befreiers wird heute ein Exemplar der Kommentare von Cäsar aufbewahrt, das Bolívar gehörte und durch den Gebrauch gelitten hat. Wie der Historiker José de Austria, Offizier des vaterländischen Heeres sagt, erlangte es seinen desolaten Zustand in der Hängematte des Befreiers Simón Bolívar, wo er es immer aufbewahrte und in den Lagern ständig darin las«.

WIE WAR SEIN CHARAKTER?

Bolívar bietet uns interessante Selbstkritiken, die in der Tat mit unparteiischen Zeugnissen unterschiedlicher Herkunft übereinstimmen. Ganz sicher kannte er sich selbst genau. In einem seiner ersten Briefe schrieb er: »Es ist immer nützlich, sich selbst zu kennen und zu wissen, was man von sich erwarten kann.« Er hat eine klare Vorstellung von seiner Aufgabe und macht sich kein falsches Bild von seinem Wesen und seinen Fähigkeiten. Er sagt, er sei nicht für die Schreibtischarbeit geschaffen und verabscheue die Verwaltung. Er brauchte keine Ruhe, um besser nachdenken zu können. Er hatte die Fähigkeit, sich inmitten eines Wirbels von Menschen zurückzuziehen, sich zu vertiefen und nachzudenken. »Es gibt Menschen«, so sagte er, »die allein und für sich sein müssen, um denken und meditieren zu können; ich dachte, überlegte und meditierte inmitten der Gesellschaft, der Vergnügungen und dem Lärm der Massen. Ja, ich war inmitten vieler Leute allein, denn ich war bei meinen Gedanken und ließ mich nicht ablenken.«

Er selbst hat 1825 die zutreffendste und genaueste Beschreibung seiner strengen Geistesart gegeben: »Ich schweife nicht ab, ich bin übereilt, nachlässig und ungeduldig, ich multipliziere die Gedanken mit wenigen Worten.«

Abgesehen von den Schriften, die strengster Überprüfung standhalten, bestätigt die Aussage von Luis Peru de Lacroix 1828 die Knappheit Bolívars. Der Autor des »Diario de Bucaramanga« beobachtete ihn sehr nahe. »In allen Handlungen des Befreiers zeigt sich eine außerordentliche Lebhaftigkeit. Seine Fragen sind kurz und präzise, und er liebt Antworten derselben Art. Wenn jemand eine Frage weitschweifig beantwortet, sagte er ihm mit einem Anflug von Ungeduld, das wäre nicht das, wonach er gefragt hätte. Unklarheiten liebt er nicht.«

Seit seiner Kindheit war sich Bolívar seiner Übereiltheit bewußt. In seinem ersten bis heute erhaltenen Brief sagt er, daß »ihm alles mögliche auf einmal einfällt«. Was er über seine Nachlässigkeit und Ungeduld sagt, läßt sich leicht bestätigen.

Was seine Behauptung betrifft, er multipliziere die Gedanken mit sehr wenigen Worten, so ist die Vielfalt an Ideen und Plänen das Verdienst Bolívars, einbegriffen in seiner einzigartigen Fähigkeit zur Synthese. Wegen seiner Vielfalt und Dichte war Bolívars Denken Objekt der unterschiedlichsten Interpretationen. Alle Politiker haben in seinen Sätzen Schlagworte für ihre Vorhaben, welcher Art sie auch waren, gesucht. Dies verwundert Bolívar nicht. »Mit meinem Namen will man in Kolumbien das Gute und das Schlechte durchführen und viele benutzen ihn als Mantel für ihre Dummheiten.«

Um sich seinem Werk zu nähern, muß man in die Einheit eindringen, die Struktur suchen, das Ganze verstehen und umfassend verarbeiten. Auf diese Weise und nur auf diese, so riet Bolívar seinem Freund Guillermo White, sei die Rede von Angostura zu verstehen, »nicht auf die Details eingehen, sondern auf das Ganze«.

Sein unbestechlicher Geist zeigt sich in verschiedenen Beispielen. Er war objektiv, konnte die Wahrheit ohne Leidenschaft sehen. All dies bestätigt sich immer wieder in seinen Werken und Handlungen.

Die für ihn typische Aufrichtigkeit und Unparteilichkeit verlassen ihn nie, auch nicht, wenn es sich um Dinge handelt, die ihn berühren, weil sie seine Familie oder Freunde betreffen.

Seine Fähigkeit zu beobachten, zusammen mit seiner Unbestechlichkeit, führt ihn zu einem genauen Verständnis seiner Leute und ihrer Fähigkeiten. Er studierte die Psyche seiner Freunde und behandelte jeden einzelnen entsprechend.

Seine sorgfältiger ausgearbeiteten Briefe mit mehr politischem Inhalt sind an Santander gerichtet, die mit mehr nobler Gesinnung an Sucre. Am besten jedoch kann man die psychologischen

Kenntnisse des Befreiers von den menschlichen Typen unserer Länder im Falle von Páez studieren. Für den zeitgenössischen Forscher ist dies einfach, denn der Charakter des Llanero (Bewohner des Tieflandes) ist in Literatur, Wissenschaft und der Kunst im allgemeinen am häufigsten und ausführlichsten behandelt worden.

Vor allem jedoch ist die Persönlichkeit Bolívars gekennzeichnet durch seine moralische Stärke. Die Ethik bestimmt sein Verhalten und gibt seiner intellektuellen Aktivität ihren Sinn. Von diesem Aspekt her gesehen ist der Befreier ein eifriger Verfechter der Tugend; ohne tugendhafte Menschen, so sagt er, gibt es keine Republik. Er irrt nicht, wenn er glaubt, daß unsere wichtigsten Bedürfnisse Moral und Bildung sind. Bolívars Leitmotiv heißt: »Die beste Politik ist die Aufrichtigkeit«. »Das Glück besteht in der praktischen Verwirklichung der Tugend«. Ohne eine moralische Regierung verirrt sich die Gesellschaft, und es ist dabei nicht zu vergessen, »daß es manchmal die Menschen sind und nicht die Grundsätze, die eine Regierung bilden«.

Ohne Zweifel ist das hohe geistige Niveau, das weit über Kleinigkeiten erhaben ist, eine moralische Qualität Bolívars. Auch die Standhaftigkeit ist eine. Niemals schwankt er in seinen vorgegebenen Plänen, seinem Willen. »Er verzagt nicht, nein, er wird durch widrige Umstände noch stärker«. »Der Mut, die Geschicklichkeit und die Ausdauer korrigieren das Unglück«, sagte er in seinem ersten politischen Memorandum.

Im März 1830, als Bolívar sich »politisch und für immer tot« erklärt, fällte er im vertraulichen Gespräch mit José Fernández de Madrid ein klares Urteil über seine eigene Persönlichkeit: »Alles, was mir an Niedertracht, Doppelzüngigkeit oder Falschheit nachgesagt wird, ist eine Verleumdung. Was ich gesagt und getan habe, geschah aufrichtig und ohne Lüge. Ich war großherzig zu den meisten meiner Feinde. Ich habe nichts Vorsichtiges oder Vernünftiges getan im Krieg, das man mir als Feigheit auslegen könnte. Die Berechnung und mehr noch die Kühnheit haben mein Handeln auf diesem Gebiet bestimmt.«

Im direkten Hinsteuern auf die Verwirklichung seiner Ziele

hin zeigte sich das Wesen Bolívars praktisch und dynamisch. Sein ganzes Leben lang war er dem Gedanken steter Aktion treu; zu jeder Zeit anerkannte er das kreative Wirken der Energie.

Das Gesetz der Gerechtigkeit, das er als »erstes Gesetz der Natur und universale Garantie aller Bürger« bezeichnet hat, war einer der Hauptfaktoren in Bolívars Denken. Die Gerechtigkeit ist eine empfindliche Sache, die sich auf verschiedenen Ebenen zeigen kann. In der Politik bestimmt der Regierende, vor allem bei der Auswahl der Leute für Ämter, Titel und Aufgaben im Staat. »Ich suche nur die Fähigkeit und Rechtschaffenheit«, sagt Bolívar. »Ich habe nach dem verborgenen Verdienst gesucht, um ihn bei der Prüfungskommission zu erkennen, ich habe mit Sorgfalt jene ausfindig gemacht, die sich bescheiden zu der Verehrung des Gewissens bekannten; der Religion der Gesetze. Von den Kandidaten habe ich nur Rechtschaffenheit verlangt. Die Angeber habe ich nicht beachtet. Ich habe die verborgene Tugend gesucht, um sie zur Lehrmeisterin zu machen. Mein ständiges Prinzip hierbei war ein sehr bekanntes, wenn auch altmodisches, nämlich nicht die einzusetzen, die die Verantwortung fürchten und dem Schicksal der Öffentlichkeit aus dem Wege gehen.« Es war Bolívars Grundsatz, »angesehene Männer einzusetzen, auch wenn sie Feinde sind, den Staat neu aufzubauen auf der Rechtschaffenheit und den Fähigkeiten seiner vornehmsten Bürger, ohne je ein anderes Entscheidungskriterium gelten zu lassen«.

Die Gerechtigkeit im persönlichen Bereich zeigt sich bei Bolívar in einer weiteren ihn auszeichnenden Tugend, der Dankbarkeit. Ihr verschreibt er sich mit ganzen Herzen. Nach seiner Meinung ist die Undankbarkeit eines der größten Verbrechen, dessen sich die Menschen schuldig machen können.

Andere Beispiele seines Gerechtigkeitssinnes: »Das aufgrund eines Verdienstes gewonnene Lob nährt die noble Seele. Die Belohnung des Verdienstes ist der edelste Akt, dessen der Mensch fähig ist. Man muß rechtzeitig belohnen.«

UNBEUGSAME PRINZIPIEN

In seinem Verhalten als Mann der Öffentlichkeit ist Bolívar besonders unantastbar und streng. Im Umgang mit Staatsgeldern geht seine Sorgfalt ins Extreme. Er hält der Wahrheit die Treue, wenn er »die heilige Pflicht eines Republikaners, den Vertretern des Volkes gegenüber Rechenschaft über seine Verwaltung zu geben, eine angenehme Notwendigkeit« nennt. Gegenüber den Bewohnern von Caracas formuliert er 1814 ein konsequentes Gebot steuerlicher Ethik: »Das Finanzministerium gehört nicht denen, die euch regieren. Alle, die mit euren Ausgaben wirtschaften, müssen auch darlegen, was sie damit getan haben.«

Wo er sich in dem Verfassungsentwurf, der dem Kongreß von Angostura unterbreitet wird, auf die Pflichten des Bürgers bezieht, die er wörtlich »Rechte der Gesellschaft« nennt, schließt er unter Betonung die Pflicht ein: »über die legitime Anlage der öffentlichen Gelder zum Wohle der Gesellschaft zu wachen, und vor den Vertretern des Volkes die Betrüger anzuklagen, sei es, daß der Betrug auf seiten der Zahlenden, der Verwalter oder der Regierung, der jene unterstehen, läge.« In dem Entwurf für Bolivien wird als Bürgerpflicht aufgeführt: »Über die Bewahrung der öffentlichen Freiheiten zu wachen.« In jedem Falle suchte Bolívar eine Demokratie nicht nur der Vertretung, sondern der Teilnahme. Es genügte nicht, das Gesetz zu befolgen. Es war notwendig, daß jeder Bürger sich als eifriger Hüter seiner Erfüllung fühlte und handelte.

Die Rechtschaffenheit in der Verwaltung ist für ein Volk der sicherste Prüfstein für die moralische Stärke seiner Regierung. Bolívar besteht diese Prüfung glänzend. Mehr noch, er geht bis zur totalen Selbstlosigkeit. Ihn interessierten weder Gehälter noch Einkünfte. Er tritt seine politische Laufbahn als reicher Mann an — 1804 schätzt man sein Vermögen auf 4 Millionen Pesos —. Im Krieg verbraucht er es. 1828 tut Bolívar den lapidaren Ausspruch: »Ich hätte gerne ein materielles Vermögen, um jedem Kolumbianer etwas geben zu können, aber ich besitze nichts. Alles was ich habe, ist ein Herz, sie zu lieben, und ein Schwert, sie zu verteidigen.« Nach 15 Jahren, in denen er ohne eine andere Kontrolle als die seiner rigorosen Prinzipien die Staatskassen von Venezuela, Kolumbien und Peru führt, stirbt er in Armut. In seinem Testament verfügt er: »Ich besitze nichts mehr als das Land und die Minen von Aroa in der Provinz Carabobo, und ein wenig Schmuck, der auf der Liste unter meinen Papieren aufgeführt ist.«

Dabei ist der Genauigkeit halber anzumerken, daß die Minen von Aroa — die »Bolívars Vorfahren in der Zeit der Konquista für 40 000 Pesos« erworben hatten, bereits mit Hypotheken belastet worden waren, damit der große englische Pädagoge Joseph Lancaster nach Venezuela geholt werden konnte; so stellte Bolívar sein Eigentum zugunsten eines öffentlichen Interesses zur Verfügung.

In mehreren Zeugnissen wird seine unbeugsame und harte Linie gegenüber der Korruption bestätigt. Am 11. September 1813 verkündet er die Ethik der neuen Ordnung und verteidigt den einzigen Sektor, der den Revolutionären Einkünfte bringen konnte: »Jeder, dem nachgewiesen wird, daß er Betrügereien mit der Tabaksteuer begangen hat oder daß er heimlich Tabak ohne Steuerabgaben verkauft hat oder sie durch Diebstahl oder illegale Machenschaften für sich behalten hat, wird mit Waffengewalt verfolgt, und seine Güter werden beschlagnahmt im Ausgleich für die entstandenen Kosten und Schäden.« Am 12. Januar 1824 stellt er in Lima klar: »Jeder Beamte, dem vor Gericht nachgewiesen wird, daß er öffentliche Gelder mit einer Summe von mehr als 10 Pesos veruntreut oder an sich genommen hat, wird mit der Todesstrafe belegt.« Bei dieser Gelegenheit, wie zuvor in Puerto Cabello, wird festgelegt, daß die gleiche Strafe auch über Richter verhängt wird, die nicht gemäß der ihnen per Gesetz auferlegten Verpflichtung handelten: dasselbe sollte mit Beamten in Venezuela geschehen, die aus Nachsicht, Parteilichkeit oder aus einem anderen Grund die Strafe zugunsten der Übeltäter milderten.

Die unbeugsame Härte Bolívars zeigt sich auch in seinem in

Trujillo (Perú) am 18. März 1824 diktierten Dekret: »Jeder, der beim Zoll, Resguardo, der Hafenbehörde oder einer anderen Abteilung des Finanzministeriums tätig ist und sich an Betrügereien, die dieses betreffen, beteiligt, sei es aktiv oder indem er den Betrug nicht anzeigt, wird mit der Todesstrafe belegt, die unabänderlich angewandt wird.« Derselbe Text enthält eine wichtige Aufklärung der Bürger, die im wesentlichen den Gedanken des bereits genannten Verfassungsentwurfes von Angostura wiederholt: »Jeder Bürger hat das Recht, das Finanzministerium zu überwachen. Seine Beobachtung ist von allgemeinem Interesse. Die Betrüger sind Todfeinde, und in diesem Falle ist die Denunzierung alles andere als eine Schande für den Anzeigenden; sie ist im Gegenteil ein Beweis für seine brennende Sorge um das öffentliche Wohl«.

Gegen Übeltäter jeder Art richtet sich sein Dekret von Lima von 1825: »Jeder, den man beim Diebstahl ertappt, soll nach einer mündlichen Verhandlung standrechtlich erschossen werden.«

Bolívars Antwort auf Santanders Vorschlag, sich beide an der Schirmherrschaft über die Gesellschaft, die den Kanal von Panamá bauen wollte, zu beteiligen, und der ihn mit den verlockenderen und vorteilhafteren Gründen überreden will, ist aufschlußreich: »Ich habe den Brief gelesen, in dem Sie mir vorschlagen, Schirmherr dieser Gesellschaft zu werden, die zur Verbindung der beiden Ozeane durch die Landenge gegründet wird.

Nachdem ich über alles, was Sie mir sagen, gründlich nachgedacht habe, will ich nicht nur auf eine Teilnahme an der Sache verzichten, ich möchte Ihnen auch dringend raten, dasselbe zu tun. Ich bin sicher, daß es niemanden gefallen wird, wenn Sie und ich, die wir an der Spitze der Regierung standen und stehen, uns in rein spekulative Geschäfte mischen. Unsere Feinde, und besonders die Ihren, denn Sie sind näher am Ort des Geschehens, würden uns schlecht auslegen, was nur zum Wohl und zum Profit des Landes geschieht. Dies ist meine Meinung dazu, was Sie tun sollten. Ich für meinen Teil bin fest entschlossen, mich weder in dieses Geschäft noch in irgendein anderes mit kommerziellem Charakter einzumischen.«

Als der Kongreß von Perú ihn u. a. mit einer Million Pesos belohnt, weist Bolívar dieses Geld zweimal zurück. In seiner endgültigen Antwort sagt er, es gäbe keine »menschliche Macht, die mich verpflichtet, ein Geschenk anzunehmen, das mein Gewissen zurückweist. Der Kongreß hat mich Vater und Retter von Perú genannt, er hat mich zum Präsidenten auf Lebenszeit bestimmt, er ließ mein Bild auf eine Medaille eingravieren, er hat mich Befreier genannt, hat mir die Führung von Perú übertragen, und nun bietet er mir ein großes Vermögen. Ich habe alles mit Freuden angenommen, bis auf das letzte, denn die Gesetze meiner Heimat und meines Herzens verbieten es mir.«

Ungeachtet seiner finanziellen Notlage schreibt er am 9. Januar 1824 aus Pativilea an den Präsidenten des Kongresses von Kolumbien: »Ich lehne natürlich die Pension von 30 000 Pesos jährlich ab, die der Kongreß mir in seiner großzügigen Güte zugedacht hat. Ich brauche sie nicht zum Leben, die Staatskasse unterdessen ist leer.«

Mit solcher Selbstlosigkeit war der Vizepräsident nicht einverstanden, und er rügt Bolívar in einem privaten Schreiben: »Hören Sie auf mit der Ablehnung von Gehältern, denn die Erfahrung zeigt mir, daß es das Sicherste ist, eines zu erhalten, von dem man leben kann. Die Dienste und die Dankbarkeit werden vergessen, und keiner reißt sich für den anderen ein Bein aus. Erinnern Sie sich nur an den Sieger von Marathon, der nach seinem Sieg von seinen Landsleuten so viele Ehrungen erhielt. Er wurde später in den Kerker geworfen, weil er seine Schulden nicht bezahlen konnte.«

In jeder Weise waren Bolívars Richtlinien festgelegt, und zwar durch ihn selbst und niemand sonst. Als er gleichzeitig Kolumbien und Peru diente und für die Geschichte beider Staaten verantwortlich war, bezog er wegen seiner übermäßigen Korrektheit von keinem ein Gehalt. Um durch nichts und niemanden gebunden zu sein, außer seinem gewissenhaften und spontanen Willen, befand er sich, wie er zu Santander sagte, in einer wohl einzigartigen Situation: »Ich kann Ihnen nebenbei sagen, daß meine gegenwärtige Stellung so außergewöhnlich ist, daß ich, der ich gleichzeitig Präsident von Kolumbien und Diktator von Perú bin, nichts habe, wovon ich leben könnte. Um nicht im Lohn des letzteren zu stehen, nehme ich das mir dort zugeteilte Gehalt nicht an, und da ich in Kolumbien keine Amtsgewalt habe, kann ich dort keines fordern. So muß ich mir Geld leihen und von geliehenem Geld leben, bis ich nach Guayaquil zurückkehre.«

FREIHEIT UND RUHM

Hartnäckig und wiederholt besteht Simón Bolívar darauf, daß die Ziele und Gründe seines Lebens gleichberechtigt Freiheit und Ruhm sind. Die erste aufgezeichnete Äußerung Bolívars (1795) bezieht sich wie eine sichere Vorahnung genau auf das Thema Freiheit — er war damals 12 Jahre alt —. In seinen letzten Worten (1830), als er den Oberbefehl abgibt und sich von seinen Landsleuten verabschiedet, zeigt sich derselbe Gedanke in einem Resümee seiner Bemühungen gegen die Tyrannei. Die Freiheit ist so Alpha und Omega seines kreativen, großzügigen, romantischen und aufopfernden Seins. Der Ruhm war immer Anstoß seines Handelns. Manchmal stellt er der Freiheit und dem Ruhm als oberste Ziele andere hohe Werte an die Seite. Auch wenn beide, Ruhm und Freiheit, auf derselben hohen Ebene stehen, zögert Bolívar nicht, wenn er sich für eines von beiden entscheiden muß. »Mein größter Fehler ist meine Liebe zur Freiheit. Diese Liebe nimmt mich so gefangen, daß ich darüber selbst den Ruhm vergesse. Ich möchte alles ertragen, ich möchte lieber in meinen Hoffnungen scheitern und als Tyrann gelten und sogar verdächtig erscheinen, aber meine große Leidenschaft, mein höchstes Ziel ist es, der ›Freiheitsliebende‹ genannt zu werden.«

Ein ähnlich starkes Empfinden war so bestimmend in seinem Schicksal, daß er gemäß seinen Worten seinen Charakter änderte und ihn zwang, mehr noch als streng, nämlich unerbittlich zu sein.

»Die Liebe zur Freiheit«, sagte er zu Santander, »hat mich gezwungen, ein Amt anzunehmen, das allen meinen Gefühlen zuwiderläuft.« Von der unerschütterlichen Aufrichtigkeit seines Verhaltens zeugt seine Erklärung von 1823: »Nicht das Wohl der Heimat und nicht der Ruhm machen den geringsten Eindruck auf mich, wenn sie sich gegen den Buchstaben meiner Pflicht wenden.«

Ganz verschieden sind die Zusammenhänge, in denen dieses ihn lenkende Begriffspaar genannt wird. 1828 sagt er: »Ich habe für die Freiheit und für den Ruhm gekämpft, nicht für meinen persönlichen Aufstieg.« Ein Jahr später betont er gegenüber Leandro Palacios: »Ich habe für die Freiheit und den Ruhm gekämpft. Mich nun schmachvoll einen Tyrannen zu nennen, ist das Höchstmaß der Strafe. Zweifeln Sie nicht daran, daß ich zum Äußersten entschlossen bin, wenn Sie dort nicht meinen Ruhm verteidigen.« Kurz und bündig beschrieb er den Uneigennutz: »Ich habe immer geglaubt, daß der Lohn dessen, der für Freiheit und Ruhm arbeitet, nichts anderes sein kann als eben Freiheit und Ruhm.« Von Anfang an war sein Gedanke: »Die Beseitigung der Tyrannen und die Freiheit der unterdrückten Völker sind das einzige Ziel und Streben des Befreiungsheeres, und sie sind auch der einzige Lohn, den es ersehnt.« Wer außer ihm wäre so emphatisch und wahrhaft gewesen und hätte im März 1823 seine Meinung über die Freiheit Perus in alle Winde geschrien, ohne daß ihm jemand hätte widersprechen können? Hier sind seine Worte, ohne etwas hinzuzufügen oder wegzulassen: »Ja, Kolumbien wird in Perú seine Pflicht erfüllen. Es wird seine Soldaten bis nach Potosí schicken und diese tapferen Männer werden nach Hause zurückkehren mit der einzigen Entschädigung, daß sie dazu beigetragen haben, die letzten Tyrannen in der Neuen Welt vernichtet zu haben. Kolumbien erhebt auch nicht auf das kleinste Körnchen peruanischen Bodens Anspruch, denn sein Ruhm, sein Glück und seine Sicherheit werden stark, indem es seine Freiheit bewahrt und seinen Brüdern die Unabhängigkeit läßt.« Für einen kurzen Augenblick, inmitten eines von den Ängsten und den übermenschlichen Anstrengungen des Schaffens gequälten Daseins glaubte sich der Befreier glücklich: »Ich wollte Ruhm und Freiheit, beides habe ich erreicht. Ich habe keinen anderen Wunsch mehr.«

Dieses Begriffspaar, das Bolívars Leben inspiriert und bestimmt hat, ist kein rhetorisches Mittel oder ein gefälliger Kehrreim von zwei leeren Vokabeln. Der Befreier besitzt eine fest begründete Ideologie von anspruchsvollen Kriterien und Prinzipien. Er beweist, daß auch nicht ein einziges Glied in der Kette seiner geistigen Ordnung fehlt.

Die Freiheit ist schlicht und einfach »die Macht, die jeder Mensch besitzt, alles zu tun, was nicht durch das Gesetz verboten ist.« Die Freiheit der Meinungsäußerung ist nicht weniger, »das erste und unschätzbarste Geschenk der Natur. Nicht einmal das Gesetz kann sie jemals verbieten, sondern ihr höchstens gerechte Grenzen setzen.« Folglich ist nach Bolívars Meinung »der Titel Befreier allen überlegen, die der Stolz des Menschen je erhalten hat; es ist ein glorreicherer und befriedigenderer Titel als die Herrschaft über alle Reiche der Erde. Befreier ist mehr als alles andere«. Die Freiheit, schließlich, ist »das einzige Ziel, das das Opfer des menschlichen Lebens wert ist.«

Und was ist der Ruhm? »Der mächtigste Ansporn für die Menschen, der Gefahr die Stirn zu bieten, sich selbst dabei zu vergessen um des Glücks ihrer Mitmenschen willen.« Was Bolívar selbst betrifft, so stammt seine erste entsprechende Aussage aus dem Jahre 1814. »Ich sehe meinen Ruhm darin, gut zu dienen und nicht darin, zu befehlen; die Feinde zu besiegen und die Siegespalme meinen Mitbürgern zu überlassen.« Niemals wird sich sein individuelles und gerechtes Urteil über den Ruhm mit der übernommenen Idee vertragen, wonach Ruhm Macht, Berühmtheit und Reichtum ist. 1826 betont Bolívar: »Ruhm ist nicht das Verlangen von Tugenden, sondern ihre Verwirklichung.« »Ich persönlich glaube«, — so erklärt er 1828, »daß der Ruhm dem Glück tausendmal vorzuziehen ist und daß meine Rache für Kolumbien mehr zu meinen Gunsten wiegt als die niedrigen Vergnügungen des Lebens.« Schon vorher hat er versichert: »Ich werde alle Angebote der Welt für meinen Ruhm verachten.« In der Stunde der bedeutenden Geständnisse führt ihn sein heiterer Mut dazu, dem

Marquis von Toro einen bemerkenswerten Brief zu schreiben: »Meine Trauer kommt aus meiner Philosophie. Ich bin im Wohlstand philosophischer als in der Armut. Dies sage ich Ihnen, damit Sie nicht glauben, daß mein Zustand traurig ist oder gar mein Geschick. Wenn ich traurig bin, dann wegen Euch, denn mein Schicksal hat sich schon so zum Guten gewendet, daß ich kaum noch scheitern werde. Wenn ich alles auf dieser Welt verliere, so würde mir doch der Ruhm bleiben, meine Pflicht bis zum Letzten erfüllt zu haben, und dieser Ruhm wird ewig mein Vermögen und Glück sein.«

Für Bolívar gründet sich der Ruhm auf die Pflicht und das Gute. Kurz und klar gesagt »liegt der Ruhm darin, groß und nützlich zu sein.« Fragt man Bolívar nach dem Begriff Größe, so antwortet er: »Die hervorstechenden Qualitäten, die den großen Menschen kennzeichnen, sind: Mut, der Gefahr zu trotzen, Intelligenz, Sieg, Liebe zum Vaterland und Haß gegen die Tyrannei.« Simón Rodríguez bestärkt seinen Schüler: »Die drei Dinge, die zugunsten eines Mannes der Öffentlichkeit sprechen, sind Mut, Patriotismus und Dienen.« Beide Männer sind sich darin einig, daß der Mut die wichtigste Vorbedingung für die Größe ist. Bolívars Haltung in dieser Hinsicht war immer eindeutig: »Der Mut, die Fähigkeit und die Ausdauer wenden das Unglück.« Wehe den Menschen, wenn diese moralischen Tugenden nicht den physischen das Gleichgewicht halten oder sie noch übertreffen! Der Herr über das volkreichste Land wäre bald Herrscher über die ganze Erde.

»Glücklicherweise ist es oft geschehen, daß eine Handvoll freier Männer mächtige Reiche besiegt hat.« Bolívars Überzeugung wird getragen von seiner bestechenden Logik: »Ohne Energie kommt der Verdienst niemals zum Tragen, und ohne Kraft gibt es keine Tugend, ohne Mut keinen Ruhm. Ein Quentchen Mut war für Cicero nützlicher als all sein Genie«. Bolívar war der Intelligenz ergeben, einer weiteren Säule seiner Größe, und glaubte, daß ihr zur Seite in jedem Falle die Ethik stehen müsse, und daß die Kombination beider die einzige Richtlinie bei der Lenkung der Gesellschaft sein sollte. »Die Menschen mit Bildung und Ehre sind es, die die öffentliche Meinung festlegen sollten. Talent ohne Rechtschaffenheit ist ein Übel.« Liebe zum Vaterland und Haß gegen die Tyrannei sind ein weiteres verwandtes und sich ergänzendes Begriffspaar. Über den Patriotismus tat er den lakonischen, großartigen und absoluten Ausspruch: »Die Heimat ist allem anderen vorzuziehen.« Was die militante und radikale Unnachgiebigkeit gegenüber dem Despotismus betrifft, lautet das Motto: »Es ist immer groß, edel und gerecht, sich gegen die Tyrannei, die Usurpation und einen zerstörerischen und ungerechten Krieg zu verschwören«. Und hier eine Botschaft an die Mutigen und Entschlossenen: »Alle Völker der Erde, die für die Freiheit gekämpft haben, haben am Ende ihre Tyrannen vernichtet.«

Was das Erreichen einer nützlichen Sache betrifft, so antwortet Bolívar mit Taten: keine Aufgabe ist niedrig, verachtenswert oder unwürdig, wenn sie sich auf ein positives und übergeordnetes Ziel richtet. Bolívar vergibt sich nichts in seiner gehobenen Position, wenn er sich mit dem in einem Krieg anfallenden Kleinkram, den unendlich vielen Details der Logistik, beschäftigt. Die Hinweise in seinen Schriften auf Lebensmittel (Reis, Fisch, Kekse, Fleisch, Bananen, ...), über Nägel für die Hufeisen, Papier, Nadeln, Schuhe, Wachstuch für Mützen, Hemden und Hosen ... sind zahllos. Allem schenkte er seine Aufmerksamkeit. Er sagte, er wäre bereit, »bis zum Pol« zu gehen, um die Dinge zu besorgen, die er für den Krieg benötigte. Seiner Meinung nach war jede Stellung zum Dienen geeignet. Immer Dienen.

Zu jeder Zeit war die Persönlichkeit Bolívars in sich abgerundet. Als sich im Dezember 1830 dieses beispielhafte Leben dem Ende zuneigt, faßt er in seinem Eifer nach Synthese und Konsequenz mit sich selbst alles zusammen, was er versprochen hatte, was die materiellen Ziele betrifft und auch die geistige Ordnung. Als er am 4. August 1826 die Medaille entgegennimmt, die ihm sein geliebtes Bolivien verleiht, sagt er: »Ich werde sie mein ganzes Leben lang als Zeichen meiner tiefen Wertschätzung Boliviens bewahren und dieses Geschenk des Staates bei meinem Tod dem Gesetzgeber zurückgeben.« Am 10. Dezember 1830 verfügt er in seinem Testament: »Es ist mein Wille, daß die Medaille, die mir der Kongreß von Bolivien im Namen des Volkes verliehen hat, diesem Kongreß zurückgegeben wird, wie ich es angeboten habe, als Zeichen meiner aufrichtigen Zuneigung, die ich auch in meinen letzten Stunden gegenüber dieser Republik empfinde.«

Sein Wirken als Leitbild der Völker der Neuen Welt, die noch immer nach einem sicheren Weg suchen, ist von enormer Reichweite. Mario Briceño Perozo, ein kompetenter Historiker und Pädagoge, betont die Pflicht, die ganz Amerika obliegt: »In der Schule, im Gymnasium, in der Universität, in der Kaserne, in der Werkstatt, überall muß der Befreier gegenwärtig sein. Ihn dort überall hinzubringen, dafür zu sorgen, daß sein Geist unvergänglich, unersetzbar wird, ist die Aufgabe geistiger Führung. Diese weiß besser als jede andere, daß sie den Menschen, die sie täglich geistig formt, die Lehre Bolívars einprägen muß, wenn es wahr ist, daß es das Ziel der Erziehung der Bürger ist, freie Menschen zu schaffen, die das Recht des anderen achten und die menschliche Würde hartnäckig verteidigen.«

III.
Chronik des Dienstes

ZEIT DER ENTSCHEIDUNGEN

Nach Aussage von Simón Rodríguez, und diese wird von verschiedenen Seiten bestätigt, durchstreifte Bolívar an einem warmen Abend des Jahres 1805 — genau am 15. August — in Begleitung von Simón Rodríguez selbst und Fernando Toro die Umgebung von Rom und erklärte am bekannten Monte Sacro feierlich und deutlich: »Ich schwöre vor Euch, vor dem Gott meiner Eltern und vor ihnen selbst, bei meiner Ehre und meiner Heimat, daß mein Arm nicht ruhen und meine Seele nicht Frieden haben wird, bevor ich nicht die Ketten zerbrochen habe, die uns durch den Machtwillen der Spanier unterdrücken«.

Welches war seine Heimat? Caracas, Venezuela, Amerika? Die Welt, die Kolumbus »schuf«? Die Situation in all diesen Gebieten, und somit in der Gesamtheit, war offensichtlich und dem Wesen nach die gleiche, wenn auch zwischen den einzelnen Ländern bis zu einem gewissen Grad Unterschiede bestanden. Man lebte innerhalb eines kolonialen, absolutistischen und abhängigen Regimes, ohne Freiheiten irgendeiner Art; in einer versklavten, ungleichen und ungerechten Gesellschaft; auf einem aus vielen Einzelteilen bestehenden, weiten und im Vergleich zu Europa sehr rückständigen Kontinent.

In seiner Geburtsstadt Caracas nahm Bolívar aufgrund seiner Herkunft und des Reichtums seiner Eltern seit seiner Kindheit eine Stellung außerhalb der Gemeinschaft der Durchschnittsbürger ein. Alles was ihn betraf, konnte nicht unbemerkt bleiben. Sein Waisentum, seine Erziehung, die Flucht aus dem Haus des Onkels, die Zuflucht bei seiner Schwester, seine Entsendung nach Madrid waren sicher Thema des täglichen Lebens im Kreis der

Kreolen des damals kleinen Caracas. Aus dieser Zeit stammen die ersten eindeutig aufgezeichneten Worte der sich abzeichnenden Persönlichkeit Bolívars und die ersten schriftlichen Unterlagen, die von ihm erhalten sind. Bolívar war damals 12 Jahre alt, und das Thema war, wie bereits erwähnt, das, was immer sein Thema sein würde, die Freiheit. Der Sekretär der Kammer der Real Audiencia hörte zwar, wollte aber nicht niederschreiben — wie es der Onkel sorgfältig tat — wie der Kleine sagte, »die Gerichte können ruhig über seine Güter verfügen und damit machen, was sie wollen, aber nicht über seine Person; und wenn die Sklaven die Freiheit hätten, ihren Herrn zu wählen, dürfte man ihm zumindest nicht verbieten, in dem Haus seiner Wahl zu leben.«

Zu Beginn des Jahres 1797, als Bolívar noch nicht ganz 14 war, trat er als Kadett in das Bataillon der Milicias Blancos in Aragua ein. Sein Vater war Oberst dieser Truppe gewesen. Viele Umstände weisen darauf hin, daß Bolívars Vormunde für ihn die angesehene und vornehme Militärlaufbahn vorgesehen hatten. Im Juli 1798 wurde er zum Unterleutnant befördert. Dafür gab es gute Gründe. In den Dienstbüchern dieser Jahre steht: »Mut: bekannt. Fleiß: hervorragend. Befähigung: gut. Führung: gut.« So begann der Weg junger Männer edler Herkunft.

Nach Spanien reiste er 1799. Damit verwirklichte er den Traum, den er fünf harte Jahre lang aufgrund familiärer Schwierigkeiten hatte aufschieben müssen, er ging zu seinem geliebten Patenonkel Esteban Palacios. Am 31. Mai trifft er in dem baskischen Hafen Santoña ein. Am 10. Juni kommt er nach Madrid.

In der spanischen Hauptstadt verliebte sich der unbefangene junge Mann aus Caracas in ein schönes Mädchen, eine Verwandte. Die Heirat fand nicht sofort statt, weil der Vater der Braut es wegen der Jugend des Bräutigams nicht erlaubte. Im Jahre 1802 schließlich, nachdem König Karl III. in Aranjuez seine Erlaubnis erteilt hatte, konnte der venezolanische Offizier Hochzeit feiern. Alles läuft nun mit großer Geschwindigkeit ab, die Rückreise nach Venezuela und die plötzliche Witwerschaft: nur acht Monate ehelichen Glücks waren ihm gegönnt.

Nach der Katastrophe, die der Tod erneut in seinem Leben angerichtet hat, kehrt der junge Bolívar nach Europa zurück. Entscheidend in der Geschichte des Mannes aus Caracas ist das Jahr 1804. Zwei Ereignisse, zwei Begegnungen mit zwei sehr unterschiedlichen Persönlichkeiten und unter sehr verschiedenen Umständen tragen zu einem totalen Richtungswechsel bei. Die erste fand im Pariser Haus der Fanny Du Villars statt. Dort lernt Bolívar den Baron von Humboldt kennen, der erst vor kurzem von seiner ausgedehnten Reise durch die Neue Welt zurückgekehrt ist. Bei der Erörterung der Zukunft Amerikas kommen sie auf die Politik zu sprechen. Bolívar spricht dabei von Unabhängigkeit, und der weise Deutsche antwortet: »Ich glaube, daß Ihr Land schon reif dafür ist, aber ich sehe noch nicht den Mann, der das verwirklichen könnte.«

Die zweite Begegnung war jene mit Napoleon, als dieser in den Straßen von Paris umjubelt wurde. Bolívar sagt mit klaren Worten: »Damals hatte ich bereits ein wenig Interesse an den Belangen der Öffentlichkeit. Die Politik interessierte mich und beschäftigte mich, und ich verfolgte ihre verschiedenen Bewegungen. In Paris sah ich im letzten Monat des Jahres 1804 die Krönung Napoleons. Dieser großartige Akt begeisterte mich. Weniger der Pomp als die Liebe, die ein riesiges Volk dem französischen Helden bezeugte. Dieser allgemeine Überschwang der Herzen, diese freie und spontane Bewegung des Volkes, das durch die Ruhmes- und Heldentaten Napoleons zum Ausbruch kam, dem in diesem Augenblick mehr als eine Million Menschen zujubelte, schien mir für den, dem solche Emotionen galten, das höchste Ziel, der letzte Wunsch und Streben des Menschen zu sein. Die Krone, die sich Napoleon auf das Haupt setzte, erschien mir armselig und übertrieben. Was ich als großartig ansah, war die allgemeine Akklamation und das Interesse, das seiner Person entgegengebracht wurde. Dies, so gestehe ich, ließ mich an die Sklaverei in meiner Heimat denken und den Ruhm dessen, der sie davon befreien würde.«

Einige Monate später, im Alter von 22 Jahren, wird Bolívar in Rom schwören, sich der Freiheit seiner Heimat zu widmen. Seine

Kommentare vom 10. Mai 1828 an Peru de Lacroix sind aufschlußreich: »Wenn ich nicht Witwer geworden wäre, hätte mein Leben vielleicht einen anderen Lauf genommen. Ich wäre weder der General Bolívar noch der Befreier, wenngleich ich auch zugebe, daß ich mich nicht zum Bürgermeister von Mateo geeignet hätte. Ohne den Tod meiner Frau wäre ich nicht ein zweites Mal nach Europa gereist. Der Tod meiner Frau lenkte mich sehr früh auf den Weg der Politik. Er ließ mich dem Wagen des Mars folgen und nicht dem Pflug der Ceres. Sie sehen also selbst, ob er mein Geschick beeinflußt hat oder nicht.«

Die Jahre dieser Europareise — 1803 bis 1807 — sind für Bolívar entscheidend aufgrund der Vielzahl von Erlebnissen und Kenntnissen und der eindeutigen Richtung, die Bolívar seiner weiteren Laufbahn gibt.

Ganz klar ist die komplexe Situation erkennbar, in der die Wurzeln der Persönlichkeit Bolívars verankert sind. Im Hause eines so angesehenen Bürgers in Caracas war die Politik nicht fremd. Der Vater, Oberst der Milizen von Aragua, hatte kurz vor Simóns Geburt an einer Verschwörung gegen den Despotismus des Intendanten Abalos teilgenommen, der die Geschäfte der Mantuanos sehr beschränkte. Zusammen mit dem Marquis von Mijares und Martín Tovar schrieb Juan Vicente in eindeutiger Weise an Francisco de Miranda. Andererseits machte die aufsehenerregende Hinrichtung von José Leonardo Chirinos im Dezember 1796, dem Märtyrer im Widerstand gegen die Unterdrükkung und blutigen Vergeltung zahlloser Demütigungen, zweifellos einen starken Eindruck auf den Jungen, der ein Jahr zuvor »Freiheit« verlangt hatte zu leben, wo er wollte. Mit der Bewegung Chirinos' wird die von Picornell, Gual und España ausgelöst, an der, wie gesagt wird, auch der Lehrer Bolívars beteiligt war, der geniale Simón Rodríguez. Obwohl der kreolische Erzieher bei der Verhandlung dieses Putsches nicht genannt wird, so war er doch sicher in die Verschwörung seines Kollegen aus Mallorca verwickelt. Diese Version vertreten anerkannte Historiker, wie Alfonso Rumazo González in seiner Biographie des Befreiers. Rodríguez wäre kurze Zeit gefangengenommen und von seinem anhänglichen Schüler im Gefängnis besucht worden. Eine unvergeßliche Erinnerung mußte dies für den heranwachsenden Bolívar sein, der 1797 in die Miliz eintrat, und den die plötzliche Abreise seines Mentors — vermutlich zusammenhängend mit den revolutionären Ereignissen — wie zum dritten Mal zur Waise machte.

Aus all dem Gesagten wird verständlich, daß Simón Bolívar während eines Zwischenaufenthaltes in Mexiko auf seiner ersten Reise, als er vom Vizekönig Azanza über diese Ereignisse in Caracas befragt wird, die wenige Monate später José María España an den Galgen bringen werden, mit einer gewissen unklugen Verärgerung antwortet und so seine Sympathie mit den heroischen Verschwörern kundtut und mit Bitterkeit das absolutistische Regime kritisiert, dem sie zum Opfer gefallen sind. Nach Aussagen des Historikers Felipe Larrazábal, die im wesentlichen von O'Leary bestätigt werden, wird Bolívar selbst sich daran erinnern, daß er bei dieser Gelegenheit »ohne zu zögern die Berechtigung der Unabhängigkeit Amerikas verteidigt« hat.

Als Simón Bolívar im Juni 1807 nach Venezuela zurückkehrt, nach spanischem Recht noch minderjährig, ist er bereits eine Persönlichkeit. Sein Landhaus am Guaire wird zu einem Treffpunkt, wo ohne Zurückhaltung das Urteil über die zeitgenössische Politik gefällt wird und wo Komplotte geschmiedet werden. Es ist eine wahrhafte Verschwörung, die 1808 in geheimen Zusammenkünften Adliger angezettelt wird, in denen man schließlich von einer »Junta oder Kongreß der Kreolen« — Junta Superior Gubernative — spricht und sogar von einer »Partei junger Leute«, zu deren aktivsten Anhängern die Brüder Bolívar gehören. Die subversive Tätigkeit wird entdeckt und der kränkliche Gouverneur verfügt, daß einige der Aufrührer die Hauptstadt Caracas nicht mehr betreten dürfen. Bolívar muß Caracas verlassen, wo die Politik nach den spanischen Richtlinien weitergeht und sich entwickelt bis zum erfolgreichen Umsturz am 19. April 1810.

CARACAS AN DER SPITZE

Mit Geschick und Vorsicht ist Bolívar den Schwierigkeiten der wirren Jahre 1808 und 1809 aus dem Wege gegangen. Die Kreolen haben sich die Idee des unüberlegten Juan de Casas, Capitan General, zu eigen gemacht, eine Junta wie die von Sevilla zu bilden, die den Herrscher, der vom Thron vertrieben wurde, vorübergehend vertreten soll. Und sie formieren sich sofort. Die Offiziere der Mischlingsmilizen und die Schichten des gesamten Volkes stärken erneut den spanischen Behörden den Rücken gegen diesen Angriff der Aristokraten. Einer der Hauptakteure in dieser Angelegenheit wird nach Spanien geschickt. Das Volk bringt der Sache der Mantuanos keinerlei Sympathie entgegen, die selbst die Diskriminierung der Mehrheit der Mischlinge unterstützen, die sich vor kurzem erst gegen die Cédula de Gracias al Sacar gestellt haben und die sich die Universität und das Seminar als exklusiv für sie bestimmte Hochburgen bewahrt haben. Sie herrschen im Consulado; in der Kirche hatten sie bereits einen Erzbischof — Monsignore Francisco de Ibarra. Ihnen fehlt nur die politische Macht, denn in Wirtschaft, Gesellschaft, Kultur und Religion nehmen sie bereits eine beherrschende Stellung ein. Auf jeden Fall erweckt der König im Volk mehr Zuneigung, da er sich bei den innergesellschaftlichen Streitigkeiten im allgemeinen zugunsten der niederen Schichten ausspricht. Die Milizen der Mischlinge sind die treue Stütze der Krone, die nun auf dem Haupt Ferdinands ruht.

Das Verhalten des Volkes ist verständlich. Es wäre zuviel verlangt gewesen, daß die unteren Schichten der Gesellschaft mit Wohlwollen, wenn auch passivem, einem Wandel zusahen oder ihn sogar befürworteten, der ihnen als klare Bedrohung erschien. Im Verlauf der Konflikte innerhalb dieser Gemeinschaft äußerte sich der König — unter der Dynastie der Bourbonen — immer zugunsten des Volkes und gegen die stolzen Aristokraten, im Mutterland ebenso wie jenseits des Ozeans. Das Volk kannte sehr gut die Cédula de Gracias al Sacar, die den »Kauf« bestimmter Vorrechte gestattet, sozialen Aufstieg und Anerkennung gegen Zahlung einer gewissen Gebühr. Ausgiebig wurde in der Kolonie über die Entscheidungen und Verordnungen liberaler Art gesprochen, die der König ungeachtet des Protests der Mantuanos unterzeichnete. Genau diese Neigung zu dem — wie sie es bezeichneten — niederen Volk, nahm der Krone die Sympathie der Mächtigen und Einflußreichen der Kolonie, die im übrigen an der Beendigung der Abhängigkeit interessiert waren. Sieht man die Sache aus dem Blickwinkel der niedrigeren Schichten, so stellten die Kreolen eine greifbare Gefahr für die Ziele des Volkes dar. Ein weit entfernter, verständnisvoller und guter Monarch war einer örtlichen stolzen und arroganten Macht vorzuziehen. Es muß nochmals mit Nachdruck betont werden, daß die Mischlinge, d. h. die Hälfte der Bevölkerung zu dieser Zeit in Caracas noch immer keinen einzigen öffentlichen Raum zur Unterrichtung ihrer zahlreichen Nachkommenschaft besitzen; das Cabildo hatte ihnen dies 1805 ausdrücklich versagt.

Im Mai 1809 tritt ein neuer Gouverneur und Capitán General, nämlich Vicente de Emparan, sein Amt an. In seinen Bemühungen, die widerspenstigen Kreolen für sich zu gewinnen, ernennt er Simón Bolívar genau an dessen Geburtstag, dem 24. Juli, zum Teniente Justicia Mayor des Ortes Yare. Bolívar wünscht, daß ihm dieses Amt per Vollmacht übertragen wird. Das Ayuntamiento verlangt sein persönliches Erscheinen. Bolívar protestiert.

Am 19. April 1810 hält sich Simón Bolívar in seinem Landgut in Aragua auf. Den Mantuanos gelingt es an diesem Tag mit großem Geschick, die monarchistischen Behörden zu entmachten. Diesmal sprechen sie nicht von einem offenen Bruch mit der Krone; ganz im Gegenteil. Sie geben vor, royalistischer zu sein als die Vertreter des Königs. Sie verkünden, daß der Grund für ihr Handeln die Bewahrung und der Schutz der Rechte des Herrschers sei. Es wird sogar glaubhaft gemacht, daß der Capitán General und der Intendente in bezug auf ihre Loyalität gegenüber den Bourbonen weniger eifrig und verläßlich seien. In der erregten Sondersitzung des Cabildo an diesem Gründonnerstag dringen sieben gesetzte Herren ein, die sich »Abgeordnete des Klerus und des Volkes«, »Abgeordnete des Volkes« und »Abgeordnete des Gremiums der Mischlinge« nennen. So außerordentlich neuartig ist dieses Geschehen, daß der altgediente und versierte Schriftführer mit diesen »Abgeordneten« in seinem Protokoll eine Verwirrung anrichtet. Sie und das ganze Cabildo sind der Schlüssel zu dem Putsch, Roscio der Berater und Cortés Madariaga der Handelnde.

Die an diesem Tag gebildete Junta Suprema befördert am 24. Mai den Leutnant der 5. Kompanie des Bataillons der Milicias Blancos von Aragua zum Hauptmann der 4. Kompanie derselben Truppe.

Während sich in Venezuela diese Ereignisse abspielen, geschehen in Europa und im übrigen Amerika Dinge von weitreichender Bedeutung. Napoleon erweist der Neuen Welt einen großen Dienst, indem er die alte durcheinanderrüttelt, insbesondere Spanien und Portugal. Die Herrscherfamilie in Portugal wird gezwungen, in Brasilien Zuflucht zu suchen. Dort etabliert sie den Sitz des Reiches. Als sie Jahre später nach Lissabon zurückkehrt, wird ein Prinz — Don Pedro — beschließen, in Brasilien zu bleiben und wird seine Monarchie in Amerika errichten. »Unabhängigkeit oder Tod«, ruft er in Ipiranga. Auf diese Weise erreicht das geduldige Wirken des gelehrten Patrioten José Bonifacio seinen Höhepunkt und 1822 kommt es zur Emanzipation dieses riesigen Teils von Amerika.

Bonaparte hatte diesen Wechsel in Portugal erzwungen, als er seine Truppen durch Spanien bis dorthin führte. Godoy, der Favorit der Königin María Luisa, erwirkte bei ihr diese Durchgangserlaubnis. Dann änderte das französische Heer seine Absichten und beschloß, sich Spaniens zu bemächtigen. Der große Korse rechnete nicht mit dem spanischen Widerstand. Das, und nichts sonst, sollte sein großer Fehler sein. Er sollte ihn als solchen erkennen müssen.

In einem Aufruhr des spanischen Volkes wurde der dekadente König Karl IV. von den Massen zur Abdankung zugunsten des jungen und sympathischen Ferdinand VII. gezwungen. Napoleon aber, schon Herr der Lage und mit seinem merkwürdigen Legitimitätsfimmel, ließ die Geschehnisse zurückdrehen, um sie in die ihm genehmen Bahnen zu lenken. Er veranlaßte, daß der Sohn seinem in Ungnade gefallenen Vater den Thron zurückgab, und dieser wiederum sollte in Bayona das spanische Szepter dem Bruder Napoleons, José Bonaparte, übergeben.

Die spanische Reaktion gegen den gallischen Besatzer, die Bildung der Junta Central und später des Consejo de Regencia, sowie das Heldentum des spanischen Volkes in der Verteidigung seiner Nationalität hatten natürlich ihr Echo in der Neuen Welt. Die Gesandten Napoleons scheiterten in ihrem Vorhaben, als Boten der neuen Lage empfangen zu werden und auf friedliche Weise zu erreichen, daß die Abhängigkeit von Spanien und den Bourbonen, mit denen es zu Ende ginge, in eine Kolonialisierung durch Frankreich und die aufsteigenden Bonapartes umzuwandeln.

Mit der Treue zu Ferdinand als Vorwand begann die venezolanische Revolution. Die in den Geschehnissen von Caracas Gescheiterten wird es trösten, daß »das Volk an diesem gut eingefädelten Kampf nicht teilnimmt«.Der Wechsel dort erfolgt schnell und sicher. Es werden der Capitán General ersetzt, der Intendente, die Herren von der Audiencia, der Auditor de Guerra, der allgemeine Berater der Regierung und der Teniente Gobernador. Kraft der nun angenommenen obersten Gewalt werden Leute in diese Ämter eingesetzt, die das Vertrauen der neuen Ordnung besitzen. Schnell wird der neue militärische Apparat aufgebaut. Es wird eine Regierung gebildet, in der die Sieger umfassend vertreten sind, nämlich die Schicht der Kreolen. Aus diesem Grund ist sie homogen und umfangreich: 23 stimmberechtigte Mitglieder, 2 Präsidenten, zwei Juntas, die eine für Krieg und Verteidigung, die andere für das Finanzwesen zuständig, mit je 7 Mitgliedern; ein Polizeigericht mit einem Richter und 12 Abgeordneten. Eine übermäßige Anzahl von Magistratsräten für eine Provinz, auch wenn sie die größte wäre, denn man wußte nicht, welche Antwort der Rest der Konföderation geben würde.

Die Junta Suprema fordert die übrigen Provinzen auf, dem Beispiel von Caracas zu folgen. Verschiedene Boten werden eilig ins Innere des Landes entsandt, um den erfolgten Schritt zu erklären und die Zustimmung dazu einzuholen. Die einflußreichen regionalen Oligarchien, Gegenspieler und Rivalen der in Caracas ansässigen, enthüllen bei dieser Gelegenheit, wie wenig einverstanden sie mit der von Karl III. angeordneten Integration waren, die ihnen ihre traditionelle Individualität nahm und sie Caracas unterstellte. Guayana bekennt sich nach anfänglichem Schwanken zum Consejo de Regencia; auch Maracaibo beharrt fest in seiner Opposition gegenüber Caracas. Die Stadt Coro nützt die Unruhe, um sich von Caracas zu lösen; sie geht sogar so weit zu unterstellen, daß es nach der Entmachtung der Behörden der Konföderation keine Hauptstadt mehr gäbe und daß Coro selbst, nachdem es die älteste Stadt des Landes sei, dieser Rang zustünde.

Alle anderen Provinzen erklären ihre bedingte Solidarität mit dem aufständischen Caracas. Sie sagen ihre Anerkennung zu für den Fall, daß jeder von ihnen eine gewisse Autonomie zugestanden wird. Es ist hier zu beachten, wie — da die venezolanische Union noch sehr jung war — die unterordnenden Zwischenverbindungen und die Anerkennung Caracas' akzeptiert waren und als wie schwach sie sich herausstellten.

Wenn die Junta Suprema sich im sozialen und wirtschaftlichen Bereich sehr geschickt verhält, so pflegt sie auch mit Sorgfalt den internationalen Sektor, den die Bewohner von Caracas zum Teil schon positiv betrachten. Der kontinentale Geist, der schon im Miranda so klar zutage getreten war, ebenso wie in den Schriften der Verschwörung von Picornell, Gual und Espãna, zeigt sich erneut in aufrichtigen Worten und Initiativen. Eine Woche nach dem 19. April wendet sich die Junta von Caracas an alle Cabildos Amerikas und fordert sie zur Nachahmung des venezolanischen Beispiels auf.

Dieses Zeichen der Öffnung nach außen, des Altruismus und der politischen Berufung hatte sich schon seit langem angekündigt. In der »Historia« von José de Oviedo y Baños, dem ersten Geschichtswerk, das über dieses Land geschrieben wurde, wird dieser Wesenszug erwähnt, von dem auch Humboldt sprach.

Unter der Leitung Roscios werden diplomatische Missionen gebildet, um Unterstützung für das neue Unternehmen zu suchen. Die wichtigste dieser Botschaften wird Simón Bolívar anvertraut, der damals 26 Jahre alt ist und schon zum Oberst ernannt wird, wenige Tage nach seiner Beförderung zum Hauptmann, mit ihm schickt man Luis López Méndez. Beide schlagen vor, der Delegation noch den ernsthaften und verantwortungsvollen Andres Bello zuzuteilen, was auch genehmigt wird. Das Trio geht nach London. Von Juli bis September erfüllen sie ihre Aufgabe. Bolívar erklärt das Werk der Männer aus Caracas.

Es handelt sich nicht darum, die Rechte Ferdinands III. zu wahren, sondern den Weg zur Unabhängigkeit zu öffnen.

Der Kontakt zwischen Bolívar und Miranda in London ist sehr wichtig. Der Vorkämpfer kehrt auf Anregung Bolívars nach Caracas zurück. Als er in Guaira eintrifft, ist sich die Regierung unschlüssig, ob sie ihn empfangen soll, denn es scheint wenig logisch, einen überzeugten Feind des Königs, in dessen Namen man ja die Macht ausübt, zu akzeptieren. Eine geschickt in die Wege geleitete Demonstration des Volkes begleitet Miranda im Triumphzug bis nach Caracas. Der Vorkämpfer ist in seine Heimat zurückgekehrt, und er kommt rechtzeitig, um Abgeordneter für El Pao zu werden.

Auf dem Weg zu seinem internationalen Ziel tut Venezuela am 28. Mai 1811 einen wichtigen Schritt, als auf Initiative seiner Regierung von seiner und der Regierung des benachbarten Cundinamarca, das gleiche brüderliche Gefühle hegt, das erste diplomatische Dokument in der Geschichte der beiden Völker unterzeichnet wird, nämlich ein Vertrag über eine Allianz und Föderation. Der Beauftragte von Caracas, José Cortes de Madariaga, legt den Grundstein für Kolumbien, das PATRIA MAYOR, das Miranda und Bolívar so teuer ist. In Wahrheit ist es eine Fusion, mehr als eine Allianz, die der dynamische und gebildete chilenische Kanonikus in wenigen Wochen zustande bringt. Der Vertrag wird am 22. Oktober desselben Jahres (1811) vom venezolanischen Kongreß ohne Einwände ratifiziert. In seinen Artikeln ist außer der logischen politischen Materie auch eine Klausel enthalten, die über das außerordentliche Interesse an kulturellen Dingen in jener glanzvollen Zeit Aufschluß gibt: »Die Schulen, Gymnasien und Universitäten beider Staaten sind ihren Bürgern gleichberechtigt zugänglich, ohne daß für den Unterricht irgend etwas gefordert würde.«

Die Dokumente der Junta Suprema besitzen eine außergewöhnliche Qualität und hohes Niveau. Die neue Regierung zeigt sich vor allen Nationen und vor der Geschichte mit sicherer Würde. Die Argumentation für die ergriffenen Maßnahmen ist brillant, gut fundiert und überzeugend. Die Adligen des 19. April und auch die Parlamentarier von 1811, die denen sehr nahe stehen, die in der Presse und in der Sociedad Patriótica (Patriotische Gesellschaft) die Meinungen bestimmten, haben die Gabe des richtigen Wortes und der erforderlichen Kenntnisse. Die Schriftstücke der politischen Umformung sind wahre Meisterwerke. Eine beneidenswerte Gliederung der bürgerlichen und staatlichen Pflichten und eine einzigartige Beherrschung der Dialektik treten in diesem so klugen Verhalten jener Jahre zutage. Wenn die Kontroverse mit Spanien auf einem öffentlichen weltweiten Forum hätte verhandelt werden sollen, vor Gelehrten des öffentlichen Rechts und im Licht der unparteiischen Vernunft, so wäre das Urteil aufgrund der Fähigkeit seiner Verteidiger sicher zugunsten Venezuelas ausgefallen.

Der erste Kongreß wurde von der Junta Suprema einberufen, um einen Ausweg aus der provisorischen Lage zu finden, und er trat am 2. März mit Vertretern aus Cumaná, Margarita, Barcelona, Barinas, Caracas, Mérida und Trujillo zusammen.

Nach seiner Rückkehr nach Caracas und der Erfüllung seines Auftrages in London setzt sich Bolívar mit Wort und Tat stark für die separatistische Bewegung ein. Schauplatz seiner Bemühungen ist die Sociedad Patriótica. Seine Rede, zusammen mit denen von Antonio Muñoz Tébar und José Felix Ribas, am Jahrestag der Revolution, dem 19. April 1811, gehört zu den heftigsten und radikalsten.

Am 4. Juli erreicht der Druck auf den Kongreß seinen Höhepunkt. Kernpunkt der Debatte ist die Unabhängigkeit. Es ist dies ein juristischer und politischer Wettkampf, der in gewisser Weise an die verfassunggebende Versammlung 1789 in Frankreich erinnert.

Roscio handelt erstaunlich klug. Am 5. Juli erklärt das herrschende Organ feierlich die Unabhängigkeit. Allein der Abgeordnete Maya aus La Grita verweigert seine Zustimmung. Die Provinzen Guayana, Maracaibo und Coro sind nicht dabei.

Mit der Unabhängigkeit erreichen die Kreolen die volle Herrschaft. Ihnen hatte nur die politische Macht gefehlt. Herren waren sie bereits auf dem wirtschaftlichen, sozialen und kulturellen Sektor. Sie triumphieren im Aufstand gegen den Grundsatz »capitis deminutio« (Minderung der Rechtsfähigkeit), der sie in ihrem eigenen Land zu Menschen zweiter Klasse gemacht hatte. Noch befangen in der Euphorie des großen Wandels strebt man danach, die versprochene Ordnung gemäß den Anforderungen der neuen Zeit und den Erfordernissen der neuen Gesellschaft zu schaffen. Der Sieg war möglich gewesen durch die Einigung aller sozialen Schichten von Caracas; aber sobald die Mantuanos den Gipfel erreichen, wollen sie sich derer entledigen, die ihnen noch vor kurzem unersetzliche Stützen waren.

Und wieder zeigt sich die panamerikanische Haltung Venezuelas. In »der ersten freien und parlamentarischen Verfassung, die es auf dem amerikanischen Kontinent gibt«, die am 21. Dezember 1811 in Caracas angenommen wird, ist in einem wichtigen Abschnitt eine juristische Neuheit zu lesen. Darin sagen die Vertreter der venezolanischen Provinzen: »So wie der Herrscher des Universums in unsere Herzen die aufrichtige Freundschaft und Gemeinschaft unter uns und all den anderen Bewohnern des amerikanischen Kontinents, die sich uns anschließen wollen in der Verteidigung unserer Religion, unserer natürlichen Souveränität und unserer Unabhängigkeit, eingepflanzt hat, so verpflichten wir uns und versprechen, jeden einzelnen Teil der Verfassung getreu zu erfüllen«. Angefügt wird die folgende bemerkenswerte Versicherung: »Wir werden jedoch diese Entschlüsse jederzeit ändern in Übereinstimmung mit der Mehrheit der Völker dieses Kontinents, die sich in einem natürlichen Organ zur Verteidigung und Bewahrung ihrer Freiheit und politischen Unabhängigkeit vereinigen möchten, indem wir diese Entschlüsse abändern, korrigieren und anpassen, je nach Erfordernis und Mehrheit und gemeinsamer Übereinkunft, in allen Dingen, die eine direkte Verbindung mit den gemeinsamen Interessen der genannten Völker haben, und die von dem Organ ihrer rechtmäßigen Vertreter in einem allgemeinen Kongreß Kolumbiens oder eines größeren Teils davon vereinbart und von den Verantwortlichen gutgeheißen werden.«

Was hier versprochen wird, erfüllt die Verfassung selbst in ihren Ausführungsbestimmungen. So wird von den Mitgliedern des Triumvirats an der Spitze der Exekutive in Venezuela im Artikel 73 lediglich verlangt: »auf dem amerikanischen Kontinent oder seinen Inseln (vormals Spanisches Amerika genannt) geboren zu sein.« Auf diese Weise eröffnet der erste Kongreß die Möglichkeit, daß die Führung Venezuelas in den Händen eines Bewohners eines beliebigen Staates unserer lateinamerikanischen Welt liegen kann.

Bolívar übernimmt unter der verfassungsmäßigen Regierung der Ersten Republik lediglich die militärischen Funktionen, die ihm im Juli 1811 und im Juli 1812 übertragen werden. In der Politik bekleidet er keine außergewöhnliche Position. Miranda, der mehr als genug Verdienste für die Übernahme der Führung aufweisen könnte, wird jedoch übergangen, als die oberste Regierung gebildet wird. Die Auserwählten sind Cristóbal Mendoza, Juan Escalona und Baltasar Padrón. Alle drei sind rechtschaffene und ehrbare Aristokraten, die sich im Kampf um den Frieden und im Dienst von Bürgersinn und Recht ausgezeichnet haben. Das Vaterland will in seinem Anfang sein Geschick jenen anvertrauen, die Standhaftigkeit und Tugend besitzen. Eine derartige Exekutive ist geeignet für ruhige Zeiten, wird sich jedoch als schwerfällig und unwirksam erweisen in kritischen Zeiten, die nicht lange auf sich warten lassen.

Es wird einen Generationswechsel geben, und auf dem Höhepunkt der Erneuerungswelle, die sogar den Vorkämpfer zu Fall bringt, wird Simón Bolívar die Führungsverantwortung übernehmen müssen.

DER KRIEG BEGINNT

Gegen die neue Regierung von Venezuela verschwören sich die unerwartetsten und außergewöhnlichsten Feinde. Die Natur selbst scheint in einem verheerenden Erdbeben am 26. März 1812 den Aufstand zu ermutigen, der sich unter der Anführung von Domingo Monteverde von Coro bis ins Zentrum ausbreitet. Mit Monteverde kommen die Kanarier. All die vielen Demütigungen und die enttäuschten Hoffnungen in bezug auf die Unabhängigkeit, weil man ebenfalls das spanische Joch abzuschütteln hoffte, verschaffen sich Genugtuung in diesem Rachefeldzug.

Die Erste Republik muß sich der Notlage stellen, und wie in den Krisen des klassischen Rom macht das verfassungsgemäße Triumvirat einem Diktator Platz. Diesmal wählt man Miranda, vielleicht mit absichtlicher Boshaftigkeit. Der alte Mann findet sich mit der konkreten, zu komplizierten Aufgabe nicht zurecht und wird das Opfer verschiedenster Faktoren, vor allem der eigenen Entfremdung von seiner Umwelt; 40 Jahre der Abwesenheit sind eine lange Zeit. Sein jähzorniges und autoritäres Wesen beeinträchtigen seine politische Rolle. Bolívar lernte ihn in London kennen. Dort sah er ihn als großen Herrn in einem überlegenen Milieu und redete ihm zu, zu kommen, ohne daß er das Drama geahnt hätte, das der Kontrast der beiden Umgebungen auslösen würde. In Venezuela ist Miranda nun fehl am Platze.

Der Generalissimus wollte den jungen Oberst Bolívar nicht im Heer haben, doch am Ende gab er nach und die beiden kämpften schließlich Seite an Seite bei der schwierigen Aufgabe der Eroberung Valencias am 13. August 1811. Dort zeichnete sich Bolívar aus. Von Miranda entsandt brachte er die Nachricht des Sieges nach Caracas. Im Mai des folgenden Jahres kehrt er zu den Truppen zurück. Kurz vorher ereignet sich das Erdbeben in Caracas, und in San Jacinto gelingt es Bolívar mit seinem Mut, der Panik Einhalt zu gebieten. Dem Aberglauben, der in dem

Erdbeben ein Zeichen Gottes gegen den Aufstand sieht, antwortet Bolívar mit einer Herausforderung. Am 4. Mai übernimmt er die militärische und politische Führung in Puerto Cabello. Die Republik wankt. Der Verrat des 30. Juni führt zum Verlust jenes wichtigen Ortes. Die Garnison der Festung San Felipe erhebt sich, läßt die monarchistischen Gefangenen frei und greift mit ihrer Artillerie die Stadt an, in der Bolívar sich befindet. Nach fünf Tagen des Kampfes ist das von Monteverdes Leuten aus Valencia aufgehetzte Puerto Cabello in der Hand der Spanier.

In Oriente das Scheitern des Marquis von Toró, — der Leiter dieser Expedition ist, aber keinerlei Kriegserfahrung besitzt —, die Furcht, daß Caracas Beute der Sklaven von Barlovento würde, die sich diesmal in einem von ihren reaktionären Herren angezettelten Aufruhr erheben, das Gebaren Guayanas und Maracaibos, die ständige Sabotage und die Verleumdungskampagne gegen Miranda, der nicht zur Offensive übergeht, sondern sich auf seine Verteidigung mit allerdings schwachen Mitteln beschränkt, all das sind Zeichen für ein baldiges Ende. Desertionen, Gerüchte, Insubordinationen, die dramatische Aussicht, nicht die Kriegsmittel zur Weiterführung der Kampagne zu erhalten, alles zusammen bringt den Stern des 60jährigen Vorkämpfers zum Erlöschen. Schließlich muß Miranda am 25. Juli vor Monteverde kapitulieren. Nach weniger als fünf Monaten ist die Niederlage komplett. Er glaubte an die Erfüllung der feierlichen Erklärungen und die Soldatenehre der Sieger. In all dem zeigte sich erneut seine Unkenntnis der ihn umgebenden Roheit und Grausamkeit. Miranda verrät weder sein Vaterland noch seine Mitkämpfer. Er wurde geschlagen aufgrund seiner falschen Einschätzung der tatsächlichen Kraft der ihm zur Verfügung stehenden Truppen und der wahren Qualität des Feindes, eine Einschätzung, die der Unkenntnis eines Mediums entspringt, das er nicht beherrscht.

Mit Miranda fällt die Republik. Er selbst bleibt in der Hand seiner Gegner, um nach einer tragischen Irrfahrt über La Guaira, Puerto Cabello, Puerto Rico, La Carraca in vier traurigen Jahren langsam zugrunde zu gehen. Einer der kompetentesten Kenner Mirandas formuliert wunderbar treffend: »Sein Leben war ein schönes Abenteuer, in dem immer das Risiko und die Tragödie eine Rolle spielten. Man muß ihn mit mehr historischem Bewußtsein und mehr amerikanischem Verantwortungsgefühl verstehen und bewundern, denn er ist der Amerikaner mit der großartigsten Eigenschaft universaler Ausstrahlung. So war er und ist er heute der Held der glorreichen Abenteuer. Er adelte das Wort, das ihn bewundernswert machte. Er änderte sich nicht. Die Zeiten haben sich geändert und ihm recht gegeben. Er trug zu dieser Änderung bei mit Ideen, und zwar nie mit dem Degen vor den Ideen, und nach seinem Tod behält seine Lektion von der amerikanischen Verantwortung, dem ewigen Handeln des Menschen, ihre Gültigkeit, denn die Freiheiten der Menschen sind immer und überall in Gefahr, auf der ganzen Welt.«

In dieser schrecklichen Situation unterstützte das Volk in keiner Weise die neue Ordnung. Die Regierung hatte ausschließlich den Interessen der Kreolen Aufmerksamkeit geschenkt, die sicherlich sehr geschickt dabei waren, sich der Mehrheit der Mischlinge zu nähern und sie dem geglückten Staatsstreich vom 19. April nahezubringen. Den Zielen des Volkes kam die Junta Suprema in keiner Weise entgegen; lediglich der von den Indios zu entrichtende Tribut wurde abgeschafft, und am 4. August 1810, also vier Monate nach der Machtübernahme, wurde verkündet, daß »die Einfuhr von Negern in diese Provinzen verboten« werde. Die Sklaverei bestand weiterhin. Auch unter dem »de jure«-Regime gab es nichts Neues für das Volk. Die am 21. Dezember 1811 beschlossene Verfassung regelt hauptsächlich die Dinge, die den kreolischen Adligen wichtig sind. Was die Staatsform betrifft, so werden die nordamerikanische und die französische Idee vereint innerhalb eines gemischten Systems. Die föderative Struktur wird angenommen, da sie aufgrund der geographischen Gegebenheiten und der Geschichte Venezuelas erforderlich ist. Es werden alle politischen Freiheiten und bürgerlichen Rechte verkündet: Gleichheit vor dem Gesetz, Abschaffung von Titeln und Vorrechten, keine Diskriminierung zwischen den »Kasten«, Achtung gegenüber dem Menschen, Meinungsfreiheit. Der Staat verpflichtet sich, das Eigentum zu schützen; auf diese Weise hält er eine Einrichtung aufrecht, die klar auf der Usurpation der Konquista und der Jahrhunderte der Kolonialisierung begründet ist. Im religiösen Bereich war die Regierung konservativ und vorsichtig. Der Mehrheit der Mischlinge öffnete sie nicht den Weg zum Besuch von Schulen. Es etablierte sich am Ende eine etwas exotische und abstrakte Demokratie, die den Massen unverständlich und fremd war, deren Ziele nirgendwo offen berücksichtigt waren. Die Volksschichten konnten die neu entstandene Ordnung nicht lieben. Sie empfanden sie nicht als die ihre. Ohne die Unterstützung der venezolanischen Mehrheit konnte sich der revolutionäre Wandel unmöglich behaupten. Auch in dem Versuch der nächsten, der Zweiten Republik, wird sich das gleiche falsche Schema wiederholen: ein rein politischer Wandel mit demselben Ergebnis — dem Mißerfolg.

Bolívar kann aus La Guaira entkommen, als Zervériz dort einmarschiert. In Caracas erhält er aufgrund der großzügigen Intervention seines Freundes, des Spaniers Francisco Iturbe, von Monteverde den zur Ausreise erforderlichen Paß. So kommt er nach Curaçao und von dort nach Cartagena. In dieser Stadt, die damals eine autonome Regierung besitzt, schreibt Simón Bolívar am 15. Dezember 1812 sein berühmtes »Memorandum an die Bürger von Neugranada, von einem aus Caracas.«

In diesem Schriftstück tritt ein nachdenklicher Politiker zutage, obwohl Bolívar damals erst 29 Jahre alt ist. Dieses Werk ist von großer Bedeutung, will man den Staatsmann in Bolívar beurteilen und vor allem die Qualität der Kenntnisse Bolívars am Anfang seines öffentlichen Wirkens. Seine Analyse der Gründe für den Fall Venezuelas ist hervorragend. Dieser junge Führer an der Schwelle seines Geschicks ist ein tiefgründiger, scharfsichtiger und überlegter Beobachter mit einem eigenen Stil. Nun existiert das erste einer Reihe fundamentaler Dokumente.

In Neugranada erfüllt Bolívar verschiedene militärische Aufgaben. Er dient der Freiheit, wo es erforderlich ist. Dort gewinnt er die Hilfe, die er für einen erneuten Versuch der Rückgewinnung seines Geburtslandes Venezuela benötigt. Diese Bemühungen gehen später als »Campaña Admirable« in die Geschichte ein. Am 12. März 1813 verleiht ihm die Regierung von Neugranada, die ihren Sitz in Tunja hat, den Rang eines Brigadiers und macht ihn zum Bürger von Neugranada. Zwei Monate später steht er an der Schwelle des Vaterlandes, um am 14. Mai seinen Marsch der Erlösung anzutreten. Am 15. zieht er in San Cristóbal ein, am 23. wird er in Mérida als »Befreier« umjubelt. Am 15. Juni diktiert er in Trujillo seine Erklärung des Kriegs bis zum Tode. Damit gibt er eine notwendige, wenn auch unzureichende Klärung der Lage. Die Republik nimmt damit den Kampf zu den Bedingungen der königstreuen Truppen auf und verspricht feierlich, sie zu erwidern. Klar werden die Alternativen abgegrenzt: Freiheit oder Unterdrückung, Völker oder Throne, Emanzipation oder Kolonialisierung. Bolívar möchte deutlich machen, daß es in Venezuela nur eine der beiden Möglichkeiten geben kann und sorgt für eine Stärkung des inneren Zusammenhalts, indem er einen gemeinsamen Feind bezeichnet, der mit Vorrang bekämpft werden muß, anstatt die Energien in der unfruchtbaren und selbstmörderischen innervenezolanischen Konfrontation zu vergeuden, die bereits im Gange ist. Um die Entscheidung zu erzwingen, greift er zum revolutionären Terror. Doch er erreicht sein Ziel nicht. Der Terror genügt nicht und auch die Genugtuung der juristischen Gleichstellung mit dem Gegner allein bringt keine Lösung.

Die aufständische Bewegung bleibt weiter unpopulär, scheint keine praktische Botschaft zu haben, schlägt sich nicht in Vorteilen für die ewig Ausgebeuteten nieder; im Gegenteil, sie beinhaltet weiter die Drohung, daß die Vormachtstellung der Kreolen sich noch weiter verstärkt.

Im Jahre 1813 bringt eine an beiden Grenzen des Landes gleichzeitig durchgeführte Aktion den Triumph. Während Bolívar im Westen seine Campaña Admirable beginnt, haben 45 junge Leute, darunter Piar, Bermúdez, Valdés und Bidau, und an der Spitze Santiago Mariño, die von Trinidad mit Gewehren und anderem Gerät ausgerüstet worden sind, die Befreiung von Oriente erreicht. Es ist dies die Expedition von Chacachacare, deren Kriegserklärung den edlen Namen Mirandas rächt.

Mariño wird in Cumaná sein, wenn am 6. August Bolívar in Caracas einzieht. Die beiden Führer, die ihre Landeshälfte jeweils fest in der Hand haben, treffen sich am 5. April 1814 in La Victoria. Nicht viel später werden sie gemeinsam ins Exil gehen müssen, als die Republik zusammenbricht.

Das Cabildo von Caracas übernimmt erneut selbst die Vertretung ganz Venezuelas und erklärt am 14. Oktober 1813 Bolívar zum General mit Oberbefehl über die venezolanischen Truppen und verleiht ihm den Titel Befreier, mit dem ihn schon Mérida ausgezeichnet hatte. Die Regierung formiert sich neu.

Dieses ganze Jahr ist von blutigen Kämpfen gekennzeichnet. Noch größere Opfer wird das Jahr 1814 fordern. Während einer der seltenen Zeitspannen relativer Ruhe beruft Bolívar in seiner Stadt am 2. Januar eine Volksversammlung ein, vor der er zusammenfassend seine Handlungen vorträgt. Er geht daraus mit umfangreichen Vollmachten ausgestattet hervor.

Trotz der glänzenden Triumphe Bolívars und Mariños sind die Königstreuen nicht untätig geworden. Ihre Aktionen erhalten aus Maracaibo und Guayana ständig neue Energien — an Menschen und Mitteln. Außerdem erhalten sie über diese Provinzen das unerläßliche Kriegsmaterial aus Cuba, Puerto Rico und den Britischen Inseln. 1814 wird zum schwarzen Jahr für die Republik. Die von den Monarchisten gewonnenen Schichten des Volkes hetzen gegen die Revolutionäre. Deren Truppen haben keine Möglichkeit, sich mit Waffen zu versorgen. Die USA unterstützen die Spanier, und England möchte sich aus Angst vor Napoleon nicht schlecht mit Spanien stellen; ihm liegt mehr an dieser Freundschaft in Europa als an den verlockenden Handelsvorteilen, die Amerika anbietet.

José Tomás Boves, ein kühner Asturier, profiliert sich bei den Königstreuen. Sie sind besser bewaffnet und ausgerüstet als die Patrioten und sind in ihrer Offensive allgemein erfolgreich. Immer schneller wächst das Ansehen ihres Anführers bei einer großen Gruppe der Bevölkerung, die wenig Bildung besitzt, aber große Bedürfnisse hat: die Llaneros. Sie sind Mestizen mit stark karibischem Einschlag, wie geschaffen für die harte Tätigkeit eines Rinderhirten, gekennzeichnet von beeindruckender Verwegenheit und Unerschrockenheit. Ihnen, die wie alle seine Anhänger, vornehmlich Mischlinge, aus dem Herzen des Volkes stammen, erlaubt Boves, die Güter des Gegners an sich zu nehmen und an den Besiegten ihre durch althergebrachte Ungerechtigkeit genährte Haßgefühle und Erbitterung zu befriedigen. Plünderung, Zerstörung und Tod scheint das Motto zu sein; eine Kombination, die denen, die außer ihrem Unglück nichts besitzen, eine konkrete Entschädigung verspricht. Venezuela erleidet unerhörte Verbrechen im Rahmen der Taktik, alles dem Erdboden gleichzumachen, eine Taktik, die der Feind zügellos anwendet.

Die Zweite Republik ist nur von kurzer Dauer. Boves vernichtet sie mit seinen kühnen Reitern und aufgehetzten Gruppen im ganzen Land. Der Llanero, ein halbnackter Reiter, der weder Sattel noch Geschirr benutzt, nur seine Lanze, macht in dieser Umgebung die Kavallerie zur entscheidenden Waffe. Der Krieg hat sich in die Steppen verlagert. Dort gibt es eine Vielzahl wilder Tiere. In den Kampagnen der Unabhängigkeit kommt sehr wenig Artillerie zur Anwendung. Es wird immer problematisch sein, Gewehre, Pulver und Blei zu bekommen. Bolívar und seine wichtigsten Freunde müssen erneut das Land verlassen. Aber sie werden zurückkehren zu Pflicht und Ansehen. »Das großartige im Leben des Befreiers ist es«, so schreibt der Historiker Augusto Mijares, »ihn aus der Tiefe des Unglücks bis zu den Gipfeln der Herrschaft und des Ruhms aufsteigen zu sehen, getragen von der unbesiegbaren Stärke seines Charakters, der sich nach jeder Niederlage wieder aufrichtet und daraus gestärkt hervorgeht.«

Von Spanien aus schickt der wieder in seine Rechte eingesetzte Ferdinand VII. im Februar 1815 eine mächtige Truppe, über 10 000 Mann, alles Veteranen, die zudem gut ausgerüstet sind. Sie stehen unter dem Befehl von Pablo Morillo. Die spanischen Imperialisten möchten Amerika wieder ihrem Herrschaftsgebiet eingliedern. Sie raten zur Härte gegenüber den Rebellen, akzeptieren den Verlust der riesigen überseeischen Besitzungen nicht und verneinen sogar die liberalen Grundsätze, die die spanischen Behörden selbst während der vergangenen Krise zugunsten der Neuen Welt beschlossen hatten. Morillo besetzt Margarita; vorübergehend unterwirft er Venezuela und Neugranada. Die spanische Macht sonnt sich in ihrem letzten Glanz. Aber der endgültige Zusammenbruch ist nicht mehr weit.

Bolívar, der im September des Jahres 1814 über Carúpano entkommen war, konnte nach Cartagena zurückkehren. In Tunja informierte er den Kongreß über seinen Mißerfolg, doch dieses Organ spricht ihm das Vertrauen aus und überträgt ihm militärische Aufgaben, die er erfolgreich löst. Vor die dringliche Notwendigkeit gestellt, einen weiteren Versuch der Befreiung Venezuelas zu unternehmen, sucht er Unterstützung auf den Antillen. Sieben Monate bleibt er in Jamaica. Sehr fruchtbar ist dieses Exil für sein Werk als Denker. Er liest und meditiert. In Kingston schreibt er seinen so bedeutsamen Brief.

Der Humanist Luis Beltrán Guerrero hat diese bemerkenswerte Phase des Befreiers klar erfaßt und sagt folgendes dazu: »In dem prophetischen Brief ist Bolívar ein Historiker der Zukunft, ein Historiologe, der mehr tut, als gedachte Geschichte auszuarbeiten mit Bezügen und Wertungen; das ist Historiosophie. Wirtschaftliche, politische, soziale und ideologische Faktoren ziehen vor seinem geistigen Auge vorüber, bevor er uns ankündigt, daß das spanische Amerika sich in 15 oder mehr unabhängige Republiken aufteilen wird, daß Mexiko eine parlamentarische Republik mit einem Präsidenten auf Lebenszeit sein wird, ›wenn er sein Amt geschickt und gerecht führt, oder daß, im gegenteiligen Fall, die Monarchie herrschen wird, die vom Militär oder den Aristokraten gestützt wird.‹ Drei Herrschaftsversuche, Iturbide, Maximiliano, Porfirio Díaz, und die Einheitspartei, die nach der Revolution im jetzigen Jahrhundert regiert, bestätigen diese Vorhersagen. Die mittel-amerikanische Föderation, der Kanal von Panamá, und das Projekt des Kanals von Nicaragua, die Anarchie der Caudillos in Río de la Plata, mit Rosas und der territorialen Oligarchie als Folge, politische Stabilität in Chile dank dem eisernen Portales und den Lehren Bellos; die angenehme und anmutige Atmosphäre

Limas, der der Prophet selbst erliegt; der Verrat durch Torre-Tagle und Riva-Agüero; Großkolumbien, die Organisation der Amerikanischen Staaten, mit dem Mißtrauen gegenüber dem benachbarten Imperialismus; Exekutivgewalt in Venezuela, zwar lebenslang, aber nicht erblich, alles wird vorhergesagt. Später werden die bolivarische Verfassung und andere Dokumente diese große Gabe der Prophezeiung bestätigen. Sie ist Weisheit und Wissen, mehr, viel mehr als Wissenschaft und Kunst. Die Mystiker und die Heiligen entwickeln einen sechsten Sinn, erreichen eine vierte Dimension, die beide dem Verstand verschlossen bleiben. Bolívar vereinte zwei Gegensätze, die Vermutung und das Wissen.«

Im Dezember 1815 kommt Bolívar nach Haití. Es ist eine glückliche Entscheidung, sich nach Puerto Príncipe zu begeben, fast wie eine Vorsehung des Himmels. Der edle und großherzige Präsident Petion, der entschlossene und mutige Luis Brión und der großzügige Protektor Robert Sutherland helfen ihm bei der Vorbereitung der Expedition von Los Cayos. In Haití leben viele Exilvenezolaner, die erhebliche Differenzen untereinander haben. Bolívar behauptet sich mit Hilfe von Brión. Ein ausgewähltes Offizierkorps schifft sich mit ihnen ein. Mariño ist dabei als Stabschef und Brión als Admiral der Republik.

Das ganze Jahr 1815 war der Befreier damit beschäftigt, Waffen und Munition zu beschaffen. In Venezuela machten zahlreiche Gruppen von Untergrundkämpfern den königstreuen Truppen zu schaffen. Bolívar war, wie vor ihm Miranda, davon überzeugt, daß die Hilfe des Auslands unerläßlich wäre. Er wiederholt gegenüber Großbritannien sein Angebot von Handelsvorteilen; auch von Erleichterungen für den Kanal zwischen den beiden Ozeanen spricht er. Bolívar gab seine Bedürfnisse konkret an; 20 000 bis 30 000 Gewehre, 1 Million Pfund Sterling und 15 bis 20 Schiffe. Um die Mittel zu beschaffen, ohne die es weder Unabhängigkeit noch Freiheit geben kann, besteht Bolívar auf Verhandlungen über ausländische Unterstützung. Trotz der Absagen Nordamerikas bemüht er sich, von dort Kriegsmaterial zu beschaffen. Man versteht ihn nicht, und man hilft ihm nicht. Schon vor ihm war Palacio Fajardo an der amerikanischen Mauer aus Gleichmut und

Gleichgültigkeit gegenüber unserer Revolution abgeprallt. Zur Bewahrung der Neutralität und des guten Verhältnisses zu Spanien gab man Palacio Fajardo im tragischen Jahr 1812 die »eiskalte Antwort, die eines Tages als charakteristisch für unsere Beziehung zu jener Macht gelten wird.«

Die Dritte Republik wird ins Leben gerufen, als die Expedition aus Los Cayos in Margarita im Mai 1816 eintrifft. Wenig später kommt es zu einem erneuten Rückschlag — Ocumare — und wiederum zu einer zwangsläufigen Flucht in das rettende Haití. Zu diesem Zeitpunkt trifft Petion seine Entscheidung und zeichnet sich für immer als Wohltäter Venezuelas aus, den Bolívar begeistert und treffend »den ersten Wohltäter des Landes« nennen wird. Er läßt den unglücklichen Freund nicht im Stich und benutzt nicht einmal den von Bolívar selbst vorgeschlagenen Ausweg, ihm die Mittel zur Verfügung zu stellen, um nach Nordamerika, England, México oder Argentinien zu reisen. Der Historiker Paul Verna aus Haití gibt in seinem ausgezeichneten Buch die beispielhafte Antwort des edlen Petion wieder: »Wenn das Glück Sie zweimal ausgelacht hat, wird es Ihnen vielleicht beim dritten Mal zulächeln. Ich jedenfalls habe so eine Ahnung, und wenn ich etwas tun kann, Ihr Leid und Ihren Schmerz zu lindern, so rechnen Sie mit allem, was in meinen Möglichkeiten liegt. Beeilen Sie sich also und kommen Sie hierher in diese Stadt. Lassen Sie uns gemeinsam überlegen.« Es ist der September 1816. Es folgen nun 100 Tage voller Aktivitäten. Mit dem Wohlwollen und der Unterstützung Petions, der uneigennützigen Hilfe und bedingungslosen Freizügigkeit Sutherlands und der entschlossenen Gegenwart Brións bereitet Bolívar den letzten Angriff vor. Vom Boden Haitís aus löst er einen Impuls aus, der sich über Carabobo und El Callao fortsetzt und schließlich den Sieg von Salom bringt.

So beginnt eine fruchtbare Phase der Befreiung. Die Sprache der Revolution ist nun eine andere, eher sozial als politisch. Bolívar hat seine Erfahrungen verarbeitet, hat den praktischen Grund für die Siege der Königstreuen verstanden. In Jamaica erkannte er, daß die »Unabhängigen nicht die absolute Freiheit angeboten haben, wie es die spanischen Krieger taten«. In einem mit seinen

Ideen übereinstimmenden Akt — Weiterentwicklung des ursprünglichen revolutionären Prozesses, der außerdem Petion gefällt — ordnet er zum ersten Male die absolute Freiheit der Sklaven an; gleich darauf schafft er eine gesetzliche Regelung für die Aufteilung von Land unter das kämpfende Volk. Das Thema der Gleichheit und der greifbaren Gerechtigkeit wird nun zum Mittelpunkt seiner Bemühungen. Im patriotischen Heer vermehren und stärken sich die Möglichkeiten für Soldaten aus »dem Volk« selbst. Der Guerillakampf dieser Jahre hat bereits eine Art Elite geschaffen, die sich besonders für den Kampf eignet. Aus diesem Grund steigen nun Leute aus den unteren Schichten zu gehobenen Positionen auf. Morillo schreibt, daß jeder beliebige der revolutionären Führer, der »allein in irgendein Gebiet kommt, wo keine Truppen des Königs sind, die Sklaven befreit und in wenigen Tagen ein neues Heer zustande bringt«. Aus ehemaligen Sklaven werden brillante Offiziere. In den elenden Menschenmassen auf dem Lande besitzt die Revolution ein unerschöpfliches Reservoir an Menschen. Nach dem Tod von Boves in der Schlacht von Urica (1814) gewinnt ein neuer Führer die leidenschaftliche Treue der kriegerischen Llaneros: José Antonio Páez. Er eint sie unter der Flagge der Nation und Republik. Er hat ihnen Gerechtigkeit auf dem Agrarsektor versprochen, die Bolívar unverzüglich garantiert: dies muß in der Beseitigung der Monopole der Großgrundbesitzer in den Ebenen zum Ausdruck kommen, in der Weidefreiheit und in Landbesitz für die Bauern, die zu Soldaten des Vaterlandes geworden sind.

Nach dem totalen Untergang Napoleons bessern sich die Aussichten für Amerika. Der Druck der britischen Industriellen und Händler macht nach der Beseitigung der Gefahr Bonapartes eine Änderung in der Politik ihres mächtigen Reiches erforderlich. Nun ist die Möglichkeit, in Amerika den Handel auszubauen, interessanter als die guten Beziehungen mit dem verkleinerten Spanien. Zu allem Überfluß hat England damals noch überflüssiges altes Kriegsmaterial, das in diesen Ländern gewinnbringend abgesetzt werden kann. Die hiesigen Produkte wie Kakao, Kaffee, Früchte, Leder und Maultiere, die jenseits des Ozeans sehr geschätzt werden, sind die Tauschobjekte bei diesem Geschäft auf den Antillen, von wo aus der Krieg wieder angefacht wird. Die Möglichkeiten der Patrioten, zu Waffen zu kommen, werden immer besser. Schon rechnen sie nicht mehr nur mit denen, die sie bei ihren Siegen erbeuten; schon werden sie nicht mehr von den Spekulanten und Schmugglern ausgebeutet, die die Gelegenheit nutzen, ihre unmäßigen Forderungen zu stellen.

Im Verlauf dieser Dritten Republik vollzieht sich ein entscheidender Wandel. Diesmal ist Caracas nicht das Hauptziel. Als die 2. Expedition aus Haití ankommt, ist Piar einer der ersten, die erkennen, wie wichtig es ist, vor allem Guayana zu gewinnen. Alle Mittel werden mit diesem Ziel vor Augen mobilisiert. Er selbst führt die Schlacht von San Félix an, die den Patrioten diese phantastische Provinz einbringt. Angostura stellt die geopolitische Grundlage dar, die den Revolutionären gefehlt hat. Die Lage ist von strategischer Bedeutung, Verbindungen zur Außenwelt sind über den Orinoco möglich, die Sicherheitsbedingungen erhöhen den Wert seiner umfangreichen Reserven. Größtenteils war Guayana aufgrund der beispielhaften Arbeit der dortigen Missionen der Franziskaner ein riesiges Warenlager, das praktisch unversehrt war. Die Provinz, die bis dahin immer in den Händen der Königstreuen gewesen war, konnte der allgemeinen Zerstörung des Landes unversehrt entkommen. Morillo wird später Piars Meinung bestätigen; er wird über Guayana sagen: »Ein Stapelplatz, wo die Feinde ihr Vermögen sicher hinterlegt haben.« Für ihn würde der Verlust dieses wichtigen Gebiets unweigerlich den Fall von Caracas und Bogotá nach sich ziehen. Und wirklich, als die Patrioten ihre Stellung dort gefestigt haben, gibt es keinen Rückschlag mehr für die Unabhängigkeit. Der Weg zur Republik scheint frei.

DIE KONTINENTALE ROUTE

Von Angostura aus nimmt Bolívar die Befreiung Amerikas in Angriff. In Angostura werden die grundlegenden Einrichtungen der Republik begründet. Venezuela verändert sich zu seinem Vorteil. Das vielteilige und verwirrende Durcheinander weicht einem soliden Bild der Ordnung und Gerechtigkeit: Der Staatsrat (Consejo de Estado), der Kongreß, der berät und führt — und vor dem Bolívar sich als oberster Vertreter der Revolution bestätigt —, das Parlament (Alta Corte), die Exekutive und ihre Ministerien oder Abteilungen. Kurz gesagt, es ist die Herrschaft des Volkes, eingebettet in das Gesetz und erhöht durch die Intelligenz, die nun über der Gewalt steht. In Angostura wird außerdem das Organ geschaffen, das zur Aufzeichnung und Verbreitung der neuen Botschaft geeignet ist, nämlich die (Zeitung) »Correo del Orinoco«. In den Staatskanzleien Europas erkennt man diese neue Wirklichkeit: ein ernsthafter Staat, progressiv, bürgerlich und verfassungsmäßig, tritt in den Kreis der freien Völker.

Mitte 1818 besitzen die Patrioten schließlich genügend Waffen und Kriegsmaterial. Nie zuvor konnten sie über ein so reichliches und gut sortiertes Arsenal verfügen. Außerdem hat man in verschiedenen Städten Militärwerkstätten eingerichtet.

Das große Abenteuer der Überwindung der Anden und die darauf folgende Freiheit Neugranadas stärken Venezuela. Die Durchquerung der Steppen ist eine weitere Heldentat, die — gekrönt von der brillanten Tat von Boyacá (7. August 1819) — zu den wichtigsten dieser kriegerischen Zeit hinzukommt.

Den Soldaten Bolívars wird ein glänzendes Zeugnis ausgestellt. Morillo, ein im Kampf gegen die Franzosen erprobter Recke, zeigt seine Bewunderung für die Tapferkeit und den Mut dieser Männer, die ihre ursprünglichen Mängel mit einem unbezwingbaren Willen zum Kampf für eine freie, gleiche und gerechte Gesellschaft überwunden haben. Wichtige Faktoren dabei sind auch Großzügigkeit und Idealismus.

Das entscheidende Jahr dieser Chronik ist 1820. Der Aufstand von Riego und Quiroga, der Ferdinand VII. zum Eid auf die liberale Verfassung des Jahres 12 zwingt, verbietet die Entsendung weiterer Expeditionen Spaniens gegen Amerika und erreicht bedeutsame Änderungen des spanischen Verhaltens. In Venezuela haben sich die Königstreuen, die anfangs vom Volk unterstützt wurden, immer mehr von diesem zurückgezogen. Die große Truppe Morillos, die einzige »ausländische« von Bedeutung dort, reibt sich selbst auf in ihrer allgemeinen Feindseligkeit gegen die Bevölkerung. Die Bedeutung der Llaneros unter der patriotischen Flagge, ihre zahlenmäßige Überlegenheit und ihre gute Bewaffnung bestimmen den unterschiedlichen Lauf der Geschichte. Morillo erhält den Befehl zu verhandeln. Auf seine Initiative hin wird ein sechsmonatiger Waffenstillstand unterzeichnet, um danach einen endgültigen Friedensvertrag zu diskutieren. In der persönlichen Zusammenkunft der beiden am 27. November, die noch ein Jahr zuvor unmöglich gewesen wäre, schlägt Bolívar eine Regelung vor, die der Auseinandersetzung die Grundsätze des Völkerrechts zurückgibt. Kolumbien stellt sich als souveräner Staat auf die gleiche Ebene mit Spanien.

Im April 1821, nach dem Bruch des Waffenstillstands, wird das Ende der spanischen Macht in Venezuela immer deutlicher. Auf dem Schlachtfeld von Carabobo wird am 24. Juni die Emanzipation des Vaterlandes Bolívars besiegelt. Nicht weniger als 2000 Tote fordert diese Schlacht. Unter dem Befehl Bolívars kommen zu dieser entscheidenden Konfrontation Páez und seine Llaneros, Mariño, der ehemalige Abtrünnige, Cedeño und Plaza, die hier zu Märtyrern werden, Briceño Méndez und Salom, Freiwillige der Legión Británica, Offiziere und Soldaten — 6400 Männer aus ganz Venezuela.

Dem Anführer der Spanier, Miguel de La Torre, dessen in Carabobo geschlagenes Heer etwa 5200 Mann, je zur Hälfte Spanier und Venezolaner, umfaßte, gelingt es, sich mit einem Bataillon in Puerto Cabello zu verschanzen. Im Dezember bricht er aus und besetzt Coro. Im Mai 1823 befreien die Patrioten diese Stadt. Die Seeschlacht von Maracaibo wird die letzte wichtige Konfrontation mit dem spanischen Widerstand sein. Morales gibt am 3. August auf. Páez nimmt Puerto Cabello am 10. November 1823 ein. Er gewährt den Anführern Calzada und Carrera eine großzügige Kapitulation. Mit allen Ehren können sie aus dem Land mit sich nehmen, was von der spanischen Macht übriggeblieben ist, die fast exakt drei Jahrhunderte lang diesen Teil Amerikas beherrscht hat: 56 Offiziere und 539 Soldaten. Der Krieg in Venezuela ist zu Ende.

Was in den letzten neun Jahren der Laufbahn und des Lebens Bolívars folgt, muß im Verlauf dieses Werkes genauestens untersucht werden. Aus diesem Grunde wird in diesem Schlußteil der vorliegenden Chronik der Zeitraum von 1821 bis 1830 stark zusammengefaßt. Interessanter als die Taten sind in der Analyse dieser so ereignisreichen Phase des einzigartigen Lebensweges, den wir betrachten, die Lehren dieses Abschnitts.

Nach Carabobo warten andere Aufgaben auf Bolívar. Er kehrt nach Neugranada zurück, dessen Befreiung in der Schlacht von Bomboná (7. April 1822) bestätigt wird. Nun muß Bolívar in den Süden. Er nimmt die Campaña del Sur (1822 bis 1826) in Angriff. Er weiß sehr gut, daß Kolumbien nicht ausreichend gesichert ist, solange an seiner empfindlichsten Flanke noch die spanische Herrschaft lauert. Es ist ungeheuer wichtig, daß er sich dem Süden widmet, auch wenn dadurch sein Werk im Norden zerstört wird: es wird ihn die effektive Macht kosten — obwohl er sie nominell behält — und wird das Schicksal der Revolution besiegeln und auch das der Republik, die schon 1826 »ein erschreckender Wirrwarr« ist, »ein Gebäude wie das des Teufels, das an allen Ecken brennt.«

Auf dem neuen Feldzug begleiten Bolívar venezolanische und neugranadinische Truppen und Offiziere; herausragender Mann ist Antonio José de Sucre. Ecuador und Perú werden zurückerobert — es kommt zu Gefechten in Pichincha (24. Mai 1822). Junín (6. August 1824) und Ayacucho (9. Dezember 1824). — In Guayana hat man sich mit dem ruhmreichen General José de San

Martín verständigt; dem Venezolaner, dessen Unterstützung in dem Augenblick am stärksten und sichersten ist, kommt die Verpflichtung zu, das Werk zu vollenden, das von seinem Land ausgeht und den Impuls an den Argentinier weitergibt. Bolívar trägt die Botschaft von der wahren Revolution nach Perú. Sucre beeilt sich und begünstigt entgegen dem Prinzip »uti possidetis« die Gründung einer neuen Republik mit dem Namen Bolivien. Der Befreier mißbilligt anfangs die Tat seines obersten Leutnants, stimmt aber später doch zu und akzeptiert den erfolgten Schritt, als er sich davon überzeugen läßt, daß es nun im Süden sozusagen eine Tochter seines Kolumbien geben wird, das zu dieser Zeit die am weitesten entwickelte amerikanische Nation ist. Auch dort wird er sich für die Einigkeit, die Kultur und die Demokratie einsetzen, gegen die Sklaverei und für die Verteilung des Landes.

Bolívars administrative und militärische Arbeit zu dieser Zeit ist ebenso wichtig wie seine Sorge um die Verfassung und seine diplomatische Tätigkeit. Persönlich leitet er die Botschaften von Mosquera und Santa María. Er schreibt und unterbreitet den Entwurf für die Carta Fundamental von Bolivien, beruft den Kongreß der Bevollmächtigten (Congreso de Plenipotenciarios) ein, der sich in Panamá versammeln soll, empfängt die Gesandten von Río de la Plata, die ihn auffordern, die Schutzherrschaft über das spanische Amerika zu übernehmen. Er beeinflußt das Erziehungswesen und die soziale Gerechtigkeit. Dies ist seine Sternstunde. Durch sein Ansehen erlebt auch Kolumbien seine Glanzzeit.

Nie hat der Bazillus des Zerfalls aufgehört, sein Vorhaben zu bedrohen; begünstigt durch Bolívars Abwesenheit verbreitet und verstärkt sich die Verwirrung in seinem Land. Die Anarchie und die oligarchistischen Machenschaften zwingen ihn zur Rückkehr nach Caracas. Es ist La Cosiata, das tragische und fatale Zeichen dafür, daß die Tage der Einheit gezählt sind und das Ende naht.

Es war das Schicksal Bolívars, immer wieder von neuem beginnen zu müssen. Nun ruft ihn die Pflicht in seine Geburtsstadt zurück. Mit stoischem Gleichmut reißt er sich von dem Leben in Lima los und begibt sich unverzüglich an seine Pflicht. Dies alles ist die Bestätigung eines Wesens, das der anerkannte kolumbianische

Historiker Rafael Bernal Medina folgendermaßen beschreibt: »Sich aus eigener Kraft aus einer gesellschaftlichen Umgebung zurückzuziehen, die ihn mit Vergnügungen und Ehren, Annehmlichkeiten und Zerstreuungen überhäuft, um dem Ruf der Pflichten des Vaterlandes zu folgen, wenn schon der Ansporn der Siege und die Aura der Popularität nicht mehr vorhanden sind, und als er sich auf seinen Lorbeeren hätte ausruhen können, ist eine der verdienstvollsten Beweise dafür, daß sein Leben in einer totalen und überwältigenden Hingabe an seinen überragenden Führungswillen loderte.«

In den Unstimmigkeiten zwischen Páez und Santander ist der Streit schon vorprogrammiert, an dem die große Republik zerbrechen wird. Bolívar kann die Oligarchie weder beseitigen noch besiegen, die sich um den neugranadischen Führer gesammelt hat. Der widerspenstige Llanero seinerseits hat sich die wesentliche Unterstützung für die Auflösung des Unternehmens gesichert, die den Anführern und Mantuanos gleichermaßen nützen soll. Kolumbien ist zu einem riesigen Geschäft für die nach Reichtum und Macht gierigen Politiker geworden. Eine mit England ausgehandelte Anleihe ist Anlaß für Skandale und großen Gewinn für die Unterhändler aus Santa Fé und Antioqua.

Bolívar zeigt sich flexibel und scheint Páez zu besänftigen und zufriedenzustellen, aber das Unbehagen ist tiefgreifender und von größerem Ausmaß. In einer außerordentlichen Zusammenkunft versucht er die Lage zu sondieren. Sie findet in Ocaña statt, bringt aber keine Lösung. Gezwungenermaßen übernimmt der Befreier die Diktatur. Dies ist sein letzter Trumpf. Doch das Glück hat sich schon gewendet. Er versucht, das Werk vor dem Untergang zu retten, doch alles ist vergebens. Seine »Diktatur« ist nicht von der Art, wie sie später in Amerika häufig auftritt. Es ist eine Diktatur im römischen Sinne einer Notstandsregierung. Eher als ein reaktionärer Fehlgriff ist sie ein letzter Versuch, die Revolution noch zum Erfolg zu führen. Seine Aktionen in dieser kritischen Phase zugunsten der Sklaven und der Indios, in der Wirtschaft und den kirchlichen Angelegenheiten, alle bestätigen sie den kreativen Charakter seiner Bemühungen. Getreu seinem Wort übergibt er die Macht Anfang 1830. Von Bogotá reist er zum Meer, um sich auf die Odyssee seines letzten Exils zu begeben.

Am 17. Dezember folgt Simón Bolívar Sucre, der zusammen mit Manuela Sáenz in seinem Golgatha von Undankbarkeit, Unverständnis und Enttäuschung die tröstende Ausnahme war, seine einzige Hoffnung, treu und verläßlich, und geht in die Ewigkeit ein. Im Augenblick des Todes verzeiht er seinen Landsleuten, die besessen von Fanatismus und Dummheit, grundlos sein trauriges Hinscheiden schwer machen, seinen Namen verspotten und ihn der Heimat berauben, für deren Freiheit er sich geopfert hat, antwortet er in seinem Testament — in einer Lektion schlichter Größe für die Nachwelt —: »Es ist mein Wille, daß nach meinem Tod meine Überreste in der Stadt Caracas, in meinem Vaterland, beigesetzt werden.«

Über den letzten Abschnitt dieses einzigartigen Lebens schreiben sehr wenige Denker so treffend und klar wie der bemerkenswerte Ramón Díaz Sánchez, der sagt: »Er war wie ein Licht. Was für eine wunderbare Erfahrung! In seiner Wiege ist er umgeben von materiellem Reichtum; als er stirbt, besitzt er nichts. Aber wer ist glücklicher? Derjenige, der umgeben von Reichtümern zu Grabe getragen wird? Das Sterben und das Leben sind relative Geschehnisse, Gefühle oder Ideen. Die Proportion des Lebens und des Sterbens richtet sich nach den Werken, nicht nach den angehäuften Reichtümern. Er zum Beispiel wird viel länger leben, als jene egoistischen Wesen, die ihn verfolgen. Die Nähe der Körperlosigkeit — was sich gemeinhin Tod nennt, gibt ihm große Klarsicht und Erkennungsvermögen. Nun versteht er alles besser. Sein Herz ist frei von Haß und Groll, denn sein Geist und sein Gewissen sind erfüllt von Klarheit.«

Das gleiche Bild des Lichtes gebraucht der gelehrte Dekan der venezolanischen Historiker, Dr. Cristóbal L. Mendoza, dem wir die Anregung zu diesem Werk verdanken. Er hat in einer hervorragenden Rede über Bolívar gesagt: »In seinem ganzen Leben regt sich ständig die Besessenheit, all seinem Denken und Handeln den korrekten historischen Sinn der Emanzipation zu geben, um sich an seiner eigenen Persönlichkeit aufzurichten. Keiner außer ihm erkannte so klar die äußersten Grenzen des Wandels oder kannte die Wesensmerkmale der Umgebung und des Landes, das er führen sollte, besser als er. Seine Person reflektiert all das Licht, das wie ein Erwachen über der triumphierenden Knospe der neuen Ziele strahlt. Dieses Licht ist sein Ruhm, und um es noch stärker zu machen und es über noch größere Weiten strahlen zu lassen, vollbringt er jene Ruhmestaten, als wollte er in einer einzigen Idee die Tragweite des Geschehens mit seinem eigenen Wirken — beide gleichsetzend — mischen.

IV.
Programmatische Gedanken

DEMOKRATIE UND SOUVERÄNITÄT

Mit seinen Schriften und seiner Aktivität schafft Bolívar in den zwanzig Jahren seines politischen Wirkens das Programm der Revolution, das ein neues Amerika ermöglichen wird. Er erfindet nicht — im wahrsten Sinne des Wortes — die einzelnen Elemente, die das Gefüge des Wandels und des Fortschritts bilden; er schafft einen großen Teil dieser Elemente und zugleich schöpft er aus seinem reichen geschichtlichen Erbe. Träume, die jahrhundertelang nicht in Erfüllung gegangen waren, ließen in ihm eine starke Tradition entstehen. Sein Erfolg und seine Größe bestehen darin, alles in einer großartigen lebendigen Einheit zu verschmelzen. Don Simón Rodríguez erkannte mit der Objektivität eines Sechzigjährigen gerecht und treffend: Bolívar schenkte Amerika »viele seiner Ideen; von fremden Ideen verbreitete er solche, die nach seinem Ermessen Völker von der Last der Sklaverei befreien«.

In den Schriften des Befreiers, wo sich in seinen Worten sein »Wesen widerspiegelte«, finden sich viele eigene Darstellungen seiner Aufgabe. In allen drückt er mit melancholischer Schwärmerei, in treffenden Metaphern, die Bedeutung seiner Rolle in der Geschichte aus, das Drama des »einsamen Menschen«, von dem er so oft sprach.

Als er sich um 1820 einer Selbstanalyse unterwirft, meint er, daß ihn niemand als »Erbauer von Luftschlössern« übertrifft. Die letzte Vision, wenige Tage vor seinem Tod, war die des Geplagten bei der mühseligen und nutzlosen Arbeit, die von den Wellen immer wieder zerstört wird: Pflüger im Meer. In seiner erfolgreichsten Zeit sah er sich als »Töpfer von Republiken, ein mühsames aber ruhmvolles Handwerk«. Von dem ruhigen Bucaramanga aus beobachtete er die unsinnigen Festspiele von Ocaña. Und so erschien ihm die »Neue Welt als eine Hemisphäre, die verrückt geworden war, und deren Einwohner den Verstand verloren hätten, und um diese Ausbrüche von Wahnsinn und Gewalt einzudämmen, stellt man einen Irrenwärter mit einem Buch in die Mitte, damit er sie auf ihre Pflichten verweist«. Auf die zwiespältige Aufgabe als Arbeiter und Architekt, als Ausführender und Initiator, auf die er sich in diesen Allegorien bezieht, wird er oft hinweisen; er faßt sie in einem selbstkritischen Resümee über seine Bemühungen zusammen, indem er einfach sagt: »Ich habe nur zwei Dinge getan: gekämpft, und mir einige Gedanken über die Gesetzgebung gemacht«.

Ich darf wiederholen, daß einige Elemente des Revolutionswerks Bolívars vom amerikanischen Volk erfunden wurden, und sie sind auch auf die Vorkämpfer zurückzuführen, die in dieser Hemisphäre die ersten bei der unermüdlichen und aufopfernden Suche nach Freiheit waren. Von der klassischen Kultur der Antike übernahm der Befreier wesentliche Gedanken für sein politisches Konzept, wie der Forscher Julio Febres Cordero in einer wertvollen Studie systematisch aufgezeigt hat. Von zeitgenössischen Denkern übernahm Bolívar viele Vorstellungen und verwies auf deren aktuelle Bedeutung. Wir betonen, daß seine große Errungenschaft die Schaffung des Vollkommenen, die Integration aller Elemente, die Zuordnung all dieser Faktoren und die Bildung einer Einheit ist; man könnte sagen, daß er alle Faktoren als gleichwertig empfand.

Ein Verdienst Bolívars ist es, bis zu seinem Tod für alle und jedes einzelne Element seines Revolutionswerks zu arbeiten und zu kämpfen; er befaßte sich mit allen Elementen gleichermaßen, ohne irgendeines trotz der offensichtlichen Prioritäten und unterschiedlichen Dringlichkeitsgrade zu bevorzugen. Außerdem muß man Bolívar anerkennen, daß er jeden Gedanken in seinen prägnanten Worten, seinem exakten Stil und seiner klaren, deutlichen Erzählungsform zum Ausdruck brachte.

In einem Prozeß der Festigung und Klärung der Revolution, der 1810 von den kurzen Autonomiebewegungen der Patriziate der Kreolen ausgeht, bis zur vollständigen Radikalisierung in den letzten fünf Jahren, entwarf und vervollständigte er das Ideengut für das neue Amerika. Und unter allen amerikanischen Führungsgestalten war er als Verbreiter und Verfechter der Revolution am erfolgreichsten und der, der das umfangreiche und komplizierte Revolutionsprogramm am weitesten verwirklichen konnte.

Wenn man sein Wirken beurteilt oder den Grundgedanken seines geistigen und historischen Werks nachvollzieht, ist Simón Bolívar eindeutig als Politiker zu bezeichnen; gerade auf diesem Gebiet beginnt er sein Programm, d. h. sein Werk für den Kontinent.

DIE ALTE WIRKLICHKEIT

Wie war die politische Lage in Venezuela vor 1800? Die gleiche wie in ganz Amerika; es gibt eine sichtbare Parallelität. Obgleich es zwischen den Regionen geringe Unterschiede gibt, sind die Strukturen analog.

Amerika war ein Teil des spanischen Imperiums. Die herkömmliche Bezeichnung dieses *Status* der Abhängigkeit ist »Kolonie«, wobei die Tatsache hervorsticht, daß das Geschick eines politischen Gebildes von den Bestimmungen der Regierung im Mutterland vollständig abhängt. In zahlreichen Dokumenten verkündet es die Krone ausdrücklich; noch im Januar 1809 stellt es Martín de Garay im Namen von Ferdinand VII. vor seinen Untertanen in Amerika klar: »In keiner anderen Epoche war das Verhältnis zwischen dem Mutterland und seinen Kolonien eindeutiger. Wir müssen Mißbräuche abschaffen, die Institutionen verbessern, die Hindernisse beseitigen, Förderungsmittel gewähren, und die Beziehungen zwischen dem Mutterland und den Kolonien auf gerechten Grundlagen aufbauen. Es war am Vorabend der Revolution, und angesichts der Krise in Spanien als Folge der Invasion Napoleons, als die Versammlung von Bayona stillschweigend zugab, die letzten drei Jahrhunderte Kolonialherrschaft ausgeübt zu haben, und nun für die Zukunft versprach, daß die spanischen Königreiche und Provinzen in Amerika die gleichen Rechte wie das Mutterland haben würden. Erst am Ende der Kolonialzeit und zur Zeit der unstabilen Regierung des Consejo de Regencia (Regentschaftsrat) stimmte Spanien zu, die natürliche und zwangsläufige politische Ungerechtigkeit von drei Jahrhunderten zu beenden. In seiner Generalbeichte und nachdem er die Einberufung seiner Vorgängerin, der Junta Central aus Sevilla, zu einer Versammlung der »Cortes«, in der alle amerikanischen Besitzungen vertreten sind, wiederholt hat, erkennt der Consejo de Regencia auch, daß die Leiden Amerikas auf die »Willkür und Unfähigkeit der Amtsträger der früheren Regierung« zurückzuführen sind und verspricht hoch und heilig: »Seit diesem Augenblick, amerikanische Spanier, habt ihr die Würde freier Menschen: ihr seid nicht dieselben wie früher, erdrückt durch das harte Joch, weitab vom Zentrum der Macht, mit Gleichgültigkeit behandelt, geplagt von Neid und zerstört durch Unkenntnis. Seid euch bewußt — wenn der Name eures Vertreters im nationalen Kongreß ausgesprochen oder geschrieben wird — hängt euer Schicksal nicht mehr von den Ministern, Vizekönigen oder Gouverneuren ab: es ist dann in euren Händen.«

Ich wiederhole: erdrückt durch das harte Joch ... mit Gleichgültigkeit behandelt, geplagt ... und zerstört. Ein Bekenntnis ohne Beispiel.

Fast ausschließlich europäische Spanier hatten die höchsten Ämter Amerikas inne: Vizekönige, Intendentes, capitanes generales, Präsidenten der Audiencias usw.; den Kreolen war der Zugang zu diesen Ämtern verwehrt. Von den Dunkelhäutigen ganz zu schweigen; sie waren die von der Gesellschaft ausgeschlossenen Menschen dieser Zeit. Das koloniale Verwaltungs- und Regierungssystem, wie es damals üblich war, ignorierte stets die elementarsten Rechte des einzelnen, gewährte niemals eine Garantie außer der indirekten der juicios de residencia und der »Besuche« — die einzigen Mittel, um den legalisierten Despotismus in Grenzen zu halten und der Willkür der Regierenden Einhalt zu gebieten. Das absolutistische Rechtssystem verbot alle Freiheiten. Obwohl die Lage der spanischen Bevölkerung nicht viel besser war, fühlte man in Amerika die Abhängigkeit von Spanien als Ganzes gesehen, obgleich der König darauf bestand, daß er der Besitzer von beiden Teilen seines vom Atlantik geteilten Imperiums war. Es gibt genügend stichhaltige Beweise dieser demütigenden und untergeordneten Lage der amerikanischen Kolonien.

Gemäß dem Absolutismus, der in Spanien herrschte, bedeutete Kolonialisierung das Fehlen jeglicher Art der Volksvertretung außer der mediatisierten und umstrittenen Vertretung in den Cabildos und in Ausnahmefällen im Consulado. Für die Amerikaner gab es keine andere Möglichkeit, bei staatlichen Angelegenheiten mitzubestimmen. Es ist bekannt, daß der Wirkungsbereich der am meisten verbreiteten Institution der kolonialen Vertretung, nämlich der Cabildo oder Ayuntamiento, der kleinste aller Gerichtsbezirke ist; es ist die Stadt.

Wir brauchen nicht zu sagen, daß in diesem System in Übereinstimmung mit dem Absolutismus, der ein Rechtsregime war, jegliche Abweichung vom offiziellen Standpunkt verboten war. Nicht die geringste Abweichung wurde toleriert und jeder Wagemut wurde drastisch bestraft. Erinnern wir uns daran, daß es im Absolutismus keine Freiheit gibt.

DER POLITISCHE WANDEL

Mit absoluter Offenheit entgegnet die Revolution der Kolonialisierung, dem Absolutismus und der Unterdrückung mit Unabhängigkeit, Demokratie, Souveränität, Freiheit und positiven politischen Werten. Die Politik hat in jener Zeit absoluten Vorrang, denn ohne die Machtergreifung, d. h. ohne Führungsmittel und Machtwerkzeuge konnte die Revolution nicht vorankommen.

Mehrere vorausschauende Denker haben in verschiedenen Orten Amerikas vor Bolívar die Unabhängigkeit erstrebt und ihr Leben dafür geopfert. Miranda dachte seit 1781 daran, als er für die Vereinigten Staaten kämpfte. Tiradentes, Espejo und Nariño dachten an ein autonomistisches Gefüge, das unserem Volk die freie und souveräne Persönlichkeit der reifen und zivilisierten Gesellschaften der Welt gab.

Vorhin zitierten wir das Dokument, das in Venezuela von 1781 bis 1782 ein erstes Anzeichen der politischen Revolution *stricto sensu* aufzeigt; genau das Dokument, in dem der Vater von Simón Bolívar mit dem Marquis de Mijares und Martín de Tovar, dem jungen Francisco de Miranda die »unerträgliche und schändliche Unterdrückung« schildern, die sie durch die »tyrannischen Maßnahmen« des Intendente ertragen müssen, und bitten ihn »mit offenen Armen und auf Knien, um Gottes willen«, daß er der Vorkämpfer sei, der dieser allgemeinen Verzweiflung ein Ende setzt und sie von der schrecklichen Unterdrückung befreit.

Politische Ideen — »Ley de los Franceses« (Gesetz der Franzosen), — Republik und Freiheit — vom Jakobinertum in Haití übernommen, werden beim Aufstand des mutigen José Leonardo Chirinos in Coro verbreitet. Aber nach Miranda war es Juan Bautista Picornell mit Manuel Gual und José María España, der in Venezuela diese Vor- und Anfangsphase der Revolution am besten erkannte.

Man kann sagen, daß Bolívar den Auftrag der Männer des 19. April und 5. Juli bekommt. Sein zweifaches Ziel: erstens, das alte System zu vernichten; zweitens, das neue zu schaffen. Das despotische und unterdrückende System zu zerstören, die Unterdrückung durch die spanische Krone zu beseitigen — sie war die Besitzerin der Vizekönigreiche —, die Autonomie zu erreichen, die verantwortungsvolle und souveräne Leitung der staatlichen Angelegenheiten den in diesem Land geborenen Leuten zu übergeben. Das ist die Forderung der Amerikaner, deren untergeordnete, demütige Stellung im Brief von Jamaika hervorragend beschrieben ist: Arbeitssklaven, Konsumenten und noch dazu mit großen Beschränkungen ... Später schrieb Simón Bolívar, daß wir in Europa »nicht als Nationen angesehen werden, sondern als Produktions- und Verbraucherstätten«.

DIE NEUEN GRUNDLAGEN: DAS WAHLRECHT

Die von der Revolution geförderte Ordnung soll vom Willen des Volkes ausgehen. In einem Brief an Petion bestätigt Bolívar seine These über den echten Träger der Macht: der freie Wille des Volkes. Er gratuliert dem Vorkämpfer für die Befreiung Haitis zur Wahl »durch freie Akklamation seiner Mitbürger, dem einzigen legitimen Ursprung der Macht«.

Seit 1812 träumte Bolívar von der neuen Ordnung, und als er den Feldzug von Magdalena, damals als coronel dependiente von Cartagena, eröffnete, erklärte er diese Ordnung vor den Bürgern, Amtsträgern und Geistlichen der Stadt Tenerife in Worten, die an die soeben zitierte Ansprache der Regencia erinnern: »Nun seid ihr freie Menschen, unabhängig von jeder Macht, die nicht auf eurer Stimme beruht. Ihr habt euch nur nach eurem eigenen Willen und nach eurer eigenen Stimme zu richten, die ihr legal nach den Vorschriften der Verfassung abgeben werdet; eine Verfassung, die ihr anerkennen werdet und auf die ihr euren Eid ableisten werdet. Eine Verfassung, die die bürgerlichen Rechte in bezug auf Eigentum, Leben und Ehre schützt; außer diese heiligen Rechte zu schützen, ermöglicht die Verfassung dem Bürger seinen Beruf auszuüben, und zwar mit allen Vorteilen einer bürgerlichen Gesellschaft, der vollkommensten, nach der der Mensch auf dieser Welt streben kann«.

Der Befreier nennt stets die Wahlen als Grundlage der Macht. Die Souveränität beruht auf der »Universalität der Bürger«, sie ist vom Volk untrennbar und unverjährbar — d. h., daß sie dem König nicht zusteht und daß sie nicht erlischt, lediglich aufgrund der Tatsache, daß sie nicht ausgeübt wurde. So erklärte er es deutlich in Angostura; der klar zum Ausdruck gebrachte Wille des Volkes führt zur Übernahme der Macht. Als er Lima 1824 auf dem Weg zum Süden verließ, bekräftigt er seinen Glauben an diese Prinzipien, und gleichzeitig verspricht er die Neutralität der Exekutive bei den nächsten Wahlen: Er befiehlt dem Regierungsrat, die allgemeinen Wahlen zum neuen Kongreß mit großer Sorgfalt durchzuführen, damit das Volk weiß, daß die Regierung nur in dem Maße in die Wahlen eingegriffen hat, wie es im Gesetz festgelegt ist, damit das Volk frei nach seinem Willen wählen kann. »Ich bekunde hiermit mein großes Interesse, daß die Wahlen so frei wie möglich durchgeführt werden«.

In Kolumbien gibt es viele Beispiele für gleichlautendes Interesse. Erinnern wir uns an sein ehrliches Geständnis an den treuen Pedro Briceño Méndez, seinen Vertrauensmann, vor dem er keine Geheimnisse hatte. Am 14. August 1822 schreibt er ihm aus Guayaquil: »Ich werde in den Wahlen des Südens die gleiche Rolle spielen wie bei allen anderen Wahlen. Ich möchte damit sagen, daß ich überhaupt keinen Einfluß ausüben werde, wie es schon immer der Fall war: die Völker sollen tun, was sie wollen und die Wähler, was ihnen richtig erscheint. Mich interessiert nur die Freiheit meines Vaterlandes und daß die Feinde es nicht erobern; für solche Dienste bin ich stets bereit«.

1826, angesichts der Schwierigkeiten in Kolumbien, wo die regionalen Bewegungen seine Existenz als Staat gefährden, glaubt Bolívar, daß die Krise nur überwunden werden kann, wenn sich das gesamte »Volk für das Gute oder Böse entscheidet«. Damals sagte er, daß »die Souveränität des Volkes die einzige legitime Macht der Nationen ist«. Noch drei Monate vor seinem Tod richtet er eine energische Ansprache an diejenigen, die ihn bitten, daß er die Führung übernimmt und das Gesetz ignoriert: »Sagt euren Auftraggebern, daß trotz der Ehre, die mir das Volk erwiesen hat, als es mich zum obersten Staatschef ausgerufen hat, ihre Stimmen noch nicht die Mehrheit bilden, die eine solche Handlung legitimieren kann. Sagt ihnen, daß ich, wenn diese Mehrheit erreicht wird, meine Ruhe, mein Leben und meinen Ruf ohne zu zögern für mein Vaterland opfern werde«. »Die echte Souveränität — bekräftigt er für alle Zeiten — ist die nationale Mehrheit«.

In jenen Tagen, als an verschiedenen Orten in Amerika das demokratische System, das auf den Stimmen der Mehrheiten basiert, in Frage gestellt wird, gewinnen die Lehren Bolívars und seine Ratschläge an lebendiger und bedeutender Aktualität.

Über die regelmäßigen Volksbefragungen lautete das Wort Bolívars stets emphatisch: »Wiederholte Wahlen sind in den Systemen, die auf dem Volk beruhen, unerläßlich, denn nichts ist so gefährlich wie ein einziger Bürger, der lange an der Macht ist. Das Volk gewöhnt sich daran, ihm zu gehorchen und er gewöhnt sich daran, über das Volk zu herrschen; daraus entsteht die Usurpation und die Tyrannei.«

Als er vor der verfassunggebenden Versammlung von Bolivien die Einführung des Wahlrechts als Staatsgewalt vorschlägt, tut er es in der Überzeugung, daß für »einen Bürger nichts wichtiger ist, als die Wahl seiner Gesetzgeber, Amtsträger, Richter und Geistlicher«.

Für Bolívar ist die Stimmabgabe von großer Bedeutung. So trug jeder Bürger zur Bildung des Gesetzes bei und übte seine Funktion als »Teil des Souveräns« aus. Mit der Stimme und bei der Abgabe der Stimme selbst, sind alle Bürger auf der gleichen Ebene. Gerade in diesem wertvollen Augenblick der Existenz eines republikanischen Staates und einer republikanischen Gesellschaft, verschwinden die Unterschiede zwischen den Bürgern und alle sind nach dem Prinzip der Gleichheit gleichgestellt.

Auf der Suche, das von der langen Kolonialherrschaft geerbte niedrige Kulturniveau und den Lebensstandard in diesen werdenden Gemeinden zu heben, schlug der Befreier in Angostura vor, zwischen aktiven und passiven Bürgern zu unterscheiden. Diese Unterscheidung basierte nicht auf Geld oder Besitz, sondern auf Arbeit und Wissen. Seine Formel war ein großer Anreiz, damit alle aktive Bürger werden sollten. In Bolivien schaffte er Jahre danach die vorgeschlagene Unterscheidung ab und bekräftigte seine Ablehnung der Wählerregister; er sagte: »Wissen und Ehrlichkeit, nicht Geld, sind die Bedingungen für die Ausübung der Macht«. »Bürger müssen diejenigen sein, die Fähigkeiten und nicht Reichtum besitzen. Wer nicht schreiben kann, keine Steuern zahlt und keinen bekannten Beruf ausübt, ist kein Bürger«.

Die Bedeutung des Wahlrechts für Bolívar sehen wir in der harten Strafe — nämlich die Aufhebung der Bürgerrechte —, die der Person auferlegt wird, die das Verbrechen begeht, »Stimmen bei den Wahlen zu kaufen oder zu verkaufen, oder die ordentliche Durchführung der Wahlen zu stören«.

Die ausdrückliche Ablehnung von Betrug, Bestechung und jeglicher Fälschung oder Korruption bei den Wahlen, sowie die Schaffung einer Gewalt für Wahlangelegenheiten, bestätigt die demokratische Gesinnung des Befreiers, die oft falsch gedeutet wurde. Gewisse in Amerika bekannte Kreise und Interessenverbände haben den Satz der letzten Rede in ihrem Sinne ausgelegt: »Wenn mein Tod dazu beitragen sollte, daß die Parteien verschwinden und die Union sich festigt, werde ich beruhigt sterben«. Es ist klar, daß Bolívar nicht »politische Parteien« meinte, da man sie zu seiner Zeit nicht kannte, denn sie entstehen um 1850; diese Auslegung ist nicht erlaubt, da es somit zur absurden Interpretation käme, daß derjenige, der einerseits das Wahlrecht vorgesehen hatte und andererseits die Wahl als einzigen legitimen Ursprung der Macht bezeichnet hatte, nun die Grundelemente der Demokratie ablehnen würde. In seinem letzten Aufruf bezieht er sich auf die »regionalen Spannungen«, oder auf den aufkommenden ungesunden Regionalismus, der — nach einem in den Andenregionen noch gültigen Brauch — »Partidos« heißt. Der Demokratie treu, die sich auf die Unterstützung, die Beteiligung und die Vertretung der Bürger stützt, strebt Bolívar die Abschaffung der Antagonismen und der regionalistischen Parteien an, damit sich die Union — die die Drei-Gewalten-Republik — festigt, und damit sein Kolumbien sich als Einheit ihren unverzichtbaren Aufgaben widmen kann, mit der Überzeugung, daß es wie in jeder Demokratie auch Meinungsverschiedenheiten geben wird. Auf jeden Fall sollte der ideologische Kontrast nicht die Unantastbarkeit der Republik verletzen.

DIE DEMOKRATIE FÜR AMERIKA

Bolívar hat sich ohne Vorbehalte für die demokratische Regierungsform ausgesprochen. Es wurde ihm nicht gegönnt, dies auch nur so weit wie er es gewünscht hatte zu verwirklichen, denn wie er sagte, »war alles zu seiner Zeit ein Feldzug«. Sein Eifer, trotz der Umstände diesem politischen System treu zu bleiben, ist bewundernswert. Sowohl in den wichtigsten juristischen Zügen als auch in den theoretischen und moralischen Grundlagen entsprachen die von ihm geplanten Regierungen dem Grundgedanken der Demokratie: es waren verantwortungsvolle und repräsentative vom Volk getragene Republiken, in denen die Mehrheit des Volkes entscheidet. Über die normalen Regierungsgeschäfte sagte er: »Auch wenn diese Maxime falsch ist, so habe ich sie stets befolgt: in den Regierungen gibt es keine andere Wahl, als sich dem Willen der Mehrheit zu beugen«.

Man muß hervorheben, daß Bolívar seinem Wesen nach ein Demokrat war, aber er gehörte nicht zu den naiven Demokraten des Anfangs der Unabhängigkeitsbewegungen. Seine Kritik der Hauptdarsteller der Ersten Republik gilt besonders dem übertriebenen Idealismus, an dem sie auch zugrunde gingen. Das Manifest von Cartagena ist in diesem Zusammenhang ein deutlicher Appell.

In Essays über politische Vernunft möchte Bolívar die absolute Demokratie abschwächen und sie unseren unumgänglichen Gegebenheiten anpassen. »Es ist notwendig, daß sich die Regierung sozusagen mit den Problemen der Zeit und dem Volk identifiziert«. Die durch eigenes Erleben gemachten Erfahrungen helfen ihm viel bei diesen Bemühungen. 1815 wagte er es, diese Folgerung zu ziehen: »Die Ereignisse auf dem Festland haben uns bewiesen, daß repräsentative Institutionen nicht für unsere Wesensart, Bräuche und jetzigen Gegebenheiten geschaffen sind. Solange unsere Mitbürger nicht die politischen Fähigkeiten und Tugenden erwerben, die unsere Brüder im Norden von uns unterscheiden, so werden die Systeme, die durch das Volk getragen werden, uns nicht dienen; ich befürchte eher, daß sie zu unserem Untergang führen werden«. Aus der Mythologie entnimmt er wirksame Metaphern, um seine Überzeugung zu begründen, daß gesellschaftliche Gegebenheiten nicht unberücksichtigt bleiben sollten. Obwohl er pessimistisch erscheinen mag, ist er nicht der Mensch, der das verbirgt, dessen er sicher ist: »Kann man annehmen, daß ein Volk in der ersten Phase der Unabhängigkeit in der Lage ist, sich auf das Abenteuer der Freiheit einzulassen, ohne daß ihm wie Ikarus die Flügel schmelzen und es in den Abgrund zurückfällt? So ein Wunder ist undenkbar und war nie da. Deshalb gibt es keinen objektiven Grund, daß wir uns dieser Hoffnung hingeben«.

Auch in der Geschichte findet Bolívar zahlreiche Argumente, um sein Urteil über die Schwäche und Unzulänglichkeit der absoluten Demokratie zu begründen. So blättert er mit Überzeugung und Selbstsicherheit in den Annalen von Athen, Sparta, Rom, England und Frankreich, um zur Schlußfolgerung zu kommen, daß weder Theorie noch Schemata und Systeme eines Regimes von Bedeutung sind, sondern daß es darauf ankommt, inwieweit ein Regime das Wesen und den Charakter der Gemeinschaft berücksichtigt, für das es geschaffen wird.

Der fanatische Verfechter des Wahlrechts läßt sich von den Lehren nicht blenden, die er aus seiner Zeit und seiner Umgebung zieht. Er sagt, daß man sich nicht dem zufälligen Ausgang von unvollkommenen Wahlen ergeben sollte. Selbst bei den gebildeten Völkern mit einer größeren politischen Erfahrung sind Irrtümer möglich. Es gibt außerdem eine allgemeingültige Konstante, die ihren Ursprung im Menschen hat: »Wir müssen es zugeben: die meisten Menschen verkennen ihre Wünsche und Ziele, und sind stets bestrebt, sie jenen zu entreißen, die um sie wissen: der einzelne kämpft gegen die Masse und die Masse gegen die Obrigkeit.«

Mit besonderem Eifer studiert Bolívar die Wahlen, »elementare Handlung, die einem Volk Freiheit oder Unfreiheit gibt«. Seine Besorgnis, die in dieser Zeit der Erprobung und Einführung eines gegen den Absolutismus gerichteten Systems verständlich ist, steht im Einklang mit seiner klaren Theorie und mit seiner Überzeugung, die ihn zur Einführung des Wahlrechts bewegte. »Die allgemeinen Wahlen, die von den Bauern und von den intriganten Stadtbewohnern abgehalten wurden, sind ein weiteres Hindernis für den Zusammenschluß zwischen uns. Denn die einen sind so unwissend, daß sie ohne Verstand wählen und die anderen so ehrgeizig, daß sie alles in eine Partei verwandeln«.

Der Gruppengeist — wie wir schon vorhin erklärt haben — hieß »Parteigeist« und wir wiederholen, daß es etwas anderes ist als der Geist einer »politischen Partei«, die damals noch nicht existierte. Dieser Geist führte zu Zersplitterung und Anarchie, und der Weg zum Verfall war nicht mehr weit. Schon die erste Verfassung enthielt diesen zerstörerischen Keim des regionalistischen, provinziellen Geistes, der die Aussicht einer starken Zentralregierung zunichte machte.

In Angostura lehnt der Befreier den Föderalismus pathetisch ab: »Entsetzt über die Uneinigkeit, die unter uns herrscht und herrschen wird, und zwar wegen dem subtilen Charakter, der eine föderative Regierung kennzeichnet, bin ich hierher berufen worden, um euch zu bitten, daß ihr den Zentralismus annehmt und daß alle Staaten Venezuelas eine einzige, unteilbare Republik bilden. Ohne diese Maßnahme, die ich als dringend, lebenswichtig und erlösend erachte, wäre unsere neu entstehende Existenz zum Tode verurteilt«.

Von all den separatistischen Bewegungen wirkten sich die regionalen Ansprüche immer am schädlichsten aus; als Bolívar die Ursachen für das Scheitern der Nation 1812 zusammenfaßt, sagt er ohne zu zögern: »Der regionale Gruppenegoismus war das tödliche Gift, das das Vaterland zugrunde richtete«. 1828 wiederholte sich der tragische Unsinn; die Convención de Ocaña scheiterte an derselben Unnachgiebigkeit der Regionalisten, »Verherrlichung der Parteien, und aus diesem Grund löste sie sich auf, ohne daß die Mitglieder über die geplanten Reformen zu einer Einigung kamen«.

Obwohl der Befreier die frustrierenden Grenzen der Gesellschaft erkennt, die er mit bestem Willen nicht ändern kann, verlassen ihn weder sein Glaube noch sein Kampfgeist. Bolívar ist auch unter widrigsten Umständen ein Kämpfer mit großem Optimismus; nicht anders ist ein Mensch, der wie er an Erziehung und Bildung glaubt. Über die Bildung führt der Weg zum Aufstieg der Demokratie und zur politischen Größe.

Er war davon überzeugt, daß seine Sache die Sache des Volkes war, daß seine tägliche Arbeit dem Gemeinwohl diente. Insgeheim befriedigte es ihn, da die Glorie und die Freiheit seine Beweggründe waren; er strebte nicht nach Macht und Größe, noch wollte er sich bereichern. Er kannte keinen persönlichen Ehrgeiz und mit seiner zukunftweisenden Kritik, die oft schroff und ehrlich war, distanziert er sich von der Demagogie. Als Todfeind der Tyrannei empfiehlt er stets, sich nach den großen Wünschen des Volkes zu richten und dem Willen des Volkes zu dienen und ihn befolgen. An Briceño Méndez schrieb er 1829: »Ich habe schon meine Meinung dazu geäußert, welche Rolle der Kongreß in einem politischen System zu spielen hat. Man muß nur den Willen des Volkes befolgen und ich bin fest entschlossen, mich den Beschlüssen der in der Versammlung vertretenen Nation zu unterwerfen, gleichwohl welche Entscheidungen fallen werden. Der Kongreß wird das Schicksal Kolumbiens bestimmen, wird das System einführen, das am besten angebracht ist, wird das Richtige oder Falsche tun; auf jeden Fall werde ich den souveränen Willen befolgen«.

Dies war der Weg. Heute gibt es für unser Amerika noch keinen offeneren und zuverlässigeren Weg des Fortschritts und der Entwicklung als die echte Demokratie. Der Wille der Mehrheit ist »der Souverän«, dem sich die Demokraten unterwerfen müssen. In entscheidenden Augenblicken gibt Bolívar eine Parole: »Mein einziges Gesetz ist die Erfüllung des Volkswillens; ich werde das Volk nicht einmal zu seinem Glück zwingen; mein Leitsatz ist folgender: Gehorche dem Volk«.

Die Tolerierung der divergierenden Kriterien der Bürger, die Anhörung ihrer Kritik und die Achtung vor der öffentlichen Meinung sind weitere Merkmale der echten Demokratie, auf die Bolívar besonders hinweist. In einem Brief im Jahr 1820 schreibt er Páez in einfachen Worten: »Jener, der eine große Familie regiert, muß Angenehmes und Unangenehmes erfahren, und darf sich nicht kränken, wenn ihm die Meinung anderer vorgetragen wird; Tag für Tag höre ich Meinungen und es grämt mich nicht, denn als Befehlender muß man bereit sein, nackte Wahrheit zu hören und sie zu nutzen, um ein Übel zu beseitigen, das in Irrwege führt. Moralisten und Philosophen empfehlen den Fürsten, daß sie bei ihren vernünftigen Untertanen Rat suchen und diesen befolgen. In einer demokratischen Regierung, in der das Volk seine Regierenden selbst ernennt, damit sie dem Wohl des Volkes dienen und Schaden von ihm wenden, ist dies erst recht unerläßlich«. Die lange Tradition des Absolutismus beeinflußte den Hochmut und die Empfindsamkeit sogar der Regierenden der Republik. Jeden Augenblick mußte der Pädagoge in Bolívar heraustreten, um an die Lehre zu erinnern, die nicht vergessen werden sollte: »Die Menschen, die in der Öffentlichkeit stehen, unterliegen dem Urteil aller Bürger, und besonders eine vom Volk gewählte Regierung; wenn die Kritik der Untertanen Grund genug wäre, um der Republik nicht zu dienen, so würde ich ihr seit langem nicht mehr dienen, denn man hat mich nicht nur kritisiert, sondern in Bogotá verflucht, in Cartagena geächtet und in der Provinz von Cumaná als Feind behandelt«.

DIE BEDEUTUNG DER FREIHEIT

Bolívar ist der echten Demokratie treu geblieben; »nur durch die Demokratie ist eine echte Freiheit möglich«. Sein Hauptziel, seine Rolle in der Geschichte und alles was ihn ausmacht, kann letztlich mit Freiheit bezeichnet werden, »das einzige Ziel, das das Opfer des Lebens wert ist«. Im Verfassungsentwurf von Angostura steht die Definition: »Die Freiheit ist die Macht jedes Menschen das zu tun, was nicht vom Gesetz verboten ist. Das Gesetz ist die einzige Regel, nach der er sich richten muß«. Wie wir schon gesagt haben, ist die unbeschränkte Meinungsfreiheit, »die wichtigste und wertvollste Gabe der Natur«, von großer Bedeutung. »Nicht einmal das Gesetz kann dies verbieten«. Die Zensur von Büchern, Zeitungen und Drucksachen, die der Moralgewalt zugeordnet werden kann, darf erst nach ihrer Veröffentlichung erfolgen. Die Moralgewalt darf ihre Meinung dazu äußern, d. h. stets leiten, aber sie darf niemals die Meinungsäußerung verhindern. Im Interesse der Gesellschaft selbst sieht das Gesetz gerechte und angemessene Strafen für diejenigen vor, die den Journalismus auf unlautere Weise ausüben und somit die öffentliche Sicherheit, das Leben, die Ehre und das geistige und materielle Vermögen der Bürger gefährden.

Bolívar betont die Reichweite der Prinzipien; deshalb wiederholt er, daß »die Freiheit in der Praxis nur die Ausübung des Rechts und die Befolgung der Gesetze ist, damit der Gerechte und der Schwache sich nicht fürchten und die Tugenden belohnt werden«.

Die Freiheit erfordert außerordentliche Bemühungen auf dem Gebiet der Bildung und Erziehung. Eine freiheitliche Ordnung kann nur auf kulturellen Grundlagen gegründet werden. »Die Last der Freiheit ist gering, aber es ist selbst in gebildeten und zivilisierten Ländern schwierig, diese Last im Gleichgewicht zu halten«. Er scheut nicht die offene und direkte Anspielung und begründet es mit dem Recht, hier geboren zu sein: »Unsere Völker haben viele Laster, viele Sorgen, wenig Liebe zur wahren Freiheit, die mit der Ausübung der Tugend untrennbar verbunden ist«. Wir werden sehen, wie groß seine Bemühungen und Ethik waren. Um Republiken zu bilden, wie ihm Simón Rodríguez gesagt hatte, war es notwendig, bei den Kindern anzusetzen. Wiederholt weist er auf diese unbestreitbaren Tatsachen hin: »Die Demagogen wollen nicht glauben, daß die Ausübung der Freiheit nur mit Tugenden möglich ist und dort ist die Tyrannei machtlos. Solange wir Laster haben, können wir ungeachtet der Staatsform nicht frei sein; und da nie ein Volk, das durch die Sklaverei verdorben war, umgewandelt werden konnte, so gab es in den Nationen nur Eroberer und keine Befreier. Die Geschichte hat dies bewiesen«.

Aus diesem gleichen Motiv der Achtung der Privatsphäre des Menschen, meint Bolívar, daß in Sachen Religion der Staat unparteiisch die freie Religionsausübung garantieren muß, ohne eine bestimmte zu unterstützen. Sein Lehrsatz ist, daß »die Religion das Gesetz des Gewissens ist. In einer politischen Verfassung darf eine Religion nicht vorgeschrieben sein. Die Religion regiert den Menschen zu Hause, im Kämmerchen, in sich selbst: Nur die Religion ist berechtigt, sein innerstes Gewissen zu prüfen«. Wo er sich in seiner Eigenschaft als Staatschef und Erbe des Patronatrechts des Königs von Spanien auf die Kirche bezieht, formuliert er, getrieben von seiner demokratischen Überzeugung, Prinzipien einer kirchlichen Demokratie, wenn so etwas möglich ist. So beschließt er 1817 »als oberster Staatschef der Republik, persönlich und wenn nötig aufgrund seiner Befugnisse alle Mitglieder des Klerus dieser ehrbaren Diözese aufzufordern, innerhalb von fünfzig Tagen ihre zuständigen Stellen in dieser Hauptstadt aufzusuchen, um über die Notwendigkeiten der Heiligen Kirche zu diskutieren und insbesondere um einen obersten Verwalter zu wählen«.

Bolívar war sich dessen bewußt, daß mit der Revolution die politischen Angelegenheiten und die sich daraus ergebenden Probleme, in Amerika eine besondere Stellung einnahmen. Er erschrak nicht vor Äußerungen der Freiheit, die später so grausam von den Tyranneien bekämpft wurden. Die Ausübung der Freiheit, hatte er auf verschiedene Weise gesagt, ist nicht leicht; und für die richtige Ausübung der Freiheit, hat die Erfahrung, die natürlich nicht in autokratischen Regierungen gemacht werden kann, große Bedeutung. Sehr viel Geduld aufbringen und die Gelassenheit haben, um das Wesentliche vom zweitrangigen zu unterscheiden, sind für die führenden Männer der Öffentlichkeit erforderlich. Es gibt nichts, was mit der Freiheit weniger gemeinsam hat, als die Trägheit und Unbeweglichkeit der Tyrannei. Bolívar spricht wiederholt von der »süßen Bewegung der Freiheit«. Und als höchste Genugtuung, die vom Volk entsprechend gewürdigt werden muß, besteht er auf »dem Ruhm, den es bedeutet, in der Zeit der Befreiungsbewegungen im Schutz der vom eigenen Willen erlassenen Gesetze zu leben«. Er fürchtet sich nicht vor Visionen; »Das Feuer und die Dynamik der Freiheit, von weitem gesehen, bieten ein Bild des Aufruhrs und des Krieges«. Große und anhaltende Bemühungen um die Bildung des Volkes könnten uns mit der Zeit dem ersehnten Ziel der erfahrenen und selbstsicheren Völker näherbringen, denen ihre echten Vorteile bewußt sind. In Amerika leben wir immer am Rande einer Krise, wo die Demokratie und die Freiheit bei der geringsten Schwierigkeit von

Chaos und Verfall bedroht sind. »Die unterschiedliche Herkunft — sagte Bolívar in Angostura — erfordert eine sichere Hand und viel Feingefühl, um diese heterogene Gesellschaft zu führen, die so kompliziert ist, daß sie bei den geringsten Schwierigkeiten ins Wanken gerät und sich aufsplittert oder auflöst«. Eine harte Arbeit ist die des Irrenwärters Amerikas, des in der Fabel beschriebenen Geplagten, des einsamen Steuermanns, dessen Schiff weder Mast noch Ruder hat. Es ist eine schwierige und heikle, aber notwendige Pflicht, sich mit den Lappalien, Intrigen und Spitzfindigkeiten der Politik auseinandersetzen zu müssen, und sogar mit Namenlosem; der wahre Führer muß überall sein; das sind die Nöte — sagt er —, aber »von ihnen hängen unser Leben und seelisches Wohl ab, nicht zu sprechen von Ehre und Ruhm«.

SENSIBLE REAKTION AUF DIE ÖFFENTLICHE MEINUNG

Der Befreier möchte, daß die Demokratie stets ein offenes Ohr für die Vorschläge des Volkes hat, und diese auch offen und ehrlich erörtert werden; in schwierigen Zeiten wendet er sich an das Volk, in einem Versuch, die Wahrheit zu erkennen. Obwohl er einsieht, daß die öffentliche Meinung sich manchmal nicht in den richtigen Bahnen bewegt, zieht er diese der Meinung der Repräsentanten vor, die das Volk um ihre Interessen bringen. »Ich habe viel mehr Vertrauen in das Volk, als in seine Abgeordneten«; daher unterstreicht er in einer schwierigen Stunde für Kolumbien: »Ich habe keine andere vernünftige Wahl, als dem Volk seine ursprüngliche Souveränität zurückzugeben, damit es seinen Gesellschaftsvertrag von neuem schließt. Man wird sagen, daß dies nicht legitim ist. Und ich verstehe wahrhaftig nicht, was für ein Verbrechen man begeht, wenn man auf das Gesetz zurückgreift, um ein Übel des Volkes, das nur das Volk kennt, zu beseitigen. Ich meine, wenn dies nicht legitim ist, wird es zumindest notwendig sein, und steht daher über dem Gesetz; diese Handlung ist vor allem eine Handlung für das Volk und daher für eine rein demokratische Republik bezeichnend«. Wie wir schon sagten, schafft er mit dem Wahlrecht in Bolivien eine Staatsgewalt, die vierte: das Wahlrecht zeigt seinen Wunsch, sich von den legitimen Wünschen der Mehrheit leiten zu lassen. »Nur die Mehrheit ist souverän. Wer den Platz des Volkes einnimmt, ist ein Tyrann: und seine Befugnis die Usurpation«. »Für mich kommt zuerst die Gemeinschaft, dann der einzelne Bürger«. Seine Demokratie ist die unverfälschte Demokratie. »Die Unzufriedenheit kann man nicht mit Gewalt beseitigen«.

Bolívar versuchte, eine wirksame demokratische Regierung zu bilden; für ihn hatte die Form wenig Bedeutung; dagegen spielt das Volk eine entscheidende Rolle. Seine Mahnung ist richtig: »Der Gesetzgeber ist nicht gut beraten, wenn er nur die Regierung für das Schicksal des Volkes verantwortlich macht; denn wer regiert, ist in gewissem Maße von der allgemeinen Stimmung abhängig«. Die Regierungen müssen als demokratischer Ausdruck der Wirklichkeit, als aus dem Volk und für das Volk entstandene Institutionen, von fähigen und zuverlässigen Menschen gebildet werden, die verschiedene Berufe ausüben. Bolívar zeigt deutlich die verschiedenen Aufgaben der Staatsmänner auf; wenn er über Militärs und Zivilisten spricht, übertrifft er die berühmtesten Zivilrechtler Amerikas.

Bolívar befaßte sich auch mit dem heiklen Thema der Verwaltung, was die Bedingungen, die Anwerbung und die Moral der Beamten betrifft. Wir haben schon gesehen, wie sehr er sich darum bemühte, »fähige und ehrliche« Menschen zu finden, mit »verborgenen Leistungen«, mit verborgenen Tugenden. 1813 sagte er offen ohne zu zögern: »Liebe Mitbürger, ich möchte euch mitteilen, daß eine gesunde Reform bei den öffentlichen Ämtern der Republik durchgeführt werden wird, was die Anzahl der Stellen und die Gehälter betrifft. Unsere Ausgaben müssen im Verhältnis zu unseren Einnahmen stehen, damit wir das Vaterland retten. Es gibt genug tugendhafte Leute auf allen Gebieten, die mit dem Existenzminimum zufrieden sind, und ich werde solche Menschen beschäftigen, um die Verwaltung auf allen Gebieten zu stärken«.

Bei der Verfolgung von Verbrechen, die von Beamten begangen wurden, war er drastisch und unbeugsam; vorhin haben wir schon bei der Studie seines Charakters die harten Strafen gesehen, die für korrupte Beamte vorgesehen waren. Aber er ist gerecht, als er sagt: »Ich glaube, es ist nicht gerecht, wenn man einer Person, die ihre Arbeit gewissenhaft und richtig ausführt, und intelligent ist, ihren Arbeitsplatz nimmt, um ihn einer anderen zu geben; denn dies entspricht nicht dem Geist der Demokratie«. In einem Gesetz des Jahres 1824 über das Personal des Finanzministeriums werden als Entlassungsgründe aufgeführt: »Daß es fundierte Daten über sein schlechtes Dienstverhalten gibt, daß es sich um unfähige Leute handelt oder daß sie ohne vertretbaren Grund von ihrem Arbeitsplatz in der gesetzlich geregelten Arbeitszeit fernbleiben, oder daß sie an ihrem Arbeitsplatz die Arbeit nicht mit dem notwendigen Eifer und mit Sorgfalt durchführen«.

Mit seinem beispielhaften Gerechtigkeitssinn unterdrückte er jegliche Anwandlung zur Vetternwirtschaft. Man kann ihm nicht vorwerfen, jemals Leute begünstigt zu haben. Seine engsten Verwandten besetzten keine hohen Ämter, und zu einigen Verwandten war er wegen seiner Unparteilichkeit und seinen Skrupeln fast ungerecht. Die Geschichte bestätigt seine Worte, die er in Bucaramanga sprach: »Man wird mir nicht vorwerfen, hohe Staatsämter mit Familienmitgliedern besetzt zu haben; ganz im Gegenteil; man kann mir vorwerfen, zu einigen Verwandten, die die militärische Laufbahn eingeschlagen haben, ungerecht gewesen zu sein. Zum Beispiel ist mein erster Adjutant Diego Ibarra, der mich seit 1813 begleitet hat, viele Jahre Hauptmann, Oberstleutnant und Oberst gewesen. Wenn er nicht mit mir verwandt gewesen wäre, wäre er nun General wie andere, die sich vielleicht weniger bemüht haben; ich hätte seine vielen Dienstjahre, seinen Mut, seine unermüdliche Ausdauer, seine Treue, seinen Patriotismus, seine Entschlossenheit und selbst die enge Freundschaft und hohe Wertschätzung, die ich stets für ihn empfand, belohnt; aber mein Verwandter, mein Freund, war auf meiner Seite und daher bekleidete er kein hohes Amt im Heer. Mein Neffe Anacleto Clemente hat den Grad eines Oberleutnants erreicht«.

DIE FORMEN: DER ZENTRALISMUS

Für die Regierung — wirksames Organ mit der Aufgabe, die neue Ordnung zu fördern — neigt Bolívar zu einer zentralistischen Struktur im Innern, im Gegensatz zum Föderalismus, der als Kompromiß mit den zerrissenen Provinzen der Kolonialzeit in Venezuela 1811 eingeführt wurde. Im Manifest von Cartagena hatte er deutlich gesagt: »Ich habe das Gefühl, daß, solange wir nicht unsere amerikanischen Regierungen zentralisieren, die Feinde alle Vorteile haben werden. Obwohl das föderalistische System das vollkommenste und angebrachteste ist, um den Menschen in der Gesellschaft glücklich zu machen, dient es in keinster Weise den Interessen unserer entstehenden Staaten«. Im August 1813 meint er: »Nur die Staaten mit einer zentralistischen und starken Regierung sind mächtig und bedeutend. Niemals hat die Teilung der Macht Regierungen gebildet und verewigt; nur die Konzentration der Macht hat einer Nation Respekt verschafft, und ich habe Venezuela befreit, um dieses System zu errichten«.

In seinen Überlegungen im Exil in Jamaika waren seine Vorstellungen über diese Themen präziser. Daher schreibt er in dem berühmten Brief an Mr. Cullen: »Ich finde nicht, daß das föderalistische System beliebt und repräsentativ ist, denn es ist zu perfekt und verlangt politische Tugenden und Talente, die unseren weit überlegen sind; aus dem gleichen Grund lehne ich die gemischte Monarchie aus Aristokratie und Demokratie ab, die England so viel Reichtum und Blüte gebracht hat. Da wir zwischen Republiken und Monarchien nicht das Vollkommenste erreichen können, so sollen wir nicht in demagogische Anarchie zurückfallen oder sogar in monokratische Tyranneien. Suchen wir einen Mittelweg zwischen beiden Extremen, die uns die gleichen Schwierigkeiten, Unglück und Unehre bringen würden«.

Im Laufe seiner Laufbahn und angesichts der Lehren, die er aus der geographischen, geschichtlichen und sozialen Lage zog, festigten sich seine Prinzipien; so sagte er 1829 ohne zu zweifeln: »Kolumbien hat keine andere Wahl, als so gut wie nur möglich ein zentralistisches System zu errichten, das in angemessenem Verhälnis zu seiner Fläche und Einwohnerzahl steht. Durch die geographischen Schwierigkeiten und wegen der mangelnden Bildung der Bevölkerung sehen wir uns gezwungen, unseren Institutionen mehr Kraft und Macht zu verleihen, als es in anderen Ländern für nötig gehalten wird. Gewiß werden wir viele Schwierigkeiten haben, um ein ausgedehntes Imperium mit einer Regierung zu verwalten, die kaum in der Lage ist, eine Provinz recht und schlecht zu regieren«.

Was die Äußerlichkeit betrifft, so ist das Ergebnis wichtiger: »Das vollkommenste Regierungssystem ist das, welches mehr Glück, soziale Sicherheit und politische Stabilität bringt«. So hatte er es in der Erklärung von Virginia gelernt, und in den Texten des ersten venezolanischen Kongresses.

Vergessen wir nicht, daß nach seinem Ermessen »eine Regierung nicht nach ihrer Theorie oder ihrem System zu beurteilen ist, sondern danach, ob sie der Natur und dem Wesen der Nation für die sie gebildet wird, entspricht«. Er verlangte nur »eine Regierung, in der die Gesetze befolgt werden, die Amtsträger respektiert und das Volk frei ist: eine Regierung, die die Verletzung des Willens und der Gebote des Volkes verhindert«.

DIE GEWALTEN

Die Koordinierung und das Gleichgewicht und nicht die Teilung der Gewalten ist eines von seinen weiteren Prinzipien. In Aristóteles, Locke und Montesquieu lernte Bolívar die Argumente für dieses wichtige Prinzip kennen. Er glaubt, daß man in der Macht Funktionen mit zugeordneten spezifischen Gebieten unterscheiden muß; er schlägt aber keine unüberwindliche Trennung vor; vielmehr als die Gewalten zu trennen, versucht er sie harmonisch zu verbinden, damit sich die verschiedenen Organe des Staates gegenseitig respektieren. Bolívar führt den Gedanken einer organischen Regierung ein: Eine demokratische, republikanische, vom Volk gewählte, wirksame, einfache, moralisch starke Regierung, die sich gegen Anarchie und Tyrannei durchsetzen kann und die in der Lage ist, die Revolution zu verteidigen und zu vervollständigen. In seinem Entwurf ist seit Anfang seiner Laufbahn schon alles vorgesehen. »Der höchste Amtsträger des Staates, von dem die Exekutive abhängt, besitzt alle moralischen und geistigen Fähigkeiten, die ein Staatschef haben muß. Der Senat, der aus vernünftigen und weisen Personen gebildet ist, kontrolliert stets das Verhalten der höchsten Amtsträger und Richter. Das gesetzgebende Organ, das die Souveränität des Volkes vertritt, verteidigt stets seine Rechte mit Gewissenhaftigkeit und Würde. Die Gesetzgeber sind die Väter des Volkes, denn von ihnen hängt sein Wohl und sein Ruhm ab und sie schaffen die Grundlagen, auf denen die Nationen ihre Größe erreichen. Es gibt eine richterliche Gewalt, die unparteiisch Recht spricht, ohne sich auf die Seite des Mächtigen oder des Intriganten zu stellen; ihre Urteile sind von absoluter Gerechtigkeit geprägt, und niemand verliert seine natürlichen und legitimen Rechte durch willkürliche Urteile oder durch eine falsche Auslegung der Gesetzbücher«.

Die beiden von Bolívar erarbeiteten Verfassungsentwürfe richten sich in ihren großen Zügen nach Locke und Montesquieu, wobei das Gedankengut des ersten überwiegt. Der bekannten Drei-Gewalten-Theorie fügt der Befreier ein viertes Element hinzu: in Angostura die Moralgewalt und in Bolivien das Wahlrecht.

Die gesetzgebende Gewalt ist in Angostura das gewöhnliche Zweikammersystem, mit der Besonderheit, daß er einen erblichen Senat vorschlägt. Für Bolivien schlägt er eine dritte Kammer vor: die Zensoren, denen er die 1819 vorgeschlagene Moralgewalt anvertraut.

Für die Exekutive sieht er in Angostura einen vom Volk für eine bestimmte Amtszeit gewählten und dem Volk verantwortlichen Präsidenten vor, und einen Vizepräsidenten und Minister. Dort stellt er das System des Kabinetts vor, das hinter dem Präsidenten steht. Im bolivianischen Entwurf haben wir den Präsidenten auf Lebenszeit.

Wir müssen betonen, daß der Befreier in Theorie und Praxis

dagegen war, daß sich die Macht auf eine einzige Person konzentrierte. Obwohl die Erfahrungen in der Republik von Kollegien — Triumviraten oder Juntas — abriet, empfahl sie keine Autokratien oder monokratische Tyranneien. Außerdem war Bolívar stets ein Gegner der Monarchie. Durch seine Selbstbeschränkung, auch als er die unbeschränkte de facto-Macht ausübte, waren seine Bemühungen, außer dem Präsidenten einen Regierungs- und Staatsrat zu errichten, aufrichtig und ehrlich gemeint. Während der Diktatur im Jahre 1828 ist alles klar, dasselbe können wir von seiner Regierungszeit in Perú sagen; hier war er äußerst vorsichtig und suchte bei den Einheimischen Rat und ließ sie in ihren wichtigsten Angelegenheiten selbst entscheiden. Obwohl er alle Vollmachten hatte, ließ er die Peruaner ihren eigenen Weg bestimmen, obwohl — wie es tatsächlich geschah — seine Hoffnungen für Amerika in Panamá schwinden würden.

Sowohl in Angostura als auch in Bolivien schlägt der Befreier eine unabhängige richterliche Gewalt vor. Zwei Prinzipien, hatte er in Angostura gesagt, sind für den Erfolg dieser Gewalt notwendig: Stabilität und Unabhängigkeit. In Bolivien erklärt er zufrieden: »Die richterliche Gewalt, die ich vorschlage, ist vollkommen unabhängig; nirgends ist ihre Unabhängigkeit so groß. Das Volk stellt die Kandidaten und die Legislative wählt die Personen, aus denen sich die Gerichte zusammensetzen sollen. Wenn die richterliche Gewalt nicht diesen Ursprung hat, ist es nicht möglich, daß sie die Rechte des einzelnen wahrt. Diese Rechte sind die Freiheit, die Gleichheit, die Sicherheit, alle Garantien oder Rechte der sozialen Ordnung. Die echte Verfassung steht in den bürgerlichen und Strafgesetzbüchern; und die schlimmste Tyrannei wird von den Gerichten durch die Auslegung der Gesetze ausgeübt. Gewöhnlich ist die Exekutive nur das ausführende Organ des Volkswillens; aber die Gerichte sind die Schiedsrichter in eigenen und fremden Sachen. Die richterliche Gewalt ist für das Wohl oder das Übel der Bürger verantwortlich; und wenn es Freiheit und Gerechtigkeit in der Republik gibt, so werden sie von dieser Gewalt ausgehen. Oft ist die politische Organisation von geringer Bedeutung, wenn die Organisation der Bürger perfekt ist;

wenn die Gesetze strengstens befolgt werden und wenn sie wie das Schicksal als unabänderlich betrachtet werden«.

DIE MORALGEWALT

Über dieses wesentliche Kapitel der juristischen und politischen Struktur Bolívars, nämlich der Moralgewalt, ist soeben die Interpretation des bedeutenden venezolanischen Pädagogen Dr. Luis B. Prieto F. erschienen. In dieser Institution sieht der berühmte Politiker und Rechtsgelehrte ein starkes, mächtiges Gegengewicht zur Exekutive, die Bolívar als notwendig für seine schwierige und dramatische Aufgabe in Amerika sieht. Die Moralgewalt wäre nach seiner These eine Organisation zur Kontrolle der Regierung: und sie würde dem Ziel dienen, einen Ersatz zu schaffen für das Recht des Volkes, gegen die Unterdrückung zu kämpfen, und obwohl dieses Recht in der Verfassung von 1811 enthalten ist, läßt es Bolívar in seinen beiden Verfassungsentwürfen aus. So sollen der in Angostura vorgeschlagene Areopag und noch viel mehr die Zensorenkammer Boliviens die Übermacht der Exekutive beschränken und zugunsten der Freiheit, dem höchsten Grundsatz der Gesellschaft, abschwächen.

In der Rede von Angostura, die zweifellos die beste und umfangreichste Darstellung von Bolívars Gedanken ist, lesen wir in einfachen Worten seine Doktrin über die Gewalten; zu den Kommentaren, die wir vorhin zu jeder Gewalt machten, müssen wir folgende allgemeine, aussagekräftige und richtige Behauptung Bolívars hinzufügen: »Nichts stört so sehr die Harmonie zwischen den Gewalten als ihre Mischung. Nichts ist gefährlicher für das Volk als die Schwäche der Exekutive und wenn man es in einem Königreich als notwendig erachtet hat, der Exekutive viele Befugnisse zu geben, so sind sie in einer Republik noch wichtiger«.

Das Ziel einer starken und demokratischen Regierung, Conditio sine qua non für die Revolution, gab ihm den Ansporn, sich mit der schwierigen Aufgabe zu befassen, Institutionen zu entwerfen und Gesetze zu schreiben, ohne ein Rechtsfachmann zu sein.

Er wollte eine starke Demokratie mit starken und umfassenden Befugnissen und außer patriotischen und moralischen Tugenden auch mit fachlichen und politischen Fähigkeiten, um die Revolution durchzuführen, die diese Völker ahnten und erwarteten. Bei seinen Bemühungen, die Institutionen zu stärken, ist er sich stets dessen bewußt, daß die Arbeit nicht nur für eine kurzlebige Gegenwart ist, sondern für die zukünftigen Jahrhunderte. »Das gesamte Regierungssystem soll gestärkt werden, und das Gleichgewicht soll so erreicht werden, daß es nicht verlorengeht und daß es nicht wegen seiner Unhaltbarkeit zerstört wird. Da keine andere Regierungsform so schwach wie die Demokratie ist, muß seine Struktur unerschütterlich sein: und ihre Institutionen müssen um die Stabilität zu wahren, ständig in Kontakt sein. Wenn das nicht der Fall ist, so werden wir eine Übergangsform haben und kein bleibendes System: wir würden eine reaktionäre, aufrührerische und anarchistische Gesellschaft haben und kein Gesellschaftssystem, in dem Glück, Frieden und Gerechtigkeit herrschen«.

VORÜBERGEHENDE VARIANTEN

Einige politische Handlungen des Befreiers während der kolumbianischen Krise, Diktatur genannt, haben dazu geführt, daß einige ihn als »Reaktionär« bezeichnen, um eine Legende zu schaffen, um seine liberalen und demokratischen Wesenszüge zu widerlegen.

Es ist wahr, daß angesichts der Notwendigkeit, das Regime zu erhalten, Bolívar gezwungen wurde, einige politische Maßnahmen zu treffen, aber die meisten — obwohl es genau umgekehrt erscheinen mag — schadeten nicht der Demokratie, sondern rechtfertigten und festigten sie sogar. Respektable Historiker übten eine harte, aber unbegründete Kritik wegen der Auflösung der Gemeindeverwaltungen; sie glaubten in dieser Maßnahme ein Zeichen zentralistischen Autokratismus zu sehen. Diese Maßnahme war schon von Bolívar angesichts der gescheiterten Konvention von Ocaña in Betracht gezogen worden, und es lohnt sich seine ausgedehnten Überlegungen aufzuzeigen, um seine Bedenken gegen diese Maßnahme zu sehen: »Die Gemeindeverwaltungen, die als Ratgeber der Provinzgouverneure nützlich sein könnten, haben kaum ihre wahren Aufgaben erfüllt; einige haben sogar die Souveränität der Nation für sich in Anspruch genommen, andere haben den Aufstand gefördert; und fast alle neuen haben die Versorgung, die Schönheit und die Hygiene in ihrer Gemeinde eher vernachlässigt als gefördert. Derartige Körperschaften dienen nicht ihrem ursprünglichen Zweck; sie sind wegen der Aufgaben, die sie verlangen, wegen den Unannehmlichkeiten, die sie ihren Mitgliedern bereiten und weil sie in vielen Orten durch nichts ersetzt werden können, verhaßt. Wodurch sie besonderen Schaden anrichten, ist die Tatsache, daß sie den Bürger zwingen, ein Amt während eines ganzen Jahres auszuüben, wofür er seine Zeit und sein Vermögen einsetzen und oft seinen Ruf und sogar seine Ehre aufs Spiel setzen muß. Oft werden einige Leute aus ihrem eigenen Haus verbannt, damit sie nicht für ein so unbequemes Amt gewählt werden können: und wenn ich das sagen soll, was jedermann denkt, so würde kein Gesetz beliebter sein, als das, das die Gemeindeverwaltung abschafft«.

Bolívar verletzte nicht das Recht der freien Meinungsäußerung, er verkündete nur — wie schon gesagt —, daß das Gesetz gegen den Pressemißbrauch angewendet werden würde. Weitere Entscheidungen in dieser dramatischen Lage müssen mit Ruhe geprüft werden, und man muß dabei bedenken, daß es keine wesentlichen Ereignisse sind, die ein vollkommenes und organisches Revolutionswerk, in dem die Politik nur ein Aspekt war, ungültig machen und widerlegen könnten. Die vorläufigen Maßnahmen, das Studium von Latein und Theologie zu verlängern, geheime Vereinigungen zu verbieten — man konspirierte in deren Schutz — und das Verbot, einige Unterrichtsbücher zu lehren, wie die »Tratados de Legislación« (Abhandlungen über Gesetzgebung) von Bentham, sind eher anekdotenhaft als ein grundlegender Wandel der Regierung. Benthams Werk widerlegte das katholische Dogma, aber schadete gleichzeitig den idealistischen hohen Zielen der Revolution; nach seinen Lehren neigte man dazu, die Kultur auf der

Grundlage des Gewinns zu errichten. Die plutokratische Oligarchie, die gegen Bolívar in Bogotá konspirierte, verteidigte — von diesen Ideen geleitet — ohne Vorbehalte die Spekulation und die Schuldhaft und lehnte strikt jedes Eingreifen der Regierung in die Wirtschaft ab. In der Diktatur gibt es eine offensichtliche, aber nicht echte Zuneigung zur Kirche; die Regierung verspricht, den Katholizismus als »die Religion der Kolumbianer« zu schützen, was etwas anderes ist, als eine angebliche Erklärung »zur Religion des Landes«, die einige Historiker angeblich sehen wollen — und es ist wahr, daß der Erzbischof dem Staatsrat angehört — einer von siebzehn Mitgliedern; aber am auffälligsten ist, daß das Patronat nicht abgeschafft wird, auch nicht, wenn man in Betracht zieht, daß damals die Unterstützung der katholischen Kirche sehr groß war und unbegrenzt. Bolívars Diplomatie war sehr geschickt, als er sich in dieser Notlage die Unterstützung der einflußreichen Mitglieder des Klerus verschaffte. Ein guter Beweis dafür, daß er in dieser heiklen Angelegenheit vollkommen unabhängig handelte, ist, daß er damals ausdrücklich die Vormachtstellung des Staates in religiösen Angelegenheiten betonte, und im Gesetzeserlaß vom 24. November 1829 wiederholte, daß das Außenministerium die einzige Stelle für die Beziehungen Kolumbiens — seien es Erzbischöfe, Bischöfe, Priester und Laien und jeder Kolumbianer — mit dem Heiligen Stuhl sei.

Das größte Problem Bolívars zu seiner Zeit war die Stabilität. Man lebt in einer unstabilen, gesetzlosen und unsicheren Zeit, die es nicht erlaubte, die revolutionäre Ordnung zu festigen. Um Stabilität zu erreichen, ist es für Bolívar unerläßlich, daß die Regierungen länger im Amt sind. 1829 war er fest davon überzeugt, daß die Aussichten nicht düsterer sein konnten. »Wenn Amerika sich nicht zurückbesinnt, wenn es sich nicht seiner Nichtigkeit und Ohnmacht bewußt ist, wenn es sich nicht zur Vernunft ruft, gibt es wenig Hoffnung für die Konsolidierung seiner Regierungen; eine neue Kolonialherrschaft wird unser Erbe für die Zukunft sein«. Wieviel traurige und nackte Wahrheit enthält seine vorhin angeführte Aussage in Angostura über die Schwäche unserer Gemeinschaft: »Die unterschiedliche Herkunft erfordert eine sichere

Hand und viel Feingefühl, um diese heterogene Gesellschaft zu führen, die so kompliziert ist, daß sie bei den geringsten Schwierigkeiten ins Wanken gerät, und sich aussplittert oder auflöst«. Bolívar versucht die politische Unstabilität mit Institutionen wie den erblichen Senat und der Präsidentschaft auf Lebenszeit zu überwinden. Beide sollten vorläufigen Charakter haben.

Obwohl sie von Bolívar vorgeschlagen wurden, und er Gründe für ihre vorübergehende Einführung gab, sind der erbliche Senat und die Präsidentschaft auf Lebenszeit keine für Bolívar typischen Institutionen. Beide entstanden zufällig und sie nehmen seinem Werk nichts von seinem typischen, einzigartigen Charakter. Zweifellos ist der erbliche Senat die aristokratischste unter den von Bolívar erdachten Institutionen. Er ruft dieses Organ ins Leben in seiner verzweifelten und ständigen Suche nach Stabilität — wie schon gesagt — und er versucht in dieser schwierigen Zeit des Wandels Gleichgewicht und eine feste Grundlage zu schaffen. Dieser Versuch ist zum Teil dadurch gerechtfertigt, daß es sehr wenige fähige Leute gab. Bolívar stellt sich diesen Senat als ein »neutrales Organ vor, das sich immer auf die Seite des Angeklagten stellt und den Ankläger zurechtweist, ein Gegengewicht für die Regierung und für das Volk: Es wird ein Vermittler zwischen den ewigen Rivalen sein, die sich gegenseitig angreifen. Bei allen Auseinandersetzungen bringt der ruhende Pol eines Dritten die Versöhnung; so wird der Senat Venezuelas der Stützpfeiler dieses zerbrechlichen und leicht verletzbaren Gefüges sein; er wird das Element sein, das die Gemüter besänftigt, und die Harmonie zwischen den Mitgliedern und dem Oberhaupt dieses politischen Systems aufrechterhält«.

Ein klarer Beweis dafür, daß der Senat nicht mit dem Werk Bolívars verbunden war, ist, daß der Befreier ihn nicht in seinen späteren Aufzeichnungen über die Institutionen aufführt.

Auch die im Projekt für Bolivien aufgezeichnete Präsidentschaft auf Lebenszeit paßt nicht in die allgemeinen Richtlinien des demokratischen Systems Bolívars. Sie ist auf die gleiche dringende Notwendigkeit zurückzuführen, rasch eine wirksame Formel zu finden, um Stabilität zu garantieren, die Freiheit zu sichern, die Anarchie zu beseitigen und den Despotismus zu bremsen. Die Präsidentschaft auf Lebenszeit entspricht nicht dem einheitlichen Programm des Befreiers, sie steht im Widerspruch mit der Theorie Bolívars, obwohl einige bekannte Denker auf dieser Grundlage eine cäsaristische Erklärung geben, und sie steht auch im Widerspruch mit dem Charakter Bolívars — dem Ersten unter den Selbstlosen.

Es muß hier gesagt werden, daß die von Bolívar vorgeschlagene Präsidentschaft auf Lebenszeit nichts mit den autokratischen und ewigen Präsidenten auf Lebenszeit per se gemeinsam haben, die Amerika bis zum Überdruß gehabt hat. Es genügt zu sagen, daß durch ausdrücklichen Befehl der Verfassung »der Präsident keinem Bolivianer die Freiheit entziehen kann, noch von sich aus eine Strafe verhängen darf. Er kann weder die Durchführung von Wahlen verhindern, noch die Ausübung von Funktionen, die nach Gesetz den anderen Gewalten der Republik zustehen«. Der Vizepräsident ist der wahre Regierungschef; die drei Außenminister stehen unter seiner Befehlsgewalt.

Wie wir schon gesagt haben, führt die dringende Notwendigkeit der politischen Stabilität den Befreier dazu, diese Institutionen für Bolivien vorzusehen. In dem Amt, das er vorschlug, sah er den Vorteil, »die Ordnung der Dinge aufrechtzuerhalten und die Unterordnung zwischen den Bürgern unter sich zu wahren, mit einer starken Macht und Kontinuität«.

Auf jeden Fall ist die wahrhafte Theorie Bolívars die des Wechsels an der Spitze der Macht. In seiner Theorie empfiehlt er einen »gemäßigten Eifer« als Garantie der Freiheit des Bürgers. In diesem Sinn war er stets vom Beispiel Washingtons gefesselt und so sprach er vor seinen Mitbürgern: »Die prächtige Lehre, die uns der Held der Bürger hinterlassen hat, der Vater der mächtigen amerikanischen Republik, darf nicht ungenutzt bleiben. Das Volk wollte ihn für das höchste Amt wiederwählen, und dieser tugendhafte General zeigte seinen Mitbürgern die Gefahr, daß ein Bürger auf unbestimmte Zeit die Macht hat. Sie hörten auf den Helden, das Volk gehorchte; die amerikanische Republik ist heute das Beispiel der Größe, der Freiheit und des Glücks, Tugenden zu besitzen«. Ab seinem 21. Lebensjahr wiederholt er diese Idee. »Welche Tugenden muß man haben, um Macht zu haben, ohne diese zu mißbrauchen? Kann kein Volk Interesse daran haben, sich einem einzigen Mann anzuvertrauen?«.

Der zufällige Charakter der Präsidentschaft auf Lebenszeit wird dadurch bestätigt, daß diese für einen konkreten Fall geschaffen wurde und nicht als Allheilmittel. Bolívar schlägt die Präsidentschaft auf Lebenszeit vor, indem er die politischen Tugenden und den ehrlichen Charakter und die administrativen Fähigkeiten des Marschalls von Ayacucho kannte und in sie vertraute. Für den Befreier konnte nur Sucre die ersten Schritte der neuen Republik richtig leiten, »das unglückliche Bolivien, das in weniger als zwei Wochen vier verschiedene Führer hatte« (und in den 30 Jahren als Republik schon bald 20 Präsidenten zählt). Die Fähigkeiten und die Moral Sucres waren für Bolívar die Garantie dafür, daß in Bolivien in der Praxis weder der Republikanismus noch die Demokratie Schaden leiden würden. »Man braucht mich hier nicht (sagte er Unanúe in Chuquisaca), denn ich habe eine ganze Reihe von organischen Erlassen gegeben, habe die Verfassung geschrieben, um die mich die verfassunggebende Versammlung gebeten hat, und glaube daher, daß General Sucre das übrige genauso gut oder besser als ich machen wird«. »General Sucre ist unentbehrlich für diese Verfassung und ohne ihn funktioniert nichts: daher (schreibt er an Santander) bitte ich zu veranlassen, daß Sie ihm die Befugnis geben, die Führung für ein paar Jahre zu übernehmen«. Seit Monaten war er dieser Meinung: »General Sucre muß hier einige Jahre bleiben, damit diese Republik entstehen kann«. Hier kann festgestellt werden, daß Bolívar nicht vorhatte, daß Sucre auf Lebenszeit regiert; er strebte nur „einige Jahre« an, die wichtigsten in den Anfängen eines Staates; vielleicht nicht mehr als zehn Jahre, das war die festgelegte Frist, um die Verfassung zu überprüfen.

Für Bolívar sind Verfassungen niemals unbewegliche Strukturen, die ein sich im Wachstum befindendes Gefüge einengen sollen. Er hat sich vom Naturrecht distanziert und sich so weit dem Historismus zugewandt, um zu verstehen, daß Verfassungen gedeihen, und daß sie nicht geschrieben werden um den Unwillen des Volkes zu erwecken, sondern sie sind die Konzepte für das Glück einer Nation. Die Präsidentschaft auf Lebenszeit und die Verfassung von Bolivien wurden nicht für die Ewigkeit geschaffen. In neuen Gesellschaften wie in denen Hispanoamerikas müssen Gesetze, und gerade das Grundgesetz, in regelmäßigen Abständen überprüft werden, um sie, ohne daß sie dabei ihren demokratischen Charakter verlieren, den Erfordernissen des geschichtlichen Prozesses anzupassen.

DIE BÜRGERLICHE REGIERUNG

Mit großer Deutlichkeit und mit seinem unvergleichlichen Gerechtigkeitssinn trennte Bolívar den Zivilbereich vom Militärbereich. Wegen seines Überblicks und seiner Unfehlbarkeit ist er heute als wahrer, einzigartiger Lehrmeister unseres Kontinents bekannt. Obwohl er in einer sehr unruhigen Zeit wirkte und lebte, verleugnete er nie seine Gesinnung, die vom Anfang bis zum Ende seiner Karriere die gleiche blieb. Am Anfang seines politischen Wirkens legt er seinen Kurs fest: »Ich bin Soldat und meine Pflicht ist, der Regierung zu gehorchen, ohne die Art ihrer Bestimmungen zu prüfen«. Und dies ist seine Richtlinie, die er trotz zahlreicher Schicksalsschläge und in den Sternstunden seines Lebens ungeändert beibehält. Inmitten der tiefen Krise des Jahres 1828 erklärt er den Putsch des Militärs und sagt: »Das Militär will nur den Willen und die Rechte des Volkes wahren. Daher hat es den Dank und die Wertschätzung der Bürger verdient; und daher respektiere ich es. Dieses Heer war der Grundstein für die Sicherung unserer Rechte und wird es auch in Zukunft sein. Dies sage ich im Namen des Heeres als sein erster Soldat; gestatten Sie mir, daß ich mich dessen rühme. Ich weiß, daß das Heer stets den Willen der Allgemeinheit befolgen wird, denn ich kenne seine Gefühle. Es wird sich nur den Gesetzen und dem Volkswillen unterordnen«. 1829 unmittelbar vor dem Ende wiederholt er: »Ich werde bis zum Tod mit den Waffen dienen; ich werde mich für das Gedeihen und die Festigung der neuen Regierung einsetzen: ich werde mit meinen Kräften und Freunden, das Militär, den Präsidenten unterstützen, den man uns gibt; ich werde mich rühmen, ihm blind und ohne Widerstand zu gehorchen; ich werde ihn innerhalb und außerhalb der Republik verteidigen; ich werde meinen Ruf und mein Leben in den Dienst dieser Regierung stellen; ich bin sogar bereit, ihr Vasall zu sein«.

Es gibt in dieser Kontinuität Bolívars eine Doktrin für die tägliche Erfüllung der militärischen Pflicht, und eine systematische Haltung des Menschen, dem die Macht anvertraut worden ist, eine Haltung der Befolgung und des Respekts der Zivilgewalt, die vom Volk ausgeht. Die Souveränität des Volkes ist — wir wiederholen — »die einzige legitime Macht der Nationen«. Dem Volk als höchste und wahre Quelle der Macht unter den Menschen müssen die vom Volk stammenden Amtsträger dienen; aus dem Volk stammen auch die Streitkräfte, die die Pflicht haben, es zu schützen und zu verteidigen. Für den Befreier war der militärische Geist mit zivilen Führungsaufgaben unvereinbar; das militärische System ist das System der Gewalt und Gewalt ist nicht Regierung. Er zögerte nicht, die militärischen Aufgaben mit den Regierungsaufgaben als unvereinbar zu bezeichnen; »auch wenn ein Soldat sein Vaterland rettet, ist er selten ein guter Präsident. An die Härte und die Grausamkeit des Krieges gewohnt, weist seine Regierungsweise die grausamen und gewaltsamen Züge des Kriegshandwerkes auf«.

Die Verfassung von Angostura hat diesem heiklen Thema ihren edlen Zielen Vorrang und Gesetzesform gegeben und formulierte lakonisch: »Die Ordnungshüter sind gehorsam, kein bewaffnetes Korps darf in Frage stellen«; die juristische Version seines Aphorismus, der besagt: »Der Soldat darf nicht in Frage stellen, armes Volk, wenn der Soldat etwas in Frage stellt«. Vor der verfassunggebenden Versammlung von Bolivien sagte er deutlich: »Die Aufgabe des Heeres ist, die Grenzen zu schützen; Gott möge uns davor schützen, daß es die Waffen gegen die Bürger richtet! Die nationale Miliz genügt, um die innere Ordnung zu wahren«. Im Verfassungsentwurf widmet er der Zusammensetzung der

Streitkräfte das Kapitel VIII; dort behandelt er auch eine militärische Schutzmacht, um den Schmuggel zu verhindern.

DAS VATERLAND UND DIE HARMONIE

Bolívar versucht ein Gleichgewicht zwischen den beiden Akteuren auf der politischen Bühne zu erreichen, nämlich zwischen Volk und Regierung. Die Bürger müssen die größten Garantien, Freiheit und Gleichheit genießen, die möglich sind, und die Regierung muß respektiert werden und in der Lage sein, den allgemeinen Willen respektiert zu sehen. Es handelt sich um zwei gleichgesetzte Organe; diese Gleichstellung ist durch das Gesetz festgelegt, das zwei sich entsprechende Bereiche vorsieht: auf der einen Seite die Pflichten und Rechte der Bürger, und auf der anderen die Befugnisse der Regierung.

Auf politischer Ebene ist das Ziel der Regierung in wenigen Worten »die Existenz der Republik, die Bürgerrechte, die Festigung der Macht und die Stabilität miteinander zu verbinden, das Volk so zufrieden und frei machen wie nur möglich und der Regierung Stärke und Kraft zu geben ohne aufsehenerregende Skandale«.

Immer fest entschlossen und mit dem Ziel, Erbauer, Gründer und Schöpfer zu sein, und sich der Dringlichkeit bewußt, Stabilität zu erreichen, stellt er ein Rezept auf: »Um eine stabile Regierung zu bilden, benötigt man ein Nationalgefühl, das einerseits den Willen des Volkes mäßigen soll und andererseits die Macht der Regierung begrenzen soll; es ist schwierig, beide theoretischen Extreme aufeinander abzustimmen, aber man kann sagen, daß die Regel, nach der sie sich ausrichten sollen, so aufzufassen ist, daß sie sich gegenseitig beschränken und aufeinander eingehen müssen, damit es weniger Reibungspunkte zwischen dem Willen und der legitimen Macht gibt«.

Diese Stabilität schließt nicht die soziale Dynamik aus, sondern sie benötigt sie als ein Komplement. Diese Prinzipien sind der Kern eines politischen Systems. Bolívar hat viel von der klaren

Denkweise der Franzosen gelernt und seine Folgerungen sind logisch. Mit dem konkreten Gedanken zu erfinden, sagt er: »Um das Universum zu machen, verlangte Descartes Materie und Bewegung. Um ein Rechtssystem oder eine Regierung zu bilden, muß man die Gleichheit verlangen, das ist die Materie, ohne die nichts gerecht und daher unnütz ist; und die Freiheit ist der Motor der Gesellschaft, denn es gibt keine moralisch vertretbare Handlung ohne Freiheit«.

Jedes einfache oder komplizierte politische System hat einen Beweggrund, es ist das Vaterland. Für ihn ist »das Vaterland Amerika«. »Das Vaterland aller Amerikaner muß das gleiche sein, da es bei allen eine perfekte Einheit gab«. Im Monat August des entscheidenden Jahres 1815 gibt er eine bestimmte und unabänderliche Erklärung ab: »Als Sohn Südamerikas kann ich die furchtbaren Ereignisse in meinem Geburtsland nicht mit Gleichgültigkeit hinnehmen.« Das Vaterland ist eine aktive und dynamische Realität; es ist Hispanoamerika; es heißt Kolumbien, Venezuela; es heißt Caracas, weil diese Stadt stets in seinen Gedanken ist. In Caracas beginnt er seinen Dienst für den Kontinent.

Bolívar vereint mit Leidenschaft die verschiedenen Bestandteile und ruft zur Liebe zum Vaterland auf. Er stellt die für alle Zeiten gültige Definition auf: »Zuerst kommt die Muttererde: sie hat unser Wesen geprägt; unser Leben ist nur das Wesen unseres Heimatlandes; dort sind die Zeugen unserer Geburt, die Schöpfer unserer Existenz und die uns mit der Erziehung beseelt haben; dort sind die Gräber unserer Väter und fordern Sicherheit und Geborgenheit; alles erinnert uns an eine Pflicht, alles ruft in uns Gefühle und Erinnerungen wach; dort war der Schauplatz unserer Unschuld, unserer ersten Liebe, unserer ersten Gefühle und all dessen, was uns geformt hat. Gibt es etwas Höheres, dem wir unsere Liebe und unser Leben widmen sollen?«

Damit ist alles gesagt. Auf dem Boden, auf dem wir geboren sind, in der Luft, die wir atmeten und im Wasser, das wir tranken, im Brot, das wir aßen, ist das Vaterland, das uns mit seinen Elementen formte. Aber den Menschen formen nicht nur chemische Stoffe, oder Materie und physikalische Vorgänge, sondern er ist auch ein Produkt menschlicher Beziehungen, geistiger Kommunikation und moralischer Wertvorstellungen. Im Vaterland sind unsere Eltern, die Schöpfer unseres geistigen Lebens, von ihnen haben wir die Sprache erhalten, den Glauben, die Religion, die Prinzipien, das Wissen, das uns sublimiert und das, was uns zu Menschen macht. Durch unsere Vorfahren, die in Frieden ruhen, sind wir mit unserem Heimatland verbunden. Dort haben wir gelernt zu leben. Was ist leben? Empfindungen, Gefühle, Leidenschaften, dort erfuhren wir die Erleuchtung, dort lernten wir die Wunder des schöpferischen Gedankens und der Intelligenz kennen. Wahrlich, gibt es etwas Höheres, dem wir unsere Liebe und unser Leben widmen sollen?

DAS AGRARRECHT

Die Verteilung des Reichtums war in der Kolonialzeit — wie schon gesagt — sehr ungerecht. Eine große Kluft trennte die, die alles in ihrem Besitz hatten von denen, die außer ihrer Armut nichts besaßen.

Die Sklaven, die ihren Herren gehörten, schufen mit ihrer Arbeit Haziendas und Bergbaubetriebe. Die dafür bestimmten Indios bearbeiteten das Land und damit war das Leben der Privilegierten angenehmer. Die untergeordneten Schichten der Gesellschaft kamen nicht in den Genuß der Früchte ihrer eigenen Arbeit. Für die Spanier war sogar das Kunsthandwerk der Indios Opfer ihrer Spekulation, so daß von Anfang an — sehen wir uns die Vorschriften an, die Juan de Villegas in Venezuela 1552 erläßt — versucht wurde, diese ungerechten Praktiken zu unterbinden. Es gab ein Gesetz, dem die Vermutung zugrunde lag, daß Gold in Händen von Negern nur durch Diebstahl dorthin gelangt sein könne.

Die Vorschriften der Leyes de Indias für die Arbeit der Einheimischen waren vergebens. Die Behörden, die die Einhaltung dieser Gesetze überwachen sollten, waren in erster Linie an der Ausbeutung interessiert. Daher gab es in Amerika zwei streng getrennte Klassen: die zahlenmäßig geringere der Privilegierten, Reichen und Begünstigten, und die größere, die aus Vasallen, Sklaven, Diskriminierten, Besitzlosen und Armen bestand.

Die Armut der Indios und die ständige Demütigung, die Sklaverei der Afrikaner, die schlechte und ungerechte Behandlung führte dazu, daß viele sich gegen das sozio-ökonomische System auflehnten, das sie auf so drastische Weise benachteiligte und ihnen jede Möglichkeit nahm voranzukommen. Besonders den

Pardos gegenüber übte man eine unduldsame Aggression. Man verachtete sie wegen ihrer Handwerks- und Händlerberufe, die beide schlecht angesehen waren. Die reichen Kreolen übten nie diese niedrigen und entehrenden Tätigkeiten aus.

Die meisten Aufstände, Unruhen und Demonstrationen infolge der Unzufriedenheit in der Heimat Bolívars während der dreihundert Jahre Kolonialherrschaft waren auf die große wirtschaftliche Ungerechtigkeit zurückzuführen, die ja so eng mit der untergeordneten sozialen Lage verbunden ist. Man darf nicht vergessen, daß die Amerikaner eine gerechtere Abgabenordnung verlangten. Das ungerechte System war verhaßt. Die Aufständischen von El Socorro, die Aufständischen von los Andes, Widerstandsbewegungen in Perú, Argentinien und México und an verschiedenen Orten innerhalb des Kontinents, alle lehnten sich gegen das ungerechte Steuersystem auf. In der Geschichte Venezuelas finden wir in diesem Zusammenhang viele Beispiele. Der Aufstand von José Leonardo Chirinos in Coro, die Meuterei von San Felipe, die Demonstrationen von Juan Francisco de León waren gegen das baskische Unternehmen gerichtet, dem Philipp der V. das Handelsmonopol für die venezolanischen Provinzen gegeben hatte: die Compañia Guipuzcoana war bei der Steuereintreibung effektiver und daher verhaßter als die zerbrechliche und veraltete Kolonialverwaltung.

Zahlreiche gewaltsame Aufstände der Neger und Indianer im XVI., XVII. und XVIII. Jahrhundert hatten ihren Ursprung in der schlechten wirtschaftlichen Lage der Aufständischen. Natürlich ist die wirtschaftliche Lage mit der sozialen Lage eng verbunden, da beide gleichbedeutend sind mit Versklavung und Unterdrückung.

ERMESSENSFREIHEIT DER ERSTEN REGIERUNGEN

In den ersten Phasen der Revolution in Venezuela waren die Kreise an der Macht besonders daran interessiert, ihre eigenen

Interessen zu wahren und die Aufgabe, sich um die Grundbedürfnisse der von der Gesellschaft ausgeschlossenen Menschen zu sorgen, wurde auf unbestimmte Zeit vertagt. Keine einschneidende Maßnahme wurde für die auf dem Land lebende Mehrheit getroffen. Männer wie der Rechtsanwalt Sanz hatten ein Agrargesetz gefordert, das zum Fortschritt beitragen sollte und auch gerecht war. Die Patrizier von Caracas wollten ohne Zweifel keine durchgreifende Agrarreform; daher sucht man in den Erlassen der Junta Suprema und auch der ersten konstitutionellen Regierung, und sogar der kurzlebigen und unstabilen Regierung, die aus der Campaña Admirable hervorging, vergeblich eine Verfügung zu diesem Thema. Dagegen spürt man im allgemeinen eine stillschweigende, diskrete Unterstützung der Interessen der reichen »Revolutionäre«. Als wirtschaftliche Maßnahme wurde am Anfang eine Herabsetzung von Steuern beschlossen, eine Maßnahme, die besonders die Reichen begünstigte. Die Aufhebung der am meisten verhaßten Steuern war de facto eingetreten, als der Steuerapparat der spanischen Regierung zerfiel. So gab es keine Ordnung und keiner zahlte Steuern; der lange Krieg von 1810 bis 1830 hatte die gleichen Folgen. Es muß hier festgestellt werden, daß der Mangel an Geldmitteln — durch das plötzliche Ausbleiben der staatlichen Einnahmen — die Republik in große Schwierigkeiten brachte. Nach dem 19. April waren die Reserven schnell verbraucht. In seinem Manifest von Cartagena hat Bolívar diese Lage treffend beschrieben; die Ausgabe von Papiergeld schadete der vorgesehenen neuen Ordnung sehr.

Unabhängig von der durch die Umstände hervorgerufenen Abschaffung des kolonialen Steuersystems wäre zu sagen, daß durch die natürliche Reaktion aller Gruppen der Gesellschaft, die günstige Lage zu nutzen, um ihren Status so weit wie möglich zu verbessern, das Volk selbst seine wirtschaftliche Revolution durchführte.

Die Llaneros, die damals ärmsten Venezolaner, und besonders die von der Gesellschaft ausgeschlossenen Pardos unterstützten Boves, als dieser, die Armut der Leute auf dem Land erfassend, die Plünderung erlaubte und sie sogar institutionalisierte. Boves versprach seinen armen Anhängern sogar Land. Zu den Ressentiments und dem Haß, beides durch viele Jahrzehnte der Demütigung genährt, kam ein weiterer zugkräftiger Grund hinzu, sich der Gefolgschaft der Royalisten anzuschließen; viele liefen der Armee zu, in der Hoffnung endlich ihren Landhunger mit den Gütern der Kreolen zu stillen.

José Antonio Páez, der aus dem Milieu der Llaneros stammte und ähnlich wie Boves und seine Anhänger dachte, durchschaute die Lehre des grausamen Asturianers und erkannte deutlich den Grund seines überwältigenden Erfolgs. So bestätigt es Pedro Briceño Méndez im Juli 1821: »Als General Páez El Apure 1816 besetzte, inmitten feindlichen Gebiets, ohne jegliche Hoffnung auf Unterstützung und ohne mit den Sympathien der Bevölkerung in diesem Gebiet rechnen zu können, sah er sich gezwungen, seinen Truppen zu versprechen, daß alle Ländereien der Regierung in El Apure unter ihnen aufgeteilt würden. Unter anderem war dies die wirksamste Methode, Soldaten anzuwerben und damit das Heer aufzustocken, denn alle wollten in den Genuß dieser Vorteile kommen.« Páez fühlte sich durch das Versprechen so sehr verpflichtet, daß — nachdem er sich den Befehlen Bolívars unterworfen hatte — es seine einzige Bedingung war, daß der Befreier dieses Versprechen einlöste. Bolívar, der damals schon die Revolution festigte und ausdehnte, übernahm nicht nur die Verpflichtung, sondern dehnte sie sogar auf alle Streitkräfte aus. In der gleichen Aussage von Briceño Méndez steht in der nächsten Zeile deutlich geschrieben: »General Páez war von der einschneidenden Bedeutung und Wirksamkeit dieser Maßnahme so überzeugt, daß er nur die Einlösung des Versprechens forderte, als er die Autorität Seiner Exzellenz den Präsidenten, damals Oberbefehlshaber, anerkannte und sich seinen Befehlen unterwarf. Seine Exzellenz konnte es ihm nicht verwehren. Da das Versprechen Seiner Exzellenz zweckdienlich, aber zu vage und weitgegriffen erschien, hielt er es für angebracht, es zu ändern und danach auf die gesamte Streitmacht auszudehnen«.

Wir sehen, daß die Idee der Landverteilung von Páez ausging — was die Patrioten betrifft. Bolívar übernahm sie, im Bewußtsein, daß diese Idee der krönende Abschluß seines Revolutionswerks sein würde. Bolívar übernimmt diese Idee in die entstehenden Gesetze und schafft Erlasse, um ihre Durchführung zu sichern.

DIE GESETZE DER REVOLUTION

Das im früheren Guayana am 3. September 1817 erlassene Gesetz ebnet den Weg für die Gesetze der Revolution auf diesem Gebiet und sagt klar aus: »Alle beweglichen und unbeweglichen Güter jeglicher Art sowie Kredite, Aktien und Rechte der Personen beiderlei Geschlechts, die dem Feind gefolgt sind, als er das Land verließ, oder dabei aktiv mitgewirkt haben, werden zugunsten des Staates beschlagnahmt. Das Eigentum ist hier im weitesten Sinne des Wortes zu verstehen, wobei auch Kredite, Titel, Rechte und Aktien eingeschlossen sind. Alle Haziendas, und Eigentum jeglicher Art, die den Mönchen des Kapuzinerordens und sonstigen Missionaren gehörten, die Armutsgelübde abgelegt haben, werden zugunsten des Staates beschlagnahmt. Das Eigentum der spanischen Regierung und ihrer Untertanen wird ungeachtet des augenblicklichen Wohnsitzes beschlagnahmt«. Ein weiteres, zwanzig Tage später erlassenes Gesetz ruft das Beschlagnahmetribunal ins Leben, das sich mit dieser wichtigen Aufgabe befassen sollte; am selben Tag ernennt der Befreier die Funktionäre für dieses Organ. Am 10. Oktober wird schließlich das Gesetz über Verteilung von nationalen Gütern unter den Militärs aller Dienstgrade der patriotischen Streitkräfte Venezuelas erlassen.

Hat der Befreier vor, die »Kaste« der Krieger zu begünstigen, wie später gesagt wurde? Nein. Das Volk ist der Nutznießer seiner Revolution. Er weiß, daß »in Kolumbien das Heer aus dem Volk besteht und weil es sich selbst aus den Händen der Tyrannen befreit hat; und weil es außerdem das Volk ist, das bestimmen und handeln will, und auch dazu fähig ist.« Die große Bedeutung dieser Angelegenheit kommt in seiner Erklärung von 1814 klar zum Ausdruck: »Für lange Zeit werden wir ein Volk von Landwirten bleiben«. Seine Haltung gegenüber einem guten Agrarrecht ist ehrlich. Bolívar ist sich bewußt, daß »die Armee aus Menschen aus Fleisch und Blut besteht, die von allem brauchen und daher Bedürfnisse haben, die befriedigt werden müssen«.

In Bolívars Ansprache vor dem Staatsrat am 1. November 1817 bestätigt er den Sinn und die Bedeutung dieser wichtigen Entscheidungen: »Die Soldaten der Armee des Befreiers hatten es verdient, mit den Aufgaben der Regierung betreut zu verden, als daß man sie ohne Belohnung hätte laufen lassen. Männer, die sich allen Gefahren gestellt haben, Heim und Hof verlassen haben, und Schreckliches gelitten haben, sollten nicht ohne die gerechte Belohnung bleiben, die sie durch ihre Uneigennützigkeit, ihren Mut und ihre Tugenden verdient haben. Im Namen der Republik habe ich angeordnet, daß alle nationalen Güter unter den Verteidigern des Vaterlandes aufgeteilt werden. Das Gesetz, das die Bedingungen und die Art dieser Schenkung festlegt, ist das Dokument, das ich die Ehre habe mit großer Genugtuung dem Rat vorzulegen. Die Belohnung der Verdienste ist die ehrenvollste Aufgabe eines Menschen«.

Fünfzehn Monate danach finden wir in der Rede von Angostura die gleichen Ideen literarisch verfaßt: »Männer, die auf alle Freuden und Güter verzichtet haben, die sie vorher dank ihrer Tugenden und Fähigkeiten besaßen; Männer, die erlebt haben, wie grausam der Krieg ist, die schmerzliche Entbehrungen und furchtbare Qualen ertragen mußten; Männer, die sich für ihr Vaterland verdient gemacht haben, haben die große Aufmerksamkeit der Regierung auf sich gezogen. Daher habe ich angeordnet, sie mit den Gütern der Nation zu entschädigen«. Diesen Worten fügte er dramatisch hinzu: »Wenn ich dem Volk etwas schuldig bin, so bitte ich seine Vertreter, meine Bitte anzuhören, als Belohnung für meine geringeren Dienste. Daß der Kongreß die Verteilung der nationalen Güter anordnet, gemäß dem Gesetz, das ich im Namen der Republik zugunsten der venezolanischen Militärs erlassen habe«.

Man muß bedenken, daß die Aufteilung des Bodens unter den Soldaten, und die Abschaffung der Sklaverei — ein weiterer höchster Grundsatz der Revolution, für den er im gleichen pathetischen Stil eintritt: »Ich überlasse die Reform oder Aufhebung meiner Statuten und Gesetzeserlasse eurer souveränen Entscheidung, aber ich bitte um die Bestätigung der Freiheit aller Sklaven, wie ich um mein Leben und um das Leben der Republik bitten würde« — die zwei wichtigsten Gesetzesentwürfe sind, die Bolívar dem Kongreß vorzulegen sich verpflichtet fühlt. Diese zwei Gesetze betrachtet er als »die zwei wichtigsten Erlasse in letzter Zeit«.

AUSWIRKUNGEN DES AGRARGESETZES

Nach diesem Gesetz sollte der Boden nach dem militärischen Dienstgrad aufgeteilt werden. Um ein objektives Kriterium für das Gesetz zu finden, werden die Dienstgrade, die im Feld erworben wurden, als ein unerschütterlicher Beweis für die Verdienste jedes Mitglieds der Armee erachtet. Es gibt zwölf Dienstgrade, vom General mit Anrecht auf Güter in Höhe von 25 000 Pesos bis zum einfachen Soldaten mit Anrecht auf 500 Pesos. Wenn besondere Verdienste erworben wurden, kann dem Antragsteller eine höhere Zuweisung gewährt werden.

Mit diesem Gesetz entwirft Bolívar ein einfaches Programm einer Agrarreform. Er ist sich bewußt, — wie schon gesagt — daß die Armee der Revolution sich in erster Linie aus Bauern formierte; dies geht ein paar Tage nach dem rasch erlassenen Beschlagnahmegesetz, am 5. September 1817 aus einem Brief an den Hauptmann José Félix Blanco hervor: »Wie ich erfahren habe, ist Ihre Schwadron in San Antonio kaserniert, und die Soldaten beklagen sich darüber, daß man sie nicht nach Hause zu ihren Höfen schickt. Diese Klage scheint mir berechtigt, da augenblicklich keine Arbeit für sie ansteht und sie in ihren Gehöften in der Landwirtschaft von Nutzen sein könnten bis zum Augenblick des Aufbruchs«.

Der berühmte nordamerikanische Forscher Charles C. Griffin, Fachmann für Wirtschafts- und Sozialgeschichte Hispanoamerikas glaubt, daß es »möglicherweise etwas übertrieben ist, dieses System der Entschädigung für Soldaten als ›Agrargesetz‹ zu bezeichnen.« Er meint, daß die Anzahl der Personen, die von diesem Erlaß Bolívars hätten begünstigt werden können, gering war, fünfzehn- bis zwanzigtausend Leute aus einer Landbevölkerung, die mindestens zehnmal größer war. Die Erwiderung wäre, daß das Gesetz von Bolívar im Sinne eines Agrargesetzes verfaßt wurde, und zwar im Rahmen eines revolutionären sozio-politischen Konzepts. Wenn dieses Gesetz angewandt worden wäre, so wäre die Geschichte anders verlaufen.

Entsprechend der Tatsache, daß es grundlegende Gesetze waren, beinhalteten sie den Beginn einer tiefgreifenden Veränderung der wirtschaftlichen Struktur. Was den Beweggrund Bolívars betrifft, so sehen wir ein eindeutiges politisches Ziel, und seine raschen Erfolge zeigen, daß er recht hatte. Trotzdem trägt die interessante Rechnung Professor Griffins dazu bei, die Ereignisse zu verstehen; obwohl nur wenige von Bolívars Erlaß begünstigt worden wären, besteht kein Zweifel daran, daß diese Maßnahme dazu beigetragen hätte, diese »zu vermehren« und sie für das Vaterland »zu verpflichten«. Schon Briceño Méndez bestätigte, daß das Angebot von Páez ein wirksames Mittel für die Erfüllung dieser Ziele war, denn das Volk in den Llanos »beeilte sich, in den Genuß der Vorteile zu kommen«. In anderen Gegenden des Landes, wo der Bodenbesitz für die Bauern von großer Bedeutung war und es dort ein unbegrenztes Weiden in der Savanne nicht gab, nachdem die Monopole der Großgrundbesitzer nicht mehr existierten, wären die Ergebnisse dieser Abmachung Bolívars für die Patrioten noch günstiger ausgefallen.

Der Befreier wollte keine aufwiegelnde Aufteilung der Parzellen, was für das Wohl des Volkes negative Auswirkungen haben könnte, das versuchte, eine genügend hohe Produktion für den Export und den Konsum zu erzielen. Der Befreier scheint eine konkrete Idee über Produktionseinheiten gehabt zu haben, als er — den kollektiven Höfen vorgreifend, die erst viel später in anderen Breitengraden erprobt wurden — erlaubt, daß sich verschiedene Begünstigte dieses Gesetzes zusammenschließen, um zusammen die größeren fincas bilden zu können. Diese stillschweigende Ablehnung des »conuco«, des Kleinbesitzes, wie er bei den Indios üblich war — bestätigt sein revolutionäres Denken, man versuchte auf dem Land die kapitalistische Produktion in großem Ausmaß einzuführen, und zwar mit entlohnten Arbeitern. Es wurden die Reste des Feudalismus abgeschafft, der in Amerika die Form der Encomienda und ihrer Varianten hatte.

ÜBERPRÜFUNG DER IDEEN

Bei der Verwirklichung dieser politischen und praktischen Ideen zeigt Bolívar ein sowohl einheitliches als auch durchführbares Konzept. Es ist ersichtlich, wie er sich von den zu seiner Zeit üblichen Kriterien distanzierte, um eigene Wege zu gehen. In bezug auf das Eigentum, »das Recht, seine Güter und die Früchte seiner Fähigkeiten, seines Könnens und seiner Arbeit zu genießen« und über sie frei verfügen zu können, wie er es im Verfassungsentwurf von Angostura definierte, gibt es in der Haltung Bolívars einige Neuigkeiten. Auch er ist der Meinung, daß der Staat das Eigentum garantieren und schützen muß. Er verbindet es mit Gleichheit, Freiheit und Sicherheit zu vier großen Rechten, die er, beeinflußt von Locke und Hume — die Inspiratoren der Enzyklopädisten — und durch die Erklärung der Menschen- und Bürgerrechte (1789) verehrt. Eher aber der Eigengesetzlichkeit der hispanoamerikanischen Bewegung gehorchend, bringt Bolívar erhellende Korrekturen im Text an, der durch die Französische Revolution verbreitet worden war. Die Fundamente des Eigentums können für ihn nur Gleichheit, Moral und Gerechtigkeit sein;

wenn diese fehlen, ist das Eigentum Usurpation und Gewalt. Somit ist das Eigentum, das der Staat — der aus einer Revolution des Volkes hervorgeht — schützen muß, das legitime Eigentum gemäß der Ethik und dem Gesetz der neuen Ordnung. Es wäre absurd und widersprüchlich, wenn eine echt demokratische Regierung das Eigentum unterstützen würde, das die Gleichheit verletzt und das sich negativ auf die Revolution auswirkt, indem keine Gerechtigkeit geübt wird und das Volk, das sich für die Revolution aufgeopfert hat, nicht gedeihen kann. Solange die Bedürfnisse des Volkes nicht befriedigt werden, bekämpft Bolívars Ideal das die Moral verletzende ungerechte und illegitime Eigentum, und die Elemente, die gegen die höchsten Ziele der Befreiung verstoßen.

Man sieht die fortschrittlichen Kriterien Bolívars, als er vom Privateigentum sagt, daß er die höchsten Rechte der Gesellschaft anerkennt. Ohne zu zögern akzeptiert er die Enteignung, wenn sie für »das rechtmäßige Wohl des Volkes oder den allgemeinen Nutzen erforderlich ist; in diesen Fällen ist eine gerechte Entschädigung zu zahlen, wenn die Umstände es erlauben«.

Beim Vergleich von Texten können wir sehen, daß Bolívar von der Fassung des Abbé Siéyes, die in der Erklärung der Menschen- und Bürgerrechte enthalten ist, die Klausel »unverletzbares und heiliges Recht« ausläßt und die Klausel über die Enteignung erweitert, indem er zum Wohl des Volkes das weitergegriffene Konzept des »allgemeinen Nutzen« hinzufügt; nach seinem Ermessen ist eine Enteignung zulässig, wenn es für das Wohl des Volkes erforderlich und unumgänglich ist und auch dann, wenn es für den allgemeinen Nutzen nicht dringend erforderlich, aber für den sozialen Fortschritt angebracht wäre. Außerdem befreit er den Staat von der Pflicht, eine Entschädigung zu zahlen und schreibt sie vor, »wenn die Umstände es erlauben«; schließlich läßt er die Klausel »Entschädigung im voraus« weg. So hieß es im französischen Text: »Da das Eigentum ein unverletzbares und heiliges Recht ist, kann es niemandem genommen werden, außer in den Fällen, wenn es das rechtmäßige Wohl des Volkes erfordert und dafür im voraus eine gerechte Entschädigung gezahlt wurde.«

Bolívar schlug vor: »Niemandem kann sein Eigentum gleich welcher Art ohne Zustimmung genommen werden, es sei denn, daß es für das rechtmäßige Wohl des Volkes oder den allgemeinen Nutzen erforderlich ist. In diesen Fällen ist eine gerechte Entschädigung zu zahlen, wenn die Umstände es erlauben«.

Der Befreier wollte nicht nur Land verteilen — dies war der Kernpunkt seines Programms, das wir Agrarrecht nennen —, sondern noch viel mehr: er traf verschiedene Maßnahmen, die gleichzeitig die Revolution verwirklichen und den wirtschaftlichen und sozialen Fortschritt ermöglichen sollten. Darunter sind folgende: die Abschaffung der im Inland geforderten Abgaben für den Transport und den Handel von landwirtschaftlichen Erzeugnissen, Kredite zur Förderung der Landwirtschaft, das Verbot, Rinder und Pferde zu exportieren, die Schaffung einer Handelsbank, die Errichtung der wichtigen Institution des Consulado auf neuen Grundlagen (Erlaß vom 7. November 1817), und eine Verfügung, um Einwanderern Land zu gewähren (nach kolumbianischem Gesetz wurde zu diesem Zweck eine Million fanegadas [1 fanegada = 64,596 Ar] Brachland zur Verfügung gestellt).

NEUE REGELN IN CUNDINAMARCA

Nicht nur in seinem Land unterstützte Bolívar das gerechte Agrarrecht, d. h. die wirtschaftliche Revolution. Überall widmete er sich seiner Aufgabe, eine neue Ordnung zu errichten, mit derselben Entschlossenheit. Nicht nur in Guayana und nicht nur den Venezolanern eröffneten sich so vielversprechend und sicher die Aussichten eines materiellen Wohlstands.

Nachdem er vor dem Staatsrat und vor dem Congreso de Angostura darauf bestanden hatte, verfolgt Bolívar mit großem Interesse die Entwicklung dieses revolutionären Prinzips; 1820, ohne zu wissen, wie sein Antrag an den Congreso de Angostura aufgenommen worden ist, macht er einen weiteren Schritt bei der Vertiefung und Festigung der Revolution. In der Erkenntnis, daß man nicht länger warten kann, die Mißbräuche zu beseitigen, die mit dem Eigentum der Indios in Cundinamarca getrieben werden, erläßt er ein Gesetz zugunsten der Indios, in Zusammenhang mit deren Eigentum und deren Freiheit, in dem er strengstens befiehlt: »daß den Einheimischen als legitime Eigentümer das Land zurückgegeben wird, das nach den Urkunden ihr Eigentum ist, gleichwohl welche Gründe die jetzigen Eigentümer für ihren rechtmäßigen Besitz angeben. Da die Gründungen nicht über die Genehmigung der zuständigen Behörde verfügten, werden sie als nichtig und wertlos betrachtet, auch wenn sie schon immer bestanden haben. Nachdem der Boden wieder den rechtmäßigen Eigentümern zurückgegeben worden ist, werden die Richter jeder Familie ein Stück Land zuteilen, das sie selbst bebauen kann, unter Berücksichtigung der Anzahl der Familienmitglieder und der zur Verfügung stehenden Gesamtfläche.« Als unerwartete Maßnahme und als Zeichen des gerechten Inhalts dieser Rechtshandlung bestimmt Bolívar im selben Gesetz: »Dieser Erlaß wird nicht nur in der üblichen Form veröffentlicht werden, sondern die Richter werden die Einheimischen über den Inhalt informieren, und sie dazu auffordern, daß sie ihre Rechte geltend machen, auch wenn sie dabei gegen die Richter vorgehen müssen, und daß sie jeden Verstoß melden«. Das restliche Land wird verpachtet werden und der Erlös kommt einem Bildungsprogramm für Indios zugute, das im gleichen Rechtstext genau definiert ist.

In el Rosario de Cúcuta erfuhr Bolívar wenige Tage, nachdem er dieses Gesetz vorgelegt hatte, daß der Congreso de Angostura am 6. Januar mit offenbar kleinen, aber wesentlichen Änderungen den von ihm vorgelegten Entwurf über die Verteilung der nationalen Güter gebilligt hatte. Bolívar bezieht sich auf ungenaue Kommentare und teilt Santander mit: »Man sagt, daß das Gesetz etwas abgeändert worden ist, obwohl ich das Gesetz nicht gesehen habe. Den Militärs werden Bons über nationale Güter ausgestellt und dem Meistbietenden verkauft«. Da er die schlimmen Folgen dieser Änderung vorausahnt, versucht der Befreier, die sofortige Korrektur zu veranlassen.

Bolívar bemüht sich vergebens, mit Hilfe seines Ministers Pedro Gual, die wirtschaftliche Revolution nicht entarten zu lassen. In seinem Bestreben, ohne Verzug die Übergabe von Land auch zu diesen unbefriedigenden Bedingungen zu verwirklichen, gibt er José Antonio Páez im Januar 1821 Blankovollmacht, damit dieser eine gerechte Agrarreform in Venezuela durchführe. Als er ihm alle Vollmachten gibt, die nach dem Gesetz über die Verteilung der nationalen Güter für die Zuteilung der entsprechenden Güter dem Präsidenten der Republik zustehen, berät ihn Bolívar mit einfachen, aber wirksamen Empfehlungen: er muß erreichen, daß »die Verfahren verkürzt und vereinfacht werden und daß das Hindernis abgeschafft wird, Werte statt Eigentum zu verteilen.« Wenn der Augenblick der Verteilung gekommen ist, muß er »darüber wachen, daß die Begünstigten nicht ihr Vermögen zu ihren Ungunsten und zum Schaden der Familie veruntreuen, und daß sie im Sinne des Gesetzes handeln.«

Am 12. Februar 1821 sieht sich Bolívar gezwungen, seinen Erlaß vom Mai letzten Jahres zugunsten der Indios zu verändern. Die Bestimmungen über Schulen für die Einheimischen sind außer acht gelassen worden. Der Befreier beauftragt dieses Mal den Gobernador Comandante General de Tunja, daß er persönlich die Verteilung durchführt und denen das Eigentum zurückgibt, das ihnen gehörte, ungeachtet des augenblicklichen Besitzers. Das Land ist an die Indios zu verteilen, damit sie das gesamte Land haben, das sie bebauen können, und damit ihr beklagenswerter Zustand ein Ende hat. In die Verteilung ist besonders das Land einzubeziehen, das reicher, fruchtbarer und leichter zu bestellen ist, damit die Indios diese Vorteile haben und nicht andere Besitzer.

Nach diesen großen Bemühungen ordnet der Befreier in Pasto am 13. Januar 1823 die Verteilung der nationalen Güter unter den Befreiern der Region von Mediodía an. Er gründet eine Kommission, die die Güter verteilen soll, die kraft eines anderen Gesetzes gleichen Datums beschlagnahmt wurden.

Bald nachdem er in Perú angekommen ist, setzt er sein Revolutionswerk fort. Die Lage dort ist nicht wesentlich anders als die in Kolumbien — ein klarer Beweis der gemeinsamen Herkunft; um sich mit ähnlichen Problemen, den gleichen oder ähnlichen Verursachern und ähnlichen Ursachen auseinanderzusetzen, entsprechen Bolívars Entscheidungen den früher getroffenen Maßnahmen.

Am 8. April 1824 verfügt er in Trujillo: »Das sogenannte gemeinsame Land wird gemäß dem Erlaß unter allen Indios aufgeteilt, die kein anderes Land besitzen und sie werden die Eigentümer sein. Bei der Verteilung ist die Lage jedes Begünstigten in Betracht zu ziehen. Der Verheiratete bekommt ein größeres Stück Land als der Ledige«. Das große, gerechte Ziel wird klar ausgedrückt: »daß kein Indio ohne sein eigenes Stück Land bleibt«.

Am 4. Juli des nächsten Jahres in Cuzco war Bolívar überzeugt, daß trotz der Bestimmungen der alten Gesetze die Verteilung des Landes nie in dem entsprechenden Maß durchgeführt worden war; daß die meisten Einheimischen kein Land erhalten hatten; »daß ein großer Teil des Landes für die sogenannten Indios aus verschiedenen angeblichen Gründen in Besitz von Kaziken und Steuereintreibern war«; und so erinnert er an das in Trujillo erlassene Gesetz und macht deutlich, daß die Reform in Perú durchgeführt werden muß. Dieses Gesetz aus Cuzco enthält verschiedene Vorkehrungen, damit die Bestimmungen der Revolution zugunsten der Indios nicht wie immer übergangen werden. »Jeder Indio jeden Geschlechts oder Alters wird ein ›topo‹ Land in den fruchtbaren und bewässerten Regionen bekommen. In unfruchtbaren und trockenen Regionen wird er zwei ›topos‹ bekommen.« Es wurde eine Entschädigung für diejenigen festgelegt, denen zur Kolonialzeit ihr Land genommen worden war. Um eine Übergabe an religiöse oder halbreligiöse Institutionen zu unterbinden, die mit psychologischen und geistigen Mitteln versuchen, sich das Eigentum der Indios zu eigen zu machen, wird festgelegt, daß das Eigentum für die Indios »mit der Begrenzung verstanden wird, daß sie es bis zum Jahr 50 nicht veräußern dürfen. Wenn sie es an juristische Personen veräußern sollten, so erlischt ihr Recht auf Eigentum«.

Ein anderer Beweis für Bolívars Interesse an der gerechten Agrarreform sehen wir am folgenden Beispiel, diesmal während seines Aufenthalts in Bolivien. Die Entscheidung, die er dort am 14. Dezember 1825 traf, entspricht den vorher in Perú getroffenen Maßnahmen. Das Vorhaben ist das gleiche: Die neue Ordnung soll sich auf die Grundlage der materiellen Gerechtigkeit stützen; daher befiehlt er, das Land des Staates mit Vorrang an die Indios zu verteilen und an diejenigen, die aufgrund ihrer Bemühungen für die Unabhängigkeit einen Anspruch darauf haben, oder die durch dieses Prinzip benachteiligt worden sind. Wie in Perú entschließt er sich in Bolivien für eine umfassende Verteilung: »Jede Person gleich jeden Geschlechts oder Alters wird eine fanegada Land in den fruchtbaren und bewässerten Regionen bekommen, und zwei in unfruchtbaren und trockenen Regionen bekommen«. Es wird somit eine Frist von einem Jahr nach der Zuteilung gewährt, damit die Eigentümer mit der Bestellung beginnen; und wenn sie dies nicht tun, »so verlieren sie den Besitz und das Eigentum über dieses Land und es wird anderen zugeteilt, die es bestellen«. Vom Prinzip der Gleichheit und Unparteilichkeit geleitet und mit dem Ziel, das Land so gut wie möglich zu verteilen, bestimmt Bolívar, daß die Verteilung von »redlichen und intelligenten Leuten« durchgeführt wird.

DIE VERZÖGERUNG IN VENEZUELA

Als Bolívar sein Geburtsland zum letzten Mal besuchte, war seine Enttäuschung groß, als er feststellte, daß während seiner langen Abwesenheit von Kolumbien die Ideale und seine klaren und kategorischen revolutionären Bestimmungen vereitelt worden waren. Überall bemerkte er, daß er wirklich im Meer gepflügt hatte. Für einen einsamen Menschen — wie er sich oft nannte — war es unmöglich eine archaische Ordnung zu verändern, wo die Einwohner — wie er sagte — die Feinde ihrer eigenen Existenz waren. Seine Enttäuschung war groß, als er feststellte, daß er für eine Sache kämpfte, die — nach seinen Worten an Brión — »von seinen eigenen Mitmenschen zerstört wurde«. Damals verkörperte er das traurige Symbol des oft zitierten Geplagten der Fabel, der nach jedem Schritt seine unfruchtbare und mühselige Arbeit wieder aufnehmen mußte. Er nicht: »Was ich mit den Händen tue, wird von den Füßen der anderen zertreten.« Über Revenga muß er in Caracas auf die vor zehn Jahren beschlossene Eigentumsbeschlagnahme zurückkommen; jetzt nach einem vergeudeten Jahrzehnt erscheint das am 19. Februar 1827 an den Intendente del Departamento de Venezueala gerichtete Dienstschreiben melancholisch: »Der Befreier verfügt gleichzeitig, daß die Einziehung von beschlagnahmtem Eigentum bald erfolgt; und da Seine Exzellenz weiß, daß der mangelnde Eifer der Amtsschreiber an der Verzögerung schuld ist, da die Beschlagnahme von Amts wegen gemacht wird, hat er beschlossen, daß die Amtsschreiber über das, was man ihnen nach Tarif schuldet, Buch führen, und daß derjenige, dem schließlich das Haus, die Farm oder Eigentum zugeteilt wird, die Kosten der Beschlagnahme zahlt.«

Man sollte hier wiederholen, daß nur derjenige in diesen wiederholten, stetigen Bemühungen für die Revolution den Willen nicht anerkennen kann, eine grundlegende Transformation der Wirtschaftsstruktur zu beginnen, der Bolívars ständiges Eintreten für dieses Hauptthema der Revolution ignoriert, ein Thema, das zusammen mit dem Problem der Sklaverei gesehen werden muß.

VERSTAATLICHUNG DER BERGWERKE

Was die Bergwerke angeht, sind die Bemühungen des Befreiers ebenso fortschrittlich wie gerecht.

Mit dem Gesetz von Quito vom 24. Oktober 1829 bestimmt Bolívar die Verstaatlichung der Bergwerke: die Republik erbt Spaniens rechtmäßiges Eigentum an den Bergwerken. In einem Kontinent wie Amerika — fast ausschließlich Rohstofflieferant — waren die Bergwerke eng mit dem Nationalbewußtsein verbunden; der Staat konnte sich bei einer so wichtigen Angelegenheit keine Gleichgültigkeit erlauben. Dieses Dekret hat seinen Ursprung in anderen Erlassen des Befreiers, die im August und September 1825 in Pucará und La Paz erlassen wurden und in denen bestimmt wird, daß »alle verlassenen Bergwerke dem Staat gehören, um die Staatsschulden zu zahlen«.

Dieses zu seiner Zeit wichtige Gesetz von Quito gewann später noch an Bedeutung, da es in der Republik Kolumbien die Gültigkeit der Vorschriften der Ordenanza de Minas de Nueva España, die in Venezuela seit 1784 in Kraft waren, verlängert. Es war so, als ob der Befreier vorausahnte, daß es unter dem venezolanischen Boden einen großen Reichtum an Kohlenwasserstoffen gab; in seinem Gesetz steht ausdrücklich, daß »alle Minen der Republik gehören«. Somit erstreckte sich das Hoheitsrecht — jetzt in Händen des revolutionären Staates — auch auf die Minen, in denen keine Metalle gefördert werden, die früher nach den Leyes de Indias dem Bodeneigentümer gehörten. Bolívar löste damals die Frage nach dem Eigentum unserer Erdölvorkommen, unserer restlichen Kohlenwasserstoffvorkommen und unserer Brennstoffe zugunsten des Staates in diesen Ländern. Die Methode der wissenschaftlichen Erforschung empfiehlt, die Worte des Befreiers im Kontext seines Lebens und seines Werks zu sehen. Bolívar weiß und sagt es in Bolivien, daß »der nationale Reichtum der Republik fast ausschließlich in den Bergwerken liegt«. Für ihn bedeutet die Verstaatlichung von Bergwerken nicht nur, daß die Regierung sich als Eigentümer erklärt, sondern daß sie auch das Eigentum ausübt.

In Gebieten, die mit der Wirtschaft eng verbunden sind, erkennen wir wichtige Merkmale, die den Einfluß Bolívars zeigen und die von seinem unverkennbaren Stil geprägt worden sind.

Der Befreier begann eine Reform im sozialen Bereich und würdigt und fördert die Arbeit als ein notwendiges Element zur Verwirklichung der Revolution und zur Festigung der Nation. Den jahrhundertealten Vorurteilen gegen die handwerkliche Arbeit erteilt Bolívar eine klare Absage, die er in seinen Worten über den Beruf seines Neffen Fernando — den Sohn, den er nicht hatte — ausdrückt. Der Befreier sagte, daß »er es begrüßen würde, wenn der junge Mann sich für ein Handwerk entscheiden könne, denn es gibt bei uns genügend Ärzte und Rechtsanwälte, aber es fehlen gute Mechaniker und Landwirte, die das Land benötigt, um den Wohlstand zu fördern«. Damit bricht Bolívar mit einer Tradition, die die Entwicklung Amerikas behindert hat. Nur dies konnte seine Einstellung sein, da er selbst hart arbeitete, zum stetigen Eifer anspornte, die Arbeit belohnte, den Fleißigen und Aktiven lobte, den Ruhm auf der Größe und auf der Nützlichkeit gründete, und gleichzeitig den Faulen und Trägen bestrafte. Es waren seine Gedanken: »Wir müssen viel arbeiten, damit dieses Land gedeiht und aufblüht; daher sind Geduld und nochmals Geduld, Beharrlichkeit und nochmals Beharrlichkeit, und Arbeit und nochmals Arbeit notwendig, um ein Vaterland zu schaffen.«

Verschiedene Gebiete des Rechts und der Verwaltung lassen deutlich seine Handschrift erkennen. Die Frage der Steuern im allgemeinen betrachtet Bolívar aus politischer Sicht und nach ihrer gesellschaftlichen Aufgabe.

Oft sprach der Befreier davon, daß geschulte Kräfte in der Verwaltung, vor allem für komplizierte Angelegenheiten, fehlten. Er weiß, daß Wirtschaftsprobleme komplex sind und deshalb fordert er qualifiziertes Personal; deshalb sucht er unter seinen Mitarbeitern und Helfern die Fähigsten aus, um ihnen die Verantwortung für diese Angelegenheiten zu übertragen. Sein dabei angewandtes Prinzip ist, nicht diejenigen anzustellen, die Arbeit suchen, sondern die, die entsprechendes Wissen mitbringen. »Die Art und Weise, sich beliebt zu machen und dabei gute Politik zu machen, ist, ehrliche Menschen anzustellen, obwohl sie zu unseren politischen Gegnern gehören.« Damals war es nicht leicht, qualifizierte Kräfte auf den Gebieten zu finden, denen in der spanischen Wirtschaft so wenig Beachtung geschenkt wurde. Als Staatschef bemerkte Bolívar, daß es »sehr schwierig ist, z. B. einen Finanzminister zu finden«, d. h. einen würdigen und fähigen Beamten, dem man ein Gebiet anvertrauen muß, von dem »das Leben des Vaterlandes abhängt«. Als er Revenga bittet, daß er diesen Posten übernimmt, unterstreicht Bolívar die Bedeutung des »Finanzministeriums: es ist ein wichtiger Stützpfeiler zur Durchführung der Reformen des Staates«.

Für den Befreier ist die Wirtschaft als wesentlicher Faktor für ein Leben in der Gemeinschaft von großer Bedeutung. Seine Kenntnisse darüber führen ihn zu einer Sprache in Bildern: das Geld ist »das Lebenselixier der Gesellschaft«; »die Einnahmen sind das Rückgrat der Republik«; der Staat kann nur leben, »wenn Gold in seinen Adern fließt«. Mit diesen Ausdrücken, die unweigerlich an Formeln des Merkantilismus und Physiokratismus erinnern, von denen einige zu seiner Zeit schon überholt waren und andere von brennender Aktualität sind, sagt er einfach die Wahrheit. Dieser wirtschaftliche Naturalismus stimmt mit seinem politischen Rechtsnaturalismus überein. Die Finanzen — sagt er — »sind der Ursprung von Gut und Böse«; »die Mutter der Glaubwürdigkeit des Staates«.

Es gibt viele Beweise dafür, welchen Einfluß auf die Gesellschaft Bolívar den wirtschaftlichen Phänomenen zuschreibt. Einmal mahnt er Santander: »Denken Sie daran, daß einer der wichtigsten Ursachen für die Französische Revolution die schlechte Finanzlage war.« Die Unabhängigkeit Amerikas ist für ihn zweifellos aus wirtschaftlichen Gründen erfolgt: durch den Verfall seiner Industrie war Spanien nicht mehr in der Lage, seine Kolonien zu versorgen und zu erhalten. Im Brief von Jamaika schrieb er: »16 000 Amerikaner verteidigen ihre Rechte und werden von Spanien unterdrückt, das zwar einst das größte Reich der Welt war, aber heute weder die Neue Welt regieren noch sich in Europa behaupten kann. Und das zivilisierte, geschäftige Europa, Liebhaber der Freiheit, erlaubt, daß eine alte Schlange, nur um ihre blinde, vergiftete Wut zu befriedigen, den schönsten Teil unserer Welt verschlingt? Was! Vertritt Europa nicht einmal seine eigenen Interessen? Was für ein Wahnsinn unseres Feindes, Amerika zurückerobern zu wollen ohne Schiffe, Geld und fast ohne Soldaten! Andererseits: Kann diese Nation mit der Hälfte der Welt Exklusivhandel betreiben ohne Manufakturen, eigene Produktion, Kunst, Wissenschaft und Politik?«

Für Bolívar ist die Wirtschaftstätigkeit der beste Indikator für die politische Lage. Auf diesem Gebiet und in der Politik bemüht er sich um vollkommene Verwirklichung des Revolutionsprogramms.

DER LAUTERE AMERIKANISMUS

Als Amerika Teil des spanischen Imperiums war, entweder als Eigentum oder als abhängiges Gebiet, hatte es auf internationaler Ebene keinerlei Bedeutung. »Wir befanden uns außerhalb der Welt«, sagte Bolívar. Das Rechtswesen des Kontinents war, wie das jeder Kolonie, in dem der Metropole aufgegangen. So stellte sich die Wirklichkeit für über dreihundert Jahre dar.

Bis in die Anfänge des XIX. Jahrhunderts hinein verfügten die Großmächte oder ihre gelegentlichen Allianzen in Europa, deren letzte die Heilige Allianz war, nach Lust und Laune über die Welt, ohne die Existenz Amerikas auch nur zu berücksichtigen, geschweige denn es in den Fragen seines eigenen Schicksals anzuhören. Darüber hinaus mußte diese große Hemisphäre ohne eigene Vertretung auskommen, es gab sie nicht.

Amerikas Bild in der Metropole ist von zweifacher Gestalt und demzufolge ist auch die Politik zwiespältig — und gelegentlich ganz und gar widersprüchlich —, die sie den Ländern in Übersee angedeihen läßt. Amerika ist für Spanien eine Einheit, wenn es ihm etwas nützt: Beherrschung, Ausbeutungsmonopol, handelspolitischer Interventionismus; Amerika ist ein Schwall sich ergänzender Produktionsvorgänge, ein von einem einzigen — nicht in Frage gestellten — Haupt regiertes Ganzes. Aber die Vorstellungen, die Spanien in seinen Besitzungen durchsetzen will, ähneln einem Archipel, einem Wirrwarr von Gerichtsbezirken. Mit einer Gründlichkeit, die einer besseren Sache wert gewesen wäre, errichtet die Metropole ein Labyrinth aus rechtlichen und kulturellen Trennwänden, um eine Einheit zu zerstören oder zu verdecken, die sich selbst nie zu Gesicht bekommen soll. Strenge Verbote schränken die freie Veröffentlichung und die Verbreitung von Themen über »Indien« ein. Die Krone geht so weit, eine Art gigantischer Beschlagnahme der Neuen Welt zu versuchen, die zu betreten für Fremde strengstens verboten ist. Die Bewohner Amerikas selbst dürfen ohne königliche Erlaubnis nicht von einer Provinz in die andere reisen. Die Leyes de Indias verbieten den Einwohnern Amerikas unter Androhung von nichts geringerem als der Todesstrafe, mit dem Ausland Handel zu treiben, unter welchem Vorwand auch immer. Als Erbschaft der eigenen Mentalität auf der Halbinsel — auf welcher Spaniens »Einheit« aus einem Mosaik von Empfindlichkeiten und Vorurteilen besteht — entstehen die Kolonien in Amerika unter dem Einfluß eines kräftigen Partikularismus. Das wird noch erleichtert durch die geographischen Umstände, die großen Landflächen, die unterschiedlichen Landschaften, die großen Gebirge, den Mangel an Verkehrs- oder sonstigen Verbindungen und die trennenden Urwälder; all das begünstigt einen Zustand des Nichtsvoneinanderwissens. Wenn es dazu noch irgendein typisches geistiges Merkmal des Kolonialismus gab, so war es das des Argwohns und des Mißtrauens der Völker untereinander, wenn ihre Abneigung nicht sogar krassere Gestalt annahmen. Gemeinsame Gefahren — Piratenüberfälle, Naturkatastrophen — waren oft eine Art Bindemittel. War jedoch der Ausnahmezustand vorbei, keimte der sture Individualismus wieder auf. Bei den meisten Völkern Amerikas und mit Sicherheit bei jenen, die später zu den im Venezolanischen Verbund zusammengeschlossenen Provinzen gehörten, wurde eine Art föderalistisches oder isolationistisches Bewußtsein gezüchtet, das jegliche Aussicht auf Einheit verbaute. Man darf in der Tat nicht die großen Entfernungen vergessen, die die amerikanischen Völker trennte, und die kaum zur Verbreitung einer kontinentalen Idee beitragen konnten, obwohl die Brudervölker — so paradox das auch erscheinen mag — doch auf das gemeinsame Ziel der Einheit hinsteuerten.

Don Andrés Bello veranschaulichte 1811 diese Umstände mit Beispielen aus der Wirklichkeit, aus denen er letztlich eine erbauliche Moral zog: »Caracas bekam seine Nachrichten aus Buenos

Aires auf dem Umweg über die Vereinigten Staaten, genau wie die Menschen dort nur auf dem Umweg über englische Zeitungen von den Geschehnissen in Caracas Kenntnis bekamen. Trotzdem hat sich zum Erstaunen aller, die diese natürlichen und politischen Hindernisse der Kommunikation ertragen mußten, der amerikanische Patriotismus gerade an den beiden äußersten Enden der großen Halbinsel mit einer Gleichmäßigkeit entfaltet, die man eher bei Völkern antrifft, die Zeit und Gelegenheit hatten, ihre Möglichkeiten auszuschöpfen.«

Bolívar wird dies 1825 aus Perú bekräftigen: »Wir erfahren eher etwas aus Rußland als aus Caracas; Nachrichten aus Junin erreichten uns schneller über England; und manchmal bekommen wir Schriftstücke gleichen Datums gleichzeitig aus London und Bogotá.« Von Plata aus wird er Santander fragen: »Würden Sie es glauben, daß Nachrichten aus Europa hier immer frischer sind als die aus Bogotá?«

DIE AUFGESCHLOSSENHEIT VENEZUELAS

Verschiedene Zeugnisse schreiben den Einwohnern Venezuelas — seit dem Beginn ihrer Geschichte — als charakteristische Merkmale geistige Weite, Toleranz, Verständnis, Interesse und Empfänglichkeit für humane Angelegenheiten zu; kurz gesagt, eine offene und liberale Haltung, die in auffälligem Widerspruch zu der Engstirnigkeit anderer Volksgemeinschaften stand, auch auf dieser Hemisphäre.

Die Venezolaner waren immer die Keimzelle einer — sozialen und politischen — kontinentalen Konzeption. Möglicherweise wurzeln in einer derartigen moralischen und intellektuellen Aufgeschlossenheit, die — mit Simón Bolívar — im XIX. Jahrhundert ihren bedeutendsten Ausdruck erreichen sollte, die Ursprünge des venezolanischen Wesens. Ebenso zum Beispiel in der intensiven Rassenvermischung, aus der seine Einwohner hervorgehen; eine freie, totale und tiefgreifende Vermischung, die zur Folge hatte, daß um 1800 die Hälfte der Bewohner der Kreuzung der drei wichtigsten Rassen entsprang, die ihrerseits wieder gekreuzt und vermischt waren. Wichtig zu wissen ist auch, daß der beschriebene Charakter möglicherweise etwas mit der bevorzugten geographischen Lage jener Provinzen zu tun hat, ein Umstand, der sich im kulturellen, wirtschaftlichen, geistigen und politischen Bereich stark auswirken sollte. In der Tat brachte die Lage an der Karibik, in der Nachbarschaft der europäischen Besitzungen Hollands, Englands und Frankreichs für Venezuela gewissermaßen den Vorteil einer Landesgrenze mit den Niederlanden, deren Gesellschaft als die toleranteste und liberalste der Alten Welt galt.

Die verhältnismäßig schwache Präsenz Spaniens in Venezuela, begründet in der Armut und dem geringen Wert, den man den venezolanischen Landstrichen in einer nach Gold und Silber gierenden Metropole beimaß, bewirkte, daß dieser Teil Amerikas den iberischen Fanatismus nur sehr schwach zu spüren bekam; die Inquisition wirkte sich hier eher in Anekdoten als in der Wirklichkeit aus. Es ist sogar der Fall eingetreten, daß Venezuela als einzige Kolonie der Tierra Firme an Leute verpachtet wurde, mit denen die spanische Empfindlichkeit nicht zurechtkam, an die Welser. Die Nachbarschaft mit den Antillen also, der zwangsläufige und durchaus verständliche Schmuggel, der häufige Verkehr mit protestantischen, modernen und aufgeschlossenen Kreisen, alles sollte seinen Einfluß auf die entstehende Gemeinschaft ausüben.

José de Oviedo y Baños sagt im ersten — in Madrid veröffentlichten — Geschichtsbuch, das es über Venezuela gab, von den Leuten aus Caracas: »Sie sind von scharfem und schnellem Witz, höflich, leutselig und politisch interessiert; sie sprechen die vollendet spanische Sprache, haben keine der schlechten Angewohnheiten, mit denen man in den meisten Häfen ›Indiens‹ verdorben wird; sie haben im allgemeinen einen großzügigen Geist und ein feuriges Herz, und sind allem, was mit Politik zu tun hat, derartig aufgeschlossen, daß selbst die Neger (als Einheimische) es für unter ihrer Würde halten, nicht lesen und schreiben zu können . . .« Im Jahr 1800 bemerkt Humboldt, nachdem er Venezuela ausgiebig bereist und seine Bewohner gründlich beobachtet hat, daß er in Caracas »eine größere Bildung im Bereich der politischen Beziehungen zwischen den Staaten, einen umfassenderen Überblick über die Lage der Kolonien und der Metropolen« vorgefunden hat, im Vergleich zu den vielen ihm bekannten Orten Amerikas, mit Ausnahme von Havanna.

Die politische Berufung des Venezolaners ist, wie man sieht, älteren Datums; deutliches Zeichen einer so gar nicht selbstsüchtigen sozialen Sorge, einer Anteilnahme an Problemen und Geschehnissen, die alle betreffen, und nicht nur ihn selbst etwas angehen. Man könnte sagen, das venezolanische Volk — in seinen repräsentativen Vertretern — ist mit einem kontinentalen Sinn geboren, mit dem noblen Drang, den geistigen Horizont zu erweitern; es stieg empor, um weitreichende Neuerungen vorzuschlagen; mit der Berufung und der Fähigkeit, hochstehenden Idealen zu dienen.

KLARE VORSTELLUNGEN VON DER BESTIMMUNG AMERIKAS

Als Francisco de Miranda — im Laufe des Jahres 1781 — daran mitwirkte, die Unabhängigkeit der englischen Kolonien im Norden zu sichern, kommt zum ersten Mal das Interesse Venezuelas für Amerika zum Ausdruck. Um diese Zeit gab es bereits vorrevolutionäre Kontakte zwischen dem jungen und vornehmen Mann aus Caracas und unzufriedenen Geistern seines Geburtslandes, aber dort, in den Vereinigten Staaten — wie er selber schildert —, faßte er den Gedanken, sein Vaterland, das hispanische Amerika, zu erlösen. Zwei Jahre später, wieder in den Vereinigten Staaten, setzt sich Miranda mit den angesehensten und einflußreichsten Persönlichkeiten der neuen Demokratie in Verbindung und allen berichtet er begeistert »über das zukünftige Schicksal des spanischen Amerika«. Dem diplomatischen Vertreter Frankreichs in Philadelphia versichert er: »Es wird nicht lange dauern, bis unsere amerikanischen Königreiche eine ähnliche Revolution erleben werden wie die, deren Zeuge Sie hier jetzt sind.«

In New York arbeitete er für Alexander Hamilton ein Projekt von »der Unabhängigkeit und Freiheit des gesamten Hispanischamerikanischen Kontinents . . .« (1784) aus.

Der Kerngedanke der Verschwörung von Picornell, Gual und España um die Jahre 1797 bis 1799 war die amerikanische Einheit. Das Ziel dieser Führer war es, alles nur Mögliche zu tun, um diese Einheit Wirklichkeit werden zu lassen, indem man die Vorurteile überwinden wollte, die Spanien Jahrhunderte hindurch gezüchtet hatte. Der am häufigsten wiederholte Satz in den zahlreichen Texten der Aufständischen ist »das amerikanische Volk«. In dem Frage-und-Antwort-Unterricht, den Picornell diesbezüglich im Gefängnis von La Guaira hält, hörten die begeisterten Teilnehmer viele Male in jeder Sitzung, daß »Amerika für die und durch die Amerikaner entstehen müßte«. Fast wörtlich sollte später dieser Satz, wenn auch in der Intention verzerrt, das Motto der Doktrin des Präsidenten James Monroe werden.

Weit ausführlicher finden sich in den »Anordnungen« Picornells, die dazu dienen, »dem amerikanischen Volk seine Freiheit wiederzugeben«, peinlich genaue Verhaltensregeln für die Anfangsphase der Revolution: »Die Nachbarn werden sich auf bestmögliche Art und Weise bewaffnen und auf einzelne Trupps verteilen, der jeder von einem gewählten Rottenführer geleitet wird, und dann werden sie auf allen Straßen und Plätzen laut die Parole ›Es lebe das amerikanische Volk‹ rufen.« In einer der Verlautbarungen steht zu lesen: »Es ist nun der Tag gekommen, Väter des Vaterlandes, an dem die Freiheit des amerikanischen Volkes verkündet werden kann . . .« Das von Manuel Cortés de Campomanes verfaßte »Amerikanische Sonett« wiederholt: »Volk Amerikas — der Tag ist angebrochen — wo die Partei der Tyrannei — von uns nun wird gebrochen.« Auch in den propagandistischen Liedern mit dem Titel »Das Lied Amerikas« heißt es: »Zittre Du, verruchter König — Zittre Du, treuloser Karl — denn alle Deine Sünden — sollst Du jetzt büßen. — Das fürchterliche Schwert — des Volkes von Amerika — wird Deinen Stolz zerstören — blutrünstiger Despot.«

Der Vorkämpfer Miranda betont mit praktischen Beispielen

1806 die während seiner Wanderjahre in Europa so klar erkannte kontinentale Einheit. In Jacmel schwört er und verpflichtet zu schwören: »dem freien, von Spanien unabhängigen Volk Südamerikas treu und ergeben zu sein.« Die Entfernung ermöglichte ihm zu erkennen, wie ähnlich die Völker Amerikas spanischen Ursprungs einander sind; wie wenn die Unterschiede zerflössen, sieht das Auge von weitem nur das Gemeinsame. In seinen Projekten, das ganze Unternehmen, ebenso wie die von ihm vorgeschlagenen Institutionen betreffend, bezieht er sich immer auf die Gesamtheit der Neuen Welt; sogar für Brasilien hat er genaue Pläne. Außerdem gründet er in London die Revolutionsloge, wo aus verschiedenen Teilen der Hemisphäre stammende Männer sich miteinander verbrüdern.

AMTLICHE DARSTELLUNG DER INTEGRATIONSIDEE

Nur eine Woche nach dem 19. April taucht die amerikanische Idee wieder in der venezolanischen Wirklichkeit auf. Der Hohe Rat von Caracas wendet sich an alle Cabildos der Hauptstädte Amerikas mit der Aufforderung, sich der gemeinsamen Sache anzuschließen. In diesem Aufruf lädt Caracas »zu dem großen Werk des spanisch-amerikanischen Staatenbundes ein. Nur unsere Sache — sagt die Botschaft —, nur eine und unsere Devise soll nur eine sein: Treue zu unserem unglücklichen Monarchen, Krieg seinem tyrannischen Unterdrücker; Brüderlichkeit und Standhaftigkeit.« Daß diese »Treuebekundung« nur ein Deckmantel ist, bekennt Bolívar, Leiter der ersten diplomatischen Abordnung des spanischen Amerika und Vertreter der Regierung von Caracas, in London mit einer gewissen Leichtfertigkeit, er, der in Wirklichkeit als verkappter Diener der bevorstehenden Erhebung gekommen ist.

Seine Integrationsidee legt Bolívar zum ersten Mal — schriftlich — während dieses Besuches in England dar. In der Ausgabe des *»Morning Chronicle«* vom 5. September 1810 führt er aus: »An jenem nicht mehr sehr fernen Tag, an dem die Venezolaner einsehen, daß ihre Mäßigung und die von ihnen bewiesene Absicht, friedliche Beziehungen mit der Metropole zu unterhalten, und schließlich auch ihre Geldopfer ihnen nicht die Dankbarkeit erbracht haben, auf die sie Anspruch zu haben meinen, werden sie endgültig die Fahne der Freiheit hissen und Spanien den Krieg erklären. Sie werden es auch nicht unterlassen, alle Völker Amerikas dazu einzuladen, sich ihrem Staatenbund anzuschließen. Diese Völker, für das Vorhaben bereits gerüstet, werden ohne Aufschub dem Beispiel von Caracas folgen.«

Die Geschichte nimmt ihren Lauf. Venezuela setzt diesen Weg mit einem großartigen Erfolg fort: auf seine Anregung hin wird am 28. Mai 1811 mit Cundinamarca der erste Vertrag in den diplomatischen Annalen beider Staaten unterzeichnet. Der talentierte Vertreter von Caracas, José Cortés de Madariaga, legt somit die Grundlage für Kolumbien, das »Größere Vaterland« (Patria mayor), das Miranda und Bolívar so teuer war. Die enge Bindung zwischen den beiden Bruderrepubliken wird vom venezolanischen Kongreß am 22. Oktober des gleichen Jahres 1811 ratifiziert. Der Vertrag enthielt, wie schon früher ausgeführt wurde, außer dem politischen Thema auch eine wichtige Bestimmung über Erziehung und Kultur.

Im gleichen Jahr ergeht in der Venezolanischen Verfassung — übrigens der ersten freien und repräsentativen des hispanischen Kontinents — ein leidenschaftlicher Aufruf zur Verständigung zwischen den Ländern unseres Amerika; Venezuela öffnet sich in der Tat seinen Landsleuten auf der ganzen weiten Welt.

Im Saal der vaterländischen Gesellschaft hallte im gleichen Jahre 1811 die Aufforderung Simón Bolívars wider, »furchtlos den Grundstein der südamerikanischen Freiheit zu legen«.

Bolívar wird bis zu seinem Tod der wirksamste und überzeugteste Vertreter eines hispanisch-amerikanischen Nationalismus bleiben, der sich in vollständigem Einklang mit einer Vorstellung von echtem Universalismus befindet, innerhalb dessen der Frieden und die zwischenmenschliche Verständigung die höchsten Werte sein sollen. Die Einigkeit ist seine Devise, jetzt und immer. Es wird in Ewigkeit kein besseres Leitmotiv geben.

Die Revolution, die Bolívar im politischen Bereich mit der Befreiung, auf wirtschaftlichem Gebiet mit dem Agrarrecht, verwirklichen wollte, ist in ihrer Rechtssphäre dem kontinentalen Zusammenschluß und dem Streben verpflichtet, diesen Zusammenschluß in eine funktionierende gesetzmäßige Vereinigung zu verwandeln, die vor allem zum Wohle Amerikas selbst tätig wird, ebenso aber auch für das Wohl der Menschheit. Wenn etwas für die weltweite Bedeutung der Revolution bezeichnend ist, so das Angebot, das sie den Menschen aller Klassen, Farben und Arten macht. Der Interamerikanismus — wir müssen darauf bestehen — steht nicht im Gegensatz zur Universalität, sondern schließt sie ein; er diskriminiert weder Völker noch Rassen, noch Glaubensbekenntnisse, er hält sich für alle aufrichtig offen. Keiner der großen Führer Amerikas war jemals ein besserer oder zuverlässigerer Interpret des weltweiten Charakters des amerikanischen Menschen. In dieser Haltung, und in dem ihr zugrunde liegenden ideologischen Nährboden, ist eine außerordentliche Folgerichtigkeit in bezug auf die Wirklichkeit und die Geschichte festzustellen. Man darf nicht vergessen, daß zur Bildung unseres *Volkstums,* des repräsentativsten der ganzen Erde, alle Kontinente beigetragen haben: Asien, Ozeanien, Amerika, Europa und Afrika.

Früh in seiner politischen Laufbahn hat Bolívar die Wirklichkeit der amerikanischen Einheit erfaßt; in seinem ersten Schriftstück und in seinem ersten Vortrag — wie wir schon sahen — blitzt die gleiche Behauptung auf. Der gemeinsame Ursprung, die gemeinsame Sprache, Sitten und Religion sind eine zwingende Grundlage für die Verständigung, in einer so offenkundigen Substanz muß die politische Integration verankert werden, für die außerdem das Argument gilt: »Gleichheit der Sache, der Grundsätze und der Interessen.«

Während der schöpferischen, wenn auch schweren einsamen Tage der Verbannung auf Jamaika um 1815 hat Bolívar besonnen die Situation des Kontinents analysiert: mit unübertroffener Meisterschaft wägt er das Für und das Wider des Zusammenschlusses gegeneinander ab: »Es ist eine grandiose Idee, aus der gesamten Neuen Welt eine einzige Nation bilden zu wollen, mittels eines einzigen Bandes, das ihre Teile untereinander und mit dem Ganzen verbindet.

Wenn sie schon denselben Ursprung, dieselbe Sprache, dieselben Gebräuche und dieselbe Religion hat, sollte sie folglich auch eine einzige Regierung haben, die die einzelnen noch zu bildenden Staaten in einem Staatenbund vereinigt; aber das ist nicht möglich, weil verschiedene Klimazonen, unterschiedliche geographische Lagen, entgegengesetzte Interessen und ungleiche Charaktereigenschaften Amerika entzweien.«

Amerika ist in Wahrheit durch seinen Ursprung ein Ganzes; bei seiner Entdeckung zeigt es zwar Unterschiede zwischen seinen zahlreichen Bewohnern, aber diese Unterschiede gleicht das allen gemeinsame Datum der Großtat des Kolumbus aus, als Zeichen ihres Eintritts in die globale Szene; und die Zeiten der Eroberung und der Kolonisierung wurden auf dem Kontinent gewissermaßen gleichzeitig durchlebt. Ein Zeichen gemeinsamen Ursprungs ist auch der Umstand, daß die Befreiungsaufstände fast zur gleichen Zeit ausbrechen, und daß zwischen allen unseren Völkern von Anfang an offenkundige Solidarität herrscht. 1813 hat der Befreier befriedigt darauf hingewiesen, daß man nach den ersten Rückschlägen gesehen habe, »wie groß die Anteilnahme des Amerikaners am Amerikaner ist«. Selbst die Anarchie, die den Kontinent nach der Erlangung seiner Autonomie in erstaunlich synchronen und parallelen Erscheinungen erschüttert, ist der Beweis einer nicht zu leugnenden geschichtlichen Einheit und die Bestätigung dafür, daß gleichartige Ursachen, die auf gleichartige Tatbestände einwirken, naturgemäß gleichartige Ergebnisse zeitigen.

GRUNDLAGEN DER EINHEIT

Der wichtigste Einigungsfaktor ist die Sprache. Als Amerika von Spanien erobert worden war, wurde ihm die spanische Sprache aufgezungen. Die Sprache ist, damals wie heute, ein außerordentlich starkes Instrument der Beherrschung; durch sie wird die Kultur im allgemeinen weitergegeben und — selbstverständlich — bis zu einem gewissen Grade auch die Denkweise. Die Sprache Kastiliens ist für Bolívar ein mächtiger Beweggrund für die amerikanische Einheit; wenn er von Amerika spricht, bezieht er sich auf den Süden und, genauer, auf die kontinentalen Länder von Mexiko bis Argentinien und ohne das Kaiserreich Brasilien und die östlichen, von Holland, Frankreich und England besetzten Teile mit einzubeziehen. In mehreren Absätzen der Einberufung zum Kongreß von Panamá — ein entscheidendes Beweisstück in diesem Zusammenhang — präzisiert er die Vorstellung seines Amerika: die Einladung richtet sich ausschließlich an das »vormals spanische Amerika«, an »unsere Republiken«, an die »amerikanischen Republiken, die früher spanische Kolonien waren«. Wenn es sich um eine genaue politische Definition handelt, dann ist Amerika für ihn das südliche. Dies schließt jedoch das Gefühl freundschaftlicher Zuneigung gegenüber amerikanischen Völkern nicht aus, und ebensowenig die Möglichkeit, deren politische Systeme und deren daraus entspringende Interessen vorübergehend von der hispanisch-amerikanischen und demokratischen Gemeinschaft fernzuhalten. »Laßt uns bewirken — sagt Bolívar —, daß die Liebe mit einem allumfassenden Band die Söhne und Töchter der Hemisphäre des Kolumbus verbindet, und daß der Haß die Rachsucht und der Krieg sich aus unserem Inneren entfernen und sich an unsere Grenzen begeben, um sie gegen jene zu benutzen, gegen die sie als einzige rechtmäßig einzusetzen sind, gegen die Tyrannen.«

Die Religion, ein weiteres Einigungselement des bolivarischen Amerikas, war ebenfalls vom Eroberer auferlegt worden. Zur

Zeit der Aufklärung beherrscht der Katholizismus fast vollkommen und ausschließlich den ganzen iberisch-amerikanischen Bereich. Die Religion hat außerdem bindende Wirkungen in bezug auf die Moral, die Tradition und die Sitten der Gesellschaft, und sie strahlt sogar auf die Wirtschaft und auf das Rechtswesen aus.

Bolívar macht die gemeinsamen Gebräuche als eine weitere echte Grundlage der kontinentalen Einheit geltend. Die drei Jahrhunderte lang andauernde Kolonialzeit führte fraglos in allen Ländern hispanischen Ursprungs zu einander ähnlichen Gebräuchen. Mit nur geringen Abweichungen von einem Staat zum anderen trägt die soziale Verhaltensweise im hispanischen Amerika vergleichbare Züge. Die Bräuche — wie auch die Verhaltensmuster — unterscheiden sich nicht sehr; und im ganzen weitläufigen Reich der Konventionen ist die Wesensverwandtschaft heute noch sichtbar.

Von größter Tragweite erweist sich auch die Gleichheit der Ideale. Sie setzt eine unleugbare Integration des hispanisch-amerikanischen Geisteslebens voraus; der Befreier unterstreicht das. Dieses Amerika ist gänzlich auf die Einheit ausgerichtet, so daß der Drang nach Unabhängigkeit und Fortschritt, ebenso wie die Bereitschaft zum Opfer für Freiheit und Frieden zum gemeinsamen Nenner aller unserer Völker geworden ist.

Auch vorrangige politische Gründe empfehlen und unterstützen die hispanisch-amerikanische Einheit. Der größte Vorteil des von Bolívar befürworteten Zusammenschlusses ist sein stabilisierender Einfluß auf den Frieden und das Wohlbefinden. Von Rousseau inspiriert ersinnt der Befreier ein Gesetz, das wir bei anderer Gelegenheit ein Gesetz der politischen Physik nannten; insofern als er — indem er an die Einheit denkt — das Gewicht der Gesamtheit anstrebt, um so die mögliche Unordnung in den Einzelteilen aufzuwiegen. Die Union fordert Zuverlässigkeit von ihren Mitgliedern und flößt den Außenstehenden Respekt ein. Sobald die Einheit des spanischen Amerika besteht und seine lokalen sozio-ökonomischen Probleme gelöst sind, wird auch in der Folge das innere Chaos enden, wird seine Macht sich wieder festigen und die Caudillos werden lernen, daß sie mit armseligen Streitigkeiten und Verschwörungen in Stadtvierteln nicht mehr zu erlangen sein wird. Dorfintrigen und die Feindseligkeiten zwischen Unterführern verlören ihren Sinn. Der Staat verfügte über genügend Machtmittel, um die Stabilität zu gewährleisten und die Anarchie zu bekämpfen; ein Schritt zum Frieden und zu größerer Würde der Staatsgeschäfte.

Für die Einheit spricht auch die notwendige Anerkennung durch andere Staaten. Bolívar stellt verzweifelt fest, daß während des Befreiungskrieges die Nordamerikaner und die Europäer uns gegenüber eine Gleichgültigkeit bewiesen, die seiner Meinung nach vor allem mit der Vielzahl der Hoheitsbereiche zu erklären ist. In den Augen der großen Länder war das spanische Amerika eine Konstellation der Unordnung, ein formloses Gefüge von Konflikten. Sie verstanden nicht, daß alles zusammen eine einzige Nationalität war, die sich zur Erlangung ihrer Autonomie verpflichtet hatte; sie sahen nur mehrere kleine Republiken, die in einen sehr ungleichen Kampf mit einer mächtigen Metropole verstrickt waren. Zum übertriebenen Kräfteverschleiß unserer Länder, der — wegen mangelnder Koordinierung — unfruchtbar bleiben mußte, kam hinzu, daß der hispanisch-amerikanische Kontinent nicht die ihm gebührende Berücksichtigung oder auch nur die nötige Aufmerksamkeit hinsichtlich seines Wunsches nach politischen und wirtschaftlichen Beziehungen erfuhr. Wenn die Einheit von Anfang an funktioniert hätte, dann hätte die Befreiung viel weniger Menschenleben, viel weniger Zeit und Werte — auch im moralischen und sozialen Bereich — verschlungen, und es wäre leicht gewesen, Hilfe zu bekommen, um das Unabhängigkeitswerk zu beschleunigen. Auf seiner bekannten Denkweise beharrend, sagte Bolívar 1819: »Die fehlende Einigkeit und Konsolidierung, die fehlende Übereinstimmung und Harmonie, und vor allem die fehlenden Mittel, die notwendigerweise zur Trennung der Republiken führten, sind, ich wiederhole es, der wirkliche Grund, warum bisher unsere Nachbarn und die Europäer keinerlei Interesse an unserem Schicksal gezeigt haben. Teile sind es, Fragmente, mit großer Ausdehnung, aber sie haben weder die Bevölkerung noch die Mittel und sie können bei denjenigen, die mit ihnen Beziehungen aufzunehmen wünschten, weder Interesse wecken noch ihnen Sicherheit geben.«

Bolívar hatte immer sehr klare und eindeutige Vorstellungen zu diesen Themen; in dem Dokument, in dem sich bereits mit großer Deutlichkeit und Breite die Schaffung Kolumbiens abzeichnet — 1813 aufgesetzt —, erklärt er Mariño nicht nur die Gefahren einer Aufteilung Venezuelas, sondern auch die Vorteile einer Keimzelle der großen hispanisch-amerikanischen Einheit; die damaligen Überlegungen im Sinne einer Unantastbarkeit des Ursprungslandes und eines venezolanisch-granadischen Paktes gelten für unser ganzes Amerika: »Wenn wir zwei unabhängige Machtzentren errichten, eines im Osten und ein anderes im Westen, dann schaffen wir zwei verschiedene Staaten, die wegen der von ihnen angestrebten Bedeutung und noch mehr wegen der von ihnen angestrebten Rolle unter den anderen Staaten lächerlich erscheinen müßten. Höchstens ein mit Neu-Granada vereinigtes Venezuela könnte einen Staat bilden, der den anderen die ihm gebührende Hochachtung einflößt. Und wir sollten versuchen, zwei Teile zu machen? Unsere Sicherheit und die Reputation unserer unabhängigen Regierung verpflichten uns im Gegenteil dazu, mit Neu-Granada zusammen eine Staatsgemeinschaft zu bilden. Das ist jetzt der innigste Wunsch der Venezolaner und der Granader, und auf dem Wege zu diesem für beide Regionen so wichtigen Zusammenschluß sind die tapferen Söhne Kolumbiens gekommen, um Venezuela zu befreien. Wenn wir das Ganze in einem nationalen Block vereinen, und wenn wir schrittweise die Unruhestifter ausmerzen, werden wir unsere Kraft weiter festigen und die gegenseitige Zusammenarbeit der Völker zur Verfolgung ihrer natürlichen Anliegen ermöglichen. Geteilt werden wir schwächer sein, weniger geachtet von Feinden und Neutralen. Die Einigkeit unter einer einzigen Regierung soll unsere Stärke sein und soll uns allen zur Größe verhelfen.«

Hinzu kommt noch — sollte das noch nicht genügen —, daß die ganze entscheidende Argumentation zugunsten der Einigkeit sich auf das stillschweigende und echte Fundament der Interessengemeinschaft stützt. Die Bündnisse, die Bolívar befürwortet, bieten Vorteile für alle Partner; die Länder des bolivarischen Amerika haben wichtige wirtschaftliche und geistige Werte zu schützen und müssen deshalb in einem kraftvollen Organismus verschmelzen. Bolívar sah schon voraus, daß die Entwicklung dieser Völker dazu führen mußte, daß sie einmal die Mehrheit der Bevölkerung dieser Hemisphäre auf sich vereinen würden; weshalb sie in den Angelegenheiten des Kontinents nicht schweigen oder ihre Bedeutung mindern sollten; keine andere Stellung käme ihnen zu, als die entscheidende Position der Vorhut. Innerhalb der folgerichtigen Denkweise Bolívars kann sich keine Nation — weder groß noch klein — an die lateinamerikanische Organisation mittels vielfältiger zweiseitiger Diskussionen mit jedem einzelnen unserer Staaten binden, sondern nur im Verständnis des hispanischen Amerika als ein Block durch gleichlautende Ziele zusammengeschlossener Kräfte, ein Block, der zu einer einvernehmlichen Verständigung mit seinem Vertragspartner bereit ist. Die Lehre, die Washington aus seinem Vermächtnis an sein außergewöhnliches Land erteilt, nämlich Gefälligkeitsverträge mit Mächten zu meiden, die Prestige und Reichtümer verschenken — weil man »sich dessen unter allen Umständen bewußt sein muß, daß ein Staat wahnsinnig ist, der von einem anderen uneigennützige Gefälligkeiten erwartet, und daß alles, was ein Staat als Gefälligkeit erhält, früher oder später mit einem Teil seiner Unabhängigkeit bezahlt werden wird ... Es kann keinen größeren Irrtum geben, als die Hoffnung eines Staates an die Gefälligkeit eines anderen« —, ist die gleiche Lehre, die man bei Bolívars Warnungen an seine Völker findet.

Die hispanisch-amerikanische Einigkeit ist als Voraussetzung für angemessene und gerechte Verträge mit mächtigeren Völkern unerläßlich, denn »ist der Pakt mit dem Starken erst einmal besiegelt, so währet die Dankbarkeitsverpflichtung des Schwachen ewiglich«. Man prüfe den für Revenga bestimmten Kommentar, den der Befreier — 1826 — zu der Initiative Santanders verfaßte, als es um eine mögliche Allianz des in Panamá zu gründenden lateinamerikanischen Staatenbundes mit England ging, einem Staat, dem seine volle Sympathie galt; Bolívar beließ es beim Entwurf und sah sich, getrieben von der dramatischen Notwendigkeit der politischen Stabilität, in jenem Augenblick gezwungen, seine Meinung zu ändern. So oder so ist es ein spontanes Beispiel scharfsinniger politischer Sicht, die alles objektiv untersucht und mit einem Hinweis von bleibender Gültigkeit schließt: »Für den Augenblick meine ich, daß uns das Bündnis mit Großbritannien große Bedeutung und viel Ansehen verschaffen wird, weil wir in seinem Schatten wachsen, heranreifen, uns bilden und uns stärken können, um unter den Nationen auf jener Stufe der Zivilisation und der Macht aufzutreten, die einem großen Volke angemessen ist. Aber diese Vorteile zerstreuen die Befürchtungen nicht, daß jener mächtige Staat in Zukunft Herr über Ratschläge und Entscheidungen des Kongresses sein könnte: daß seine Stimme die lauteste, und daß sein Wille und seine Interessen die Seele des Staatenbundes wären, der es nicht wagen wird, ihn zu verärgern, um sich keinen unbezwinglichen Feind aufzuhalsen. Das ist meiner Ansicht nach die größte Gefahr bei der Verbindung eines so starken Staates mit anderen schwachen.«

Für das Unterfangen der Solidarität ist nicht minder wichtig die Genugtuung, daß jede irgendeinem Mitglied der Vereinigung zugefügte Kränkung oder Verletzung von der Gesamtheit vergolten wird; unser Amerika könnte auf diese Weise das ihm gebührende Ansehen erlangen, und jeder, der es in irgendeinem seiner Bestandteile angreifen wollte, müßte das gut bedenken.

DER ZUSAMMENHANG DER ANSTRENGUNGEN BOLÍVARS

Die Geschichte der effektiven Anstrengungen Simón Bolívars für die amerikanische Einheit beginnt etwa im März 1813, als er nach den Siegen der Campaña Admirable, die mit Soldaten aus Neu-Granada errungen wurden, sein Integrationswerk durch die Fusion Venezuelas mit dem benachbarten Cundinamarca beginnen möchte. Schon in Cartagena schrieb er — zum ersten Mal am 2. November 1812 — das Wort *Kolumbien*, und wir sahen, wie kategorisch er die Frage der Einheit gegenüber Mariño am 16. Dezember 1813 vertrat. Jetzt erläutert er durch den Mund von Muñoz Tébar und mit besonderem Scharfsinn — am 2. Januar 1814 — die Gründe, die ein solches Bündnis nahelegen: »Wenn in jenen Jahrhunderten der Schmach ein volkreicherer und wohlhabenderer Kontinent wie Spanien selbst das Opfer der niederträchtigen Absichten des Kabinetts in Madrid wurde; wenn dieses aus zweitausend Meilen Entfernung ohne allzu großen Kraftaufwand Amerika, von Neu-Mexiko bis hin zur Magellanstraße, mit seinem harten Despotismus beherrschen konnte, warum sollte dann ein fester Zusammenschluß zwischen Neu-Granada und Venezuela nicht möglich sein? Und mehr noch, warum sollte sich nicht das ganze Südamerika unter einer einzigen und zentralen Regierung vereinigen? Es ist notwendig, unsere Nation so stark zu machen, daß sie in der Lage ist, den möglichen Angriffen der europäischen Herrschsucht Widerstand zu leisten; und dieser Machtkoloß, der sich jenem anderen Koloß entgegenstellen muß, kann sich nur durch den Zusammenschluß des ganzen Südamerika zu einer Nation bilden. Eine zentrale Regierung kann ihre großen Kraftreserven auf ein einziges Ziel richten, und allen fremden Versuchungen widerstehen, während wir im Innern durch die Vervielfachung der wechselseitigen Zusammenarbeit auf die Gipfel der Macht und des Reichtums emporgehoben werden.«

Er übernimmt die Vertretung aller und arbeitet für alle; die Anerkennung Spaniens muß allen gelten — »unsere Stimme ist die Stimmes des Südamerikas«. Das ist seine diplomatische Position gegenüber der früheren Metropole. Zu San Martín wird er sagen: »Mein erster Gedanke auf dem Schlachtfeld von Carabobo, als ich mein Vaterland befreit wußte, galt Eurer Exzellenz, Perú und seinem Befreiungsheer. Euer Exzellenz müssen mir glauben: nach dem Wohlergehen Kolumbiens interessiert mich nichts mehr als der Erfolg Eurer Soldaten, die so großartig ihre ruhmreichen Standarten überall dorthin tragen, wo es Sklaven gibt, die in ihrem Schatten Schutz suchen wollen.«

Um Vorteile für den ganzen Kontinent zu erreichen, gibt Venezuela sein Bestes. Neu-Granada und den Antillen wird die großzügige Unterstützung der Revolution Bolívars mit Freiheit, Sicherheiten und Dankbarkeit vergolten.

Wie vormals Miranda bei seinen Unterhandlungen mit Europäern und Yankees, so ist jetzt Bolívar während seiner Pilgerfahrt von der Idee des kontinentalen Vaterlandes wie besessen. Manuel Palacio Fajardo und Pedro Gual, damals die besten Diplomten, handeln aus den gleichen Beweggründen. Palacio Fajardo versteht Amerika als Ganzes und vereint; und er arbeitet für diese geschlossene Einheit; in seinem »Entwurf zur Revolution im Spanischen Amerika«, einer Art Weißbuch — zwischen 1817 und 1818 anonym in Englisch, Französisch und Deutsch veröffentlicht —, analysiert er sorgfältig die hispanisch-amerikanische Geschichte.

Zu jener Zeit romantischer Heldentaten, als sich alles im Kampfe verzehrt, inszenieren einige idealistische Venezolaner mit anderen lateinamerikanischen Bürgern das Abenteuer der »Republik von Florida«, ein Ereignis, das die kontinentale Berufung Venezuelas erneut bestätigt. Ende Juni 1817 besetzen sie den Hafen Fernandina auf der Insel Amelia, die der Küste der schönen amerikanischen Halbinsel unmittelbar vorgelagert ist; dort rufen sie die Republik Florida aus, die gerade sieben Monate am Leben bleibt, und deren Flagge, wie die in Venezuela und später die in Kolumbien, angeregt war durch die, die Miranda am 12. März 1806 in Jacmel hißte. Die Patrioten erhoffen hervorragende Ergebnisse ihres Einsatzes in dieser nördlichen Gegend, wo sich Militärs wie MacGregor, Aury und Codazzi mit Zivilisten wie Roscío und Pedro Gual treffen; letzterer schreibt: »Hier tun wir etwas zum Wohle Südamerikas. Das ist der einzige und ausschließliche Zweck, der uns alle verbindet. Die Errichtung einer Republik in Florida verlangt die Aufmerksamkeit und die Unterstützung aller wirklichen Freunde Südamerikas.« Auf diese Weise errichten die Landsleute Bolívars im Norden einen Brükkenkopf, um die Revolution zu unterstützen und, genau gesagt, auch die Patrioten Mexikos und der ganzen edlen mittelamerikanischen Region.

Seine gesamte Kraft und sein ganzes Ansehen wird der Befreier dafür einsetzen, Kolumbien Wirklichkeit werden zu lassen. Als sich die Umstände bessern, ruft er den Kongreß von Angostura ein, und dank seiner Bemühungen und nach seinem Entwurf wird schließlich das Grundgesetz der neuen Republik verfaßt. Für Bolívar ist Kolumbien »die Garantie für die Freiheit Südamerikas« und nichts weniger; darum widmet er sich der Aufgabe, es gemäß seiner Verantwortung aufzubauen und er beginnt, den moralisch und politisch fortschrittlichen Staat seiner Zeit zu gestalten. Nirgendwo sonst auf der Welt wird mehr über Demokratie, Gerechtigkeit und Freiheit nachgedacht und gekämpft, danach alles verwirklicht durch die Landverteilung an die Arbeiter, durch die Abschaffung der Sklaverei, die Verteidigung der absoluten Gleichheit und durch ein modernes und volksnahes Rechtswesen. In keinem anderen Staat werden Moral und Kultur als vorrangige Bedürfnisse ausgerufen.

Bolívar gründet die erste Nation unseres Amerika in seiner Epoche; nicht die erste in der chronologischen Reihenfolge — einige andere werden früher gebildet —, und auch nicht vom materiellen Standpunkt aus gesehen — Perú ist reicher, México volkreicher, Brasilien größer —, aber die erste, die ein Programm hat, ein Programm der Neuerung zudem, die erste amerikanische Nation mit einer Bestimmung. Es ist Venezuela beschieden, diesen ersten Versuch der Einheit erfolgreich anzuführen. Dieses Venezuela fordert keine Honorare oder Dividenden für seine Opfer, es trachtet nach keiner Handbreit fremden Bodens. Seine Anstrengung bedeutet nicht den leisesten Verdacht eines Hegemonie-Anspruchs, es beabsichtigt nicht, Trabantenregierungen einzurichten oder ungebührlichen Einfluß auszuüben; es genügt ihm, einfach seine geschichtliche Rolle zu verwirklichen, seine Bestimmung zu erfüllen. Das Streben Venezuelas übertrifft bei weitem das konkret erreichbare Ergebnis, so wichtig und wesentlich dieses auch sein mag. Venezuela ist das Leitbild seines Originalmusters. Nach Ruhm strebend, sich der Freiheit widmend, nach Größe trachtend, alles Ziele jenes geistbetonten, romantischen und weitblickenden Genies, mit dem das Vaterland sich in diesem Vorhaben identifiziert.

DIE RECHTLICHEN GRUNDLAGEN

Zur Verwirklichung seiner Einigungspolitik sah Bolívar, der auf das Rechtswesen vertraute, die Notwendigkeit einer Doktrin mit entsprechenden Rechtsmechanismen; auch in diesem Bereich wagte er sich daran, die Grundlagen zu schaffen.

Das Amerikanische Recht, mit dessen Verfassung Bolívar seinen unbeugsamen und aufrichtig revolutionären Willen bestätigt, ist ein wertvoller Teil seines besten schöpferischen Werkes. In jedem einzelnen der großen sozialen Sektoren war der Erfolg dem gleichzeitigen Einsatz beim aufeinander abgestimmten Aufbau der kontinentalen Revolution zu verdanken. In jedem einzelnen von ihnen verkündete Bolívar seine neue Botschaft, gab den ersten Anstoß für die neue Botschaft und den ersten Anstoß für das neue Werk. Er erfindet ein System, das sich auf bisher unbekannte Grundlagen stützt und gleichermaßen unbekannte Ziele verfolgt. Für dieses System gibt es keine Vorläufer oder Vergleiche in den berühmten europäischen Bündnissen; zum ersten Mal wird ein enger Staatenbund angestrebt, der nicht durch Gewalt zusammengeschlossen ist und unter der Vormundschaft von Großmächten steht, oder der die Folge von aggressiven oder imperialistischen Absichten ist. Sein Amerikanisches Recht ist der Ausdruck einer gemeinsamen Sehnsucht des gesunden Bewußtseins Lateinamerikas, unvereinbar mit jedem Hegemoniesystem, und ist in jedem Fall ein Verteidigungsinstrument, ein Weg zur größten Einigkeit, und gleichzeitig Orientierungshilfe für die Kräfte, die unser Amerika für die Weltgemeinschaft, zum gemeinsamen kulturellen Erbe des Menschen und für seine Zukunftshoffnungen beisteuert.

In einer sicherlich neuen und kühnen Haltung gegenüber dem fadenscheinigen, bereits im Verfall begriffenen »Gleichgewicht« in Europa, jenem der Begierden, jenem das den Frieden mittels wechselseitiger Neutralisierung rivalisierender Herrschsucht anstrebt, verkündet Bolívar ein anderes, das universelle, jenes Gleichgewicht also, das den Sieg des positiven und neuen Denkens fordert. Bolívar spricht es aus, als er an die unabweisbare Pflicht erinnert, sich für die Unabhängigkeit Amerikas einzusetzen, »weil es das Gleichgewicht der Welt verlangt«. Von Anfang an ist dies seine Vorstellung: »Die Lehren der Erfahrung dürfen für uns nicht umsonst sein. Das Schauspiel, das uns Europa bietet, von Blut überschwemmt, um ein ewig gestörtes Gleichgewicht wiederherzustellen, muß unsere Politik dahingehend verbessern, daß sie von solchen blutigen Klippen verschont bleibt. Außer jenem kontinentalen Gleichgewicht, das Europa dort sucht, wo man es am wenigsten finden dürfte, nämlich innerhalb der Kriege und des Aufruhrs, gibt es ein anderes Gleichgewicht; jenes für uns wesentliche: das Gleichgewicht des Universums. Die Herrschsucht der europäischen Staaten trägt das Joch der Sklaverei in die anderen Teile der Welt; und alle diese Teile der Welt sollten versuchen, das Gleichgewicht zwischen ihnen und Europa herzustellen, um die Vormachtstellung des letzteren zu zerstören. Dieses nenne ich das Gleichgewicht des Universums und dieses muß in die Überlegungen der amerikanischen Politik eingehen«.

Seine begeisterungsfähige und visionäre Ursprünglichkeit ist offensichtlich. In der Entwicklung und Verkündung der hispanisch-amerikanischen Einheit und in seiner so entschiedenen Hingabe ihr zu dienen, formuliert und aktualisiert Bolívar das Prinzip der Nationalitäten, das Mazzini erst viel später entwickeln sollte und das sich dann im Abendland durchsetzte: politische Verbindungen müssen in einem echten Bündel nationaler Gemeinsamkeiten verankert sein. Nach Meinung des Befreiers ist die Logik zwingend, wir haben schon daran erinnert: »da ja das spanische Amerika denselben Ursprung, dieselbe Sprache, dieselben Gebräuche und dieselbe Religion hat, sollte es folglich auch nur eine Regierung haben, die die zu bildenden Staaten zu einem Staatenbund vereinigt«. Unwichtig ist das Ausmaß der Hindernisse und Schwierigkeiten, die spanisch-amerikanische Nationalität existiert; im Krieg hat sie eindeutige Beweise ihrer Lebenskraft gegeben, unsere Völker haben — ungeachtet der gelegentlichen Reibungen zwischen ihren Caudillos — den »unausgesprochenen und schlummernden Pakt der gemeinsamen Sache, Grundsätze und

Ziele«, nie verneint, sondern haben ihn mit ihren Opfern bekräftigt.

Im Prinzip des *uti possidetis juris* ist die Hoheitsgrundlage der neuen Ordnung enthalten: »Die republikanischen Regierungen werden innerhalb der Grenzen der früheren Vizekönigreiche, Generalkommandanturen oder Präsidenzbezirke eingerichtet«. Diese Erklärung beinhaltet die allgemeine Vorstellung einer größeren Einheit, wonach der (ehemalige) Kolonialbereich Spaniens in Amerika mit Recht die Bildung einer einzigen politischen Leitung anstrebt. Dieses von Bolívar so oft wiederholte und seiner ideologischen Integrität so durchaus entsprechende Prinzip ist von außergewöhnlicher Tragweite. Das *uti possidetis* — ein Ausdruck, der im übrigen im Zusammenhang mit den interamerikanischen Grenzen erstmals 1823 durch Pedro Gual urkundlich festgehalten wurde — führt zur gemeinsamen Verpflichtung, grenzbedingte Konflikte zu vermeiden, den gegenseitigen Hoheitsbereich deutlich zu markieren und sich gegenseitig die Unverletzlichkeit zu garantieren, und schließt außerdem für immer die Möglichkeit aus, hier Kolonien zu errichten. Die spanisch-amerikanische Einheit lehnt abhängige Gemeinschaften in Amerika ab. Dieser Grundsatz allein verbürgt schon die revolutionäre Anschauungsweise Bolívars. Indem er das *uti possidetis juris* aufrechterhielt, hielt er gleichzeitig in knappster Zusammenfassung sein treffendstes und entschiedenstes amerikanisches Gedankengut aufrecht und wies noch einmal unmißverständlich auf den richtigen Weg hin.

AMERIKA ANTWORTET

Die Marschroute des Dienstes, den Bolívar dem Kontinent leistete, ist wahrhaft aussagekräftig. Für alles reicht der unermüdliche Tatendrang des Befreiers, allem gilt seine auf Einheit und Gerechtigkeit ausgerichtete Fürsorge. Das Ansehen seines Namens bewirkt mehr als einmal das Wunder der Zustimmung zu seinen Idealen und zu der amerikanischen Sache, für die er mit so viel Tapferkeit kämpft.

In der Hauptstadt auf dem Isthmus versammeln sich die Panamesen in einer Generalsitzung aller ihrer Körperschaften — am 28. November 1821 — und erklären die Freiheit und Unabhängigkeit ihres Vaterlandes. Sie fühlen jedoch, daß unzählige Gefahren den kleinen Staat bedrohen, und durch den Ruhm Bolívars, der einen echten Schutz darstellt, finden sie den richtigen Weg: die qualifizierte Vertretung des Volkes — im Parlament Panamás konzentriert, das die treibende Kraft für die Sitzung war — drückt das Empfinden aller aus, und verfügt, daß »die Provinzen des Isthmus dem republikanischen Staat Kolumbien angehören, in dessen Kongreß sein Abgeordneter es zu gelegener Zeit vertreten soll«. Angesichts dieses Ereignisses konnte Bolívar seine Genugtuung nicht unterdrücken und bevor er noch die offizielle Nachricht erhielt, beeilte er sich, mit seiner sprichwörtlichen Offenheit zu erklären: »Es ist mir unmöglich, das Gefühl der Freude und der Bewunderung auszudrücken, das mich überkam, als ich erfuhr, daß Panamá, die Mitte der Welt, sich aus eigener Kraft erneuert und befreit hat. Die Befreiungsurkunde Panamás ist das ruhmreichste Denkmal, das je eine amerikanische Provinz seiner Geschichte setzen konnte.«

Auch der karibische Raum meldet sich zu Wort. Auf den Antillen, wo Bolívar mit dem Leid der Verbannung, seiner Beharrlichkeit und seinen Hoffnungen lebte, findet seine Großtat, eine überholte Ordnung zerstören und ein System der Zukunft errichten zu wollen, Widerhall. Als in Santo Domingo der Lizenziat José Núñez de Cáceres — Militärrichter — sich zum Präsidenten des Unabhängigen Staates von Spanisch-Haití erklärt (1. Dezember 1821), schreibt die Begründungsakte der Regierung das Bündnis und die Föderation mit Kolumbien vor, um mit seinem Inselgebiet einen der Staaten der Kolumbianischen Union zu bilden. Wenn auch Boyer dieser Illusion einen harten Schlag versetzt, indem er sogleich den Zusammenschluß der beiden Inselhälften vollzieht, wird er seinerseits — 1824 —, und nun in der Rolle des Präsidenten von ganz Haití, eine diplomatische Annäherung an Kolumbien anstreben.

Ein Viertel seines öffentlichen Lebens widmet Bolívar den südlichen Vaterländern. Das war zweifelsohne sein größtes Opfer — tragisch in ihrer treffenden Wahrhaftigkeit muten seine Worte an: »Dieses Opfer ist größer als alles andere, was ich bis jetzt im Leben gebracht habe«. Für den »einsamen Mann« der er war, gab es kein Entrinnen aus dem Dilemma: »Wenn ich in den Norden gehe, geht der Süden verloren, wenn ich im Süden bleibe, geht der Norden unter«. Seine Abwesenheit beschert ihm den Verlust des vielleicht besten Teils seines Werkes: Kolumbien gerät auf Abwege und zerfällt, die Macht gleitet ihm aus den Händen, die Oligarchie und das Caudillowesen inthronisieren sich mit größtmöglicher gegenseitiger Hilfe und verwandeln die revolutionären und demokratischen Impulse allmählich in eine reaktionäre Richtung.

Bolívar vermutete die Gefahr für die Revolution und für Kolumbien vor allem im Süden, daher betrachtete er es als vordringlich, den spanischen Widerstand in Perú zu brechen, seiner stärksten Bastion, nur so könnte die Unabhängigkeit im Norden gesichert werden. Letztere Annahme Bolívars war richtig: eine Verschwörung peruanischer Aristokraten und spanischer Würdenträgern richtete sich wiederholt gegen die Interessen des Volkes in jenem Lande; Callao sollte der letzte kontinentale Machtbereich der Krone sein.

Simón Bolívar bricht zur Campaña del Sur mit Truppen aus Venezuela und Neu-Granada auf; es begleitet ihn sein bester Offizier, der in Ayacucho zu höchstem Ruhm berufen war. Die Unternehmung ist mühselig; sogar die unermeßlichen Gebirgsmassen der Anden scheinen sich sozusagen gegen die Freiheit zu verschwören, die Hartnäckigkeit der Patrioten jedoch überwindet alle Hindernisse und der Sieg krönt ihren unverbrüchlichen Einsatz.

Im Mai 1822 öffnet der Sieg von Pichincha den Völkern des Regierungsbezirks von Quito die Tür Kolumbiens. Als er Sucre diesen heiklen militärischen und diplomatischen Auftrag übertrug, ließ der Befreier durch ihn den Ecuatorianern sehr deutlich versichern, »daß keine Unterwerfung angestrebt würde, sondern die Bildung eines großen Ganzen, das aus genau gleichen Teilen bestehen sollte«. Bolívar weist den fähigen Unterhändler an, zu versuchen »von den allgemeinen Vorteilen zu überzeugen, die der Republik durch den Zusammenschluß mit jenem Department entstehen; von den besonderen Vorteilen, die sich für dieses durch die Zugehörigkeit zu einer großen Republik ergeben, die seine Existenz sichert, beschützt und verteidigt, ohne dadurch seine Rechte und seine politische Vertretung einzuschränken«. Der vorspanische Zusammenhang zwischen dem Land von Quito und jenem von Caracas wird erneuert.

Guayaquil ist ein besonderer Fall. Von 1820 an eine unabhängige Provinz, wenn auch unter der Vorherrschaft Quitos während der hundertzwanzig Jahre davor, wird Guayaquil von Perú und von Kolumbien umworben; es entscheidet sich für letzteres und Bolívar, der am 13. Juli 1822 in der Stadt eintrifft, stellt sie unter seinen Schutz. Dort findet am 26. die Begegnung statt, in der sich die beiden großen Führer des Krieges verständigen: Bolívar und San Martín.

Kleinliche Interessen verschiedener Art haben über diese Begegnung die seltsamsten und willkürlichsten Ansichten in Umlauf gebracht. Zum Nachteil des einen oder des anderen Hauptakteurs wurden Legenden ersonnen, die den heutigen Geschichtskenntnissen nicht standhalten. Ein redlicher und bewanderter Forscher, der Argentinier Don Enrique de Gandia, hat die Aufklärung dieser wichtigen Zusammenkunft der beiden großen Heerführer Amerikas so zusammengefaßt: »San Martín hat sich nicht in die schöne Stadt am Pazifik begeben, um sie Perú einzugliedern. Er behauptete immer — in einer großen Anzahl von Dokumenten — daß Guayaquil über sein Schicksal selbst entscheiden müsse. Deshalb bedauerte er es in gewisser Weise, als er erfuhr, das Bolívar es Kolumbien angeschlossen und er die Hoffnung verloren hatte, sie könnte Perú angeschlossen werden; aber er machte aus dieser Angelegenheit keine Affäre, da sie für ihn neben dem eigentlichen Zweck, der ihn nach Guayaquil geführt hatte, zweitrangig war. San Martín kam nach Guayaquil, um mit Bolívar den Zusammenschluß der Heeresverbände von Perú und Kolumbien zu erörtern, in der Absicht den Krieg gegen Spanien so bald wie möglich zu beenden. Der Verzicht San Martíns war kein

Verzicht, er war nicht dem Mißerfolg von Guayaquil zuzuschreiben und noch viel weniger irgendeiner Ambition Bolívars. San Martín war, seit er die Befehlsgewalt in Lima übernommen hatte, mehr als entschlossen, nicht länger als ein Jahr zu regieren, und vier Monate bevor er nach Guayaquil ging, vereinbarte er die Einzelheiten seines Rücktritts oder Abschieds, die Art und Weise wie er ihn unterbreiten würde, mit seinem Staats- und Außenminister García del Río«.

In das herzliche Verhältnis jener großartigen Vorkämpfer paßten keine kleinlichen Gefühle. Vor der Geschichte sind Bolívar und San Martín Kameraden, denen die Vorsehung die riesenhafte Aufgabe übertrug, eine Welt zu befreien. »Freund nenne ich Sie«, — sagt Bolívar zu dem berühmten San Martín — »und dieser Name soll der einzige sein, den wir lebenslänglich beibehalten, denn Freundschaft ist das einzige Band, das Brüder der Waffen, der Aufgabe und der Meinung verbündet«. Der Held von Yapeyú antwortet: »Verteidiger ein und desselben Vaterlandes, ein und derselben Sache hingegeben, und einig in unseren Gefühlen für die Freiheit der Neuen Welt«. »Lieber Freund; auf daß der Erfolg und das Glück Sie nie verlassen, dieses sind die Wünsche ihres unverändert ergebenen J. de San Martín«. Das Bild des Venezolaners, von der Tochter des ruhmreichen Argentiniers gemalt, begleitet dessen Untergang in französischem Gebiet, um 1850.

Auf Bolívar lastet nun eine noch größere Verantwortung. Ein anderer Großer aus Río de la Plata schrieb den lapidaren Satz: »Vor Pichincha war Bolívar, der Sieger des Nordens, der Stärkere; nach Pichincha war er der unumschränkte Herr und konnte dem Süden die Bedingungen für seine Hilfsmaßnahmen diktieren«. Bolívar schreitet auf der Leiter der Mühsal, der Befriedigung und des Schmerzes weiter zum Gipfel. San Martín nimmt seinen Abschied, wie er es vorgehabt hatte. Am 31. Juli erklärt Guayaquil feierlich seine Eingliederung in Kolumbien. Nun hat Kolumbien fünf ansehnliche Stützen: Venezuela, Neu-Granada, Panama, Quito und Guayaquil.

Um diese Zeit nimmt Kolumbien vier diplomatische Vorhaben in Angriff, alle auf Anweisung des Befreiers und von ihm in ihrer Durchführung sehr genau verfolgt. Drei dieser Missionen erzielen einen relativen Erfolg — nur die mit Buenos Aires vorgesehene scheitert, wenn auch nicht völlig —; Joaquín Mosquera und Miguel Santa María, die Bevollmächtigten Kolumbiens, unterschreiben — den ersten mit Perú und Chile — und mit México den zweiten Einheits-, Bündnis- und Staatenbundpakt im echten Sinne Bolívars; die ersten beiden werden 1822 abgeschlossen, und der dritte — wegen des Hin und Her der Ereignisse in México — im darauffolgenden Jahr.

Durch diese diplomatische Offensive beabsichtigte Bolívar weit mehr als eine bilaterale Verständigung Kolumbiens mit den Schwesternationen. Er hatte seinen Plan der kontinentalen Integration bereits gefaßt und tat mit diesen Missionen den ersten, aber weitreichenden Schritt in Richtung auf jenes höhere Ziel. Es war der zentrale und gemeinsame Gedanke aller dieser Abkommen, die Länder darauf zu verpflichten »ihre guten Dienste einzusetzen«, um bei den anderen Ländern des spanischen Amerika den immerwährenden Einheits-, Bündnis- und Staatenbundpakt zwischen ihnen allen zu erreichen.

Perú war Bolívar gegenüber besonders freundschaftlich aufgeschlossen; die Vollmachten dieses wichtigen Staates wurden in die Hände des Mannes aus Caracas gelegt, wobei ihm zugleich die schmeichelhaftesten Ehrenbezeigungen zuteil wurden. Der verfassunggebende Kongreß von Perú erkennt Simón Bolívar durch sein Gesetz vom 12. Februar 1825 als seinen Befreier an und gewährt ihm verschiedene Belohnungen.

DIPLOMATIE VOR RECHT

Es muß betont werden, daß die Signatur des diplomatischen Werkes Bolívars unverwechselbar ist. Der Befreier versuchte, die Diplomatie eher auf das Recht, als auf die Politik zu stützen. Darauf beruht das Erbe seiner Doktrin, die er Amerika und der Menschheit hinterläßt, um ein regionales und universelles System von Frieden und Gerechtigkeit zu errichten.

Das internationale Öffentliche Recht Bolívars gründet sich auf Würde, Achtung und Frieden. An erster Stelle steht die Verherrlichung des Staatswesens. Internationale Verpflichtungen einlösen, das gegebene Wort halten. Hier wurzelt seine Devotion für die nationale Verpflichtung und seine feierliche Empfehlung an die Gesetzgeber: »Die nationale Verpflichtung ist das Reservoir des Vertrauens, der Ehre und der Dankbarkeit Venezuelas. Achtet sie wie die Heilige Lade, die nicht zuvörderst die Rechte unserer Wohltäter, sondern die höhere Ehre unsere Treue enthält. Laßt uns eher zugrunde gehen, als eine Verpflichtung brechen, die das Vaterland und das Leben seiner Söhne gerettet hat«. Bei keinem der amerikanischen Politiker jener Epoche entdeckt man in dieser Hinsicht eine so gleichbleibende Thematik. Der gute Ruf und die internationale Vertrauenswürdigkeit sind das beste Vermögen eines Volkes. Deshalb schlägt er eine Art Sperrgürtel gegen Mitglieder der Weltgemeinschaft vor, die ihren Verpflichtungen nicht nachkommen. Die Beziehungen zwischen den Staaten können kein sichereres Fundament haben als die freiwillige Unterwerfung unter den kollektiven Willen, und die Selbstbeschränkung ihrer freien Tätigkeit, wo es den vereinbarten Gegenstand betrifft. Fehlt die Grundlage von Treu und Glauben, so wird die Vereinigung aus den Angeln gehoben; es ist deshalb ein schweres Verbrechen, die Verträge zu mißachten. »Der Staat, der einen feierlichen Vertrag bricht, verfällt einer universellen Ächtung. Jeder Umgang, jede Verbindung mit ihm muß abgebrochen werden: er hat danach getrachtet, die politischen Bande der Welt zu zerstören, und die Welt muß danach trachten, ihn zu zerstören«.

Die gegenseitige Anerkennung der staatlichen Eigenständigkeit ist ebenfalls ein Teil reinster Bolívar-Doktrin. Daraus folgt, daß die Methode zur Erlangung der Einheit für ihn kein Weg des Zwanges, sondern ein Weg des gemeinsamen Interesses der Völker ist. In seinen Plänen schenkt Miranda den Entscheidungen der amerikanischen Gemeinschaften wenig Beachtung, da er voraussetzt, daß sie sich zweifellos im Sinne der Einheit entscheiden, deren Vorteile mehr als offenkundig sind. Bolívar, — als siegreicher Heerführer mit kontinentalem Ansehen — hätte in einem

Gutteil Amerikas die Einheit die er wollte, nach seinem Willen herstellen können, aber seine demokratische und die Nationen respektierende Einstellung und die der Revolution eigene Dynamik weisen ihm einen anderen Weg: die Befragung der öffentlichen Meinung; das Abwarten der verschiedenen Staatsgründungen, damit diese ihre Vertreter in einer freien Versammlung bestimmen, wo diese Angelegenheiten auf offene und ungezwungene Weise verhandelt werden können. Eine derartige Achtung vor dem Staat ist in Ausnahmefällen wie der Verteidigung der kontinentalen Einheit oder ihrer wichtigsten Grundsätze mit einem gewissen Interventionismus vereinbar. In der Vorstellung Bolívars besteht eine Skala der Werte, auf der das Leben selbst, Gerechtigkeit, Freiheit und Demokratie, die ersten Plätze einnehmen. »Das Leben ist das höchste Gut, daraus folgt die Art zu leben«. Wenn es unumgänglich ist, wird im Interesse so hochstehender Ziele das vorübergehende Außerachtlassen irgendeiner weniger wichtigen Verpflichtung gutgeheißen, die in einem bestimmten Augenblick mit einer dem Höheren abträglichen Absicht ins Feld geführt werden könnte. »Ich glaube — sagt er zu Santander — wir sollten die Heilige Allianz in allem nachahmen, was die politische Sicherheit betrifft. Der Unterschied soll nur in den Rechtsgrundlagen bestehen. In Europa wird alles für die Tyrannei, hierzulande alles für die Freiheit getan. Um uns auf die entsprechende Ebene emporzuheben und den Kampf bestehen zu können, bleibt uns nichts anderes übrig, als uns die gleichen Mittel anzueignen«. Bei der gleichen Gelegenheit behauptet er: »Der Feind kennt weder Grenzen, noch ist das Land, das er besetzt, ein fremdes Land«. Das ist 1825 für ihn die Regel. Früher, als er die Campaña del Sur unternahm, sagte er zum gleichen Santander: »Sie sagen wiederholt, wir sollten eher unser eigenes Haus hüten, als ein fremdes; das verdient keine Antwort, denn der Feind sitzt nicht im fremden Haus, sondern in unserem eigenen«.

Die Ablehnung des Krieges als Mittel, Streit zu schlichten, ist ein weiterer wichtiger Grundsatz der Internationalen Rechtsgrundsätze Bolívars. Die Gedankenwelt des Befreiers ist aufrichtig pazifistisch; er nimmt so das Gebot des Kontinents auf, dessen größte Aufgaben lokale Merkmale haben: Überwindung der physischen Naturerscheinungen, wirtschaftliche Entwicklung, sozialer, moralischer und intellektueller Fortschritt. Beharrlich weist Bolívar den Krieg um des Krieges willen zurück; er akzeptiert ihn und führt Krieg, um große Ziele zu erreichen. Die Verkündigung der immerwährenden Neutralität und des obligatorischen Schiedsverfahrens setzt den Frieden als Grundbedingung für die Existenz der Völker voraus. Wenn es auch paradox anmuten mag, so gelangt Bolívar doch beim Entwurf der von ihm angestrebten Harmonie zu der Auffassung, daß das Heer — in der Praxis und als Übung seiner Reife — der wichtigste Faktor des Friedens ist. »Es ist immer großartig, immer ehrenvoll, immer gerecht, sich gegen Tyrannei, gegen Usurpation und gegen den verheerenden und ruchlosen Krieg zu verschwören«. Seinen Heereskameraden wird er 1823 sagen: »Alle Streitkräfte der Welt haben ihre Waffen für die Könige, für die Mächtigen ergriffen: ergreift ihr als erste die Waffen für das Gesetz, für die Grundsätze, für die Schwachen, für die Gerechten. Pflanzt immer zusammen mit den Bajonetten die Gesetze der Freiheit auf, und ihr werdet unschlagbar sein«.

Die Integration, die Bolívar vorantrieb, sollte in eine gemeinsame, der politischen und sozialen Gleichartigkeit entsprechenden spanisch-amerikanischen Staatsbürgerschaft einmünden, und zwar in Republiken mit gleicher kultureller Substanz, mit gleichen demokratischen, politischen Grundsätzen, und die in einer unbeugsamen Ablehnung der Sklaverei übereinstimmen.

WIDERHALL BEI DEN NATIONEN

Die Geschichte hat die Beziehung Bolívars zu den verschiedenen Gemeinschaften des Kontinents ausreichend belegt. In Mittelamerika, auf den Inseln von Kuba und Puerto Rico, in den Staaten des Südens, überall hat der Widerhall des Ruhmes des Befreiers das Denkmal eines eigenständigen Gedankens hinterlassen.

In Costa Rica erweckt Kolumbien Bewunderung und Sympathie. Der berühmte Denker und Lehrer Don Rafael Francisco Osejo — ein in Cartago lebender Nicaraguenser — ist dort der Vorkämpfer des bolivarischen Republikanismus. Im Februar 1823 schlägt er die Vereinigung Costa Ricas mit Kolumbien vor, um die Eingliederung in das Mexikanische Reich zu vermeiden. Osejo schreibt dem Liberator, als dieser durch Ecuador in den Süden reist.

In Kuba erzeugt das Heldenepos des Befreiers um diese Zeit eine konspirative Bewegung, die mit dem Namen »Sonnen und Blitze Bolívars« ausgezeichnet ist. Das Fehlen direkter, praktischer Mittel, und zu einem wichtigen Teil auch die Auswirkungen der nordamerikanischen und europäischen Politik in der Karibik, zwingen Bolívar dazu, die von ihm für die Befreiung der größeren Inseln geplante Aktion zu verschieben und mit den Volksgemeinschaften der gleichen Abkunft die gleiche Freiheit wie der Kontinent anzustreben. Und indem er sich auf die Kubaner und Puertoricaner bezog, fragte Bolívar in der Charta von Jamaica: »Sind diese Inselbewohner keine Amerikaner? Sind sie nicht geplagt? Ersehnen sie nicht ihr Wohlergehen?« Der Gedanke geht dem Befreier nicht aus dem Sinn. In Lima besuchen ihn Flüchtlinge der »Sonnen und Blitze« — José Augustín Arango, ein Kubaner und Antonio Valero, ein Puertoricaner —. Aus der schönen Stadt der Vizekönige erinnert Bolívar — 1826 — seine Vertreter in Panamá, Gual und Briceño Méndez, an sein zusammen mit Guatemala und México auszuführendes Vorhaben: »Dieser Plan wird sich auf Folgendes gründen: 1. Jeden Teil unserer Küsten zu verteidigen, der von den Spaniern oder unseren Feinden angegriffen wird; 2. einen Feldzug gegen Havanna und Puerto Rico zu führen; 3. mit größeren Kräften in Spanien einzumarschieren, nach der Einnahme von Puerto Rico und Kuba, falls die Spanier bis dahin nicht zum Friedensschluß bereit sind«.

Unter der kundigen Führung Sucres vollenden die Männer Bolívars die Säuberung des Südens. Perú, durch die Aktion von Ayacucho befreit, nimmt seinen Platz im Zusammenspiel der Völker ein; auf seine sozialen und wirtschaftlichen Strukturen hat die venezolanische Präsenz eine wahrhaft fruchtbare Wirkung, deren Widerhall zweifellos noch heute zu spüren ist. Aus eigener Initiative und in einem Akt durchschlagender, politischer Weitsicht fördert der tapfere und begabte Marschall von Ayacucho die Gründung Boliviens, das dazu berufen sein wird, das Kolumbien des Südens zu werden. Auch dort wird es — wie wir schon sagten — um die gerechte Verteilung des Bodens, um die Abschaffung der Sklaverei und des Frondienstes, um Reformen im Erziehungswesen, um das Walten von Recht und Tugend gehen.

In der Sternstunde Bolívars kommen die Gesandten von Río de la Plata, General Carlos de Alvear und Doktor Miguel Díaz Vélez auf die bolivianische Hochebene und fordern den Befreier auf, nach Argentinien zu kommen, um vereint gegen das Reich Peters I. zu kämpfen. Uruguay wird der Nutznießer dieses Abkommens sein. Die Diplomaten aus Buenos Aires bieten Bolívar das »Protektorat Amerikas« an, das heißt, den unermeßlichen Ruhm, über die Freiheit des Kontinents zu wachen. Niemals war ihm in diesem Maße geschmeichelt worden. Im Lande San Martíns ist das Ansehen Bolívars überaus groß. Obwohl Rivadavia gegenüber dem Staatenbundplan Bolívars mißtrauisch ist und deshalb den Auftrag Mosqueras bis zu einem gewissen Grade scheitern läßt, indem er mit diesem nicht den von Kolumbien vorgeschlagenen Vertrag — in der Art jener, die mit Perú und Chile vereinbart wurden — unterzeichnet, sondern einen von ihm persönlich (im Mai 1823) vorgelegten »Freundschafts- und Bündnis-Vertrag«, so ist es doch Tatsache, daß zu den Anhängern Bolívars die bedeutendsten Vorkämpfer gehören: Pueyrredón, Necochea, Monteagudo, Alvear, Guido, Alvarado und vor allen anderen Manuel Dorrego und der Dekan Gregorio Funes.

Allzeit für den Kampf gegen Unterdrückung aller Art bereit, spielt der Befreier mit dem Gedanken, das heldenmütige Paraguay zu erlösen. Dort hat das Regime von Rodríguez Francia das Land abgesperrt und eine abscheuliche Tyrannei errichtet, die trotz allem dazu beiträgt, die großartige nationale Identität der Paraguayer vor der Gefräßigkeit ihrer mächtigen Nachbarn zu schützen.

Um jene Zeit gibt es praktisch keinen einzigen Ort in Amerika, der vom Ruhm Bolívars, von seinen Taten und Vorhaben nicht berührt worden wäre. Alle schließt er in seine umfassende kontinentale Hingabe ein. Mittelamerika, das er als einen festen Zusammenschluß sehen will, rühmt er mit prophezeiendem Lob und Optimismus: »Diese hervorragende Lage zwischen zwei großen Meeren könnte mit der Zeit zum Zentrum der Welt werden, seine Kanäle werden die Entfernungen des Erdballs verkürzen, werden die Handelsverbindungen zwischen Europa, Amerika und Asien enger gestalten; werden diesem bevorzugten Gebiet den Tribut der vier Weltteile einbringen. Möglicherweise könnte nur dort eines Tages die Hauptstadt der Erde gegründet werden, wie es Konstantin mit Byzanz in der alten Hemisphäre vorhatte!«.

Guatemala, wie man damals dieses Vaterland einschließlich Costa Rica, El Salvador, Honduras und Nicaragua nannte, gab er 1824 den Beweis lauterer Zuneigung: »Ich hoffe, daß die Zeit mir ausreichend Gelegenheit bieten wird, meine Dienste an Guatemala bis an die Grenzen meiner Wünsche zu erweitern«.

In Brasilien setzen die Gegner Kaiser Peters I., besonders die Patrioten von Pernambuco, 1825 ihre Hoffnungen auf Bolívar für den Feldzug, der ihren eigenen republikanischen Wunschtraum verwirklichen sollte. Um ihn scharen sich die Verbannten, die besiegten Überreste der Volksrevolution vom März 1817 in Recife. Abreu und Lima, der Sohn eines Märtyrers dieser Bewegung, die im Nordosten Brasiliens die Republik und die Unabhangigkeit ausrief, die »zweite Ära der Freiheit Pernambucos« — ist ein hervorragendes Beispiel für geschichtliche Zusammenhänge; er schlägt sich tapfer für die Freiheit Kolumbiens. Ungeachtet des Sieges des monarchistischen Regimes in dem riesigen Nachbarland, und trotz der klugen Wandlung, die der zivilisierend wirkende und gemäßigte José Bonifacio de Andrade e Silva seit 1822 einleitet, lebt in den unzufriedenen Brasilianern die Illusion einer »Republik« weiter, und ihr berühmtes Vorbild ist Kolumbien.

KONGRESS DES BUNDES

Der Kongreß von Panamá ist der Höhepunkt in Bolívars Dienst an der Einheit unseres Amerika. Besonders exakt — wir betonten es schon — war der Befreier in der Festlegung der territorial-politischen Reichweite des von ihm befürworteten Zusammenschlusses; in diesem Zusammenhang entbehren die Verfälschungen und Ungenauigkeiten einiger Geschichtsschreiber jeglicher Grundlage. In der in Lima 1824 unterzeichneten Einladung, die den Regierungen von Kolumbien, México, Río de la Plata, Chile und Guatemala zuging, bekräftigt er dreimal seinen Hauptgedanken: »Es wird jetzt Zeit, daß die Interessen und Beziehungen, welche die amerikanischen Republiken verbinden, die vormals spanische Kolonien waren, eine grundlegende Basis bekommen, die den Fortbestand dieser Regierungen möglichst verewigen. Eine derartig respektgebietende Autorität kann nur aus einer Versammlung von Bevollmächtigten bestehen, die von jeder unserer Republiken ernannt werden und sich unter der Ägide des Sieges unserer Waffen gegen die spanische Gewalt zusammenfinden. Die Regierung von Perú (und jene von Kolumbien) hat sich dazu verpflichtet, ihre Mittlerdienste gegenüber den Regierungen des vormals spanischen Amerika einzusetzen, damit — wenn alle sich dem gleichen Pakt anschließen — die Generalversammlung der Konföderierten stattfinden kann«. Aus geographischen Erwägungen wählt Bolívar den Isthmus und vergleicht ihn mit dem korinthischen der Griechen; er sieht Panamá im Mittelpunkt der Erde, von Asien, Afrika und Europa fast gleich weit entfernt und in gleicher Entfernung von den Polen.

Zentrale Institution des Bündnisses ist der Kongreß. Innerhalb des Rahmens höchster Funktionen, die Bolívar ihm überträgt, sind zwei mit besonderer rechtspolitischer Tragweite: 1. Die Vereinheitlichung der amerikanischen Haltung in bezug auf äußere Angelegenheiten, das heißt, das Koordinierungszentrum der gemeinsamen Verteidigung und 2. das Schlichtungs- und Verständigungsorgan unserer Staaten zu sein. Der Kongreß von Panamá sollte — seiner Auffassung nach — der Schiedsrichter unserer Meinungsverschiedenheiten sein, die geeignetste Instanz, um den korrekten Sinn unserer öffentlichen Verträge und der verschiedenen, sich möglicherweise daraus ergebenden Wünsche zu begutachten. Kurz, der Kongreß wäre das Organ des kontinentalen Friedens und der kontinentalen Harmonie schlechthin; von Panamá würde das für unser Amerika charakteristische Friedensideal in die ganze Welt ausstrahlen.

In Panamá wollte Bolívar die wichtigen Angelegenheiten der Neuen Welt erörtert, die übernationalen Gesetze abgefaßt wissen, und alle Bemühungen auf die Verwirklichung eines durch die Anwesenheit aller geschmiedeten Ideals gerichtet. In Zukunft würde unser Amerika dort seine essentielle Einheit feststellen; dort sollte sein 1822 getanes Gelübde in Erfüllung gehen: »Der große Tag Amerikas ist noch nicht angebrochen. Wir haben unsere Unterdrücker vertrieben, die Tafeln ihrer tyrannischen Gesetze zerbrochen und rechtsmäßige Institutionen gegründet: aber noch müssen wir das Fundament des Gesellschaftsvertrages legen, das aus dieser Welt eine Nation von Republiken macht«. Das prophetische und poetische Wort Bolívars kennt keine Grenzen, wenn es diese Höhen berührt: »Die Phantasie reicht nicht aus, um sich ohne überwältigt zu sein, einen Koloß dieser Größe vorzustellen, der wie der Jupiter Homers die Erde mit einem einzigen Blick erzittern lassen wird. Wer wird einem im Herzen vereinigten, dem Gesetz unterworfenen und von der Fackel der Freiheit geleiteten Amerika widerstehen können?«. Bolívar überspringt ganze Zeitalter und schmiedet Träume: »Wenn in hundert Jahrhunderten die Nachwelt den Ursprung unseres öffentlichen Rechts sucht, und sich an die Verträge erinnert, die sein Schicksal besiegelt haben, wird es Hochachtung empfinden vor den Aufzeichnungen des Isthmus. Dort wird sie den Entwurf der ersten Bündnisse finden, die den Verlauf unserer Beziehungen mit der Welt umreißen sollen. Was wird dann der Isthmus von Korinth im Vergleich mit dem von Panamá sein?«.

Er wollte einen Dauerkongreß mit regelmäßigen Versammlungen und eigenen Machtorganen — konföderierten Armeen und Flotten —. Den gleichen dauerhaften Charakter hätten die ergänzenden institutionellen Organe, alle mit übernationalen Befugnissen und mit einem bestimmten und festen Sitz. Von dort aus sollte die immer engere Annäherung zwischen unseren Ländern betrieben werden.

Dieses Bündnis, das Bolívar sich als ein immerwährendes wünschte und das einzig und allein spanisch-amerikanischer Natur sein sollte, beinhaltete gemäß der Vorstellung seines Schöpfers sehr genaue Grundlagen für die wirtschaftliche Entwicklung. In den Abkommen war vorgesehen, daß die dem System angehörenden Länder sich untereinander bevorzugte Handelsbedingungen einräumten. Auf diese Weise würde sich die so treffend wie auch früh erkannte Voraussicht Andrés Bellos verwirklichen, der seit 1810 den Hohen Rat von Caracas darauf hinwies: »Das, was meiner Ansicht nach vor allem wichtig ist, ist ein enges Bündnis unter den Völkern, die ihre alten Ketten bereits abgeschüttelt haben, daß sie gemeinsame Sache machen, sich häufig verständigen, und niemals getrennte Abkommen treffen«. 1811 hatte der hervorragende Humanist noch einmal unterstrichen, daß es »notwendig ist, Verbindungen zwischen allen Völkern herzustellen und enger zu gestalten. Sich zu verpflichten, keine getrennten Abmachungen zu treffen, und gemeinsam einen genauen und einheitlichen politischen Plan aufzustellen, sollen unserer Vorstellung nach die vorrangigsten Ziele der Vereinigung sein. Es bleibt immer zu wünschen, daß, da die Rechte und Interessen dieselben sind, Erklärungen und öffentliches Auftreten ebenfalls gleich sein werden.«

In Chile sollte im Verlauf der Zeit die Klausel des meistbegünstigten Staates »Bello-Klausel« genannt werden. Die Sorge des großen Universalgelehrten sollte sich mit Bolívars sehr eindeutigem Streben nach engem und vollkommenem Zusammenschluß decken, wobei die einzelnen Partner ohne die vorherige Zustimmung des Verbandes keine Bündnisse mit systemfremden Ländern eingehen durften.

Der Fall Panamá war der erste in den Annalen der Welt, und bis heute unglücklicherweise der einzige, wo verschiedene unabhängige und demokratische Nationen ohne Druck oder Zwang dazu eingeladen waren, sich zum Zwecke einer Annäherung und der Wahrung des allgemeinen gegenseitigen Vorteils zu beraten. Kolumbien, der Initiator des Treffens, hegte keinerlei Hegemonieabsichten.

DIE AMERIKANISCHE VERBRÜDERUNG

Als Staatschef der angesehensten aller amerikanischen Republiken und als berühmter Führer des kontinentalen Befreiungskrieges verspürte Simón Bolívar nie Gelüste nach Macht, sondern nach Ruhm, und nach einem Ruhm besonderer Art: »Wichtig sein und nützlich sein«, »nicht befehlen, sondern große Tugenden üben«. In seiner Alltagspolitik benutzt der romantische Idealist, der er war, Begriffe, die dem orthodoxen Lexikon des Öffentlichen Rechts einigermaßen fremd sind: so seine christliche und humane Vorstellung der »Bruderschaft« und seine ständige Wiederholung der Bezeichnung »Brüder« für alle und jedes einzelne der verschiedenen Völker der Neuen Welt. Die Vaterländer des Kontinents versteht er als Kinder Amerikas und seiner Zeit, Sprößlinge der Menschheit, durch die Bande der aufrichtigsten Brüderlichkeit vereint.

Die chronologische Aufzählung seiner wiederholten Verbrüderung ist aussagekräftig genug. Nach 1812 erweitern sich fortschreitend, mit ständiger Beharrlichkeit, seine diesbezüglichen Absichten. Ende dieses — für den Beginn der venezolanischen Befreiung so kritischen — Jahres erscheint erstmalig der Gedanke in den an den Kongreß von Nueva Granada gerichteten Ausführungen: »Caracas, Wiege der Kolumbianischen Unabhängigkeit, verdient die Verehrung als ein zweites Jerusalem der neuen Kreuzzüge treuer Republikaner, und diese Republikaner können keine anderen sein als diejenigen, die, indem sie die Opferqualen Venezuelas so unmittelbar erleben, von der erhabenen Begeisterung durchdrungen sind, die Befreier ihrer gefangenen Brüder zu sein«. Um die gleiche Zeit — am 2. November genau — hat Bolívar die Bezeichnung »Kolumbien« erstmals schriftlich verwendet, die jetzt in dem Manifest von Cartagena wiederholt wird, wo er erneut vom »Baum der Freiheit Kolumbiens« spricht, und die Neu-Granadier bittet, den »Klagen eurer Brüder gegenüber nicht gefühllos zu bleiben«.

Einige Jahre später, als widrige Umstände ihn nach Cundinamarca zurückholen, erklärt er — übrigens in dem berühmten Aufruf von Pamplona, wo er weithin hörbar behauptet: »Für uns ist das Vaterland Amerika« —: »Ich bin nichts weiter als ein Soldat, der gekommen ist, um dieser Schwesternation meine Dienste anzubieten«. 1818 ruft er aus Angostura begeistert und dankbar den Granadiern zu: »Vereint eure Kräfte mit denen eurer Brüder: Venezuela marschiert mit mir zu eurer Befreiung, so wie ihr mit mir in früheren Jahren Venezuela befreit habt«. Nach den Turbulenzen ernster Streitigkeiten 1826 sind es Worte der Vergebung und der Eintracht, die er, als er auf den heimatlichen Boden zurückkehrt, an alle Kolumbianer richtet: »Ich biete euch erneut meine Dienste an, die Dienste eines Bruders. Ich wollte nicht wissen, wer gefehlt hat; ich habe nie vergessen, daß ihr meine Blutsbrüder und meine Waffenbrüder seid. Ich bringe euch einen gemeinsamen Kuß und zwei Arme, um euch an meiner Brust zu vereinen: in sie sollt ihr eindringen bis in die Tiefe meines Herzens, Granadier und Venezolaner, Gerechte und Ungerechte: alle dem Befreiungsheer zugehörig, alle Bürger der großen Republik«.

Im Jahre 1820 — am 2. Mai — sendet Bolívar der Regierung Chiles die hier gültige Verfassung, damit »das chilenische Volk erfährt, nach welchem System seine Brüder in Kolumbien sich richten«. Der Befreier hat O'Higgins immer sehr hoch geschätzt; gerade deshalb veranlassen ihn die Freundschaft und Zuneigung und das Bewußtsein des gemeinsamen Ursprungs, das uns alle brüderlich miteinander verbindet, dem bemerkenswerten chilenischen Vorkämpfer im August 1821 über »das Zusammenführen der Streitkräfte Kolumbiens mit jenen Chiles« zu schreiben, wobei er hinzufügt, daß, »wo immer diese Waffenbrüder (sich zum ersten Mal treffen), dort werde eine Freiheitsquelle für alle Winkel Amerikas entspringen«.

Der gleiche Geist wird in der beredten Note an den Obersten Führer der Vereinigten Provinzen von Río de la Plata bekundet, die Bolívar in Tunja am 4. Februar 1821 unterzeichnete: »Meine Absicht ist es lediglich, Ihrer Exzellenz der Haltung Kolumbiens bei dieser Gelegenheit zu versichern, und sie der Beurteilung Eurer Exzellenz und des von ihr so würdig geführten Heldenvolkes anheimzustellen, als Zeugnis der Echtheit der Zusammengehörigkeits- und Freundschaftsgefühle, mit denen ich unsere Beziehungen noch enger gestaltet zu sehen wünsche, nicht wie zwischen zwei verschiedenen Völkern, sondern wie zwischen zwei Brüdern, die sich gegenseitig unterstützen, beschützen und verteidigen«. Dem berühmten Befreier Don José de San Martín wird er wenig später das gleiche — schon vorher angeführte — Gefühl bestätigen: »Brüder in der Waffe, in der Aufgabe und im Sinn«. Den Gesandten Alvear und Díaz Vélez sagte er mit Genugtuung und indem er jedes Wort genau wog: »Das Volk Argentiniens muß sich immer dessen bewußt sein, daß unser Herz sich nie von seinem zukünftigen Schicksal lösen wird; daß unser lebhaftestes Interesse und unsere herzlichste Zuneigung diesem Volke gelten werden, das gleichzeitig mit uns die schöne Laufbahn der Freiheit begann«.

Mit tief empfundener, ebenso herzlicher wie bewegter Zuneigung überhäuft er die Mitbürger des großmütigen Petion. Niemals vergißt der Befreier Haití; aufrichtig meint er zu Präsident Boyer — 1818 —: »Mein glühendster Wunsch ist, Venezuela frei zu sehen, um häufigere Beziehungen mit den tapferen Haitianern herzustellen und ihnen gegenüber die *brüderlichen* und freundschaftlichen Gefühle zum Ausdruck zu bringen, die die Venezolaner, und besonders ich, für sie hegen«.

Eine ähnliche Einstellung zeigt er gegenüber seinen geliebten Ecuatorianern. Als er sich auf seinem Erlösungskreuzzug nach Süden wendet, der ihn nach Potosí führen wird, trägt er dem Kongreß seine Absicht vor, unverzüglich »an das Ende Kolumbiens zu marschieren, um die Ketten der Söhne Ecuadors zu sprengen, und sie nach ihrer Befreiung nach Kolumbien einzuladen. Ich hoffe, ihr werdet mich dazu ermächtigen, die Völker, die die Natur und der Himmel uns als *Brüder* geschenkt haben, mit den Banden der Wohltat zu verbinden«. Das war am 3. Oktober 1821.

Eine Woche später wird das gleiche Gefühl, das wir jetzt erläutert haben, in seiner ganzen Breite für die Mexikaner bestätigt: »Daß Kolumbien und Mexiko sich der Welt zeigen, indem sie ihre Hände und noch mehr ihre Herzen zusammenschließen. Im Unheil hat uns das Schicksal zusammengeführt, der Mut hat uns in unseren Vorsätzen vereint und die Natur gab uns das gleiche Wesen, damit wir *Brüder* seien«. Fünf Jahre später freut sich Bolívar erneut, diese große und starke Nation als »eine mit Kolumbien verbündete, konföderierte und *verbrüderte* Republik« zu bezeichnen. 1818 ist der Gedanke der gleiche.

In den Anweisungen, die Kanzler Gual den kolumbianischen Diplomaten Santa María und Mosquera Ende 1821 übermittelt, findet sich noch einmal der Brudergedanke mit den Worten Bolívars wieder: der Staatenbund, für den sie sich im Laufe ihrer Bemühungen im Norden und im Süden einsetzen sollen, »dürfte nicht einfach auf den Grundlagen eines gewöhnlichen Angriffs- und Verteidigungsbündnisses beruhen: er müßte viel enger sein als jener, der sich kürzlich in Europa gegen die Freiheit der Völker gebildet hat. Es ist notwendig, daß die unsrige eine Gesellschaft von *Bruder*nationen bleibe, vorläufig und in Ausübung ihrer Souveränität durch den Lauf der Ereignisse getrennt, vereinigt, jedoch stark und mächtig, um sich gegen die Angriffe fremdländischer Mächte zu behaupten«.

Auch Perú erhielt eine ausdrücklich brüderliche Behandlung; dieses der Zuneigung Bolívars so teure Vaterland, meint er 1825, »könnte eine vorzügliche *Schwester* Kolumbiens werden.«

Als er sich an Präsident Unanúe wendet, wiederholt er in bezug auf Argentinien 1821 fast wörtlich die bereits angeführten Äußerungen: »Unsere Republiken werden sich in einer Art und Weise verbünden, daß sie nicht als einzelne Nationen, sondern als *Schwestern* erscheinen werden, vereint durch alle Bande, die uns in den vergangenen Jahrhunderten verbunden haben, mit dem Unterschied, daß sie damals einer einzigen Tyrannei unterstanden und wir jetzt ein und die gleiche Freiheit ergreifen werden, mit unterschiedlichen Gesetzen und sogar verschiedenen Regierungen; da jedes Volk auf seine Weise frei sein und sich seiner

Souveränität nach bestem Wissen und Gewissen erfreuen wird«. Bis zu den Bürgern der Vereinigten Staaten dehnt der Befreier seine Haltung der Brüderlichkeit aus; er erwähnt sie — in der Charta von Jamaika — als »unsere *Brüder* im Norden«; der gleiche Ausdruck erscheint 1819 in einem amtlichen Vermerk. Mit der entsprechenden Gattungsbezeichnung spricht er 1822 von den Einwohnern am anderen Ende des Kontinents: »Unsere *Brüder* im Süden«.

Schließlich ergreift Bolívar, als er am 30. März 1830 in Bogotá den diplomatischen Vertreter des großen Brasilien empfängt, die gute Gelegenheit, um zu erklären, daß das Eintreffen des Abgesandten des Hofes von Río de Janeiro in Kolumbien: »die vollkommenste Freundschaft zwischen unseren benachbarten und *brüderlichen* Nationen für immer sichern wird«.

Im Einklang mit der amerikanischen Brüderlichkeit steht der Gedanke der Weltsolidarität, der sich in der Politik in greifbaren Erfolgen wie dem Weltfrieden und der positiven Zusammenarbeit, der Kommunikation und dem gemeinsamen Fortschritt der Menschheit umsetzen soll. Für eine dringende und alsbaldige Fortentwicklung, wie für andere bestimmte und konkrete Ziele, ist die engste Geschlossenheit von großer Bedeutung.

OFFENE TÜREN

Die Größe der Integrations- und Brüderlichkeitsidee Bolívars ist die Erklärung für seine Einwanderungspolitik, die es ermöglicht, alle Menschen ohne widersinnige Diskriminierung auf diesem Kontinent ohne Schranken aufzunehmen. Seine außergewöhnlich weitgefaßte Einladung an die Ausländer ist der Anfangsakt seiner Amtshandlungen und wird ein gleichbleibender Faktor bei seiner Verwaltungstätigkeit bleiben. Sobald er nach Beendigung seiner »Campaña Admirable« nach Caracas zurückkehrt, beschließt er: »Zum ersten: daß man die Ausländer jeglicher Nation und jeglichen Berufes erneut einlade, in diese Provinzen zu kommen, um sich hier unter dem unmittelbaren Schutz der Regierung niederzulassen, die sich dazu verpflichtet, ihnen diesen Schutz offen und frei zu gewähren in dem sicheren Bewußtsein, daß die Fruchtbarkeit unseres Bodens, seine verschiedenartigen und kostbaren Erträge, die Milde unseres Klimas und ein kluger Verwaltungsapparat, der ihnen ihre persönliche Sicherheit und das heilige Besitzerrecht garantiert, sie in den Genuß aller Vorteile und Einkünfte bringen werden, die sie sich in ihrem Land nur wünschen könnten«. Es ist zwingend notwendig, auf der organischen und zusammenhängenden Wesensart von Bolívars Ideologie zu stehen. In Perú gewährt er — Jahre später — den Ausländern Erleichterungen zur Ausübung des Handels, er verfügt, »sie sollten in gleichem Ausmaß wie die Peruaner in den Genuß des gesetzlichen Schutzes kommen und den gleichen Abgaben unterliegen, da die auferlegten Hindernisse im Widerspruch mit den freiheitlichen Grundsätzen stehen, die in der Organisation der Republik nicht weniger vorherrschen als in der Praxis der aufgeklärtesten Länder«.

Ohne Diskriminierung der Rasse oder der Nation betreibt der Befreier die Einwanderung, um unsere unbewohnten Gegenden zu bevölkern und um mit Hilfe der geschulteren Kräfte und durch das bessere Beispiel, unsere aufkeimenden Gesellschaften weiterzuentwickeln. Venezuela hat, so sagt er, »alle nützlichen Menschen, die bei uns Aufnahme suchen und gekommen sind, um uns mit ihrem Fleiß und ihren Kenntnissen zu helfen, nicht nur eingeladen, sondern möchte auch sie durch seine Pforten eintreten sehen, ohne danach zu fragen, in welchem Teil des Erdballs sie das Licht der Welt erblickt haben«. Als rechtliche Entsprechung seiner auf die Beseitigung der künstlichen Unterschiede zwischen den Menschen gerichteten Ideen bestätigt die Verfassung von Angostura die beinahe vollkommene Gleichstellung der Ausländer mit den Einheimischen; ihre Bedingungen zur Erlangung der Staatsbürgerschaft sind wahrscheinlich die großzügigsten und liberalsten der ganzen Verfassungsgeschichte Amerikas. Der Staat nimmt die Ausländer mit lebhafter Zustimmung auf und gewährt ihnen alle Garantien. Wie schon erwähnt, tritt diese Auffassung ab 1813 in Erscheinung als er — in der Morgendämmerung seiner Regierungszeit— anordnet, daß jeder dem venezolanischen Heer angehörige Ausländer zum Bürger des Landes erklärt wird und seine Dienste ihm in angemessener Weise entlohnt werden sollen. Mit wohlbegründetem Optimismus spricht er mit Hyslop 1815 über die Gegenden unseres Amerika, die »auf die Befreiung hoffen, um in ihrem Schoß die Kontinentaleuropäer aufzunehmen und aus Amerika in wenigen Jahren ein neues Europa zu machen«. 1818 bestätigt er mit Freude General John D'Evereux gegenüber diese ganze liberale Einwanderungsdoktrin, die gleichzeitig ein politischer Bekehrungsfeldzug ist: den ausgezeichneten Heerführer erinnert er an das Wohlwollen, mit dem Amerika alle »jene tugendhaften und großmütigen Ausländer ansieht, die die Freiheit der Sklaverei vorziehen und die, indem sie ihr eigenes Land verlassen, auf unseren Kontinent Wissensgut, Künste, Gewerbe, Talente und Tugenden mitbringen«. Mit ähnlichen Worten verbreitet er sich 1824 über diese Angelegenheit, die er als so eng mit dem Fortschritt des Kontinents verbunden ansieht: »Man muß — so sagte er — die Einwanderung der Leute aus Europa und den Vereinigten Staaten fördern, damit sie sich hier niederlassen und ihr Können und Wissen mitbringen. Diese Vorzüge, eine unabhängige Regierung, kostenlose Schulen und die Eheschließungen mit Europäern und Angloamerikanern würden den Charakter des Volkes verändern und es gebildet und wohlhabend werden lassen«.

Die Ausländer, die Amerika sich wünscht, sollen selbst für ihren materiellen Fortschritt sorgen und Menschen guten Willens sein, ohne die es keine dauerhafte soziale oder politische Ordnung geben kann; darum rechnet er, in begründetem Enthusiasmus für die Revolution, für die Zukunft damit, daß »die Ordnung gesichert, die Regierungen durch die Waffen gestärkt sein werden und auch damit, daß die öffentliche Meinung die gegenwärtigen Beziehungen und die europäische und asiatische Auswanderung notwendigerweise die Bevölkerung anwachsen lassen werden«. Don Pedro Gual liegt er diese Gesichtspunkte dar und empfiehlt ihm die entsprechende und unerläßliche Propaganda: »Der Schutz, den die Regierung den aufrechten Ausländern gewährt, die sich bei uns niederlassen wollen, wird unserer Entvölkerung entgegenwirken und uns tugendhafte Staatsbürger bescheren. Verbreiten Sie freundlicherweise diese Gedanken unter allen rechtschaffenen Ausländern und zeigen Sie ihnen die Vorteile auf, die sie erwarten«. An die Spanier selbst richtet er einen herzlichen Appell: »Wollt ihr Kolumbianer werden, so werdet Kolumbianer, weil wir uns Brüder wünschen, die unsere Familie vergrößern«.

Es erübrigt sich zu sagen, daß Bolívar keine Rassenvorurteile kennt. O'Leary gab eine falsche Interpretation des vorübergehenden Aufenthalts Bolívars in Haití und seiner Beziehung zu Petion. Erst kürzlich entdeckte Unterlagen, wie die Mitteilung des Befreiers an den vorzüglichen haitianischen Präsidenten — »Ich hege die Hoffnung, Herr Präsident, daß unsere Gefühlsaffinität bezüglich des Rechtsschutzes in unserem gemeinsamen Vaterland mir Ihr unerschöpfliches Wohlwollen einbringen wird«, — haben die Angelegenheit ein für alle Male aufgeklärt. Sehr richtig behauptet der verantwortungsbewußte Geschichtswissenschaftler Don Cristóbal L. Mendoza: »Was die angeblichen Spitzfindigkeiten des Befreiers bezüglich der peinlichen Folgen betrifft, die sich aus seinen Kontakten mit den Führern von Haití ergeben könnten, so enthüllt der Brief, daß er diese nicht nur nicht fürchtete, sondern im Gegenteil in diesen Beziehungen einen positiven Beitrag hinsichtlich der Ziele sah, die er sich von der Befreiungsbewegung erhoffte. Seine Erklärung über die zwischen ihm und Petion bestehende Gefühlsaffinität bezüglich des Rechtsschutzes ihres gemeinsamen Vaterlandes zeigt seine Auffassung in der Rassenfrage klar und deutlich«.

In seinem Programm zur Förderung der Einwanderung zeigt Bolívar keinerlei Rassenbevorzugung. Niemals wurden die Grenzen eines Landes so vollkommen uneingeschränkt geöffnet, wie bei seiner Aufforderung »an die Ausländer jeglicher Nation und jeglichen Berufes«, sich hier niederzulassen. Wenn es eine Bedingung gibt, die er von den Einwanderern fordert, die in den Schmelztiegel der Neuen Welt kommen, dann ist es weder eine bestimmte Menge Farbstoff der Haut noch ein vorgeschriebenes Schädelmerkmal, sondern eine positive moralische Eigenschaft:

die Rechtschaffenheit. Die Rassenmerkmale gehören — seiner Meinung nach — nicht zum körperlichen Wesen. Das abgegriffenste dieser Merkmale, die Hautfarbe, nennt er entschieden, einfach und endgültig: einen »Zufall«. Er hatte ein genaues Bewußtsein unserer vielschichtigen Rassenzusammensetzung und dachte an die vorteilhaften Auswirkungen der Rassenvermischung. »Ich meine, Amerika ist im Zustand der Verpuppung — sagte er 1822 —; es wird sich im physischen Dasein seiner Einwohner eine Metamorphose vollziehen; am Ende wird es eine neue Art aus allen Arten geben, die die Homogenität des Volkes ausmachen wird«. In Angostura ist seine begeisterte Losung: »Das Blut unserer Bürger ist verschieden, laßt es uns vermischen, um es zu vereinen«.

ÖKUMENITÄT UND FORMEN

Über diese wesentliche menschliche Wirklichkeit hinaus sucht Bolívar die Vereinigung unseres Amerika, und er geht auch noch weiter. Er glaubt sogar, daß Amerika, das Land des guten Menschen, der Boden der Freiheit und der Liebe, seine revolutionäre Kraft an Afrika und Asien weitergeben kann, um das versklavende Joch zu vernichten, das der Welt damals von Europa aufgezwungen wurde: »Ich nenne dies das Gleichgewicht des Universums und es muß in die Vorstellungen von amerikanischer Politik mit einbezogen werden«. Der Befreier neigt einem weltweiten Bündnis zu, das sich besser bewährt, als die flüchtigen und schwachen Zusammenschlüsse, die bis dahin bestanden haben; er sieht sogar einen weltweiten Staatenbund vor, in dem die Grundsätze, die unser Amerika lebendig halten, volle Gültigkeit haben. »Im Laufe der Jahrhunderte wird sich, vielleicht, eine einzige Nation über den gesamten Erdball erstrecken — die föderalistische —«.

Es muß darauf hingewiesen werden, daß auch, wenn Bolívar sich in bezug auf die Regierungsform jedes einzelnen unserer Staaten als schärfster Verfechter des Zentralismus erweist, er auf interamerikanischer Ebene ein Föderalist ist. Tatsächlich erkennt er zwei verschiedene Probleme, die eben diese seine ungleiche Behandlung erfordern; im inneren Bereich: der Zentralismus; auf internationaler Ebene: der Föderalismus. Er weiß, daß die kontinentale Föderation in der Reinform im Gegensatz zum innerstaatlichen Föderalismus steht: »Jener ist der Zusammenschluß der Stärke in große Blöcke, während dieser die Aufteilung der Stärke eines dieser Blöcke in kleine Bruchteile ist«.

Der von Bolívar anvisierte amerikanische Staatenbund ist *sui generis*. Er trachtet nach einer einheitlichen Vertretung nach außen und nach einer gemeinschaftlichen inneren Sicherheit, so sehen es die Punkte 1. und 7. seiner Gedanken über den Kongreß von Panamá vor: »Die neue Welt würde aus unabhängigen Staaten gebildet werden, welche alle durch ein gemeinsames Recht verbunden sind, das ihre Außenbeziehungen festlegt und dessen erhaltende Kraft durch einen allgemeinen und permanenten Kongreß gewährleistet würde. Die gemeinsame Stärke aller würde jenem zu Hilfe eilen, der von äußeren Feinden oder anarchistischen Banden angegriffen würde«. Aber die spanisch-amerikanische Versammlung führt nicht zum Staatenbund, weil es ihr an einer gemeinsamen Exekutivgewalt mangelt, und nähert sich dem Bündnis eher insofern an, als »die innere Ordnung unter den verschiedenen Staaten und innerhalb jedes einzelnen von ihnen unangetastet bleiben würde. Keiner würde im Vergleich zu einem anderen schwächer, keiner stärker sein«.

Bolívar ist sich darüber im klaren, daß die alten Bezeichnungen zur Bestimmung dieses neuen Tatbestandes ungeeignet sind; aber er sieht sich dem Problem der strengen rechtlichen Einordnung des von ihm geförderten interamerikanischen Bündnisses gegenüber, und da es sich hier um eine rein formale und zweitrangige Angelegenheit handelt, weicht er ihr aus, indem er ohne Unterschied die Begriffe Staatenbund und Bündnis gebraucht, und bei einigen Gelegenheiten Vokabeln von eher sozialem und moralischem als rechtlichem und politischem Gehalt vorzieht: so erklärt er zu einem bestimmten Zeitpunkt, lieber den Begriff Zusammenschluß als den des Staatenbundes anzuwenden. Genau das bringt er zum Ausdruck als er, etwa im August 1826, von dem Scheitern des Panamakongresses enttäuscht, an einen Ersatz durch den möglicherweise erreichbaren Zusammenschluß Kolumbiens, Perús und Boliviens denkt. Wenn sie auch eine kleinere Flächenausdehnung als jene des spanisch-amerikanischen Ganzen umfaßt, so stellte die Verschmelzung dieser drei Länder, deren Befreier er war, eine ansehnliche Größe dar — fünf Millionen Quadratkilometer, flächenmäßig dem halben europäischen Kontinent gleichzustellen — und, was die Bevölkerungszahl betraf, einen beträchtlichen Teil unseres Amerikas.

Die amerikanistische Überzeugung Bolívars war so tief verwurzelt und so sicher, daß er niemals von ihr abließ, nicht einmal unter der Einwirkung der feindseligsten Verständnislosigkeit. Als angesichts der so dürftigen Ergebnisse von Panamá das Scheitern des Ganzen droht — weil keiner der Unterzeichnerstaaten, außer Kolumbien, die Isthmusvereinbarungen ratifizieren wollte —, erklärt Bolívar seinen unveränderten Glauben an die Grundsätze, die seinem Integrationseifer zugrunde liegen. Seine Mitteilung an den Präsidenten von Mexiko im August 1828 verkündet diese unwiderrufliche Standfestigkeit und Hoffnung: »Kolumbien wird den Amerikanischen Staatenbund nie aufgeben, der für alle Nationen dieses Kontinents zum Schutze ihrer Unabhängigkeit und zur Angleichung ihrer Politik mittels engerer Verbindungen sehr vorteilhaft sein müßte; und unter Einbeziehung der Anstrengungen seiner verbündeten, schwesterlichen und konföderierten Republik der Vereinigten Staaten von México wird es in besseren Zeiten und unter glücklicheren Umständen nicht davon ablassen, die Versammlung der Bevollmächtigten herbeizuführen, die sich mit unseren gemeinsamen Interessen befassen soll«. Der Befreier hatte Pedro Gual und Miguel Santamaría als Bevollmächtigte Kolumbiens für den zweiten großen Amerikanischen Kongreß ausersehen. Diese letzte Anstrengung im Sinne der Vereinigung — ausgeführt in der Zeit der Diktatur, in der er vergeblich die Revolution zu retten versuchte — beschließt das Kapitel seiner praktischen Ansätze zur Verwirklichung des großen Prinzips der Vereinigung. Nur wenig später sollte Bolívar nur noch ein Thema für die Nachwelt sein.

IMMER FÜR DIE EINHEIT

Sicher ist das Thema der Einheit und des Zusammenschlusses das Hauptthema Bolívars. Kein anderer Gegenstand war ihm in jedem Augenblick, vom Anbeginn bis zum Ende seiner öffentlichen Laufbahn, so wichtig. Innere Einigkeit und Zusammenschluß für die unmittelbaren Aufgaben; Zusammenschluß und Einigkeit nach außen für das Überleben und den Fortschritt. In seinem bereits zitierten ersten öffentlichen Schriftstück, desjenigen in der Londoner Zeitung (im September 1810), legt er mit Bestimmtheit seine Idee der Integration und Solidarität Amerikas dar: die Söhne Venezuelas »werden es ebenfalls nicht versäumen, alle Völker Amerikas dazu aufzufordern, sich in einem Staatenbund zusammenzuschließen. Diese Völker werden, für ein derartiges Vorhaben bereits gerüstet, dem Beispiel von Caracas ohne Aufschub folgen«. In seinem Vortrag vor der Vaterländischen Gesellschaft, dem ersten der noch erhalten ist, bestätigt er die gleiche Auffassung. »Wie könnten diejenigen, die die Notwendigkeit eines Zusammenschlusses am meisten verspüren, eine Spaltung begünstigen? Was wir anstreben, ist ein wirksamer Zusammenschluß, der uns in dem ruhmreichen Unternehmen für unsere Freiheit stärkt; ein Zusammenschluß zum Ausruhen, um in den Armen der Gleichgültigkeit zu schlafen, war gestern ein Fehler und ist heute Verrat«; dort fleht er darum, furchtlos den Grundstein einer Freiheit zu legen, die für sein ganzes Amerika gelten soll, für das unsrige.

Der gleiche Gedanke bildet auch später ausnahmslos in allen seinen wichtigen Dokumenten die Antriebsachse.

Im Manifest von Cartagena betont er warnend: »Unsere Spaltung und nicht die spanischen Waffen haben uns in die Sklaverei zurückgeworfen«. In der Charta von Jamaika wiederholt er: »Zweifellos ist der Zusammenschluß das, was uns zur Vollendung unserer Erneuerungsaufgabe fehlt. Ich werde euch sagen, was uns in die Lage versetzen könnte, die Spanier zu vertreiben und eine freiheitliche Regierung zu errichten: es ist der Zusammenschluß, ganz gewiß«. »Die Einheit, wahrhaftig.« Sich wiederholend, mahnt er vor dem Kongreß von Angostura: »Einheit, Einheit, Einheit muß unsere Devise sein«. Im Anschluß an die feierliche Einberufung zur Hispano-Amerikanischen Union aus Lima im Jahre 1824, und nachdem er den Kongreß von Bolivien darauf hingewiesen hat, daß seine beiden ungeheuerlichen Feinde »die Tyrannei und die Anarchie« sind, erinnert er die Konvention von Ocaña daran, daß »keine Nation Ansehen errungen hat, ohne die Einheit, die sie stark machte«.

Der Abschied, mit dem er sein öffentliches Leben beschließt, kann nicht ergreifender sein: »Volksgenossen: Hört mein letztes Wort am Ende meiner politischen Laufbahn; im Namen Kolumbiens bitte ich Euch, flehe ich Euch an, einig zu bleiben, damit Ihr nicht zu Vaterlandsmördern und zu Euren eigenen Scharfrichtern werdet«. Beim letzten Abschied, bei dem er sein Leben zum Tausch bot für die Erfüllung seines unverzichtbaren Wunsches, unterstreicht er auf immer die gemeinsame Verpflichtung: »Ihr müßt alle für das unschätzbare Gut der Einheit arbeiten«.

Von einem Ende des Kontinents bis zum anderen bewegt unser Amerika die Seele und Achse der Einigkeit: Bolívar. In ihm sind sie alle vereint. José Gervasio Artigas bescheinigt ihm die seelische Kraft, auf die sich die unabdingbare Identifizierung mit dem Ziel stützt: »Durch das Band der Natur und der gegenseitigen Interessen aufs engste verbunden, kämpfen wir gegen Tyrannen, die unsere heiligsten Rechte zu schänden trachten«.

José Cecilio del Valle stimmt damit überein und bietet ihm die Hand, um »unser Schicksal und das der Nachwelt unter den Schutz einer feierlichen Einheit zu stellen, und gleichzeitig unsere gegenseitigen Interessen auf einer festen Grundlage zu regeln, folgend unseren ehrlichen Bestrebungen«.

DAS GESETZ DER GESETZE

Wenn man das Kolonialsystem vom streng sozialen Standpunkt her betrachtet, ragt über alle anderen wichtigen Merkmale die vollkommene und allgemeine Ungleichheit hervor. »Alle waren durch Schranken des Hasses getrennt, die ungerechte Privilegien und sinnlose Erniedrigungen erzeugten«. Schon die Sklaverei, die »Encomiendas« und die Knechtschaft bilden an sich eine einschneidende und beschämende Trennung unter den Menschen: die Freien (Sklavenhalter, Aufseher und Herren), und die Menge (Sklaven, Knechte, Vasallen und Unterworfene), der die erhabene Gabe der Freiheit fehlt.

Die Sklaverei ist natürlich keine spanische Erfindung. In Europa findet man sie schon seit dem frühesten Altertum. Die Römer bedienten sich in ihrem bewundernswerten Rechtsgebilde ganz ausgiebig dieser Einrichtung; man verstand das Vorrecht des Siegers über den Besiegten als Naturrecht: das Leben und die Freiheit des einen wurden als Beute des anderen betrachtet. Die Sklaverei gelangt nach Amerika mit dem ureigenen Bewußtsein der »Überlegenheit« des Spaniers, das er sich in bezug auf die Eingeborenen herausnimmt, und geschichtlich betrachtet kommt er genaugenommen mit den in Afrika gefangenen Schwarzen, um die Neue Welt auszubeuten.

Die ersten Negersklaven, die amerikanischen Boden betraten, waren auf der iberischen Halbinsel geboren; schon lange vor den Reisen des Kolumbus hatte man nach der Entdeckung Guineas den Sklavenhandel nach Spanien erweitert. Der Negerhandel in die Neue Welt war immer so umfangreich und so entscheidend für die Entfaltung der Kolonie, daß die Sklaverei gleichsam zu einer grundlegenden und für das von Spanien aufgezwungene System unentbehrlichen Einrichtung wurde.

Den Indios wurde praktisch eine der Sklaverei ähnliche Herrschaft der Ausbeutung auferlegt, die allerdings theoretisch einen anderen Namen trug. Als erstes gab es das Repartimiento, eine Knechtschaft ohne Kontrolle und ohne Maß, mit der man das Überleben der einheimischen Rasse stark gefährdete. Dann kam die Encomienda; das brachte den Indios zwar ein wenig Frieden und Schutz, aber — mit den damit verbundenen Abgaben und persönlichen Frondiensten — verstärkte sich die Knechtschaft, die neben der Sklaverei der Schwarzen bestehen mußte, mit dieser zusammen die Antriebskraft der Produktion bildete, die dem Boden seinen Wert verlieh.

Während der spanischen Herrschaft war die soziale Ungleichheit gleichsam notorisch und immer wiederkehrend. Unter den Weißen gab es große Unterschiede, und zwischen ihnen wiederum und den als Mestizen gezeugten Nachkommen war der Abstand groß. Die Mulatten und Mestizen waren selbst in zahlreiche Gruppen unterteilt, und dies festigte und sicherte noch mehr die irritierende Ungleichheit, die Hauptstütze des Kolonialsystems.

DIE SEHNSUCHT NACH GLEICHHEIT

Der Ungleichheit und der Sklaverei setzt die Revolution ein genaues und unverwechselbares Ziel entgegen: die Gleichheit. Bolívar wird ihr Vorkämpfer sein.

Es ist unbestreitbar, daß die Erste Republik die Hoffnungen des venezolanischen Volkes nicht erfüllte, Hoffnungen, die in der Folge vielfach in Kämpfen gegen die Sklaverei und antirassistische Bewegungen sichtbar wurden, Kämpfe gegen die Privilegien und gegen Übergriffe einiger hochgestellter Schichten zum Nachteil der Mehrheit. In Amerika war es immer und ausnahmslos die gleiche Sehnsucht, die ihren Ursprung in der menschlichen Natur selbst hatte und überall fast genau der gleichen Situation gegenüberstand, denn allgemein schützte die Krone in ihrem Herrschaftsbereich das System der Ungleichheit. Gegen sie richtet sich die Mehrheit der Aufstände, die seit dem 16. Jahrhundert ausbrechen.

Simón Bolívar selbst erfuhr in seiner Jugend von der Selbstverbrennung José Leonardo Chirinos, eines Märtyrers der sozialen Gerechtigkeit; und der erfuhr aus Erzählungen in der kleinen Stadt Caracas von der Verschwörung, die Juan Bautista Picornell, Manuel Gual und José María España gegen die spanische Herrschaft anzettelten. In den »Ordenanzas« dieser ehrlichen Revolutionäre trat man der Frage offen gegenüber; man verkündete nicht nur die Gleichheit vor dem Gesetz, die schon von der Französischen Revolution her bekannt und verbreitet war, sondern auch die Gleichheit der sozialen Schichten, das heißt, die Rassengleichheit, die alle Menschen dazu auffordert, sich als Brüder in Christo zu betrachten, alle als von Gott erschaffen, und unter denen das persönliche Verdienst und die Tugend die einzigen Unterscheidungsmerkmale sein dürften. Im Text Picornells und übereinstimmend mit dem dargelegten Grundsatz, wird als »selbstverständlich« verfügt, »daß die Sklaverei als der Menschlichkeit entgegenstehend abgeschafft wird«, ebenso wie das Steuerzahlen der Indios; ihnen sollen Eigentum gegeben werden und »Mittel, damit sie so glücklich seien wie die übrigen Bürger.« Schüchterne Schritte waren es nicht mehr, die die erste Revolutionsregierung von Caracas zugunsten der Gleichheit tat. Sie hob Vorrechte oder die Freistellung von Verpflichtungen auf, durch die sich verschiedene privilegierte Gruppen auszeichneten, die sogar das Recht auf eigene Richter für eine besondere Rechtsprechung hatten. Auch die unterschiedlichen Anreden und Erbtitel wurden abgeschafft; das Prädikat »de« in den Nachnamen, die Anreden »Exzellenz«, »Euer Gnaden«, »Herrschaft«, usw. wurden durch den gleichmachenden »Bürger« und das »Sie« ersetzt.

Die Lage der Farbigen besserte sich leicht während der Ersten Republik. Aber sie, die die eigentliche und große nationale Mehrheit bildeten, blieben weiter von den öffentlichen Angelegenheiten ausgeschlossen, die ihr eigenes Land betrafen. Keine Anordnung, von der man erwartete, daß sie die alten Ungerechtigkeiten außer Kraft setzte, wurde tatsächlich direkt und ausdrücklich befohlen. Der Oberste Rat tat das Geringste, was er tun konnte: die Abgaben der Eingeborenen abschaffen. Er verbot weder die Sklaverei noch den Sklavenhandel, er beschloß lediglich — mit vielen Einschränkungen und erst vier Monate nach der Machtübernahme — »die Einfuhr von Negern in diese Provinzen zu verbieten, wohlverstanden ohne dieses Verbot auf die Expeditionen auszudehnen, die zu diesem Zweck bereits unternommen worden waren und für die man vorher eine Erlaubnis eingeholt hatte; erst nachdem sie beendet sein würden, sollten die genannten Anordnungen ordnungsgemäß und pünktlich in Kraft treten«.

Miranda lud Mischlinge, Schwarze und sogar Sklaven in den »Vaterländischen Verein« ein. Um sich im Volk eine stützende Grundlage zu verschaffen, wobei er dort in Wirklichkeit ein Fremder war, hofierte er — glücklos — die einfachen Schichten. Aber, obgleich in seinen Plänen die Steuern und alle persönlichen Auflagen abgeschafft waren, so sagt er in ihnen doch nichts Grundsätzliches gegen die Sklaverei.

Als Bolívar in die »Campaña Admirable« zieht, glaubt er, daß es noch möglich sei, das ganze Schicksal den Waffen anzuvertrauen, wie auch den doktrinären Grundsätzen eines reinen und perfekten Republikanismus, der jedoch den materiellen Bedürfnissen unseres Volkes gegenüber entrückt und gleichgültig bleibt. Er zögert nicht vor dem gewaltigen Schritt, den »Krieg bis auf den Tod« auszurufen, über die Abschaffung der Sklaverei sagt er nichts. In den Handlungen und Ergebnissen jener schwierigen Zeit gibt es eine sprechende Lehre: die Republik fällt, weil das Volk sie nicht verteidigt, und es verteidigt sie nicht, weil sie sie nicht liebt. Es konnte sie nicht lieben, weil man bisher in Wortspielen und Abstraktionen gelebt hatte, die ohne praktischen Inhalt und ohne greifbare Wirkung waren.

Das Exil auf den Antillen, wenn auch schmerzlich und bitter — sein Leben selbst hing an einem Faden — war insofern fruchtbar, als Bolívar die Ursache der Fehlschläge klar erfaßte. Petion gibt ihm eine entscheidende Hilfe, und zwischen ihnen wird vereinbart, daß die Negersklaven der Tierra Firme frei werden sollten; dem großmütigen Präsidenten von Haití genügt die Erhabenheit des Zieles, und er bittet Bolívar, ihn persönlich nicht zu erwähnen, Propaganda interessiert ihn nicht. Dieses Treffen von Puerto Príncipe beeinflußt den Verlauf, den nach den Unternehmungen von Los Cayos und von Jacmel in der Folge die Revolution in Venezuela nimmt. Wichtig ist jetzt, daß in Bolívars Bewußtsein der revolutionäre Prozeß konsequenter durchdacht ist. Die Siege Monteverdes und Boves' haben trotz des großen Unglücks für die Patrioten letztere einiges gelehrt.

Als der Befreier am 23. Mai 1816 aus der Villa del Norte kommend auf Margarita eintrifft, verkündet er die gute Nachricht vom Ende der Sklaverei: »Es wird keine Sklaven mehr in Venezuela geben, außer denen, die es sein wollen. Alle jene, die die Freiheit dem Nichtstun vorziehen, werden zu den Waffen greifen, um ihre heiligen Rechte zu behaupten, und sie werden Bürger sein«. Zehn Tage später, in Carúpano, macht er sein Versprechen offiziell: »In Anbetracht dessen, daß die Gerechtigkeit, die Politik und das Vaterland die unverzichtbaren Naturrechte gebieterisch fordern, verkünde ich als Dekret die absolute Freiheit der Sklaven, die während der letzten drei Jahrhunderte unter dem spanischen Joch stöhnen mußten.«

Einen Monat später bestätigt er den Einwohnern der Provinz Caracas —, die den größten Sklavenanteil in der Bevölkerung hatte —: »Jener unglückliche Teil unserer Brüder, der unter dem Elend der Sklaverei geächzt hat, ist nun frei. Die Natur, die Gerechtigkeit und die Politik fordern die Gleichberechtigung der Sklaven: Fortan wird es in Venezuela nur eine Sorte Menschen geben, alle werden sie Bürger sein«. Am 9. Januar 1817 wiederholt er den Einwohnern von Caracas aus seinem Hauptquartier am Tuy: »Es wird keine Sklaven mehr in Venezuela geben. Alle Bürger werden vor dem Gesetz gleich sein. Wir werden für immer frei, gleich und unabhängig sein«.

Den neuen Bürgern stellt die Revolution nur eine »Bedingung«, die die Billigkeit und das politische Kalkül empfiehlt: das Gebot, ihre Freiheit zu verteidigen, das heißt nichts anderes als zu beweisen, daß sie sie verdienen. »Ist es wohl gerecht, daß nur die freien Männer sterben, um die Sklaven zu befreien?«. Außer für diesen unausgesprochenen und selbstverständlichen Bestandteil der Freiheit an sich, tritt Bolívar für die vollkommene und rückhaltlose Verbannung der so abscheulichen Sklaverei ein.

Die Aussagen des Befreiers vor dem Kongreß von Angostura erhellen, wie tief und entschieden seine Überzeugung in dieser Angelegenheit ist. Als er über die Handlungen Rechenschaft ablegt, die er selbst als »die bemerkenswertesten meiner Herrschaft, die wichtigsten Beschlüsse dieser letzten Zeit« nennt, legt er den Kongreßteilnehmern einzig zwei Dinge vor: seinen Erlaß, den Staatsbesitz an das kämpfende Volk zu verteilen (wirtschaftliche Revolution), und seine damit verbundenen radikalen Maßnahmen gegen die Sklaverei (soziale Revolution); keine andere Tatsache war ihm damals vergleichbarer Aufmerksamkeit wert. »Ich habe um den Schutz Gottes für die Menschheit gefleht, und der Erlöser hat die Stürme gebannt. Die Sklaverei hat ihre Fesseln gesprengt und Venezuela sieht sich von neuen Kindern umgeben, von dankbaren Kindern, die die Instrumente ihrer Knechtschaft in Waffen für die Freiheit verwandelt haben. Ja, diejenigen, die vorher Sklaven waren, sind jetzt Freie: diejenigen, die früher Feinde einer Stiefmutter waren, sind nun Verteidiger eines Vaterlandes. Euch die Gerechtigkeit, die Notwendigkeit und die Wohltätigkeit dieser Maßnahme zu beteuern, ist überflüssig, wenn Ihr die Geschichte der Heloten, des Spartakus, und von Haití kennt: wenn Ihr wißt, daß man nicht ein Freier und ein Sklave gleichzeitig sein kann, ohne die Naturgesetze, die politischen Rechte und die Zivilrechte gleichzeitig zu verletzen«. Das Schicksal seiner vielen anderen Gesetzesmaßnahmen ist Bolívar wenig wichtig im Vergleich zu diesem, das alle anderen zusammenfaßt und deren getreuester und direktester Ausdruck ist; falls es darüber irgendeinen Zweifel gäbe, so war seine Bitte entschlossen und endgültig: »Ich überlasse Ihrer souveränen Entscheidung die Veränderung oder den Widerruf aller meiner Statuten und Dekrete; aber ich flehe um die Bestätigung der vollkommenen Freiheit für die Sklaven, wie ich um mein Leben flehen würde und um das Leben der Republik«.

Bei dieser feierlichen Gelegenheit stellt Bolívar eine wichtige theoretische Untersuchung über die Gleichheit an, dem höchsten bürgerlichen und politischen Gut, auf das er sich im Verfassungsentwurf bezieht, als dem »Recht eines jeden Bürgers als Teil der Obrigkeit an der Ausarbeitung des Gesetzes teilzunehmen«. Darin liegt das Wesen der Gleichheit: sich an der Herstellung der Norm zu beteiligen, die dann, ohne jeden Unterschied, alle Bürger umfassen und überlagern, und aus ihnen allen — ohne die geringste Ausnahme — gleiche Untertanen im Sinne von Teilen des gemeinschaftlichen Trägers der Souveränität machen soll.

Aus all diesen Gründen schlägt Bolívar vor, man solle in der Verfassung festlegen, daß die »wirkliche Gleichheit nur in Gestalt des Gesetzes und vor dem Gesetz besteht, und alle ohne Unterschied verbindet und umfaßt«, sei es belohnend oder vergütend, oder auch strafend und verweisend; im ersten Fall spricht er vom Tugendhaften, vom Gerechten, vom Weisen, vom Mutigen, vom Ehrlichen, vom Klugen, vom Fleißigen und vom Wohltätigen, und im zweiten: vom Lasterhaften, vom Ungerechten, vom Sittenlosen, vom Feigen, vom Tollwütigen, vom Müßiggänger und vom Faulenzer. Beide Aufzählungen lassen in ihrer typologischen Genauigkeit einen geschärften Verstand erkennen, der alle sozialen Kategorien kennt und keine vergißt, sei sie nun positiv oder negativ.

Bolívar weiß, daß zur Ausübung dieser nivellierenden Gesetzeskraft ihr disziplinierender und ernsthafter Gebrauch vorgesehen werden müsse; und so erläutert er: »Um dieses Recht in Einklang zu bringen mit der Ordnung, der Ruhe, der Umsicht, der Vorsicht und der Weisheit, die die Diskussion und Verabschiedung des Gesetzes erfordert, und die in den — immer lärmenden — Volksversammlungen nicht anzutreffen ist, hat man die Nationalvertretung geschaffen, die, vom Volke gewählt, das Organ ist, das seinen Willen rechtmäßig ausdrückt«.

Einem analytischen und tiefschürfenden Beobachter konnten die tatsächlichen Unterschiede nicht entgehen, die es de facto unter den Bürgern gab; aus diesem Grund bestand er darauf, daß das Gesetz — nicht nur im Wortlaut selbst, sondern auch im Zuge seiner Formulierung — die Möglichkeit einschloß, diese ungleiche faktische Wirklichkeit auf greifbare Weise in Richtung auf die notwendige Gleichstellung hin zu korrigieren. Bolívar gibt eine einschneidende Richtlinie, indem er behauptet, daß »die gesetzliche Gleichheit dort unerläßlich ist, wo physische Ungleichheit herrscht«. Gesetzliche Gleichheit ist in seiner Anschauung jene, durch das Gesetz wirksam hergestellte, mehr noch als nur die vom Gesetz erklärte. Die lediglich in den Phrasen des Gesetzes enthaltene Gleichheit — das weiß er — vertieft nur die physische oder praktische Ungleichheit, statt sie verschwinden zu lassen; daher sein Wunsch, das Gesetz möge, mittels eines Systems des Ausgleichs der Kräfte, die Ungleichheit im sozialen Bereich korrigieren. Er ist seiner Zeit mit dem Gedanken voraus, daß es dort, wo es ungleiche Kräfte oder Bedingungen gibt, auch eine ausgleichende Norm geben muß. Das ist die Ursprungsidee des Sozialrechts, das erst Jahre nach dem Tod des Befreiers erlassen wird.

In gewisser Weise gibt es eine Art Rückkehr zur distributiven Gerechtigkeit, die nicht die gleiche Behandlung für alle vorsieht, sondern gleiche Behandlung für Gleiche, und ungleiche für Ungleiche. Die von Bolívar befürwortete Gleichheit ist, so verstanden, die einzige, die zu seiner Vorstellung von Gerechtigkeit paßt, die in der Gesamtheit seines Werkes ausgedrückt ist, und auch die einzige, die mit seiner Vorliebe für positiven Materialismus gegenüber noch so großartigen Abstraktionen harmoniert.

In der Rede von Angostura hebt er voll Freude hervor, daß das venezolanische Volk die Gleichberechtigung eingeführt hat, und mit offensichtlicher Befriedigung bringt er viele Gründe vor, warum dieser Grundsatz zwingend in das Grundgesetz gehört: »Alle Bürger Venezuelas genießen durch die Verfassung, als Verkörperung der Natur, eine vollkommene politische Gleichheit. Wäre diese Gleichheit nicht schon in Athen, in Frankreich und in Amerika ein Dogma gewesen, hätten wir es begründen müssen, um offenbare Unterschiede zu korrigieren. Gesetzgeber: meine Meinung ist es, daß das Grundprinzip unseres Systems unmittelbar und ausschließlich von der eingeführten und ausgeübten Gleichheit in Venezuela abhängt«.

Was die Sklaverei betrifft, gab es keinen anderen Ausweg. Bolívar wird durch seine eigene Dynamik zur Abschaffung der Sklaverei angetrieben, und von der natürlichen Logik seines innersten revolutionären Glaubensgrundsatzes: »Es scheint mir ein Irrsinn zu sein — sagt er — daß man in einer Freiheitsrevolution versucht, die Sklaverei zu erhalten«.

Páez wird später, in der *Selbstbiographie,* die er 1867 schreibt, den glasklaren Zusammenhang des bolivarischen Gedankengutes erhärten: »Sich vorzustellen, daß wir es für machbar hielten, oder daß es auch nur in der Logik der Ereignisse möglich wäre, ein Land zu befreien, während ein Teil seiner Bevölkerung in der Knechtschaft verharrt, ist eine Absurdität, in die der Befreier Kolumbiens nie verfallen wäre«. Es ist zu erwähnen, daß die gleiche Vokabel »absurd« von Bolívar selbst 1820 in seinem Brief an Santander gebraucht wurde, um auf diesen ungeheuren Widerspruch hinzuweisen: »Es wird folglich von den Maximen der Politik bewiesen, daß jede freie Regierung, die die Absurdität der Sklaverei beibehält, mit dem Aufstand und manchmal mit dem Untergang bestraft wird«.

FÜR DIE EINGEBORENEN

Nicht nur um das Schicksal der Schwarzen kümmerte sich der Befreier; er wollte, daß auch die Indios, die er als den meistgeplagten, am stärksten unterdrückten und am tiefsten erniedrigten Teil der Bevölkerung ansah, einen greifbaren Nutzen aus seinen erlösenden Maßnahmen zögen.

Die erste Verfügung Bolívars zugunsten der »Naturbevölkerung« erscheint 1818, als der Befreier schon fest entschlossen und dazu bereit ist, die Revolution ehrlich und vollständig durchzuführen, indem er sie auf die Sozialordnung ausdehnt. »Ich billige nicht nur, daß man (den Indios) erlaubt, den ganzen Mittwoch und Samstag zu arbeiten, sondern ich empfehle Ihnen auch, ihnen drei Tage in der Woche für ihre Arbeiten zu geben, und sie merken zu lassen, daß sie jetzt freie Menschen sind und nicht mehr Sklaven, wie sie es zur Zeit der Kapuziner waren«.

Am 20. Mai 1820 verkündet er, in El Rosario de Cúcuta, — außer der bereits besprochenen Rückgabe der Gebiete, aus denen die »Resguardos« (Wohngebiete) bestanden — mehrere Regeln fortschrittlich-sozialen Inhalts: »Weder die Priester, noch die politischen Richter, noch irgendeine andere angestellte oder nichtangestellte Person dürfen sich der ›Naturbevölkerung‹ in irgendeiner Weise oder in irgendeinem Fall bedienen, ohne ihnen den Lohn zu zahlen, der vorher in einem ordentlichen Vertrag in Anwesenheit und mit Zustimmung des politischen Richters festgelegt wurde. Derjenige, der diesen Artikel mißachtet, wird das Doppelte des geleisteten Dienstwertes bezahlen müssen, und die politischen Richter werden unwiderruflich, bei der geringsten Klage dieses Bußgeld zugunsten des Geschädigten verlangen; sollten die Richter selber die Gesetzesbrecher sein, dann werden es die Gouverneure sein, die das genannte Bußgeld fordern werden«. Da Bolívar wußte, wie würdelose Geistliche mit der Sache des Glaubens spekulierten und die Religion dazu benutzten, die Eingeborenen auszusaugen, beschließt er in dem gleichen Erlaß weitere harte und radikale Maßnahmen: »Vollkommen aufhören wird von diesem Augenblick die Gewohnheit — als skandalös und dem Geist der Religion zuwiderlaufend, den Gemeindemitgliedern die Sakramente zu verweigern, solange sie ihre Bruderschafts- und ihre Mindestbeiträge nicht bezahlt haben, und sie zu zwingen, den Heiligen Feste zu geben, und dann von ihnen Kirchenabgaben zu verlangen, von denen die Eingeborenen durch das Stipendium befreit sind, das der Staat den Geistlichen gibt. Jene Priester, die diesem Gesetz zuwiderhandeln, indem sie diese Mißbräuche behalten, werden die Strenge des Gesetzes durch ein hartes Urteil zu spüren bekommen, und zu diesem Zweck werden die politischen Richter die Handlungsweise der Geistlichen überwachen, um der Regierung das kleinste Vergehen, das sie hier feststellen, mitzuteilen und das Entsprechende einzuleiten«. Dieses wichtige Rechtsinstrument, festgehalten als Befreiungscharta für die Indios, enthält in seinem Artikel 15 ausdrücklich eine Deklaration von Rechten, die für sich allein schon genügt hätte, um Bolívars revolutionäre Entschlossenheit zu beweisen: »Die Eingeborenen können, wie alle anderen freien Menschen der Republik, mit ihren Pässen kommen und gehen, ihre Früchte und ihre Waren verkaufen, sie auf den Markt oder Jahrmarkt ihrer Wahl bringen, und ihre Tätigkeiten und Talente frei ausüben in der von ihnen gewählten Weise und ohne daran gehindert zu werden«. Der Befreier maß diesem Erlaß eine derartige Wichtigkeit bei, daß er im Text selber verfügte, daß — anstatt ihn wie gewöhnlich nur zu veröffentlichen — sein Inhalt den Indios erklärt werden sollte, und sie gleichzeitig dringend dazu aufgefordert wurden, jeden Verstoß, der sie benachteiligte, zu melden, wer immer auch der Zuwiderhandelnde sei.

Der nächste Schritt Bolívars auf dem Weg zur Befreiung und zugunsten der sozialen Gleichheit ist sein Auftritt vor dem Kongreß von Cúcuta. Sein Beweggrund ist erneut der Kampf gegen die Sklaverei, um damit die kolumbianische Sozialstruktur zu verändern. Vor dem Parlament des geeinten Vaterlandes argumentiert er: »Die Kinder der Sklaven, die in Zukunft in Kolumbien geboren werden, sollen frei sein, denn diese Wesen gehören nur Gott und ihren Eltern, und weder Gott noch ihre Eltern wollen sie unglücklich sehen. Der Kongreß, durch seine eigenen Gesetze und noch mehr durch jene der Natur dazu bevollmächtigt, kann die absolute Freiheit aller Kolumbianer vom Augenblick ihrer Geburt auf kolumbianischem Gebiet an beschließen. Auf diese Weise werden die Besitzrechte, die politischen und die natürlichen Rechte in Einklang gebracht«. Vor den Kongreßteilnehmern Kolumbiens nutzt er einen Moment der Begeisterung, um eine Grundsatzerklärung gegen die Sklaverei zu verlangen. Nichts sonst verlangt er auf seinem Wege des Aufstiegs und der Triumphe »als Entgelt für die Schlacht von Carabobo, die das Befreiungsheer siegreich beendete und sein Blut einzig und allein für die Freiheit vergoß«.

Bolívar wird keine einzige günstige Gelegenheit für sein Ideal der Sklavenbefreiung verstreichen lassen. Seinem Geist entspringt auch der Vorschlag, vor dem Kongreß von Panamá in die Anweisungen für die Bevollmächtigten Kolumbiens den Kampf gegen die Sklaverei als Teil der hohen Zielsetzungen dieser Versammlung aufzunehmen: »Das Interesse, das die zivilisierte Welt für die Abschaffung und Unterdrückung des Handels mit afrikanischen Sklaven gezeigt hat, verlangt auch, daß die Versammlung der Staaten Amerikas sich mit ihr befaßt. Diese Angelegenheit bietet unseren Republiken eine schöne Gelegenheit, ein strahlendes Beispiel für die Liberalität und Menschenliebe ihrer Grundsätze zu zeigen«; deshalb beschränkt sich ihr Auftrag für Panamá, unter anderen wesentlichen Punkten darauf, »die Abschaffung des Sklavenhandels aus Afrika zu erreichen und die Ausübenden eines so furchtbaren Geschäfts unter das Verbrechen der gewöhnlichen Seeräuberei fallen zu lassen«.

In Perú war Bolívars erlösende Wirkung besonders groß. Dort gab es in der Tat den schrecklichen zweifachen Feind »jedes gerechten und freiheitlichen Regimes«: Gold und Sklaven. Der erste korrumpiert alles; der zweite ist in sich selber korrupt. »Die Seele eines Geknechteten kann kaum beurteilen, was gesunde Freiheit ist: Entweder er wütet im Aufruhr oder er duckt sich in den Ketten«. Vielleicht war die Situation der Ungleichheit, die in Perú entstanden war, sogar eine der schlimmsten in Amerika; gegen sie kämpfte Bolívar direkt und beharrlich.

In Ciudad Trujillo trifft der Befreier am 24. März 1824 eine wichtige, denkwürdige und bedeutungsschwere Entscheidung. Er beschließt dort, man solle Sklaven beschützen, die »ob sie Recht haben oder nicht, und auch wenn es nur aus einer Laune heraus wäre«, ihren Herrn wechseln wollten; und die Besitzer sollten den Wunsch der Sklaven achten und ihm entsprechen. Der Schreiber des Befreiers teilt die Entschließung dem Präfekten des Departments mit: »Seine Exzellenz ermahnt Euch, den armen Sklaven jeden erdenklichen Schutz der Regierung zukommen zu lassen, denn es ist der Gipfel der Tyrannei, diese Elenden auch noch des traurigen Trostes zu berauben, ihre Herren wechseln zu dürfen. Durch diesen Befehl hebt S.E. alle Gesetze auf, die sie daran hindern könnten, ihren Herrn nach eigenem Gutdünken und nach ihrem alleinigen Willen frei zu wählen.

Teilen Sie diesen Befehl dem Syndikus und Generalbevollmächtigten mit, damit er davon Kenntnis nimmt und den Sklaven jeden Schutz zukommen läßt«. Merkwürdig ist, daß der Mann, der sich dem unermüdlichen Kampf gegen die Sklaverei verschrieben hatte, dieses Mal nicht auf ihrer vollständigen Abschaffung besteht, sondern sich mit einer kleinen Ausweitung des Freiheitsraumes, wie die des Herrenwechsels begnügt: merkwürdig ist, daß diese Verfügung im wesentlichen das war, was Simón Bolívar als kaum zwölfjähriges Kind vor dem Gerichtsschreiber des Gerichtshofes von Caracas vorbringt. Fast dreißig Jahre später legalisierte Bolívar jene gar nicht so naiven oder einfältigen Äußerungen seiner Kindheit, die seinem Vormund, Carlos Palacios, »für sein Alter unpassend« schienen, »und was noch schlimmer und verdrießlicher ist, vollkommen unpolitisch und verkehrt. Vollkommen unpolitisch und verkehrt (er unterstrich es), weil nur ein dummer Verführer lehren kann, daß die Sklaven die Freiheit des Wechsels haben sollen, um sich ihre Herren nach ihrem Gutdünken auszusuchen, ein Grundsatz, der, falls er Gestalt annähme und sich durchsetzte, unsere Monarchie durcheinanderbrächte und in ihr die verhängnisvollsten Zerstörungen anrichten würde und deshalb auch ein Grundsatz ist, der jeder guten Regierung und dem System unserer Gesetzgebung zuwiderläuft«.

In der gleichen Stadt Trujillo wird Bolívar am 8. April 1824 verfügen, die sogenannten Gemeinschaftsländereien unter all jenen Indios zu verteilen, die kein anderes Stück Land besaßen. Man betreibt die Gründung neuer Dörfer, und neben diesem gemeinsamen Ziel bleibt der Grundsatz unverbrüchlicher Gerechtigkeit bestehen: »daß kein Indio ohne sein entsprechendes Stück Land sein könne.«

Tief im Landesinneren, inmitten der faszinierenden Welt der Inkas, von Cuzco aus, wird Simón Bolívar an einem Freiheitstag

— wie es der 4. Juli 1825 war, der Tag der Unabhängigkeit Nordamerikas — sein Erlösungswerk für die Eingeborenen vorantreiben. Die Stadt, in der er sich seit neun Tagen aufhält, hat einen enormen Eindruck auf ihn gemacht: »Alles Dichterische beiseite lassend (äußert er), ruft alles in mir hehre Ideen hervor, tiefsinnige Gedanken; meine Seele ist vom Vorhandensein der urtümlichen Natur verzaubert, die aus sich selbst entsprang und Schöpfungen ihrer eigenen Elemente nach dem Vorbild ihrer ureigenen Inspiration hervorbringt, ohne irgendeine Beimischung von Fremdwerk, Ratschlägen, von außen den Launen des menschlichen Geistes, oder der Verseuchung durch die Geschichte der Verbrechen der Absurditäten unserer Art. Hier ist alles echt und alles rein, wie die von oben kommende Inspiration«.

Inmitten dieser überwältigenden Szene regt sich in Bolívar die Kraft des Führers und Befreiers; und so verfügt er: »daß kein Wesen im Staat, direkt oder indirekt, eine persönliche Dienstleistung von den peruanischen Indios verlangen darf, ohne daß vorher ein freier Vertrag über den Preis der Arbeit geschlossen wäre. Den Bezirkspräfekten, Gouverneuren und Richtern, den geistlichen Prälaten, Priestern und ihren Stellvertretern, Großgrundbesitzern, Bergwerks- und Werkstattseignern wird verboten, die Indios gegen ihren Willen für körperliche Arbeiten, die Sieben-Tage-Woche, Frondienste und andere Arten von häuslichem oder üblichem Dienst anzustellen«. Eine wichtige und fortschrittliche Bestimmung für das zukünftige Arbeitsrecht: »Die Löhne der Arbeiter in den Bergwerken, Werkstätten und Haziendas sollen gemäß dem vereinbarten Preis in Bargeld bezahlt werden, ohne sie dazu zu zwingen, gegen ihren Willen Naturalien anzunehmen, oder Preise, die nicht den ortsüblichen entsprechen«. Der Befreier sichert diese Verfügungen vorsorglich ab, damit sie auch befolgt würden: Die Übertretung irgendeiner dieser neuen und gerechten Verordnungen würde offensichtliche Aktionen hervorrufen und müßte zu einem Fall werden, zu dem amtlich ermittelt würde.

Am gleichen Tag dieses Erlasses verfügt Bolívar — ebenfalls zugunsten der Indios — man solle die in Trujillo angeordnete

Aufteilung der sogenannten Gemeindeländereien durchführen. Bei derselben Gelegenheit setzt er Titel und Autorität der Häuptlinge außer Kraft; das waren Eingeborene, die als Werkzeug der spanischen Unterdrückung gegen ihre Blutsbrüder verwendet wurden; unbewußt paßten sich viele dieser Unglücklichen an das korrupte System an, und wurden damit selbst Teil der fremden Vorherrschaft. Bolívar durchschaut diesen ganzen komplexen Sachverhalt, und ordnet feinfühlig an: »Die ehemaligen Häuptlinge sollen von den Behörden der Republik wie achtbare Bürger behandelt werden, wo immer dies den Rechten und Interessen der anderen Bürger nicht abträglich ist«.

Von Cuzco und Urubamba aus trifft Bolívar, unterstützt durch die stimulierende Anwesenheit von Don Simón Rodríguez, weitere wichtige Vorkehrungen von sozialer Tragweite. Bedeutungsvolle Dekrete für das Bildungswesen werden jetzt erlassen; eine Reihe von Lehrinstituten wird geschaffen und andere werden umgewandelt. Er erklärt, daß es gesetzeswidrig sei, einen Unterschied zwischen Pfarrherren für Spanier und solchen für Eingeborene zu machen. Er gründet zwei Heime, eines für Invaliden und Bettler; befiehlt dem »Haus von San Buenaventura« — in Urubamba — sich der Waisen und Findelkindern anzunehmen. Er kümmert sich auch um Straßen, die den gesellschaftlichen und den Handelsaustausch erleichtern sollen.

Monate später, diesmal in Chuquisaca, bekräftigt er die soziale Revolution mit Befehlen, die in die Richtung der revolutionären Normen zielen, die er für Perú verkündete. So verordnet er in Bolivien, da »die Existenz der privilegierten Schichten aufgehört hat« und »jede die Würde des Bürgers verletzende Abgabe« unterbunden werden soll, die Abschaffung einer Belastung »die, unter der Bezeichnung Tribut, ausschließlich den Eingeborenen auferlegt ist und somit die elendste Schicht der Gesellschaft trifft«.

VERKÜNDUNGEN, DIE FÜR SICH SPRECHEN

Es gibt kaum eine andere Sache, über die sich Bolívar mit leidenschaftlicherer und eindringlicherer Sicherheit geäußert hätte, als die Sklaverei. Seine diesbezügliche Eloquenz grenzt ans Erhabene. In Angostura sagte er: »Die Sklaverei ist die Tochter der Finsternis; ein unwissendes Volk ist das blinde Werkzeug seiner eigenen Zerstörung«. Wenn man nach einem ausgeprägten und gleichbleibenden Merkmal forscht, gleichsam dem Rückgrat seiner Doktrin und seiner Wünsche, so ist dies seine Haltung gegenüber der Sklaverei. Den mit seinem Namen ausgezeichneten Kongreß der Republik erreicht sein mitreißend nachdrückliches Wort: »Der Bruch aller Gesetze ist die Sklaverei. Das Gesetz, das sie erhalten wollte, wäre das größte Sakrileg. Was für ein Recht wäre zu ihrer Erhaltung vorzubringen? Man betrachte dieses Verbrechen von allen Seiten, und ich lasse mich nicht davon überzeugen, daß es auch nur einen einzigen so niederträchtigen Bolivianer gibt, der versuchen wollte, diese schwerste Verletzung der Menschenwürde zu legitimieren. Ein Besitzerrecht auf dem grausamsten Verbrechen zu begründen wäre unvorstellbar ohne eine Verwirrung der Rechtsgrundlagen und ohne die vollkommenste Perversion der Pflichtauffassung«.

Der Befreier weist vor den Kongreßmitgliedern Boliviens immer wieder darauf hin, daß er in seinem Vorhaben »das Gesetz aller Gesetze unangetastet ließ, die Gleichheit: ohne sie sind alle Garantien, alle Rechte nichtig. Ihr müssen wir die Opfer bringen. Ihr zu Füßen habe ich den Deckmantel der Erniedrigung gelegt, die schändliche Sklaverei«. Den Kongreßteilnehmern des Vaterlandes, das unter seiner Führung entsteht, schlägt er vor, folgendes in das Grundgesetz aufzunehmen: »Bolivianer sind: alle jene, die bis heute Sklaven waren; und aus diesem Grunde werden sie, faktisch, im Augenblick der Veröffentlichung dieser Verfassung frei sein; durch ein Sondergesetz wird die Abfindung beschlossen, die man ihren früheren Herren geben muß«.

Die Überzeugung von der verderblichen Auswirkung der Sklaverei verläßt ihn nie. 1827 schreibt er an Bentham: »Unglücklicherweise löscht die Last der Sklaverei den Geist aus und weckt in ihm das Gefühl, der Freiheit unwürdig zu sein. Deshalb verdient die Pflege der Wissenschaft, von der sie sprechen, so viel Beachtung, damit der Mensch, auch inmitten seiner Ketten, wenigstens erkennen kann, daß er Rechte hat, die er verteidigen muß«.

MIT AUSDAUER FÜR DIE GLEICHHEIT

Beständig in Bolívar ist sein Drang zur Freiheit, zur Beseitigung von Hindernissen, zur Festigung der Gleichheit. In der von ihm 1827 in die Wege geleiteten Reform der Regeln der Universität von Caracas, um dieses Lehrinstitut allen Venezolanern, ohne Unterschied, freizugeben, zeigt sich ein weiterer Aspekt seines unbeirrbaren sozialrevolutionären Geistes. Überall predigt er das gleiche: »Die privilegierten Schichten gibt es nicht mehr«, sagt er in Bolivien; in Perú bekräftigt er: »Die Gleichheit aller Bürger ist die Grundlage der Verfassung der Republik«, »die Erbtitel sind erloschen«, »die Verfassung der Republik kennt keine Unterschiede zwischen den Bürgern«.

Die Farbigen erhielten von Bolívar ihre rechtmäßige Anerkennung und die ihnen innerhalb einer neuen und revolutionären Ordnung zukommende Behandlung. Selbst unter sehr dramatischen Umständen konnte er nicht umhin, seine Befriedigung über den Unterschied zwischen früheren Tagen und seiner Zeit aufzuzeigen, für die sein Einsatz so entscheidend war: »Vor der Revolution hatten die Weißen allen Einfluß auf die Geschicke der Monarchie, sie begründeten die herausragende Würde von königlichen Ministern, ja sogar der Grandes in Spanien. Durch Begabung, Verdienst oder Glück erreichten sie alles. Den bis ins tiefste erniedrigten und gedemütigten Farbigen wurde alles vorenthalten. Der heilige Stand des Priesters war ihnen verboten: man könnte sagen, die Spanier hatten ihnen sogar die Himmelspforte verschlossen. Die Revolution hat ihnen alle Privilegien, alle Vorrechte, alle Vorteile gewährt. Alles Böse, alles Barbarische, alles Verhaßte ist abgeschafft worden, und statt ihrer haben wir die absolute

Gleichheit bis hin zu den häuslichen Sitten«. Den Fall Piar ernsthaft und genau betrachtend, der beschuldigt wurde, mit einem Rassenkrieg und dessen unvorhersehbaren Auswirkungen der Anarchie Vorschub zu leisten, durfte sich der Befreier mit voller moralischer Autorität an die Soldaten wenden: »Ihr wißt es. Die Gleichheit, die Freiheit und die Unabhängigkeit sind unsere Devise. Hat die Menschheit nicht durch unsere Gesetze ihre Rechte zurückgewonnen? Haben unsere Waffen nicht die Ketten der Sklaven zerrissen? Der verhaßte Unterschied von Klassen und Hautfarben: haben wir ihn nicht für immer abgeschafft? Hat man den Staatsbesitz nicht unter Euch verteilen lassen? Erwarten Euch nicht Glück, Wissen und Ruhm? Werden Eure Verdienste nicht im Überfluß belohnt, oder zumindest gerecht? Was also wollte General Piar für Euch? Seid Ihr nicht alle gleich, frei, unabhängig, glücklich und geehrt? Konnte Piar höhere Güter für Euch erlangen? Nein, nein, nein«. Innerhalb des Heeres diskriminierte Bolívar niemand und aus keinem Grund; alle Möglichkeiten standen allen offen; in Wirklichkeit hatte das Volk selbst diese Öffnung erzwungen und in der Haltung seines höchsten Führers die dafür nötige und begeisterte Bereitschaft vorgefunden. In Bucaramanga gestand — 1828 — der Befreier ein: »In der Anfangszeit der Unabhängigkeit suchte man nur Männer, und das höchste Verdienst war, tapfer zu sein, viele Spanier zu töten und furchterregend zu wirken: Schwarze, Zambos, Mulatten, Weiße, alles war in Ordnung, solange sie sich nur mutig schlugen; keinen konnte man mit Geld entlohnen, weil es keines gab; man konnte nur Dienstgrade verleihen, um den Eifer zu erhalten, die Heldentaten zu belohnen und den Mut anzustacheln. So kommt es, daß sich heute Menschen aller Schichten unter unseren Generälen, Anführern und Offizieren befinden, und die meisten unter ihnen haben kein anderes persönliches Verdienst als diesen brutalen und gänzlich materiellen Mut, welcher der Republik so nützlich war und der heutzutage, im Frieden, der Ordnung und der Ruhe im Wege steht. Aber es war ein notwendiges Übel.«

Weder in den Taten noch in den Schriften Bolívars findet man dörfliche, regionale oder nationale Vorurteile, und noch weniger familiäre; er verhalf keinem seiner Verwandten zum Aufstieg, in der Folge erinnern wir an seine entschiedenen Aussprüche in Bucaramanga: wenn es richtig war, ließ er die untadeligste Strenge gegen sie walten. Im April 1827 schrieb er an Páez: »Letzte Woche ist Caracas Zeuge eines Aktes der Gerechtigkeit geworden, der viel zur öffentlichen Moral beigetragen hat und ein Beweis dafür war, daß das Gesetz für alle gleich ist, denn seine Wucht traf einen, für den sich sogar meine Verwandten einsetzten; aber ich war, meinem Charakter entsprechend, unerbittlich«. Seinen Neffen, Anacleto Clemente, rügt er mit besonderer Strenge: »Schämst Du Dich nicht, zuzusehen, wie ein paar arme Llaneros ohne Bildung und ohne die Mittel, sie zu erlangen, ohne bessere Ausbildung als sie eine Guerilla bietet, sich zu Kavalieren entwickelt haben; zu Ehrenmännern; gelernt haben, sich selber zu achten einzig dadurch, daß sie mich respektierten? Ich wiederhole: Schämst Du Dich nicht, in Anbetracht dessen, daß Du mein Neffe bist, als Mutter eine Frau strengster Moral hast, und trotz allem minderwertiger zu sein, als manch ein armer Guerrillero, dessen einzige Familie das Vaterland ist?« Unter Bezug auf seine eigenen Immobilieninteressen schrieb er sehr deutlich an seine Schwester María Antonia: »Ich will die Grenzen meiner Rechte nicht überschreiten, die eben dadurch um so enger sind, daß ich eine hohe Stellung innehabe. Das Glück hat mich auf den Gipfel der Macht gebracht; aber ich will nicht mehr Rechte haben als der einfachste Bürger. Soll man Gerechtigkeit walten lassen und sie mir gewähren, wenn ich sie verdiene. Wenn ich sie nicht verdiene, werde ich in Ruhe das Urteil des Gerichts hinnehmen«.

Als einmal in Perú zehn junge Leute für ein Studium in Europa ausgewählt werden, besteht er auf Gerechtigkeit, Billigkeit und Gleichheit bei der Entscheidung: »Von diesen zehn Personen sollen vier aus dem Bezirk von Lima, zwei aus dem von Trujillo, zwei aus dem von Cuzco und zwei aus dem Bezirk Arequipa kommen«. Die selbe Absicht der Verflechtung und des Zusammenschlusses unter dem Prinzip der Gleichheit bringt ihn auf den Gedanken, die alten Grenzen zu beseitigen; einmal sagt er zu Páez: »Ich habe vergessen, Ihnen zu sagen, daß wir daran gedacht haben, zwei oder drei Hälften der Bezirke Boyacá, Zulia und Barinas zusammenzuschließen, damit es keine Grenze von Venezuela oder Neu-Granada mehr gäbe; denn diese Teilung ist es, die uns umbringt, und aus diesem Grunde müssen wir sie zerstören«.

SEINER ZEIT VORAUS

Bolívars Bedeutung für den sozialen Bereich Amerikas wurde noch nicht gebührend Rechnung getragen. Die Durchschlagskraft seines wahrhaft revolutionären Gemeinschaftskonzeptes war wirklich kühn und modern. Nach der Vorstellung Bolívars sollte die Revolution Amerika mit der Stunde der sozialen Wahrheit in Einklang bringen, die Europa bald schlagen sollte; in diesem Sinne übersteigt er weit den kontinentalen Bereich, und mehr als nur venezolanisch oder amerikanisch ist die Revolution, die er anführt, eine Revolution für die ganze Menschheit. Die Vergleiche sprechen für sich: während in der Alten Welt der freiheitliche Individualismus sich behauptet, sucht Bolívar in der Neuen die wirksame Gerechtigkeit und Billigkeit einzuführen, die echte Gleichheit zu fördern, und sorgt für einen wirklichen Ausgleich für die Unterdrückten. Als England die »Vertragsfreiheit« (seit 1813 und 1814 in Kraft) anwendet, dabei die wirtschaftlich Schwachen ohne Schutz läßt und darauf verzichtet, in die Gesellschaft einzugreifen, kämpft Bolívar darum, der revolutionären Bewegung Hispano-Amerikas ihre ganze kollektive Wirksamkeit zu geben: er spricht von »höchster sozialer Freiheit«, von »sozialer Sicherheit«, von »sozialen Garantien« und von »sozialen Rechten«. Die Abschaffung der Zünfte in Europa nach 1791, und die Bestrafung jedes Versuchs, sie wieder einzuführen, bewirkte, daß Anfang des 19. Jahrhunderts, was die Arbeitsbedingungen betrifft, keine Regelung angewendet wurde, weder gesetzlich, noch genossenschaftlich oder konventionell. Als dort deshalb die Lage des aufkommenden Industrieproletariats schlechter war, als die der römischen Sklaven und der mittelalterlichen Knechte, eine unerträgliche Situation in den Jahren zwischen 1825 und 1835, gab Bolívar in Amerika Gesetze für die Indianerarbeit heraus mit eindeutig interventionistischen und schützenden Normen, die keine einfachen oder vereinzelten Beweise der Menschlichkeit waren, sondern gewichtiger Bestandteil einer zusammenhängenden Kette der kulturellen und politischen Würdigung des Menschen. Als in Europa die Illusion von der Freiheit des einzelnen das Ziel war, und die Auffassung herrschte, die ganze Gesellschaft, oder jede Form des Zusammenschlusses schränke den freien Willen ein und regiere die Rechte des Menschen und Bürgers, als man dort der Meinung war, daß der Staat sich wie eine veraltete despotische Wirklichkeit auflösen sollte, womit man zu einer Art vorsozialer Stufe zurückschritt, wo der *homo homini lupus* wiederauftauchen würde und sich der Starke durchsetzte, arbeitete Bolívar — gerade von der schon genannten Grundlage ausgehend, daß »nichts so gefährlich für das Volk ist, wie die Schwäche der Exekutive« — für ein festes, zentralistisches, demokratisches und bürgerliches Regierungssystem, das seinen Lebensatem jeder Gesellschaft vermitteln sollte«.

Diese und die andere Position, die fortschrittliche, die Bolívar einnahm, und die reaktionäre der traditionsgebundenen Kreise, trafen sich im Schoß Kolumbiens, verkörpert in jenen, die den Staat zu einem Werkzeug der privilegierten Schichten machen wollten, zu einem fügsamen Diener ihrer Interessen, und jenen, die sich im Gegensatz dazu um eine echte Demokratie bemühten, um den Staat zu einem souveränen Organ zu machen, das sich aktiv für die Gerechtigkeit und für eine tiefgreifende sozio-ökonomische Korrektur zugunsten der ausgebeuteten Massen einsetzt.

Der Kurs war sehr deutlich zu erkennen, ein Irrtum war unmöglich. Bolívar blieb bis zum Ende seiner Verantwortung und der Politik, die er geprägt hatte, hartnäckig treu. Als er zum letzten Mal in Caracas war, untersuchte er die Ausführung des Freilassungsgesetzes von 1821. Die amtliche Nachforschung, die er einleitete, ergab, daß von den mehrere Zehntausende zählenden Sklaven in der Großen Republik zwischen 1821 und 1826 weniger als dreihundert befreit worden waren. Als der Betrug erwiesen war, reagierte Bolívar energisch mit seinem Erlaß von Caracas vom 28. Juni 1827: Alle noch nicht bezahlten Abgaben an den Freilassungsfonds »sollen innerhalb eines Jahres eingezogen sein«; zwecks größerer Beschleunigung und Wirksamkeit wird die Steuer fortan von den Verwaltern der Rentas Internas eingezogen. Dem gleichen Fonds soll die Barschaft des Erbes derer zugeführt werden, die ohne Testament oder ohne gesetzliche Erben sterben. Außerdem werden die Rechte des Sklaven auf Nahrung, Arzneimittel, Kleidung und Unterkunft und der Schutz der gealterten Freigelassenen ausdrücklich bestätigt. Die Steuer soll innerhalb des folgenden Jahres, vom Zeitpunkt des Todes des Erblassers an gerechnet, beglichen worden sein. Es gibt strenge Strafen für Beamte, die diese Vorschriften nicht einhalten.

Auch ohne daß es eines weiteren Beweises für seine glasklare Linie bedurft hätte, räumt ihm die »Diktatur« bald außerordentliche Vollmachten ein. Nur drei Tage nach ihrer Übernahme verkündet er einen Erlaß mit genauen, dringenden und eiligen Vollstreckungsanweisungen für die Freilassungsorgane, die sich »innerhalb von acht Tagen nach Veröffentlichung dieses Dekrets bilden«, und die »in jedem Kanton mindestens einmal wöchentlich eine Sitzung abhalten sollen«; verantwortlich für die Durchführung sei der politische Vorsitzende des Kantons, und in seiner Abwesenheit der Oberste Städtische Ortsrichter.

Der Revolutionsgeist Bolívars erfährt im Grunde keine Abstriche während dieser kurzen und verkrampften Periode der Diktatur. Ganz im Gegenteil. Bolívar bekräftigt und vertieft ihn. Er sagt sich nicht los, noch geht er auf einen Handel ein, noch macht er Rückzieher bei irgendeiner seiner Hauptrichtlinien. In der Tat bleibt seine sehr entschiedene und ehrliche Haltung gegen die Sklaverei und für die Gleichheit ausdrücklich bestätigt und unangetastet; sein offenes Eintreten für die Eingeborenen ist jetzt noch eindeutiger; ebenso wie seine kolumbianischen und kontinentalen Aktivitäten, das heißt, für die Einheit; und auch sein Bestehen auf die Grundlagen der Ethik; alles Ziele, die er in dieser schwierigen Zeit mit seinen Erlässen und seiner Handlungsweise bekräftigt.

Mit Rücksicht auf das spezielle Problem der sozialen Frage der Eingeborenen verkündet er während der Diktatur den wichtigen Erlaß vom 15. Oktober 1828, der von den traditionellen Geschichtsschreibern so falsch verstanden wurde. Sie haben dem Befreier irrtümlich unterstellt, er hätte die persönliche Besteuerung der Indios wieder eingeführt. In Wahrheit hat Bolívar damals die Indios, so wie man es bis dahin kaum jemals versucht hatte, »mit all den Bürgern« gleichgestellt, denen es obliegt, für den Unterhalt des Staates zu sorgen; und außerdem in diesem Text den Mut gehabt, ausdrücklich zu bekennen, daß sich die Lage der Eingeborenen nicht verbessert, sondern »verschlechtert und sich ihre Not vergrößert hat«. Mehrere Verfügungen, alle zugunsten dieser kolumbianischen Randgruppen, sind in diesem Dekret des Vaters des Vaterlandes enthalten. Man trachtet danach, ihr Elend zu verringern, befreit sie von jedem Heeresdienst — außer sie melden sich freiwillig —, erläßt ihnen die »Zahlung der Kirchengebühren und jeder anderen nationalen Abgabe irgendeiner Art«; streicht ihnen die Verkaufssteuer; »läßt sie keinerlei Abgaben für weltliche und geistliche Tribunale oder Gerichte entrichten«. In seinem Artikel Nr. 17 entwickelt und bestätigt der Erlaß eine bereits bekannte Verfügung Bolívars: »Die Eingeborenen dürfen nicht für irgendeinen Dienst herangezogen werden, von welcher Person auch immer, ohne ihnen den landesüblichen Lohn zu zahlen«. Der oder die Vollstrecker der Gerichtshöfe sollten »allgemeine Beschützer der Eingeborenen« sein, und neben anderen Aufgaben wird es ihnen obliegen, »mit allen, ihnen zur Verfügung stehenden Mitteln die Einrichtung von Schulen für die Kinder der Eingeborenen zu fördern, und die Eltern aufzurufen, sie so häufig wie möglich diese Einrichtungen besuchen zu lassen. Die Geistlichen und Schutzherren sollten die Eingeborenen mit den sanftesten Mitteln dazu anregen, gemeinschaftlich ein ausreichend großes, von den Schutzgebieten übriggebliebenes Stück Land zu bearbeiten, dessen Ertrag ausdrücklich zum Vorteil dieser Eingeborenen zu investieren sei«.

Die revolutionäre Haltung Bolívars ist absolut eindeutig, fest und sicher zugunsten der Gleichheit, »fundamentale Grundlage seit den glorreichen Tagen unseres Aufstands«. Nie entsprach er besser seinem Titel als Befreier, als mit diesem dynamischen gleichbleibenden Festhalten an einer ehrlichen Gleichheit. Die Gesellschaft, die die Revolution durch Bolívars Stimme verkündet, ist jene, die »als grundlegende Basis eine vollkommene Gleichheit der Rechte hat und die auf einem Recht beruht, das sich nie nach Geburt oder Vermögen richtet, sondern immer zugunsten der Tugend und des Verdienstes entscheidet«.

Für die Geschichte wird Bolívar der wichtigste Anführer Amerikas im Kampf für die Gleichheit, dem »Gesetz aller Gesetze«, bleiben.

KULTURELLE VERPFLICHTUNG UND LEISTUNG

In jedem einzelnen der dem Hauptteil dieses Werkes vorangestellten Fälle haben wir das untersucht, was wir als die Verwirklichung des bolivarschen Ideals in Richtung auf die tatsächliche Unabhängigkeit unserer Völker ansehen können — Demokratie, Gerechtigkeit, Gleichheit, Einheit —, und dem es in allen wesentlichen Punkten Rechnung trug. Dieses programmatische Ergebnis ist gleichzeitig der Beitrag seiner Kraftanstrengung, seines Geistes und seines Scharfsinns für die Einheit und Solidarität des Kontinents. Der Ausgangspunkt Bolívars war immer unsere moralische und materielle Identität; daher wurde von ihm auch die kleinste und unwichtigste Gemeinschaft in Amerika, als der Gemeinschaft der ganzen Hemisphäre zugehörend gesehen, damit jeden von uns einschließend. Es ist notwendig, zu wiederholen, was man nie vergessen sollte: für Bolívar war »Amerika das Vaterland«, genauer, das spanische Amerika; von seinem geliebten Caracas aus beginnt die Rundreise seiner Liebe zum Kontinent. Von Venezuela, Kolumbien, Ecuador, Perú, Panamá und Bolivien aus, von den Hauptstädten ebenso wie von den winzigsten auf dieser weitläufigen geographischen Szenerie verstreuten Weilern, projiziert er auf die ganze Welt des Kolumbus die revolutionäre Gegenwart, die er so lückenlos und organisch verkörpert.

Die Einheit und die Solidarität des Kontinents konnte sich nach Meinung Bolívars nur auf die Dynamik des Fortschritts oder auf die substantielle Veränderung Amerikas gründen, mit anderen Worten, auf seinen schöpferischen Aufbau, wie man damals die Weiterentwicklung nannte.

Es ist bei aufmerksamer Analyse bereits sichtbar geworden, wie Bolívar die Revolution Amerikas als ein ernsthaftes und solides Geschäft versteht und vorantreibt, ein vielseitiges und umfassendes Unternehmen, das gleichzeitig auf fünf Wegen voranschreiten soll und dabei jeweils konvergierende Ziele hat. Im politischen Bereich handelt es sich um die Gleichberechtigung, einen radikalen Bruch mit der politischen Bindung an die spanische Monarchie; das Entstehen eines gewaltigen neuen Gebildes; die Einführung der Demokratie; die Anerkennung und der Genuß der Freiheit. Auf wirtschaftlichem Gebiet ist er bestrebt, das Agrarsystem der Sklaverei durch das einer Entlohnung zu ersetzen, das der Geldordnung entspricht; er arbeitet entschlossen für die Gerechtigkeit bei der Besitzverteilung; er zielt auf wirtschaftliche Unabhängigkeit mittels Aufteilung des Landes an die Arbeiter, das heißt, die Produktionsmittel sollen in die Hände ihrer tatsächlichen Benützer gegeben werden; und er strebt die materielle Weiterentwicklung durch einen Staat an, der innerhalb der Gesellschaft kein passives Wesen sein sollte; er sorgt auch für die Verstaatlichung der Bodenschätze. In der Sozialordnung — die mit der Wirtschaft verbunden und unlösbar verflochten ist — spricht er sich für die absolute Gleichheit aus, für die Abschaffung der Sklaverei, für die Aufhebung der Privilegien; das Ziel ist, die Menschenwürde wiederherzustellen, die sozialen Unterschiede zu beseitigen: die Schwarzen zu befreien, die Indios zu erlösen, sich für die Verbesserung der Situation der Mestizen und Mulatten einzusetzen; Chancengleichheit für alle. Im rechtlichen und internationalen Bereich kristallisiert sich seine revolutionäre Tätigkeit in dem Entwurf eines Amerikanischen Rechtes, in der Ausarbeitung und der verbissenen Verteidigung von fundamentalen Rechtsgrundsätzen zur Regelung der Beziehungen unserer Völker in und außerhalb der kontinentalen Gemeinschaft; er setzt den Maßstab und bringt zum ersten Mal den Kongreß der Amerikanischen Staaten zusammen; er legt die Keimzelle einer beweglichen und weitläufigen Rechtseinheit.

Im kulturellen und geschichtlichen Bereich verpflichtet sich Bolívar zu einer entschlossenen Unterstützung der Volkserziehung, auf diese Weise wollte er den Vorrang des Moralischen festigen, die Tugend zur Richtschnur erheben und ihr dauerhaftes Wirken im gesellschaftlichen Beieinander sichern, eine neue Seele formen, die fest auf den höchsten ethischen Grundsätzen unserer Zivilisation steht. Die Revolution, die Bolívar verkündete und der er diente, sollte einer neuen, unermeßlichen und reichen kontinentalen Einheit den Weg zur weltweiten Szene eröffnen, mit einem Programm von Gerechtigkeit, von Frieden und internationaler Übereinstimmung, im Selbstbewußtsein ihrer ursprünglichen Existenz und ihrer tatsächlichen Bestimmung.

Die kulturelle Leistung und den kulturellen Eifer Bolívars wird man besser verstehen können, wenn man die entsprechende Lage in Amerika auf diesem speziellen Gebiet zum Zeitpunkt seines, Bolívars, Auftritts untersucht. Rückständigkeit war die Regel. Nicht einmal die Hauptstadt selbst erfreute sich in der europäischen Welt irgendeiner Geltung; durch die theokratische Unnachgiebigkeit und den Fanatismus in sich selbst verschlossen, nahm sie weder an den technischen Neuerungen, noch an der industriellen Entwicklung teil, die einer Atmosphäre der freien, reformorientierten Geisteshaltung entsprangen. Spanien reagierte auf den religiösen Wandel mit der Gegenreformation und der Inquisition. Außer in der Kunst blieb seine Kultur zurück; in der Wissenschaft war seine Unterlegenheit offensichtlich. Die angesehensten Universitätszentren Amerikas konnten, — innerhalb der Kolonialzeit — die Lage der ohnehin schon hinterher hinkenden spanischen Halbinsel nicht verbessern. Hinzu kam, daß Spanien seine kulturellen Gaben in Amerika nicht gleichmäßig verteilte; seine Vorliebe galt — augenfällig — ganz besonders den reichen Kolonien. Venezuela gehörte zu den letzten auf dieser Skala. Caracas erhielt 1725 eine Universität, das Druckereiwesen kam 1808; schon über zweihundert Jahre früher hatte man sowohl das eine wie das andere dieser geistigen Medien in unsere Hemisphäre eingeführt.

Das allgemeine Charakteristikum der spanischen Kulturpolitik ist Unterwerfung unter strenge Normen der Zensur, Angst und Kleingeisterei. Im allgemeinen oblag es der Kirchenbehörde, die Erlaubnis zur Einfuhr, zur Verbreitung und zum Gebrauch von Büchern zu erteilen. Verbannt waren Bücher, die dem katholischen Dogma zuwiderlaufende Behauptungen enthielten, oder das Schamgefühl und die guten Sitten verletzten, oder darauf abzielten, der Monarchie die gebührende Achtung oder dem Gesetz den unbedingten Gehorsam zu verweigern. Auf dem Index der verbotenen Bücher, der Ende des 18. Jahrhunderts galt, hatte die Inquisition 5420 verbotene Schriftsteller vermerkt, ganz abgesehen von einer Unzahl anonymer Werke.

Die Härte in der Anwendung dieser Kontrollen des Gewissens nahm in dem Maße zu, wie die absolutistische Herrschaft ihren Polizei- und Bürokratieapparat vervollkommnete.

Die Krone wachte besonders eifersüchtig über die Werke, die Amerika betrafen; der Genehmigungsvermerk des Consejo de Indias war unerläßlich, damit solche Bücher die Neue Welt erreichen konnten. Niemand durfte sie ohne die vorherige Prüfung durch diese Institution verlegen, besitzen oder verkaufen.

Trotz der erwähnten Einschränkungen entstanden in Amerika namhafte Bibliotheken. Das Haus der Bolívars selbst beherbergte eine ganz beachtliche Fülle von Bänden.

Engstirnige katholische Denkweise herrschte in allen Winkeln des spanischen Bereichs. Innerhalb der venezolanischen Kultur der Kolonialzeit war, wie in ganz Amerika, die religiöse Präsenz als Zentrum und Antrieb das beständige Merkmal, so in der Erziehung, ebenso in der Philosophie, in der Malerei — die Normen des Konzils von Trient erklären das Fehlen des menschlichen Aktes —, und auch in der Architektur, der Musik, dem Theater und der Literatur.

EIN SO LEBHAFTES UND GROSSES INTERESSE

Vor diesem kulturellen Hintergrund allgemeiner Mißstände erhebt sich Simón Bolívar; man erinnere sich noch einmal daran, daß er durch seine Berufung für Volk und Revolution gekennzeichnet ist. Sein Kampf galt der Zerstörung aller Facetten eines vielschichtigen Zustands, der weder den Ansprüchen seiner Zeit noch denen der Zukunft gerecht wurde; und sein Wirken richtete sich nicht nur darauf, vorhandene Strukturen zu vernichten, sondern andere aufzubauen, die für die Gesellschaft der Zukunft von größtem Nutzen sind. Deshalb ist sein Werk, wenn auch scheinbar ungeordnet und obwohl es sich zwanzig Jahre lang über eine Fläche erstreckt, die zusammen der von über zwanzig europäischen Ländern entspricht, eine wohldurchdachte, einheitliche und gleichlaufende Aktion auf allen sozialen Gebieten. Bolívar versuchte, eine neue Ordnung aufzubauen, daher war ihm alles recht, was dieser Absicht diente; er berücksichtigte alle Faktoren, die aus verschiedenen Richtungen zum Nutzen seines edlen und kolossalen Vorhabens zusammenliefen, ohne auch nur einen auszulassen.

Unausweichlich mußte Bolívar dem Erziehungswesen besondere Aufmerksamkeit schenken. In diesem Prozeß, der als die geistige Fortpflanzung der Menschheit beschrieben worden ist, mußte der Befreier einen unabdingbaren Hebel — sine qua non — benutzen, um eine neue Welt zu schaffen. Nur indem man die Seele und das Bewußtsein der Kinder und Jugendlichen bearbeitet, kann man die Samenkörner einer besseren Zukunft wirksam aussäen.

Drei Problemen widmete der Befreier gründliche und besondere Aufmerksamkeit: dem des Krieges, der Diplomatie und der Erziehung. Keine andere Angelegenheit war ihm eine so ausdauernde und gewissenhafte Beachtung wert. Forscht man nach der Ursache dieser Tatsache, wird man feststellen, daß zwischen diesen Themen eine wesentliche Beziehung besteht, wie einander ergänzende Facetten ein und derselben Verantwortung und ein und derselben Pflicht: zu befreien. Von den Hufnägeln für die

Pferde bis zur kontinentalen Strategie, angesichts der Bedrohung durch die Heilige Allianz; von der Art, wie man den Kindern das Lesen und Schreiben beibringt, oder den rüden Offizieren des vaterländischen Heeres das Essen am Tisch, bis zu einer Universitätsreform; von der Ausarbeitung von Regeln und sogar dem Höflichkeitsunterricht für neue Diplomaten seines Amerika, bis hin zur Doktrin und Durchführung der kontinentalen Einheit, und mehr noch bis zur Idee eines neuen weltweiten Systems: all das innerhalb der drei genannten Bereiche wurde von Bolívar vorgesehen und betreut.

Auf diese Weise kam der Führer seinen Verpflichtungen für die drei Belange nach. Erstens, die konkrete Bildung des freien Amerika: Befreiungskrieg: Pläne und Schlachten, Logistik und Rüstung, Befehlsordnung, Soldaten, Offiziere, Truppen, Legionäre. Zweitens, die Vorbereitung der neuen Generationen auf das neue Leben: Erziehung, moderne und populäre Grundschulbildung, die Errichtung von Schulen verschiedenster Art, Förderung von Literatur und Kunst, Anregung der Wissenschaft, pädagogische Ideen, Universitäten, das Projekt der Moralischen Gewalt als Herrschaftsbereich der Kultur. Drittens, die Bestätigung und Festigung der Bande, die sein großes amerikanisches Vaterland unter sich und mit der Welt verbinden sollten: Diplomatie: internationale Verträge und Kongresse, Ideologie und Formeln für Solidaritätsabkommen; die kolumbianische Union; der amerikanische Staatenbund, der Kongreß von Panamá, die Anden-Union. Ein neues weltweites Programm der Gerechtigkeit und des Friedens. In dem Maße, wie seine Erfahrung im amerikanischen Kampf wächst, nimmt Bolívars Aufmerksamkeit für die Erziehung zu. Schon bevor er sich in das eigentliche Erlösungswerk vertieft, war seine Überzeugung klar und fest; der große englische Erzieher Joseph Lancaster vermerkt es genau für die Nachwelt: »Ich erinnere mich an Dich, als ich das Vergnügen hatte, mit Hilfe einiger erklärender Zeichnungen vor den Abgeordneten von Caracas (zu denen Du auch gehörtest) im Zimmer des Generals Miranda, in der Grafton Street, Piccadilly, London, um den 26. oder 27. September 1810 eine Rede zu halten. Mein System erregte in Deinem Geist ein so lebhaftes und großes Interesse, als Du in London warst«.

In der Mitte seines Lebensweges, und inmitten der Strapazen des Krieges, unterstreicht er den Wert der Ethik und der Bildung und hält ein, um die großartige Neuerung einer vollständigen moralischen Gewalt zu entwerfen. 1828 verspricht er vor dem Rektor der Universität Bogotá, daß »keine Sache für mich in Zukunft von so großer Wichtigkeit sein wird, wie die Führung der Kinder dieser Bürger, — die die Erben unserer Rechte, unserer Freiheit und unserer Unabhängigkeit sein werden, — damit sie diese kostbaren Güter mittels ihrer Tugend, ihres Wissens und ihrer Bildung hüten. Ich werde meine Schritte von nun an zu der Bildung der Völker und ihrer Kinder lenken«. Und eine Woche vor dem Tod widmet er in seinem Testament der Universität von Caracas ein bedeutungsvolles und herzliches Gedenken.

GRUNDLAGE DER FREIHEIT

Bolívar ist sich bewußt, daß die Existenz der Gemeinschaft von der Erziehung abhängt; ohne sie gibt es weder Geschichte, noch nationales Gepräge, das sich durch die Zeiten hindurch erhält. Die Schule ist, so sagt er, der Prüfstein für die Einschätzung einer Gesellschaft, der Prüfstein des Vaterlandes. Wer vergißt, daß seine Familie mehr dem Vaterland, als sich selbst gehört, und die Erziehung seiner Kinder vernachlässigt, »der kann weder ein guter Bürger, noch ein ehrenhafter Mann sein«. In seinem Regierungsprogramm nimmt die Unterstützung, Förderung und umfassende Anregung der Erziehung einen herausragenden Platz ein. Vor dem Kongreß von Angostura zögert er nicht: »Die Erziehung des Volkes muß für den Kongreß wie die pflegende Liebe des Vaters für den Erstgeborenen sein«, in Bolivien wiederholt er sechs Jahre später: »Die erste Pflicht der Regierung ist es, das Volk zu erziehen. Die Gesundheit einer Republik hängt von der Moral ab, die die Bürger in ihrer Kindheit durch die Erziehung erwerben«.

Joseph Lancasters Plan der Escuelas Mutuas wurde von Bolívar für die Grundschulbildung gewählt. Dieses System, das einem Lehrer erlaubte, durch die Zusammenarbeit mit den fortgeschrittensten Schülern, bis zu eintausend Kinder zu unterrichten, war zweifellos das günstigste für die amerikanische Realität, in der es kein fähiges Personal gab und die finanziellen Mittel äußerst gering waren. Es gab keinen besseren Weg, die größtmögliche Leistung aus den wenigen Lehrern Kolumbiens herauszuholen. In einem Mahnbrief an die Stadtverwaltung von Caracas wiederholt Bolívar sein Festhalten an dieser Methode, die er als »wunderbares Werk« bezeichnete. Er erinnert die Stadträte von Caracas daran, wie er, in der Absicht, daß der Englischlehrer dort die Lehrinstitute auf Gegenseitigkeit begründe, ihm 20 000 Pesos zur Verfügung gestellt, und ihn mit Versprechen und schönen Worten dafür begeistert habe, sich in jenem Land niederzulassen; »aber wie groß war meine Überraschung, als ich von eben diesem Herrn erfuhr, daß die sehr illustre Stadtverwaltung des vergangenen Jahres nicht dafür gesorgt hat, ein so nützliches Projekt der Jugend von Caracas bereitzustellen, sondern es von Anfang an bekämpft hat«. Bolívar schreibt energisch »mit der Absicht, sich über einen Mißbrauch zu beschweren, den er noch gar nicht glauben kann« und um den Stadtrat dazu aufzufordern sich den Lancaster-Schulen nicht zu widersetzen, sondern »ihnen all den Schutz zu gewähren, der den Einrichtungen gebührt, die die Verbreitung von Bildung zum Ziele haben und so unmittelbar im Interesse des Volkes liegen«. Später wird Bolívar genau diese Überzeugung bekräftigen und er erklärt: »Ich habe das Lancaster-System in ganz Kolumbien einführen lassen, und schon das allein wird die kommende Generation der jetzigen hoch überlegen sein lassen«. Am 31. Januar 1825 verfügte er in Perú die Einrichtung einer Lancaster-Anstalt für Lehrerbildung in jeder Bezirkshauptstadt. Gerade in der entschiedenen Unterstützung eines solchen Erziehungssystems muß man einen weiteren Beweis für den organischen Aufbau des revolutionären Konzepts Bolívars sehen.

Mit sicherer Sachkenntnis nimmt er gern die Aufforderung an, die für die Hazelwood-Schule in England bestimmten Schüler auszusuchen, deren »praktischen Erziehungsplan« ihm Jeremias Bentham als den geeignetsten zur Entwicklung des Geistes empfiehlt. Der Befreier ist der Überzeugung, daß es für ein wirkliches Befreiungs- und Fortbildungswerk in Amerika auf dem Gebiet der Kultur unerläßlich ist, unsere hervorragendsten jungen Leute in den berühmtesten Fortbildungszentren der Welt ausbilden zu lassen. Seine sehr genauen Empfehlungen an den Regierungsrat in Lima in bezug auf die Entsendung von Stipendiaten nach London, die sich auf den Gebieten des Rechts, der Diplomatie und der öffentlichen Verwaltung vervollkommnen sollten, entsprechen eben dieser Überzeugung. In seinen in Angostura geäußerten Vorstellungen entwarf er sehr sorgfältig das System für die Erzieher der zukünftigen Mitglieder des von ihm vorgeschlagenen erblichen Senats; dort denkt er an »eine speziell für die Ausbildung jener Tutoren, — den zukünftigen Gesetzgebern des Vaterlandes, — eingerichtete Schule. Sie würden die Künste, die Naturwissenschaften und die Literatur erlernen, die den Geist eines Mannes der Öffentlichkeit schmücken; von Kindheit an wäre ihnen bewußt, welche Laufbahn die Vorsehung für sie bestimmt hat, und von ganz klein auf würden sie ihre Seele zu der Würde erheben, die sie erwartet«. Als Ausweitung dieser Ideen betont er: »Die Erziehung formt den moralischen Menschen, und um einen Gesetzgeber zu formen, muß man ihn zweifellos in einer Schule der Moral, des Rechts und der Gesetze ausbilden«.

Zeugnisse der konkreten Maßnahmen Bolívars zugunsten der Erziehung sind mehr als reichlich vorhanden. Über vierzig Erlässe und Beschlüsse, von den verschiedensten Orten aus diktiert, im Verlauf eines großartigen Jahrzehnts, beziehen sich auf alle Aspekte einer so breiten und komplexen Problematik. Diese zehn Jahre erzieherischer Anstrengung reichen vom 17. September 1819 — als er in Bogotá verfügt, eine Schule für Waisen, ausgesetzte Kinder oder Arme zu schaffen, die die Republik unterhalten und erziehen sollte —, bis zum 15. Dezember 1829 — dem Tag, an dem er einen neuen Lehrplan in Popayán verkündet. In seinem ersten Dekret auf diesem Gebiet enthält die erste Überlegung den Ursprung einer Doktrin, eine Art Grundgedanke seiner

Laufbahn: »Die öffentliche Erziehung und der öffentliche Unterricht sind die sicherste Voraussetzung für das Glück der Allgemeinheit und die solideste Grundlage für die Freiheit der Völker«. Im letzten seiner Erziehungserlässe macht er eine umfassende Untersuchung der Erziehung in Kolumbien; er stützt sich auf die katholische Kirche für den Grundschulunterricht; er überprüft die anderen Zweige, insbesondere die Universität, und sieht verschiedene allgemeine Richtlinien zum Wohle der Bildung vor.

In dem Jahrzehnt seiner erzieherischen Tätigkeit — von den genannten Jahren 1819 und 1829 eingerahmt und über den weiten Schauplatz des von ihm verwalteten Amerika verbreitet — ergreift Bolívar sehr unterschiedliche und sehr wichtige Maßnahmen. Er gründet Schulen für vaterlose und grob vernachlässigte Kinder. Er gibt Gesetze über Lehrer und Bildungsanstalten für Indios heraus, einschließlich der gesonderten Aufforderung, ihnen unter anderem »die Rechte und Pflichten des Menschen und Bürgers in Kolumbien entsprechend den Gesetzen« beizubringen. Er macht den Unterricht in Perú zur Pflicht; er ordnet an, daß »jeder junge Mann ohne den Nachweis, Schüler irgendeiner Bildungsanstalt oder Schule zu sein, zur Strafe in den öffentlichen Dienst oder das Heer eingestellt werden soll«. Öfters befaßt er sich mit der Bildung der Frauen; in Cuzco verfügt er 1825 in Anbetracht dessen, daß die Erziehung der Mädchen die Grundlage der Familienmoral ist«, die Erziehung einer Bildungsanstalt, »in die Mädchen jeder Schicht aufgenommen werden sollen, sowohl aus der Stadt wie auch aus der Provinz, die dazu fähig sind, eine Erziehung zu erhalten«. In Caracas — 1827 — fördert er entschlossen die Ausbildung der künftigen Familienmütter nach dem Motto, daß »die wichtige Aufgabe der öffentlichen Erziehung sehr schlecht erfüllt wäre, wenn sie nicht die Erziehung der Mädchen verbessern würde«. In Bolivien ordnet er an, daß »das bischöfliche Viertel der Pfarreiabgaben, das bis jetzt dem Bistum La Paz zufließt, von nun an zugunsten der Schulen für Naturwissenschaften und Künste verwendet werden soll«. In Urubamba ordnet er an, daß das Kloster von Recoletos, einschließlich der dazugehörenden Einnahmen, der Einrichtung einer öffentlichen Bildungsanstalt zugeführt werde, wo die Jugend dieser ganzen Provinz die ersten Lektionen für ihre spätere Ausbildung erhalten könne«. Verschiedentlich wandelt er private Schulen und Klöster in öffentliche Schulen um. Er verfügt wiederholt, daß bestimmte nationale Besitztümer zwecks Förderung der allgemeinen Bildung verpachtet werden. Er richtet Lancaster-Schulen in Kolumbien, Perú und Bolivien ein. Er gründet eine Schule für Seefahrt in Guayaquil. Als er Perú in Begleitung von Don Simón Rodríguez durchquerte, konkret 1825 — dem bedeutendsten Jahr seiner kulturellen Anstrengungen —, schneidet er die verschiedensten pädagogischen Themen an. Wichtige Dekrete erläßt er in Chuquisaca: alle Stiftungen sollen der öffentlichen Bildung zugute kommen; in jeder Bezirkshauptstadt soll eine Grundschule für Kinder beiderlei Geschlechts eingerichtet werden; in der gleichen Andenstadt soll eine Schule für Naturwissenschaften entstehen; außerdem eine Militärschule, und das Priesterseminar soll Ordinierte aus der ganzen Republik aufnehmen. Um das Seminar von Caracas kümmert er sich 1827. Den Universitäten, z. B. in Bogotá, Trujillo, Arequipa, Quito, usw. widmet er besondere Aufmerksamkeit. Nichts entging seinem gewissenhaften Diensteifer.

DER MILITANTE ERZIEHER

Einem Professor gleich äußert Bolívar sehr verschiedene Lehr- und Erziehungsvorstellungen, die von einem anderen Gesichtspunkt aus den einzigartigen Zusammenhang seiner Persönlichkeit bestätigen. Über die formenden Hintergründe eines derartigen Wissens gibt es neuartige, erst jüngst angestellte Untersuchungen. Eine lange Tradition, die sich seit dem Werk des weisen Pädagogen aufrechterhielt, wird nun richtiggestellt: Von José Gil Fortoul, Anfang des Jahrhunderts bis 1969, bis zu Mancini, einem leidenschaftlichen und angesehenen Rousseau-Anhänger, hatte sich Bolívar nach Ansicht der großen Mehrheit derer, die sich mit diesem Thema beschäftigt haben, aus den ideologischen Strömungen Rousseaus genährt. Maestro Prieto Figueroa klärt die Frage endgültig, und zwar nicht mit unfundierten Verallgemeinerungen oder unverantwortlichen Oberflächlichkeiten, sondern mit ernsthafter wissenschaftlicher Genauigkeit, die mittlerweile leicht nachzuweisen ist und ihn zu der Behauptung berechtigt, daß Bolívar — auf diesem Gebiet — von keinem entfernter ist als eben von seinem angeblichen Genfer Mentor. Die tatsächlichen Vorbilder für die Erziehung des Befreiers sind nun endlich identifiziert und belegt: Diderot, Condorcet, Helvecio, Vives, La Chalotais ...

Auch Zeitgenossen und Freunde Bolívars beeinflußten sein erzieherisches Gedankengut. Don Simón Rodríguez, der gleiche Lehrer von dem er sagte: »dessen Rat und Zuspruch für mich schon immer so viel bedeuteten«, und sein Anhänger José Rafael Revenga, und Dr. José María Vargas sind in seinen pädagogischen Handlungen, Schriften und Gedanken anzutreffen. Rodríguez war mit Bolívar 1825 in Perú, in dem Jahr, in dem das Konzept des Zeitungsartikels über »Die Öffentliche Bildung« verfaßt wurde, der in den Papieren des Befreiers veröffentlicht ist. Aus dem Jahre 1825 stammt auch der methodische Vorentwurf für die Erziehung Fernando Bolívars, zu dieser Zeit Student in den Vereinigten Staaten.

Der Befreier hatte eine menschliche Vorstellung von der Schule und vom Lehrer; dieser muß kein Gelehrter sein, aber doch ein gebildeter Mann. Die Schule soll Mittelpunkt fragender Unruhe, der Befriedigung und sogar der Erholung für die Kinder sein; es ist nötig, einen Zustand zu beenden, indem »einem Kind zu sagen: Gehen wir in die Schule, für das Kind die gleiche Bedeutung hatte wie: Gehen wir ins Zuchthaus«.

Über die Belohnung der schulischen Leistung sagt er: »Nur moralische Auszeichnung oder Strafe dürfen als Anregung für den Verstand der Kinder dienen; Strenge und Prügelstrafe gebührt nur dem Vieh. Dieses System bringt die Erhöhung des Geistes mit sich, Edelmut und Würde in den Gefühlen, Anstand in der Handlungsweise. Es trägt in großem Ausmaß zur Bildung der Moral eines Menschen bei, indem es in seiner Seele jene unschätzbaren

Werte bildet, durch den er gerecht, großzügig, menschlich, gelehrig, maßvoll wird, in einem Wort ein guter Mensch«.

In seiner behutsamen Sicht verliert er nie die gesellschaftliche Dimension der Schule aus den Augen; sie muß sich den Gemeinschaftsaufgaben anpassen, sie kann weder für alle Völker, noch für alle Zeiten die gleiche sein; und auch nicht die gleiche für alle Geschöpfe, »sie muß immer ihrem Alter, ihren Neigungen, der Begabung und dem Temperament angemessen sein«.

Der Schule weist er, neben der ihr gemäßen kulturellen, ethisch-religiösen und bürgerrechtlichen Bildung weitere Aufgaben zu, die, wenn auch einfach und bescheiden, nicht weniger grundlegend sind: Höflichkeit, Sauberheit, Aussprache. Er will die Einübung der Demokratie von Kindheit an: die Kinder sollen ihre verdientesten Kameraden zu Aufsehern ihrer Schulklassen wählen. Um das Lesen zu lernen, empfiehlt er, daß nach der Erlernung der Schriftzeichen zum Lesen ganzer Wörter übergegangen wird, »ohne zu buchstabieren«; dieser Lehrmethode um viele Jahre voraus, stellt er fest, daß das Buchstabieren ein beschwerliches und unpraktisches Verfahren ist. Er beschäftigt sich auch mit der Zerstreuung: »Spiele und Entspannung sind so wichtig für die Kinder wie die Nahrung: ihre körperliche und moralische Verfassung verlangen es«.

Weitere seiner Vorschriften sind: daß die toten Sprachen nach Beherrschung der lebenden zu erlernen sind. Genauso soll man in der Geschichte zuerst die zeitgenösische studieren, um dann allmählich bis zur Sage zu kommen. Gleichermaßen weist er auf die harmonische Ausbildung aller intellektuellen Fähigkeiten hin; beim auswendig lernenden Kind soll das Verständnis angeregt und dem geistig Wachen sollen Gedächtnisaufgaben gestellt werden. »Sowohl das Gedächtnis wie das Rechnen müssen durch Übung gestärkt werden«. In der Mathematik sieht er ein Instrument, »um logisch denken und überlegen« zu lernen.

In seinem Bemühen, starke und gleichzeitig vornehme Persönlichkeiten hervorzubringen, vergißt er als Ergänzung der Tugend und der Wissenschaft nicht die Praxis des gesellschaftlichen Lebens. Für solche, die glauben, Revolutionär sein heiße ungehobelt und schroff zu sein, verteidigt Bolívar gegenüber den jungen Republikanern die Grundsätze und Manieren des Kavaliers; »die Erziehung zu guten Sitten oder sozialem Verhalten ist genauso wesentlich wie die militärische Instruktion«. Man muß in den Schülern »den Geschmack an einer gebildeten Gesellschaft wekken, in der das schöne Geschlecht seinen wohltuenden Einfluß ausübt und an der Achtung vor älteren Menschen vor dem Wissen und vor gesellschaftlichem Rang, eine Achtung, die die Jugend so bezaubernd macht und sie mit den Hoffnungen auf die Zukunft verbindet«.

Bolívar möchte kein Detail auf diesem Gebiet der Erziehung auslassen; er versucht, alles einzubeziehen, das ganze Feld und gleichzeitig jede einzelne Ährenspitze zu sehen, auch die kleinste. Seine Befreierfunktion verbindet sich mit seiner Funktion als vollendeter Lehrer, Gründer einer amerikanischen Erziehungspolitik, die keinen Aspekt des Gesamtphänomens vernachlässigt. Über alledem, gleichsam als Refrain seiner Bestrebungen, steht seine charakteristische Bemühung um das Wesentliche, seine Verachtung für Formalismus und Oberflächlichkeiten.

Die in Angostura vorgeschlagene Moralische Gewalt bestand aus zwei Kammern: einer für Moral und einer für Erziehung; zu dem Aufgabenbereich dieser Körperschaften gehören: die Überwachung der Sitten, die Belohnung der Tugend und die Bestrafung des Lasters; die Propagierung einfacher Regeln, »die der Intelligenz aller Familienmütter angepaßt sind« für die Erziehung der Kinder in ihren ersten Jahren; die Anregung für die Wissenschaftler, Werke über Erziehung zu veröffentlichen »entsprechend unseren Gebräuchen, Sitten und unserer Regierung«, »strebsame, gebildete und sorgenfreie Männer damit zu beauftragen, zu reisen, sich in der ganzen Welt umzuschauen und mannigfaltiges Wissen über diesen Themenbereich zusammenzutragen«. Noch weitreichender sogar ist seine Voraussicht, wenn er in dem Bewußtsein, daß »unsere jetzigen Schulen nicht in der Lage sind, einen großen Erziehungsplan durchzuführen, vorschlägt, der Repräsentantenkammer ganz besonders ans Herz zu legen, Schulen zu entwerfen und bauen zu lassen, die man in der ganzen Republik braucht«; dafür sollen alle Umstände berücksichtigt werden: Form, Proportion, Lage dieser Einrichtungen, bauliche Eleganz, Hygiene, Bequemlichkeit, örtliche Vorteile für das Zusammenholen von Kindern, gesundheitliche Verträglichkeit des Geländes, usw.

Sein Programm umreißt in kurzen Worten den Lehrer — die Schlüsselfigur des ganzen Vorgangs —: »Ein geistvoller Mann, der das menschliche Herz kennt und der es kunstvoll zu lenken versteht; ein einfaches System und eine klare, natürliche Methode sind die wirksamen Mittel, mit denen die Gesellschaft in wenigen Tagen außergewöhnliche und hervorragende Fortschritte machen kann. Ohne diese Voraussetzungen wird man umsonst Vorschriften und Arbeiten anhäufen: alles wird nur hinderlich und verwirrend sein«.

Den Lehrern schenkt Bolívar das größte Lob. Er liebt sie mit derselben männlichen Leidenschaft wie seine Soldaten. »Der edelste Zweck, der einen Menschen erfüllen kann, ist seinesgleichen zu bilden«. Dies ist die schöpferische Aufgabe schlechthin, diejenige, welche wirklich aus dem Nichts etwas aufbaut und auf der Grundlage von Wort und Beispiel erhebt und befestigt. Dieser »großzügige und vaterlandsliebende Mensch, der sich unter Aufopferung seiner Ruhe und seiner Freiheit der mühevollen Aufgabe widmet, für den Staat Bürger zu schaffen, die ihn verteidigen, ihn auszeichnen, ihn heiligen, ihn verschönern, und dann wieder andere, ebenso würdige hervorzubringen, hat sich ohne Zweifel um das Vaterland verdient gemacht: ihm gebührt die Verehrung des Volkes und die Hochachtung der Regierung. Sie muß ihn ermutigen und ihm ehrenvolle Auszeichnungen zukommen lassen«.

Auf die gleiche Art huldigt Bolívar immer wieder den Intellektuellen. Für die ethische Erneuerung der Völker betrachtet er die Wertschätzung der Schriftsteller als einen wichtigen Faktor; zusammen mit den Wissenschaftlern, Künstlern und Erziehern formen diese das moralische Bild des Vaterlandes. Die Wissenschaftler sind seiner Ansicht nach die wahren Entdecker der physischen Wirklichkeit der Nation, der Staat ist verpflichtet, sie zu unterstützen. Dem Ausbruch und Höhepunkt des Positivismus um etliches voraus, teilt Bolívar die Begeisterung für die Naturwissenschaft. Er betrachtet sie als notwendige Verbündete der Freiheit; ihre Pflege ist wichtig, um dem Menschen seine Rechte bewußt zu machen und ihn in die Lage zu versetzen, sie zu verteidigen. In der Naturwissenschaft sieht er eine der vier Kraftquellen der physischen Welt — neben dem Mut, dem Reichtum und den Tugenden; sie beinhaltet, seiner Meinung nach, in der Tat eine Quelle der Macht. Die Europäer lädt er ein zu kommen, um mit ihren wissenschaftlichen Kenntnissen unser Amerika mit aufzubauen. Mit bedeutenden Intellektuellen seiner Zeit unterhält er einen regen Austausch. Als Regierungschef nimmt er Forscher und Gelehrte mit Sympathie auf, allen öffnet er die Tore Kolumbiens. Es gibt Dankesbriefe an Bolívar vom Naturhistorischen Museum in Frankreich, von zahlreichen Persönlichkeiten, wie dem deutschen Wissenschaftler Erich Bollmann — Platinforscher in Kolumbien —, dem irländischen Naturforscher und Geographen J. Barclay Pentland, der sich in Perú und Bolivien mit voller Unterstützung der betreffenden Regierungen aufhielt. Um Fossilien, Mineralproben, Exemplare botanischer und zoologischer Gattungen, indianische Relikte, um die verschiedensten Informationen und Daten bat man den Befreier. Schriftsteller und wissenschaftliche Autoritäten verschiedenster Richtungen und Länder sandten ihm ihre Werke und korrespondierten mit ihm. Geschichtsforscher und Geographen ließen ihn am Fortgang ihrer Untersuchungen teilnehmen. Professoren des Lyzeums »Louis le Grand« in Paris schlagen ihm vor, in Kolumbien eine Akademie für Mathematik und Physik zu gründen. Maler, Verleger, Publizisten, Politiker, alle interessieren sie sich für die zivilisierte Republik, die dank seiner in Amerika entsteht.

DIE ROLLE DES STAATES

Das Thema Erziehung liefert einen neuen Beweis dafür, wie weit Bolívar von der vereinfachenden politischen Vorstellung des liberalen Staates entfernt ist, der auf alles außer Verteidigung,

Polizei oder Justiz verzichtete. Innerhalb des *laissez faire* wird die Erziehung der Privatsphäre überlassen; für Bolívar ist dies nicht der Weg. Der Staat ist das Wesen, das »die öffentliche Erziehung einrichtet und leitet«. Im Juni 1820 gibt er in El Rosario die in dieser Hinsicht nachdrücklichste Erklärung ab: Die Staatshoheit in diesem Bereich und die Einheitlichkeit in der Orientierung des Vorhabens, das heißt »der Schutz, die Richtung und die Leitung der Studien- und Bildungsanstalten der Republik obliegen der Regierung, wie auch immer ihre Entstehungsweise gewesen sein mögen«. Ausdrücklich sind in diesem Artikel sogar »die Seminarschulen der ganzen Republik eingeschlossen, deren Vorstände, Rektoren, Lehrer und sonstige Angestellte der Regierung unterstellt sind und von ihr ernannt werden«. Ein Jahr zuvor, in Angostura, ermächtigt er in seinem Entwurf für die Moralische Gewalt »ausdrücklich« das Erziehungsressort: »die Grundschulen, sowohl für Jungen wie auch für Mädchen, einzurichten, zu organisieren und zu leiten«. Der Staat kann — seiner Meinung nach — die Ausbildung der Gesellschaft nicht abtreten oder übergeben, noch in irgendeiner Weise die ihm zufallende große Verantwortung vernachlässigen. Die Gesellschaft ist weitgehend so, wie ihre Schule und ihre Lehrer sie haben wollen.

Wenn das Bildungswesen dem Gesellschaftssystem entspricht, wird es dauernden Erfolg haben; wenn es aber, andererseits, in Konflikt mit seiner Umwelt gerät, kann man die Ergebnisse seiner Arbeit nicht absehen. »Die Nation wird weise, tugendhaft, kriegerisch sein, wenn ihre Erziehungsgrundsätze weise, tugendhaft und kämpferisch sind: sie wird schwachsinnig, abergläubisch, verweichlicht und fanatisch sein, wenn man sie zu solchem Fehlverhalten erzieht. Aus diesem Grunde haben die aufgeklärten Gesellschaften die Erziehung immer als eine der Grundlagen ihres politischen Apparates gesehen«.

Auf den Grundsatz der kostenlosen Ausbildung, der in unserer Zeit, innerhalb der Demokratie, eine unbestrittene Voraussetzung ist, steuert der Befreier ebenfalls zu. Es ist die Aufgabe des Staates, die Erziehungskosten zu bestreiten, allen seinen Mitgliedern gleiche Möglichkeiten zu gewähren, um an die Quellen der Bildung heranzukommen. In Cuzco sieht er sich gezwungen, angesichts der Geldnot festzulegen, daß die Töchter wohlhabender Bürger in der öffentlichen Schule dazu beitragen, die finanziellen Mittel des Institutes zu vergrößern. Mit demselben Ziel, die mageren Zuschüsse für die Erziehung zu vermehren, verwendet er einige kirchliche Einnahmen; Bauten ehemaliger Klöster werden ebenfalls für diesen Zweck bestimmt. Sein Besuch im Landesinneren von Perú dient dieser Aufgabe; in allen Dörfern auf der Strecke ließ er die öffentlichen Finanzen ordnen, das Staatseigentum einer guten Verwaltung unterstellen und die Bildung fördern. Seiner Anstrengung ist es zu verdanken, daß in Bolivien »die Regierung sich dazu verpflichtet, alle Einsparungen, die in der Folge gemacht werden können, zur Verbesserung anderer Bereiche der öffentlichen Verwaltung zu verwenden«.

VEREHRUNG DER UNIVERSITÄT

Ohne eine Universität besucht zu haben, nahm der Befreier immer liebevollen Anteil am Schicksal der wichtigsten Kulturstätten. Wenige Schritte vor dem Grab unterstreicht er die konsequente Haltung seines ganzen Lebens mit einer schönen Geste an die Universität von Caracas. Also bekräftigt er seine Verehrung. Bei der Verteilung seines spärlichen Besitzes läßt er in seinem Testament verlauten: »Es ist mein Wille, daß die beiden Werke, die mir mein Freund General Wilson geschenkt hat, und die vormals zur Bibliothek Napoleons gehörten, mit dem Titel *»Der Gesellschaftsvertrag«* von Rousseau und *»Die Kunst der Kriegführung«* von Montecuccoli der Universität von Caracas übergeben werden«.

Während seines letzten Aufenthalts in Caracas beschäftigte er sich nicht nur damit, den Zwist von »La Cosiata« beizulegen, sondern er verfaßte und veröffentlichte mit Hilfe von Revenga und Vargas eine neue Universitätsverfassung. Veraltete Normen wurden damals außer Kraft gesetzt, die bedeutende Einrichtung wurde gebührend erneuert und modernisiert, es wurden die Grundlagen für eine neue Handlungsweise gelegt, die man wohl zu jener Zeit als den Ausgangspunkt einer wirklichen Universitätsreform ansehen konnte, und wovon ein Gutteil der Grundsätze bis heute ihre Gültigkeit nicht verloren hat. Dank der neuen Regeln wurde die Autonomie der Universität konsolidiert und ihr ein eigener Besitz und eigene Einnahmen zugesprochen, um ihren Bedürfnissen auf unabhängige Weise nachzukommen.

In dieser bolivarischen Verfassung wird eine Universitätspolitik der offenen Türen proklamiert und nachdrücklich wird festgelegt, daß »niemand daran gehindert werden soll, den Vorlesungen eines Hochschullehrers beizuwohnen«. Man räumt den Studenten eine Mitbestimmung in der Leitung des Instituts ein und überträgt ihnen sogar, innerhalb der Idee einer wechselseitigen Bewertung, eine gewisse Verantwortlichkeit gegenüber den Professoren; so verfügt er diesbezüglich, daß »außer den Besuchen, die der Rektor den Unterrichtsstunden abstatten wird, wenn seine Sorgepflicht es verlangt, er alle zwei Monate zwei Studenten jeder Stufe bestimmen soll, die ihm über das Betragen des Dozenten Auskunft geben werden«. Zum Wohle der Studenten wird kategorisch die Freistellung vom Wehrdienst festgelegt, ebenso von jeder Aufgabe, die sie von ihren eigentlichen Verpflichtungen abhält. Die Studenten sind mit den Lehrern solidarisch für das Ansehen der Lehranstalt verantwortlich; in den »Gelehrter Streit« genannten öffentlichen Veranstaltungen sollen neben jedem Lehrer obligatorisch zwei Studenten teilnehmen, »von denen keiner sich entschuldigen lassen darf«, um das Land über »die Fortschritte der jungen Leute und den Stand der Studiengänge der Universität« zu unterrichten.

In den von Bolívar gesetzten Normen wird der Weg für ein gerechtes System der Gleichwertigkeit und Anerkennung freigemacht, das die verschiedenen Universitäten verbinden soll; die Titelgleichheit aller wird für ganz Kolumbien anerkannt. Für die Besetzung der Lehrstühle wird das System des offenen Wettbewerbs und der Auswahlprüfungen festgelegt, und der Jury wird ausdrücklich empfohlen »in gerechter Weise, unbeeinflußt von Zuneigung oder Leidenschaft zu handeln«. Als Professoren wünscht er sich vollendete Lehrer, er verlangt von ihnen, nicht nur Vermittler von Kenntnissen zu sein, sondern auch »das Vorbild der jungen Leute, die ihrem Unterricht anvertraut sind: Schicklichkeit, Anstand, Höflichkeit, Sprachkultur, das alles muß der Lehrer ausstrahlen, um durch dieses praktische Beispiel gute Schüler hervorzubringen«. Er ist der Meinung, daß im eigenen Interesse des Kollegiums die Anwesenheit der Lehrer bei Institutsveranstaltungen außerordentlich wichtig ist, und sieht schwere Sanktionen vor für solche, die gewohnheitsmäßig abwesend wären.

Ein Pensionierungssystem »mit voller Rente« nach zwanzig Dienstjahren wird gegründet, und als Anregung für das Schreiben von Lehrbüchern wird der gesondert durch die Anerkennung nachweisbarer Verdienste für eine vorzeitige Pensionierung belohnt, der fundamentale Bücher schreibt oder übersetzt. Das Problem der Lehrtexte beschäftigte Bolívar, der sich über die Wichtigkeit dieser Sache im klaren war, außerordentlich. Ein Problem, das noch durch den Mangel an geeignetem Personal vergrößert wurde — ein Mangel, der wenigstens teilweise — durch gute Bücher und Erziehungsmaterial wettgemacht werden könnte. Dem bolivarischen Interesse für Unterrichtsbücher würdig ist die bemerkenswerte Umsicht des Dekrets, in dem er verbot, die Tratados de Legislación von Bentham zum Unterrichtsstoff zu machen: »Da die Vermehrung der Grundliteratur sehr wichtig ist, besonders auf einigen Gebieten, auf denen es gerade für die kolumbianische Jugend keine gibt, wird die Generaldirektion die einzelnen Subdirektionen und Universitäten dazu anregen, von den dafür am besten geeigneten Dozenten einige Kurse niederzuschreiben und sie auf Kosten der Universität drucken zu lassen, um diese Kosten dann durch den Verkaufserlös der Bücher zurückzuerstatten«.

In bezug auf das Rektorat der Universität bestätigt der Befreier sein Vertrauen in das republikanische Alternativsystem; gleichzeitig ordnet er an, daß mit Rücksicht auf die institutionelle Zweckmäßigkeit, die darauf gerichtet ist, einer größeren Anzahl von Personen die Gelegenheit zur Führung dieser Institution zu geben, der Rektor sein Amt drei Jahre lang innehabe. Innerhalb dieses neuen Systems bezeichnet er den Typus des kultivierten oder humanistischen Akademikers als vorbildlich; auf dieses Ziel hin richtet sich die Absicht Bolívars, für die künftigen Ärzte Pflichtunterricht in Französisch, Englisch, schöngeistiger Literatur und Physik vorzusehen, und es sei darauf hingewiesen, daß eine solche Vervollständigung der Bildung für das Medizinstudium eingerichtet wird, dessen Unterrichtung, wie er selber schreibt, »eher praktisch als theoretisch sein soll«.

Bolívar begreift die Universität als zentrale Antriebskraft der nationalen Kultur, deshalb nimmt er in den Universitätsplan die Einrichtung von Akademien auf; diese sollen, auf gleiche Weise wie die Universität im allgemeinen, ihre Anstrengungen auf das Studium der sie umgebenden Wirklichkeit richten, um Lösungen für die Probleme der Gesellschaft zu suchen, in der sie tätig sind. Gerade in seinem letzten Erlaß über Erziehung — dem von Popayán mit Datum vom 5. Dezember 1829 — beauftragt der Befreier die Universitäten mit einer übergreifenden Aufgabe in bezug auf Führung und Verwaltung der Erziehung: »Die Studien-Subdirektionen sollen überall dort abgeschafft werden, wo es eine Universität gibt, und ihre Aufgaben werden in den jeweiligen Universitäten von der Generalversammlung oder der außerordentlichen Versammlung übernommen, je nach der Wichtigkeit der Sache: sie werden sich mit der Studien-Generaldirektion in allen Punkten verständigen, die die öffentliche Erziehung betreffen«. Außerdem »werden die Universitäten dazu ermächtigt, das Reglement auszuarbeiten, das vorschreibt, welche körperliche, moralische, religiöse und soziale Erziehung den jungen Leuten an den Universitäten und Schulen zuteil werden soll«.

Die Reform der Universität von Caracas bestätigt durch die Anordnungen Bolívars, wie schon gesagt, die echte Autonomie dieser Institution: mit ihrem vom Lehrkörper frei gewählten Rektor, der jetzt Doktor der Medizin und von gewöhnlichem Stande sein darf; und mit genügend Mitteln für ihren Unterhalt. Der Befreier ordnet an, der Universität Nutznießung und Eigentum an erstklassigen Haziendas zu übertragen: Chuao, Cata und La Concepción, letztere mit ihrer Zuckersiederei; außerdem den Besitz der ausgewiesenen Jesuiten; Renten und fromme Stiftungen: er befiehlt, die seit 1592 für sie bestimmten Abgaben sollen respektiert und ihr erhalten werden; er verschafft ihr außerdem den Überschuß der Einnahmen aus den indianischen Schutzgebieten, der aufgelösten Anwaltskammer und andere Einkünfte.

Im Grunde unnötig zu erwähnen, daß die neuen Satzungen in bezug auf die Aufnahme von Studenten der sozialen, religiösen und Rassendiskriminierung ein Ende machten — die Forderung der »Reinheit des Blutes« wird abgeschafft —. Im Lehrbereich führt der Zuwachs an Lehrstühlen zu einer echten Reform, so bei der Mathematik, vor allem aber in der Medizin — wo man statt des früheren »Protomedicato« verbindlich die Fakultät einführt und der man außerdem ein eigenes Gebäude zur Verfügung stellt.

Im gleichen Jahr 1827 erreicht der Reformgeist im Lehrbereich die Universität von Quito; der entsprechende Erlaß Bolívars verfügt — unter anderen Neuerungen — daß, neben den wichtigen Sprachen Europas, die Quetschuasprache erlernt werden solle. Drei Jahre zuvor verordnete der Befreier in Perú die Gründung der Universität von Trujillo. In jener Schwesternation legt er im Laufe des August 1825 auch die Grundlagen für die spätere Universität »San Agustín« in Arequipa.

Im Dezember 1827 richtet Bolívar im Kolleg von Antioquia einen Universitätsbetrieb für das Studium der Rechtswissenschaften ein, der Anfang der Universität von Medellin. Während der Diktaturperiode und mit Rücksicht auf die damaligen politischen Schwierigkeiten werden einige Änderungen in den Satzungen verschiedener Universitäten eingeführt. Im November 1828 werden die Internate von El Rosario und San Bartolomé erneut dazu ermächtigt, ihre oberen Klassen wiederaufzunehmen.

Da das große kulturelle Interesse des Befreiers in den wissenschaftlichen Kreisen Europas bekannt war, bieten sich ihm mehrere französische Professoren an — Brunner, ein Mathematiker; Pelegrin, Grammatiker und Sprachenkenner; Avon, Chemiker und Pharmazeut —, um das zu gründen, was die eigentliche Universität von Kolumbien werden sollte und an die bald danach insgesamt achtzehn französische und spanische Gründungsprofessoren kommen sollten.

DIE ARTILLERIE DES DENKENS

Der Befreier irrte nicht darin, die Zeitung, wie er es immer getan hatte, als ein außergewöhnliches Instrument zur Erziehung der Massen anzusehen, als eine Art beweglicher Tribüne für die Verbreitung neuer Ideen. Von einem erbitterten Gegner, José Domingo Díaz, ist uns das bestätigende Zeugnis geblieben, daß die Druckerkunst immer »die wichtigste Waffe« Bolívars war. Er schätzte die Presse als ebenso nützlich ein wie die Kriegsausrüstung. Petion, der ruhmvolle Förderer der wichtigsten Feldzüge, schenkte ihm eine Druckerei, die in der Katastrophe von Ocumare verlorenging; jedenfalls hatte die Revolution Erfolg in ihrem Streben nach einem eigenen Sprachrohr, das war der »Correo del Orinoco«, 1818 bis 1821. Dem verdienten Haitianer Juan Baillío fiel es zu, der unerschrockene Drucker des Kongresses von 1811 zu sein, dazu der ersten und zweiten republikanischen Regierung, und auch des Befreiungsfeldzuges von 1816.

Bolívar betätigte sich mehr als einmal persönlich als Publizist; er schrieb Artikel und Zeitungsnotizen für die Presse. Er gab bei verschiedenen Gelegenheiten sehr scharfsinnige und zutreffende Ratschläge, damit die Zeitungen ihre Aufgabe besser erfüllten. Er bestand auf angemessener Form und gutem Stil. Man sehe sich seine ausführlichen Empfehlungen an General Santander an: »Die ›Post von Bogotá‹ enthält fabelhafte Sachen, sie amüsiert mich unendlich, ihr einziger Fehler ist die Eintönigkeit ihrer Leserbriefe; sie ähnelt einem unterbrochenen Briefwechsel. Sagen Sie dem Redakteur, er solle der Öffentlichkeit mitteilen, er werde keine ihm in Briefform zugesandten Artikel mehr veröffentlichen, wenn ihnen nicht eine Unterschrift mit Inhaltsangabe voranginge. Keine Zeitung auf der Welt hat die Form der ›Post von Bogotá‹. Allen Dingen muß man die ihrer Struktur angemessene Form geben, und diese Form muß die ansprechendste sein, um Bewunderung und Entzücken hervorzurufen. Es ist sehr wichtig, daß diese Zeitung, die so gute Redakteure hat, die Themen in einer normalen und journalistischen Weise behandelt«.

In der Erziehungs- und Kulturpolitik Simón Bolívars ist nichts das Werk des Zufalls, sie ist ganz die tagtägliche Bestätigung des unverfälschten revolutionären Gedankenguts und seiner Praxis. Joseph Lancaster, jener Zeuge des »so lebhaften und mächtigen Interesses«, das Bolívar seit 1810 für die Erziehung zeigte, wird diese revolutionäre Integrität genau erkennen; in einem seiner Briefe an den Befreier stimmt er mit ihm überein in der Erkenntnis, daß die »Emanzipierung des Verstandes der einzige Weg zur Krönung der Freiheit mit dem vollen Maß des Ruhms und der Ehre zu sein scheint«; in einem anderen Brief stimmt Lancaster wiederum mit Bolívar überein in dem Wunsch, »die Kolumbianer mögen ihr Wissen mit der Freiheit verbinden, und den Ruhm ihrer Freiheit auf den Fundamenten ihrer Bildung aufbauen«.

DIE ÖFFENTLICHE MEINUNG

Immer war Bolívar Erzieher; in seinem eigenen öffentlichen Auftreten wird seine vortreffliche Stellung als Lehrer Amerikas offenkundig. Seine freiwillige und immerwährende Unterordnung unter unbeugsame Grundsätze der Moral ist ein Zeugnis hoher politischer Meisterschaft. Mit seiner Haltung als aufmerksamer Beobachter der öffentlichen Meinung zeigt er, welche Achtung er vor der Stimme und dem Willen des Volkes hat. Er ist nicht der Richter, der sich selbst genügt und für unfehlbar hält; man könnte sagen, daß die Beachtung der öffentlichen Meinung bei ihm ein beständiger Kult ist. Eine Kraft, die »sogar mehr als Heere gilt« nennt er die öffentliche Meinung. »Die wichtigste aller Kräfte«. Er findet sie unerläßlich für die Wertschätzung jedes Führers, »Die Staatsmänner sind soviel wert, wie die Meinung, die man von ihnen hat«. Selbstsüchtigen Anführern, wie Páez, erteilt er nüchtern eine Lektion: »Derjenige, der befiehlt, muß sich auch die allerhärtesten Wahrheiten anhören, und nachdem er sie sich angehört hat, muß er seinen Nutzen daraus ziehen, um die Fehler richtigzustellen, die aus Irrtümern entstehen«. In den Tagen des Jahres 1820 — und innerhalb derselben Linie konstruktiver Toleranz, zugleich in der Absicht, die öffentliche Meinung dazu anzuregen, sich zu artikulieren und diese auch zu nutzen — bekräftigt er vor dem Vizepräsidenten der Provinz Cundinamarca: »Die Staatsmänner sind der Kontrolle aller Bürger unterworfen, vor allem in einer reinen Volksregierung«.

Ein klares und zusammenhängendes kulturelles Konzept als eine Einheit, und nicht als ein willkürlicher und chaotischer Haufen einzelner Bestandteile, findet man wiederholt in den Texten und Aktionen des Befreiers; leicht fällt es ebenfalls, aus seinen eindringlichen Predigten Redewendungen über die Nützlichkeit geistiger Arbeit zu zitieren. Es ist »sehr schwierig festzustellen, wo die Kunst aufhört und die Wissenschaft anfängt«, sagt er und er würde es begrüßen, wenn sein Neffe Fernando sich praktischen Fächern (Kunst oder Handwerk) zuwende, erklärt er ohne Umschweife, denn wir haben einen Überfluß an Ärzten und Juristen, aber es fehlen uns gute Mechaniker und Landwirte, die das Land braucht, um seinen Wohlstand und sein Wohlbefinden zu verbessern«. Bolívar übertreibt, wenn er, um den chronischen Mangel an Landwirten, Technikern und Fachhandwerkern zu unterstreichen, in so entschiedenen Worten von einem angeblichen Überfluß jener freien Berufe spricht. Es ist richtig, daß die Universitäten Lateinamerikas bis heute das Intellektuelle stark bevorzugt haben, manchmal bis zur vollständigen Vernachlässigung wichtigster Aspekte des praktischen Bereiches, wie der rationellen Nutzung des Bodens und der ersetzbaren Naturschätze, den wissenschaftlichen Schutz der Naturvorkommen, den Bau von Städten, Fabriken und Dienstleistungsbetrieben, und vor allem das, was den Menschen und die menschliche Gemeinschaft und seine Probleme in unserer Hemisphäre betrifft. Aber noch heute, und mehr noch in jener Zeit der akuten Krise, fehlen Ärzte, um das menschliche Potential zu schützen, Juristen, um das Recht aus unwissenden und unehrlichen Händen zu befreien, Ingenieure, Pädagogen,

Forscher, die den Kampf um die Herrschaft über die natürliche Umwelt leiten — wie er in seiner Rede von Caracas betonte —, wirkliche Lehrer, Philosophen, Schriftsteller, Humanisten, usw., die alle gleichermaßen sich auf das Ziel eines positiven und funktionierenden Vaterlandes vereinigen.

Auf jeden Fall kann man in der bolivarischen Übertreibung ergänzende Nuancen seiner revolutionären Konsequenz feststellen. Man notiere, daß er in Anspielung auf seinen Neffen — das heißt an den Sohn, den er nicht hatte —, und dessen mögliche Neigung zu — wie man damals meinte — niedriger oder unwürdiger Tätigkeit, nicht sagt, er würde diese Wahl »dulden« oder sich mit ihr als unvermeidlich abfinden, sondern es sogar ehrlich »begrüßen«. Auf diese Weise rehabilitiert und wertet er die handwerklichen und technischen Fertigkeiten auf, die er immer schon für unaufschiebbar dringlich gehalten hatte. Der Befreier nimmt der handwerklichen Arbeit die uralte Geringschätzung, die die sinnlosesten Vorurteile aufhäufte. Schon seit der Zeit Bolívars wird von den lateinamerikanischen Universitäten gefordert, neben ihrem traditionellen Einsatz für den theoretischen Bereich, auch den Zweigen, die die Neue Welt so notwendig braucht, »um ihren Wohlstand und ihr Wohlbefinden zu verbessern«, die gebührende Aufmerksamkeit zu schenken. So zeigt sich sein immerwährendes Beharren auf beiden Polen der Kultur: Geist und Materie; Bolívar fordert eine Universität für den umfassenden Aufbau Amerikas für einen vollendeten Dienst an der kontinentalen Revolution.

VOM SEIN UND DER KULTUR

Des Befreiers Interesse an der Pädagogik endete indes nie — es bedarf der Wiederholung — bei den Lehranstalten, seien es Gymnasien, Seminarschulen, Militärschulen, Schulen, Universitäten. Sein Themenkreis ist größer — wie man, zum Beispiel, schon in bezug auf die Presse gesehen hat —; er umfaßt die ganze Problematik der Kultur in unserem Amerika. Unter Kultur sei hier die harmonische Gesamtheit der Ergebnisse des gemeinschaftlichen Tuns verstanden, Frucht der Geschichte und Synthese der gemeinsamen Anstrengung, die eine Gesellschaft charakterisiert. Die Kultur ist gleichzeitig das Ergebnis und der Ursprung eines Volkes. Die kulturellen Leistungen Amerikas spiegeln sein schwaches Gepräge wider und wirken umgekehrt auf dieses ein. Die Kultur Amerikas ist auf dem Wege sich zu gestalten, genau wie Amerika auch. Bolívar war scharfsichtig genug, um vom hervorragenden Aussichtspunkt Europa her, und durch seine Pilgerschaft in den Ländern der Neuen Welt, zu erkennen, daß sein Amerika eine eigene Prägung hat. Und sein Vorsatz ist es, diese Prägung zu verfeinern und auszuformen, diese wesentlichen Züge zu erhalten und zu stärken. Wenn man Amerika die geistige Persönlichkeit absprach, so bestätigte Bolívar sie ihr ohne zu zögern; er gab sich nicht für eine vage Vorstellung, sondern für eine greifbare Wirklichkeit hin; und aus der verpflichtenden Konsequenz gegnüber der riesigen indio-afrikanisch-lateinischen Heimat heraus, widmet er sich der Aufgabe, die zerbrechliche Existenz des entstehenden Wesens zu ermöglichen und zu stärken. Amerika muß sich anschicken, wie er meint, sein eigenes Selbst zu definieren. Den von ihm so geschätzten Intellektuellen gebührt eine entscheidende Rolle in dieser Aufgabe, die Seele Amerikas zu schmieden, in Zeit und Raum einen Begriff von Leben und Geschichte zu formulieren, die Wünsche mit der Wirklichkeit und der unsterblichen Vergangenheit zu verschmelzen. Auch hier will Bolívar ein Befreier sein.

Die Jugend in Amerika neigt in ihrem Wesen zur Undankbarkeit und zum Vergessen ihrer optischen Wahrheit. Es ist kindisch zu glauben, ohne kritische Wertung, daß Jugend an sich eine Tugend sei. Jugend ist ein Moment der Geschichte, der einem Versprechen gleicht, das aber gleichzeitig bedeutet: spärliche Erfahrung der Wirklichkeit, Wahrheit im Ansatz. Jugend in Amerika, das ist keine Rechtfertigung für Trägheit, sondern Verpflichtung und Aufgabe und Ansporn zur Fürsorge um die Zukunft. Bolívar ahnt die Lawine aus Systemen und Kulturformen, die als getarnte Vorhut handfester wirtschaftlicher Interessen, der bedrückenden und absorbierenden Imperialismen, auf die Dauer die lateinamerikanische Nationalität auflösen kann. Presse, Schule, Lehrer, Universitäten, Denker, Künstler sind effektiver Bestandteil des geistigen Schutzwalls zur Verhütung und Abwehr katastrophaler fremdländischer Überschwemmungen.

Im Innersten gründet sich Simón Bolívars so große und umfassende Sorge um das ganze Thema der Erziehung auf eine kategorische Überzeugung: »Die Nationen marschieren zum Ziel ihrer Größe im Gleichschritt mit der Erziehung. Sie fliegen, wenn diese fliegt; sie schreiten rückwärts, wenn diese zurückschreitet, sie stürzen und versinken in der Dunkelheit, wenn sie verkommt oder sich vollkommen aufgibt. Diese Grundsätze, von der Erfahrung diktiert und von den alten und den modernen Politikern und Philosophen verbreitet, bilden heute ein so bekanntes Dogma, daß sich wahrscheinlich kein einziges Individuum finden wird, das sich nicht von dieser Wahrheit durchdrungen fühlte«.

An das Gewissen Amerikas wendet sich, im Sinne Bolívars, sein großartiger Mentor — Don Simón Rodríguez —; hier ist die Mahnung, hier der Weg: »Die Führer des Volkes können davon überzeugt sein, daß sie nichts erreichen, wenn sie keine Bildung verbreiten. Weil sie das Erziehungswesen der Republik als zweitrangiges Ziel ansahen, haben die Führer viel Zeit verloren, und sie riskieren, die ihnen verbleibende Zeit auch noch zu verlieren. Die Meinung des Volkes ist die Grundlage des republikanischen Systems und diese Meinung bildet sich nur, wenn das Volk geschult wird. Wenn der Mensch in der Lage ist, sich zu bilden — wenn es notwendig ist, daß er sich bildet — wenn es nicht viel benötigt, ihn zu bilden — und man beginnt nicht mit seiner Unterrichtung ... ist es die Schuld desjenigen, der ihn zu unterrichten verpflichtet ist. Niemand macht eine Sache gut, von der er nichts weiß, folglich wird eine Republik nie mit Hilfe unwissender Menschen entstehen — welchen Plan man auch immer dafür nimmt. Und man soll nicht nur oberflächlich unterrichten — Werke sollen nie halbfertig sein, außer sie sind noch im Entstehen. Republikaner, bedenkt es gut! Erziehet die Kinder, wenn ihr eine Republik aufbauen wollt«.

BILANZ DER HOFFNUNGEN

Über eine weite Strecke sind auf den vorhergesehenen Seiten die programmatischen Richtlinien Simón Bolívars dargelegt. Davor wurden die Umstände zusammengefaßt, die den Hintergrund jener lebhaften und unermüdlichen Aktivität bilden. Bolívar war die reine Tat. Von der Geschichte Amerikas bekam er einen Auftrag: das Gepräge des Kontinents zu ändern, seine Kolonialstruktur zu ändern, in der Neuen Welt eine neue Welt zu bauen.

Sein Unabhängigkeitsideal umfaßt nicht nur die Politik; nicht weil dieses spezifische Ziel der Größe entbehrte, sondern weil die Verpflichtung größer war, und die Vision des Helden mit sicherer Spontaneität eine große Perspektive beinhaltet, in der — neben der Politik — alles für die Gesellschaft Wichtige Platz hat.

Bolívar setzte sich für die Unabhängigkeit, für die Demokratie, für die Verankerung der republikanischen Verfassung und die Konsolidierung des Rechtsstaates ein. Er kämpfte und stritt für die absolute Gleichheit: Freiheit für die schwarzen Sklaven, Gleichheit für die unterworfenen und ausgebeuteten Indios, Gleichheit für die erniedrigten und zurückgesetzten Mulatten. Sein Ziel war wirtschaftliche Gerechtigkeit, Reichtum in den Händen der Arbeiter, Eigentum, gebaut auf gerechte und unantastbare Grundlagen und nicht auf Raub oder durch Gewalt ermutigten Diebstahl. Bolívar widmete sich rückhaltlos der Vereinigung und der Einheit, der Brüderlichkeit auf dem Kontinent zwischen allen Menschen, dem engen und ernsthaften Zusammenschluß Lateinamerikas, nicht für einen Angriff, niemals für einen Krieg, aber wohl für die Entwicklung und den Fortschritt. Seine Hauptsorge galt der Solidarität. Dieses ganz großartige Gebäude aus

Gedanken, Entwürfen und Lehrmeinung wird von dem Erziehungs- und Kulturplan gekrönt, wie er bereits beschrieben wurde. Das bolivarische Programm, das heißt, das Programm der Revolution, kann und darf man nicht als buntes Sammelsurium von Einzelteilen verstehen, sondern als eine intelligente Struktur, eine dynamische Einheit. Für uns gilt als Interpretationsregel keine andere als die, die der Befreier selbst Don Guillermo White für die Rede von Angostura empfohlen hat: »Haben Sie die Güte, meinen Vortrag aufmerksam zu lesen, ohne auf einzelne Teile, sondern auf das Ganze zu achten«.

Im Denken Bolívars besitzt Amerika einen dem Herzen des eigenen Kontinents entsprungenen Bauplan, der sich jeder einzelnen Facette der alten Ordnung entgegenstellt, und der in sich eine Harmonie und spürbaren Zusammenhang bewahrt, um so glaubwürdig eine neue Gesellschaft zu verwirklichen«.

Vieles von dem, was Bolívar aufnimmt und neu zusammensetzt, war schon vorher entworfen, von irgendeinem Fachmann auf diesem oder jenem Breitengrad ausgearbeitet; Simón Bolívars Verdienst besteht in der Schöpfung des Ganzen, im Organischen, in der Vereinigung; alles in eine menschliche, aufrichtige und tiefsinnige mitreißende Begeisterung zu übersetzen; eine unvergängliche Lektion für die Nachwelt, ein praktischer Ausgangsort für einen konkreten und sofortigen Beginn. Einen Beginn, der heute unaufschiebbar ist.

V.
Das Drama der Ablehnung

ELEMENTE DER AUFLÖSUNG

Im Plan der Revolution war die Kraft nicht vorgesehen, an der sie scheitern sollte: der Caudillo. Als der revolutionäre Wandel eingeleitet wurde, meinten die kreolischen Anführer, die Veränderung würde sich auf die Übernahme der politischen Macht beschränken. Als treibende Kraft der Bewegung und in ihrer Eigenschaft als denkender und aufgeklärter Teil derselben — insofern einzigartig innerhalb jener Gemeinschaft —, handelten sie ausschließlich zu ihrem eigenen Vorteil, und waren deshalb an keiner jener großen Parolen sozialen, wirtschaftlichen und kulturellen Inhalts interessiert, die letztlich die Volksmehrheit auf die Seite der vaterländischen Sache brachten. Anfangs dachte niemand an den Krieg, der alles vernichten würde.

Die Kreolen beherrschten die Gesellschaft, es fehlte ihnen nur die politische Macht. Bolívar selbst begann seinen Dienst innerhalb eines solchen Denkschemas. 1813 war er imstande, den Krieg bis zum Tod auszurufen, wobei er sogar mit der Ausrottung »der Gleichgültigen« drohte, aber bis dahin hatte er nicht einmal in Betracht gezogen, den Farbigen ein Angebot von materieller Bedeutung zu machen, oder den Indios irgend etwas zu versprechen, und noch weniger um die Neger zu werben und sie an seine Seite zu rufen. Mit sicherem Instinkt gab das Volk — in den ersten Abschnitten des Krieges — demjenigen alle Unterstützung, der es am besten vertrat; kein Zweifel, daß Monteverde und Boves — Vertreter einer Monarchie, die viel annehmbarer schien, als die kreolische Vorherrschaft, welche so anmaßend und hartnäckig versuchte, ihre Vorrangstellung zu betonen — dem Verständnis und der Empfindung der Massen viel näher standen.

Die Mißerfolge der Ersten und Zweiten Repubulik, das heißt, die unbezweifelbare Gunst der Mehrheit für den Royalismus — ein Begriff, der in diesem Fall mit Realismus gleichgesetzt werden kann —, zeigten Bolívar, daß der bis 1815 eingeschlagene Weg nicht der richtige war. In der Verbannung auf den Antillen, teils auf Jamaica, teils in Haití, rührend unterstützt vom großherzigen Petion, bot sich ihm eine andere Perspektive an. Nach Los Cayos und Jacmel fand die Revolution ihren Kurs. Simón Bolívar fiel es nicht schwer, die Dinge so zu sehen, wie sie tatsächlich waren. Trotz seiner Herkunft machten ihn Simón Rodríguez' Erziehung, ebenso wie seine Lehrzeit aus dem »Buch der Welt«, aus der Beschaffenheit ihrer Länder, und aus der Erfahrung seines bisherigen Lebens, ebenso wie sein echt volkstümliches Einfühlungsvermögen und auch jene »Aufgeschlossenheit gegenüber der Vernunft«, von der sein Lehrer spricht, zum Sprachrohr, Führer, Lenker und Diener der Sache des Volkes. Das Volk hatte schon auf seine Ziele hingewiesen: Soziale Gleichheit, wirtschaftliche Gerechtigkeit, kulturelle Verbesserung; all dies sollte gekrönt und vollendet werden durch die Emanzipation, die man mit republikanischer und demokratischer Verfassungsmäßigkeit ausstatten würde und mit der Kraft, unser Amerika zu einer dynamischen und kraftvollen Einheit zusammenzuschweißen.

Spanien wankte nie in seinem unbeugsamen Vorsatz, den Kolonialstatus aufrechtzuerhalten, und sicherlich waren nicht alle Venezolaner vom Patriotismus erleuchtet; bis zum Schluß hatte die Sache Spaniens hierzulande verbissene Anhänger. In diesem Bürgerkrieg — der weder zivilrechtlich noch zivilisiert war — blutete Venezuela aus. Der Krieg zwang allen seine besondere Wertskala auf, erweckte die Wertordnung der Konquista zu neuem Leben, bei der an oberster Stelle Gewalt, Robustheit und Kraft rangierten. Der Krieg brauchte »mutige«, »tapfere«, »männliche« Männer; die vordersten unter ihnen wurden zu Anführern gemacht.

Der Caudillo, dank seiner Waffen plötzlich nach oben getragen, angesogen vom Vakuum, das in der Macht entstanden war, hatte nicht einmal Zeit, sich geistig der neuen Lage anzupassen.

Indem er auf individueller Ebene das Problem seines Ressentiments und seiner Triebe löste, vergaß er alles übrige. Nur allzu leicht geriet er in das Gewebe traditioneller Machenschaften. Der Caudillo, Faktor und Folge des Mißerfolgs der Revolution, dient den Interessen der Mächtigen; der Prunk und die materiellen Vorteile der Herrschaft sind der Preis seines Erstgeburtsrechts. Er leitet den Übergang ein, kommt her vom Unabhängigkeitskampf und bewegt sich in Richtung auf den trügerischen Frieden, der die wieder zum Leben erweckte Ausbeutung beschützen soll. Wenn sich der Caudillo in den Intrigen perverser Inspiratoren verfängt, dann ist er nicht mehr Feind, sondern ein gehorsames Instrument, dessen man sich bedient und ein Partner, mit dem man schließlich eine enge Verbindung eingeht.

Der Untergang Bolívars, sein wirkliches Drama lag darin, sich innerhalb der Revolution solchen widersprüchlichen und negativen »Desorganisatoren« gegenüberzustellen. Wenige, wirklich sehr wenige, verstanden seine Uneigennützigkeit: Wieviele waren ehrlich in ihren Beteuerungen von Idealismus und Größe? Die meisten wollten — und erreichten das schließlich auch — einen Schein von neuen und hochtrabenden Schlagworten aufrechterhalten, mit plumpen Begierden gepaart; er nicht. Bolívar orientierte sich an dem Doppelgestirn Freiheit—Ehre; »Ich habe für die Freiheit und für die Ehre gekämpft, und nicht für meine Beförderung« — versichert er rundweg 1828. Mit der Eloquenz eines Don Quichotte, die keinen Widerspruch duldet, präzisiert er: »Ich war immer der Meinung, daß jener, der für Freiheit und Ehre arbeitet, keinen anderen Lohn als Ehre und Freiheit haben soll«.

Es ist verständlich, daß Bolívar in der Überzeugung stirbt, er sei trotz seiner Anstrengungen gescheitert. In seiner Abschiedsbotschaft, bezeichnenderweise mit seinem Schlüssel-Binom abgeschlossen, möchte er etwas Hoffnung ausdrücken; er sagt zu den Kolumbianern: »Mitbürger! Schamröte überkommt mich, wenn ich sage: die Unabhängigkeit ist das einzige Gut, das wir unter Aufopferung aller anderen erworben haben. Aber sie öffnet uns die Tore, alles andere unter Eurer souveränen Schirmherrschaft wiederzugewinnen, mit all dem Glanz der Ehre und der Freiheit«.

Die Überzeugung von dem außerordentlichen Ausmaß der Pflicht und die schmerzhafte Nutzlosigkeit der Bemühungen gewann er nach vielen Rückschlägen. 1823 rekapituliert er für Heres: »Um die Wahrheit zu sagen, es ist eine enorme Aufgabe, die wir in den Händen haben, es ist ein endloses Feld von Schwierigkeiten, weil eine Unzufriedenheit herrscht, die sogar den Entschlossensten entmutigt. Schlachtfeld ist das südliche Amerika; alles ist uns feindlich; und unsere Soldaten sind Männer aus allen Parteien, allen Ländern, und jeder hat seine eigene besondere Sprache, seine Hautfarbe, sein Gesetz und sein Interesse für sich. Nur die Vorsehung mit ihrem allmächtigen Finger kann Ordnung in dieses Chaos bringen, und solange ich es nicht sehe, glaube ich nicht an ein solches Wunder«.

Vollkommen logisch, daß — fünf Wochen vor seinem Tod — seine Bilanz von der Art ist, wie er sie für Juan José Flores zusammenfaßt; dort erscheinen, nach zwei Jahrzehnten des Todeskampfes, die »wenigen sicheren Ergebnisse: 1. Amerika ist für uns unregierbar; 2. derjenige, der einer Revolution dient, gleicht einem, der das Meer pflügt; 3. das einzige, was man in Amerika tun kann, ist auszuwandern . . .«.

Bolívar, »ein einsamer Mann«, wie er sich oft nannte, hat das getan, was ihm möglich war, und viel mehr; die große Ausdehnung des Schauplatzes und der Aufgabe haben ihn verschlungen. Fehlende Kollaboration erlaubte nur dem politischen Wechsel sich zu kristallisieren, und auch das nur teilweise. Mit Dekreten, Befehlen, Resolutionen, pathetischen und leidenschaftlichen Aufrufen, mit seiner unermüdlichen Dynamik wollte er alles umfassen und allem abhelfen. Seine Reise in den Süden kostete ihn den Verlust der Macht im Norden; in Kolumbien konsolidierte sich während der fünf Jahre seiner Abwesenheit von Bogotá, eine Reise, die den Heimatländern im Süden gewidmet war — die ganze konterrevolutionäre Struktur —, gegenüber der er letztlich machtlos war und von der er am Ende als heterogenes Element verstoßen wurde. Alle diese Auflösungsfaktoren, die äußeren und die inneren, das Vorhandensein der mikronationalistischen Oligarchien und das Krebsgeschwür des Caudillismus gaben der revolutionären Konstruktion den Todesstoß. Zu José Maria Fernández, der sein engstes Vertrauen genoß, sagt der Befreier am 21. Dezember 1827: »Das Sichere an dieser Sache ist, daß ich es für unmöglich halte, diesem Land Stabilität zu geben. Kolumbien und ganz Amerika sind für diese jetzige Generation verlorene Länder. Lassen Sie sich nicht von anderen Ideen täuschen, und wenn nötig, vertrauen Sie es den britischen Ministern an, denn der Betrüger ist immer der Betrogene«. Ein Jahr zuvor hatte er blutenden Herzens an Santander folgende melancholische Einsicht schreiben müssen: »Was soll ich tun? Was soll Kolumbien tun? Ich müßte, um dem Vaterland zu dienen, das großartige Gebäude der Gesetze und die ideale Romanze unserer Utopie zerstören. Bankrott wie es ist, kann Kolumbien nichts anderes tun, als die Gesellschaft auflösen, mit der es die Welt betrogen hat, und seine Insolvenz erklären. Jawohl, dies ist die Lage der Dinge, und zu meiner Erbitterung muß ich es erkennen und sagen«.

DER POLITISCHE RÜCKSCHRITT

Die politische Absicht so vieler Bemühungen während der Revolution beschränkte sich für viele auf die einfache, schlichte Trennung von der spanischen Krone. Ausschließlich in diesem Punkt gab es keine größere Meinungsverschiedenheit unter den Patrioten, von denen nicht wenige die theoretischen Folgerungen der öffentlichen Sache unterschätzten und ihr gegenüber gleichgültig blieben. Doch trotz einer solchen Gleichgültigkeit gab es weder passive Bereitschaft noch begeisterte Zustimmung für die politischen Ideen Bolívars, der sich im Laufe seiner Karriere mit sehr hartnäckigem Widerstand gegenüber seinem Denken konfrontiert sah.

Die Ablehnung begann während des Ringens um die Führung selbst; Bolívar wurde in Venezuela und in Neu-Granada nicht anerkannt; auch in Haití nicht. 1817 versammelt sich ein Kongreß in Cariaco, der versucht, ihm die Befehlsgewalt zu entziehen.

Als er seinen Verfassungsentwurf dem Kongreß von Angostura vorlegt, beachten die Parlamentarier die bolivarischen Vorschläge kaum. Weder Leidenschaft noch Feuer des Führers erregten sie in den grundlegenden Angelegenheiten wie z. B. der Landverteilung und der Abschaffung der Sklaverei. Was die Verfassung im besonderen angeht, so zog der Kongreß es vor, auf die — bereits von den Tatsachen überholte und widerlegte — Theoretik der Charta von 1811 zurückzugreifen. Die Verfassungsgeber von Angostura bemerkten nebenbei, der Entwurf für die moralische Gewalt sei »undurchführbar«, verwarfen das bolivarische Konzept der Gleichheit, achteten nicht auf die so tiefempfundene und aufrichtige Fürbitte gegen die Sklaverei, nahmen den Erbcharakter des Senats nicht an, ja sie ließen nicht einmal die fortschrittliche Vorkehrung Bolívars über das, was heute »Berufungsmöglichkeit« heißt, durch den Obersten Gerichtshof zu. Die qualifizierte Meinung des Juristen Tomás Polanco A. benötigt keinen weiteren Kommentar: »Das Verfassungsschema des Befreiers erwies sich als wissenschaftlich und philosophisch richtig, der nationalen Wirklichkeit angemessen und politisch wirksam«.

Der Kongreß nahm es nicht als Ganzes an, sondern fügte so viele Abänderungen ein, daß die ursprüngliche Idee zerstört wurde.

Ebenso wenig Erfolg oder Glück war der Handlungsweise des Kongresses von Cúcuta beschieden, dem ersten Parlament der Kolumbianischen Union. Vom ersten Augenblick an gewahrte Bolívar die allgemeine Unsicherheit der politischen Orientierung dieser souveränen Körperschaft, deren Fehler das ganze revolutionäre Unternehmen zwangsläufig ins Verderben ziehen mußten. Von San Carlos aus erklärte er Santander am 13. Juni 1821: »In dieser Gegend weiß man wenig vom Kongreß und von Cúcuta. Schließlich und endlich, was müssen diese Gelehrten denn noch alles tun, damit man aus der Republik Kolumbien verbannen kann, so wie Plato es mit den Dichtern in seinem Land machte. Diese Herren denken, der Volkswille stimme mit ihrer eigenen

Meinung überein. Diese Kavaliere denken, Kolumbien sei voll von Pelzbesitzern, die sich an den Kaminen von Bogotá, Tunja und Pamplona wärmen. Sie haben ihre Blicke noch nicht auf die Kariben vom Orinoco gerichtet, auf die Hirten vom Apuregebiet, auf die Seeleute von Maracaibo, auf die Bootsleute vom Magdalena-Fluß, auf die Banditen von Patia, auf die ungebärdigen Pastusos, auf die Bauern von Casanare und auf all die Horden von Wilden aus Afrika und Amerika, die wie Hirsche die einsamen Weiten Kolumbiens durchstreifen. Finden Sie nicht, mein lieber Santander, daß diese eher unwissenden als schlechten, diese eher eingebildeten als ehrgeizigen Gesetzgeber uns in die Anarchie, und dann in die Tyrannei, in jedem Fall aber in den Ruin führen werden? Ich glaube das und bin mir dessen sicher. So kommt es. Und wenn es nicht die Llaneros sein sollten, die unseren Untergang besiegeln, so werden es die milden Philosophen des rechtmäßigen Kolumbien sein. Die, die sich für Lykurg, Numa, Franklin, Camilo Torres und Roscio halten, für Uztari und Robiras, oder für andere Götter, die der Himmel — so glauben sie — eigentlich nur zu dem Zweck auf die Erde geschickt hat, um ihren Marsch in die Unsterblichkeit zu beschleunigen, aber nicht um ihnen Republiken wie die der Griechen, der Römer und der Nordamerikaner zu schenken, sondern um die Trümmer riesenhafter Bauwerke aufzuhäufen, und um auf einem gotischen Fundament ein griechisches Gebäude am Rande eines Kraters zu bauen«.

Der gebildete venezolanische Geschichtsschreiber Carlos Felice Cardot hat das Thema der Reaktion der caraquensischen Kreise auf die Verfassung von Cúcuta sehr gründlich untersucht. Diese Verfassung war bei ihnen nie gut angesehen, denn sie bedeutete, indem sie die kolumbianische Einheit konsolidierte, den Verlust der traditionellen Privilegien der Hauptstadt. In der Verfassung von Cúcuta lagen die Keimzellen von La Cosiata; jenes höchste Gesetz sollte wie eine Zeitbombe dazu beitragen, die Schöpfung Bolívars in tausend Stücke zu sprengen.

In verschiedenen lateinamerikanischen Gebieten bot sich das genau gleiche Bild. Auch in Perú oder in Bolivien hörte man nicht auf den Rat des Befreiers. Überall waren die Oligarchien so geschickt, die revolutionären Verordnungen Bolívars zu verbergen und zu neutralisieren; manchmal hielten sie den Schein der Worte aufrecht, wußten aber genau, was ihren Interessen diente und gingen nie über rein verbalistische und leere Zugeständnisse hinaus.

VERLUST DER MACHT

Die Jahre, die Bolívar im Süden verbrachte, nutzten die oligarchischen Patriziate Bogotás, Caracas' und Quitos, um sich der Maschinerie des kolumbianischen Staates zu bemächtigen, oder seiner entsprechenden Wirkungsbereiche, und sie sich völlig dienstbar zu machen. Das Ideal der Revolution und des großen Vaterlandes bleibt hinter der minimalen Befriedigung zurück, die eroberten Positionen und die »alte« oder abgewertete Heimat zu bewahren. Im Inneren Kolumbiens wurde, um die Jahre 1826, 27 und 28, die Lage täglich kritischer. Die verschiedenen Volksteile fühlten sich Schritt um Schritt von der republikanischen Ordnung der Unabhängigkeit enttäuscht. In der Praxis hingegen festigte sich fortlaufend die Vorherrschaft der traditionellen Nutznießer der Macht.

Der schwere innere Kampf ging bis zu jenem Punkt, an dem Bolívar meinte, und es sehr offen aussprach, daß die Grundlagen der politischen Organisation mittels einer direkten Volksbefragung neu formuliert werden müßten. Er unterstützte den Vorschlag für einen Kongreß, bei dem alle Angelegenheiten Kolumbiens, besonders aber die aus der ungenügenden und falschen Verfassung von Cúcuta herrührenden Fehler gründlich untersucht und die entsprechenden Korrekturen beschlossen werden könnten. Ein großer kolumbianischer Schriftsteller, der Geschichtsgelehrte Indalecio Liévano Aguirre, analysiert mit beneidenswertem Scharfsinn den Weg jener bolivarischen Initiative, aus der der Konvent von Ocaña resultieren sollte: »Das Bestreben Bolívars, das seit Perú zum Ausdruck kam, nämlich einen großen verfassunggebenden Konvent einzuberufen, der es dem Volk erlaubt hätte, frei seinen Willen kund zu tun, konnte nicht von den explosiven Auseinandersetzungen isoliert werden, die damals die Kolumbianer entzweiten. Die Idee eines Konvents wurde von den Gegnern des Befreiers erst angenommen, nachdem sie sich im vorhinein durch geeignete Maßnahmen die Herrschaft über die große Versammlung gesichert hatten. Als Bolívar zur Hauptstadt unterwegs war, auf dem Rückweg von Venezuela, gab der Kongreß unter dem Druck der Exekutive, der Anwälte des granadischen Bürgertums und der ›mantuanischen‹ Aristokratie Venezuelas die berühmte Wahlordnung heraus, die praktisch 95 Prozent der Bevölkerung das Wahlrecht verweigerte. Dieser Wahlordnung nach durften nur jene wählen, die einen Liegenschaftsbesitz hatten, oder einen Beruf ›ohne Abhängigkeitsverhältnis in der Form von Tagelöhnern oder Bediensteten‹ ausübten. Die Wahlordnung übernahm außerdem das indirekte Wahlsystem, um auf verschiedenen Ebenen die antidemokratischen Filter zu vervielfachen, und verlangte für die Wahlmänner des Kantons und die Abgeordneten zum Konvent außergewöhnliche Nachweise über ihren Besitz und ihre Einkünfte, zusätzlich wurde noch die Eigenschaft ›Professor irgendeiner Wissenschaft zu sein oder einen wissenschaftlichen Titel‹ zu führen, für unerläßlich erklärt. Der Konvent von Ocaña scheiterte daran, daß der große Konflikt zwischen dem demokratischen Geist der Nation und den Ansprüchen ihrer begüterten Stände keinen Platz in den Debatten der Versammlung hatte, die dem Volk durch das Wahlrecht versperrt blieb«.

Die Geschichte des Vorfalls, der Bolívar in Richtung der »Diktatur« stieß, ist hinreichend bekannt. Über diesen schmerzlichen und tragischen Abschnitt in der politischen Laufbahn des Befreiers ist in Amerika eine Legende kolportiert worden, die alle auf diesem Kontinent ertragenen Diktaturen und volksfeindlichen Despotismen mit der Notregierung Simón Bolívars im Jahre 1828 gleichsetzt. Tyrannen aller Färbungen wollen so ihre Schuld abmildern, sich auf eine Analogie berufen, die sie wenigstens teilweise entlastet. Der Vergleich ist unannehmbar.

Ein ausgezeichneter Biograph Bolívars, der Schriftsteller und Professor Alfonso Rumazo González, ein Sohn Ecuadors, jenes Landes, das sich der Würde rühmen kann, dem Befreier die Treue gehalten zu haben, erinnert daran, daß 1828 »das Volk die Diktatur mit offenkundigen Zeichen der Zufriedenheit akzeptiert. Die Behörden in den übrigen Landesteilen billigen und unterstützen das Geschehen in Bogotá. Als Bolívar in der Hauptstadt eintrifft, wird seine Ankunft mit überschwenglichem Jubel gefeiert«.

Die »Diktatur« Bolívars ist so entstanden wie die Diktaturen der römischen Republik und ähnelt der von Miranda. Es ist ein Regime der Rechtsstaatlichkeit; aus freien Stücken erklärt es sich für provisorisch, setzt ein Ende fest und verpflichtet sich, die Nationalvertretung zu einem genau festgelegten Zeitpunkt einzuberufen: am 2. Januar 1830. Außerdem erhält der Befreier nicht die gesamte Macht; der Staatsrat setzt oft seine Meinung durch, sogar in heiklen Angelegenheiten, die Bolívar persönlich betrafen.

Die Angelegenheit ist von derartiger Reichweite, daß sie es verdient, unser Urteil darüber zu wiederholen, das in dieser Sache grundlegend von den traditionellen Interpretationen abweicht. In der Substanz erleidet der Revolutionseifer Bolívars während dieser kurzen und verkrampften Übergangszeit keinerlei Einbuße. Bolívar sagt sich von keiner seiner Hauptrichtlinien los, er läßt nicht mit sich darüber handeln und dreht sie nicht um. Im Gegenteil, seine eindeutige Haltung gegen die Sklaverei bleibt unangetastet und wird ausdrücklich bestätigt; seine offenkundige Entscheidung zugunsten der Eingeborenen ist jetzt noch klarer; dasselbe gilt für seine auf Kolumbien orientierte und kontinentale Haltung; sein Bestehen auf der Ethik; alles Ziele, die er in dieser schwierigen Zeit durch seine Erlässe und Handlungen erneut bestätigt. Wenn man es gründlich prüft und es unparteiisch beurteilt, so war die Diktatur weniger ein reaktionärer Ausrutscher, als der allerletzte Versuch Bolívars, die Revolution voranzutreiben und faßbar zu machen.

Die letzten Anstrengungen des Befreiers, sein republikanisches und demokratisches Werk zu retten, waren vergebens. Die Gesundheit war nicht mehr auf seiner Seite. An der Pforte des Grabes hatte er noch genügend Kraft und geistige Klarheit, um mittels seines treuen Urdaneta unvergängliche Lektionen für Amerika zu formulieren. Der aufrechte Mann aus Maracaibo, von seiner Zuneigung zum »Vater des Vaterlandes« bewegt, trieb ihn dazu an, die Macht mit Gewalt an sich zu reißen, und hatte in Bogotá Aufstände angezettelt, die ihn zurück in die Hauptstadt riefen. Bolívar antwortet: »So gern ich auch auf die Argumente und Zureden der Abgesandten, der Freunde in diesem Lande, und auch der Briefe aus Bogotá eingehen würde, so ist es mir doch nicht möglich gewesen, mich zur Annahme einer Herrschaft zu entschließen, die keine anderen Rechtstitel hat als zwei Urkunden zweier Stadträte. Ich kann mich nicht mit der Rolle eines Usurpators abgeben, so sehr ich mich anstrenge, meinen Widerwillen dagegen zu überwinden. Santa Maria sagt mir, es käme, falls ich die Führung nicht übernähme, unweigerlich zu einer entsetzlichen Anarchie, aber was kann ich gegen eine Schranke aus Erz tun, die mich vom Amt des Präsidenten trennt? Diese Schranke ist das Recht: ich habe es nicht, noch hat der, der es besaß, es abgetreten; folglich werden wir die Wahlen abwarten. In diesem Falle wird mir die Legitimität ihren Schatten geben, oder es wird einen neuen Präsidenten geben; der politische Horizont wird sich aufgeheitert haben und wir werden endlich wissen, ob es ein Vaterland gibt oder keines. Dann, und nur dann, werde ich in die Exekutive eintreten können, immer vorausgesetzt, daß die Wahlen in Übereinstimmung mit dem Gesetz gemacht werden«.

Bolívar ging in die Ewigkeit ein. Kolumbien überlebte seinen Gründer nicht. Páez, Santander und Flores an der Spitze der wieder auferstandenen alten und kleinlichen Nationalismen, freuten sich über ihre Anteile an der erhofften Beute.

Der Augenblick war gekommen, die Illusionen von Gleichheit, Gerechtigkeit, Freiheit aufzugeben. Der große Störenfried war verschwunden, das Sprachrohr der Armen, der Meister der Revolution. Jeder würde in seinem »Heimatländchen« versuchen, die passende »bürgerliche Ordnung« mit Hilfe unauslöschlichen militärischen Stempels zu verankern, auf daß mit den als »Haben«

verbuchten Haziendas und mit den geprellten, vom alten System geerbten Sklaven das »neue« Zeitalter anbrechen konnte.

DIE ANTI-DEMOKRATIE

Das tragische Schicksal Venezuelas in dem auf Bolívars Tod folgenden Jahrhundert ist mehr als offenkundig. Es ist kein Einzelfall und nichts Besonderes, wenn auch vielleicht die deutlichste Aussage über unseren Kontinent, weil diese Nation die Wiege und die geschichtliche Basis des Befreiers war. Nur sehr wenigen Gemeinschaften dieses Amerikas war es möglich, den Klippen auszuweichen, an denen das Vaterland Bolívars zerschellte.

»Viele Tyrannen werden sich über meinem Grab erheben, und diese Tyrannen werden weitere Silas, weitere Marios sein, die ihre Bürgerkriege blutig unterdrücken werden«; warnte er vorausschauend. Und in der Tat ist die Geschichte Venezuelas nach 1830 die Erzählung einer einzigen, unabänderlichen Irrfahrt. Der Blitz der Befreiungsidee, der diese Nation erhellte, schien sich zu verwandeln in eine endlose Nacht der Freiheitsmorde.

Das Jahrhundert, das die jetzige Generation zu Ende gehen sah, erlebt, wie man von großer Höhe in tiefe Abgründe fällt, welche zu einem guten Teil — und das muß offen gesagt werden —, von den gleichen gegraben wurden, die nun in den qualvollen Abgründen eigene und fremde Sünden büßen müssen.

Nach dem Untergang Bolívars verwirklichen die Caudillos ihre makabren Vorsätze auf vollendete Art und Weise. Raubgierige Menschen und käufliche Schreiberlinge steigen gemeinsam auf das roh gezimmerte Podest, um die Tragödie aufzuführen, die, weil bekannt, deshalb nicht weniger scheußlich ist. Um den Caudillo wird sich immer eine Clique scharen, die bereit ist, die Launen ihres Herrn in die Prosa eines Winkeladvokaten zu verwandeln, wenn er stärker ist. Die aber genauso bereit ist, ihn auf Abwege zu führen, die ihr passen; dann nämlich, wenn aus Unfähigkeit der Dirigent zum Dirigierten wird. Dem Einfluß dieser Berater muß man, mehr als der Unzulänglichkeit der Caudillos — die teilweise guten Glaubens waren — vieles Unheil in Lateinamerika ankreiden. Der so begründete und besonders von Venezuela durchlittene Zusammenbruch während dieses nicht endenwollenden Jahrhunderts ist vielfältig und allgegenwärtig; er äußert sich im institutionellen Bereich: durch die sukzessive Einführung sieben mächtiger Autokratien, die genau achtzig Prozent der ersten einhundertfünf Jahre der Republik beherrschen. Auf die Geschichte, die sich einst an Exzellenzen erfreuen konnte, erfolgt eine erschütternde Bilanz der Despotismen.

Tyranneien aller Arten und Gattungen und für jeglichen schlechten Geschmack; in den Llanos, im Osten, in der Landesmitte, in den Anden; von herausragenden Männern oder auch von Feiglingen angezettelt; von Doktoren und Analphabeten; von einer Person oder von einem Familienclan; durch Blutsverwandtschaft oder Verschwägerung; pseudoprogressiv, reaktionär, verräterisch und chauvinistisch; unerbittlich oder mit Gutmütigkeit verziert, sehr lang andauernde, lange und weniger lang anhaltende. Alle rückschrittlich und hassenswert. Alle haben sie und ihre Artgenossen in Amerika die sture und aggressive Beeinträchtigung der Freiheit gemeinsam, die Verletzung des tiefsten und wichtigsten Teils der Volksseele sozusagen; auf vielerlei Art von Bolívar in Worte gefaßt: »Der Mensch, so sagte Homer, verliert beim Verlust seiner Freiheit die Hälfte seiner Seele«.

Auch politischer Ruin war die Folge, durch mehr als dreihundert Bruderkriege. »Bürger«-Kriege genannt, als wiederholte Verhöhnung hehrer Begriffe; gleichzeitig Gewalt und Unstabilität.

Physischer Ruin durch Orgien des Feuers, um Land und Besitz zu zerstören, um Tod zu bringen, wo es Leben gab, durch verheerende Erdbeben, Sintfluten, Epidemien, Pest, Hunger und unaufhörlichen Exodus in jener unheilvollen Zeit. Wirtschaftlicher Ruin durch die damit zusammenhängende Verarmung; durch die Errichtung eines Imperialismus mit neokolonialistischen Absichten; ungerechte und nicht kompensierte Ausbeutung der Bodenschätze des Landes, Ausbeutung des Vaterlandes.

Geschichtlicher Ruin durch den Bruch, den die Despotismen von der affirmativen Kontinuität heraufzwangen; durch das Fehlen von Zielen, durch die Isolierung und die schmählichen Kränkungen durch mächtigere ausländische Regierungen, und durch die beabsichtigte und vollzogene Usurpation des Gebietes von Guayana.

Auch moralischer Ruin durch die Laster, die Diktaturen und Elend mit sich bringen. Intellektueller Ruin schließlich, durch den Stillstand und den Verfall der aufkeimenden Landeskultur in den Kriegswirren, durch den Mangel an Freiheit, durch Armut und das Nichts.

Mit José Antonio Páez beginnt in Venezuela das Jahrhundert der Konterrevolution, eine Ära, in der das Leben wie aus einer hartnäckigen Aktion mit dem einzigen Ziel besteht, sich von allem zu unterscheiden, was Bolívar aufbauen wollte.

Die Verfassung, die der Páez-Kongreß 1830 hervorbringt, ist auf das Maß des starken Mannes zugeschnitten. Es wird das Zensus-System eingeführt, womit man die Beteiligung des Volkes am politischen Geschehen auf ein vermindertes Wahlrecht beschränkt, — nach wirtschaftlichen Kriterien —, um die »Wahlmänner« jedes Kantons zu bestimmen, die die wahren Bürger mit allen Kompetenzen sein werden, es werden übrigens sehr wenige sein. Im Grundgesetz wird die Sklaverei beibehalten, und eine zentralistisch-föderalistische Ordnung eingeführt.

Der Fehler des »Centauro« war es, für José Tadeo Monagas Pate zu stehen. So kam es zu der düsteren Familientyrannei. Nepotismus, eine neue Formel. Drei Generäle, zwei Brüder und ein Sohn, eine weitläufige Verwandtschaft: zwölf Jahre Herrschaft, fast vierzig der Einflußnahme. Klare Mißachtung des Volkswillens, in dem zynischen Satz ausgedrückt: »Die Verfassung ist zu allem gut«.

Nach der Apokalypse des Bundeskrieges (1859—1864) steigt die Regierung Falcóns auf. Angeblich volksnah tut sie dennoch nichts für die ausgebluteten Massen. Eine originäre Autokratie: Gleichgültigkeit gegenüber der Führungsrolle, das Jahrfünft des Marschalls reduziert sich auf anderthalb Jahre der Herrschaftsausübung; er teilt sie mit sieben Beauftragten: vier aus Coro, einer von ihnen sein Schwager. Rückschritt. Unstabilität und Anarchie.

Ein anderer Stil, dynamisch und unternehmungslustig, aber ethisch pervertiert, ist der von Antonio Guzmán Blanco. Ein gebildeter Mann, weitgereist, akademisch; sich selbst verherrlichend und hochmütig. Er häufte ein ungeheures Vermögen an. Er erlangte echte Popularität, aber Venezuela wurde wiederum enttäuscht. Er selbst regierte vierzehn Jahre lang; für nicht weniger als zwanzig trägt er die Verantwortung. Er führte das absurde System des »Biennium«, des zweijährigen Turnus ein, das auf noch weniger Kontinuität hinauslief: in vierzehn Jahren hatten etwa dreißig Leute die Staatsherrschaft inne, nur der »Ilustre Americano« blieb.

Eine ganz andere Figur ist Joaquín Crespo. Eine leutselige Autokratie, bäuerlich und mit liberalem Anstrich; zwei Zeitspannen, ungefähr acht Jahre, und der Wunsch nach Verewigung durch seinen Zögling Ignacio Andrade. Er beutet das Land aus, wie es ihm gefällt.

Eine vorgegebenermaßen venezolanische Tyrannei, mit einem jähen und ungestümen »Nationalismus«, war die von Cipriano Castro; wahnsinnig, falsch und geschwätzig. 1899—1908. Als Gipfel seiner Ungereimtheiten gibt er sich in die Hände des Yankee-Ministers, auf daß er seine Probleme löse; dieser unterschreibt, als »Generalbevollmächtigter Venezuelas« und im Namen dieses Landes, ein Abkommen mit seinem Vorgesetzten, dem Außenminister der Vereinigten Staaten. Hochtrabende Phrasen; Räusche; kein einziger Erfolg. Tiefe Enttäuschung.

Wieder eine neue Hoffnung: Ernsthaftigkeit und Ordnung. Erneut eine Enttäuschung. Juan Vicente Gómez, »die Schande Amerikas«, 38 000 Häftlinge, einige über zwanzig Jahre im Gefängnis. Es ist eine nicht endenwollende und blutrünstige Tyrannei; verschlossen, grausam, lakonisch, reich. 1908—1935. Dem Erdöl-Imperialismus ausgeliefert. Noch bevor er den Freund verrät, verrät er das Vaterland: er ruft »europäische, nord- und südamerikanische Kriegsschiffe, um ihm zu helfen, die innere Ordnung des Landes aufrechtzuerhalten«. Fünf nordamerikanische Panzerkreuzer: die Maine, die North Carolina, die Des Moines, die Montana und die Panducah stützen seine Macht.

Unser Kontinent hat eine traurige Erinnerung an diese abscheulichen anti-demokratischen Übungen. Wieviel verlorene Jahre, an den Rückfall in die Verkommenheit und den Rückschritt verschleudert? In Argentinien: Rosas herrschte vierundzwanzig Jahre lang, Perón zehn. In Paraguay hält sich Rodríguez Francia siebenundzwanzig Jahre, sein Neffe Carlos Antonio López achtzehn, Stroessner zählt bereits neunzehn. In Bolivien übt sich Melgrejo sieben Jahre lang im Despotismus. In Perú regieren Ramón Castilla und später Leguía annähernd dreißig Jahre. Ecuador beginnt seinen Leidensweg mit Juan José Flores, dann wird es García Moreno sein, dann Veintemilla, zusammen ebenfalls fast dreißig Jahre. In Kolumbien, Rafael Núñez, drei Amtszeiten. Guatemala ist Venezuela vielleicht am ähnlichsten: Rafael Carrera achtzehn Jahre, Justo Rufino Barrios fünfzehn, Estrada zweiundzwanzig, Umbico dreizehn. Hernández Martínez klammert sich dreizehn Jahre lang an El Salvador. In Honduras Tiburcio Carías, sechzehn. Nicaragua erduldet Zelaya sechzehn Jahre lang und Adolfo Díaz siebzehn; seit 1937 befindet es sich in der Gewalt der Familie Somoza. Brasilien hatte die sogenannte Getulio Vargas-Diktatur fünfzehn Jahre lang. Über die Dominikanische Republik erstreckte sich die »Trujillo-Ära« einunddreißig Jahre lang. In Kuba regieren Machado und Batista zusammen siebzehn Jahre. In México herrschte Porfirio Díaz zweiunddreißig Jahre. In Haití bekleiden zwei »Kaiser«, Christophe und Soulouque, ihr Amt ungefähr zweieinhalb Jahrzehnte lang; die dynastische Schande Duvaliers dauert mehr als fünfzehn Jahre . . .

Es sind Regierungen der politischen Primitivität und der Rückständigkeit. Leichtes Regieren, das keiner besonderen Eignung noch irgendeiner Anstrengung bedarf, nicht einmal geistiger Behendigkeit oder der Entfaltung von Kenntnissen, nur gerade eben eines Willens.

Auf der ganzen Weite und Breite des amerikanischen Kontinents fanden die Autokratien ihren Halt beim Militärismus, der vom Befreier gegeißelt wurde, als lasterhafte Entartung einer ehrenwerten, der Uneigennützigkeit und Aufopferung verwandten Verantwortlichkeit. Zu gewissen Zeiten bildeten sich wahre Militärbruderschaften zwischen Tyrannen verschiedener Länder. Die Funktion des Militärs, so ehrenwert, wenn es um den Sieg fürs Vaterland ging, wurde durch die Despoten erniedrigt. Die Offiziere des Heeres, die selbst Besatzer und Plünderer des eigenen Volkes waren, sahen sich ihrerseits in schändlicher Weise als Aufseher auf den Haziendas ihrer anmaßenden Vorgesetzten mißbraucht, und die Soldaten sahen sich in unbezahlte Gutsknechte verwandelt, von der Regierung mit Hungerrationen entlohnt, nichtsdestoweniger ein zusätzlicher guter Vorwand für unrechtmäßige Bereicherung.

DIE BRUDERKRIEGE

Ein weiterer Ausdruck derselben antibolivarischen Konterrevolution sind — neben den Autokratien — die vielen Bruderkriege, die unsere Länder heimgesucht haben, insbesondere jenes, — wie schon gesagt — in dem Bolívar geboren wurde.

Gleichermaßen bedauerlich waren die bewaffneten Auseinandersetzungen zwischen einigen Nationen Amerikas untereinander. Nur Venezuela bildet diesmal eine Ausnahme: es ist das einzige amerikanische Land, das nie Krieg mit seinen Nachbarn führte, auch wenn es sich wiederholt das Innere in Stücke riß. Später, wenn wir uns mit dem Scheitern des bolivarischen Interamerikanismus befassen, werden wir auf dieses bittere Thema des Blutes zurückkommen, das in Auseinandersetzungen zwischen Völkern vergossen wurde, die Bolívar liebte und »Brüder« nannte.

Nicht weniger als 354 größere, blutige und gewaltsame Ereignisse, die eine unendliche Zahl von »Kriegsaktionen« einschließen, verzeichnet die venezolanische Geschichte in dem langen Jahrhundert der Konterrevolution. Hier schwang das Pendel von der autokratischen Vereisung zur Siedehitze des Brudermordes; von enervierender Ruhe bis zum ungebremsten Aufruhr.

Bolívar war sich dessen bewußt, daß sich Heere aus »Männern von Fleisch und Blut« zusammensetzten, mit Bedürfnissen auf die man Rücksicht nehmen mußte, und ebenso war ihm klar, daß das Heer das bewaffnete Volk war, ein vorwiegend bäuerliches Volk, ausgebeutet und unwissend, das nicht in der Lage war, die überragenden theoretischen Vorzüge der Demokratie zu verstehen, jedoch empfindsam und intuitiv, und vor allem von der Hoffnung getragen auf den verdienten Lohn für ihre Opfer. Die Abschaffung der Sklaverei und die Landverteilung sollten die einsatzfreudigen Kämpfer — nun als freie Bürger, Besitzer ihrer Felder — zu ihrer friedlichen und traditionellen Beschäftigung zurückführen, innerhalb einer dem Fortschritt aufgeschlossenen Situation, unter dem Schutz der republikanischen und demokratischen Verfassung.

Die Caudillos mißachten diese berechtigten Ansprüche. Sie treiben ihren Spott mit dem Vertrauen, das ihre Worte in naiven und großzügigen Anhängern erwecken; wie von Macchiavelli geschult, vergessen sie die Schwüre schnell, wenn es ihnen unvorteilhaft erscheint, sie einzulösen. Es gab zweifelsohne einen gesellschaftlichen Wandel, aber nur an der Spitze: Grafen, Markgrafen und Kolonialherren machten Platz für sie, oder verbündeten sich mit den Generälen, Obersten und Doktoren der neuen Situation.

Die Soldaten der Befreiungskriege ihrerseits, haben nach ihrer Entlassung keine Arbeit; der Militärdienst hat sie in der Kunst des Tötens geschult, die zu anderen Zeiten Kriegsbeute versprach: Ruhm, Achtung und Furcht, ebenso wie reichliches und rasches Beutegut. Es ist deshalb nur natürlich, daß diese Leute mit ihren gesteigerten Ansprüchen, die sich gleichzeitig bei der Belohnung übergangen fühlten, sich dem Abenteuer verschreiben, das sie wenigstens in dem Beruf beschäftigt, den sie kennen; und so ist es auch verständlich, daß es große Teile der Bevölkerung gibt, die bereit sind, dem Ruf jedes beliebigen Messias zu folgen.

»Ich fürchte den Frieden mehr als den Krieg, und damit vermittle ich eine Vorstellung von dem, was ich nicht sage, und man nicht sagen kann«, gestand Bolívar in einer seiner sehr seltenen verschlüsselten Aussagen. »Seien Sie davon überzeugt (fügte er an Gual hinzu), daß wir uns über einem Abgrund befinden, oder besser über einem kurz vor dem Ausbruch stehenden Vulkan«. Er verstand die berechtigten Beweggründe der geprellten Llaneros, »ohne Hoffnung darauf, die Frucht der Eroberungen ihrer Lanze zu ernten«, und ahnte, daß das große Kontingent der Betrogenen durch Männer aus allen anderen Landstrichen vergrößert werden würde, alle Kanonenfutter für die brudermordenden Auseinandersetzungen.

In dieser gemeinsamen Situation, mit derartigen Beschleunigern der Aufklärung, beginnt das Unheil des Krieges im eigenen Land, der wie eine Spirale voranschreitet und wächst; die Folgen von heute werden morgen die Ursachen sein. Es ist nicht übertrieben, die durch den venezolanischen Bürgerkrieg entstandenen Menschenverluste auf eine Million Seelen zu schätzen.

Von 1830 bis 1935 gibt es in Venezuela kein einziges zusammenhängendes Jahrfünft stabilen Friedens. Achtzig Prozent der Periode der Konterrevolution vergehen mit Aufruhr und Katastrophen.

Der Vergleich mit den innerstaatlichen Kriegen in den verschiedenen Ländern Amerikas ist eindrucksvoll. Von 1828 bis 1855 ist Mexiko von einem fast ununterbrochenen Bürgerkrieg erschüttert. Desgleichen Mittelamerika. Argentinien und Kolumbien ebenfalls. Der früh verstorbene Professor Jesús de Galíndez schreibt: »Es gibt nur zwei lateinamerikanische Länder, die von diesen Bürgerkriegen verschont werden, und aus ganz anderen Gründen: Paraguay und Brasilien«.

Im Falle Venezuelas kommt etwas hinzu. Der blutigste aller inneren Kämpfe war möglich gemacht worden durch den Köder eines rein antibolivarischen Banners des Föderalismus. Und tatsächlich erzwang das mediokre konterrevolutionäre Staatswesen, eben jenes der Ausbeutung und Unterdrückung — insbesondere der ländlichen Bevölkerung —, kaum drei Jahrzehnte nach 1830 Entscheidungen für eine trügerische »Volksmacht«, für ein Zensussystem, für Aufgeldgesetze und Gesetze zur exemplarischen Bestrafung des Bandenwesens, das aus dem Hunger und der

Verzweiflung erwachsen war. Der Konvent von Valencia, unter dessen Männern sich einige sehr kluge und anständige befanden, kann nichts tun, um die drohende Explosion zu verhindern. Die Unterdrückung, von Mal zu Mal stärker, reicht nicht aus, um das in Schach zu halten, was nichts weiter war, als Bekundungen einer tiefen und echten Enttäuschung.

Innerhalb von fünf Jahren — 1859 bis 1864 —, als seine Wunden noch nicht einmal verheilt waren, beginnt das venezolanische Volk erneut auszubluten. Der leichte Start dessen, was auf den ersten Blick nur einfache Demagogie zu sein scheint, was sich sogar in der Heuchelei ihres Etiketts ausdrückt — »hätten die Herren der Gegenseite Föderation gesagt, so hätten wir Zentralismus gesagt«, gesteht Antonio Leocadio Guzmán schamlos —, ist ein anklagendes Detail für den ungeheuren Bankrott, den man mit diesem Krieg vergeblich zu überwinden versucht. Wenn man sagt die Föderation sei »heilig, himmlisch, göttlich« — Worte von Estanislao Rendón —, so überträgt man unbewußt den Wert einer bemerkenswerten Sehnsucht auf einen Beweggrund, dessen Bekleidung man im übrigen schlecht ausgebessert hat, weil nämlich, nach sorgfältiger Analyse, die venezolanische Föderation eine an sich reaktionäre Formel war: zurück zur kolonialen Auflösung, Rückschritt zum Ausgangspunkt: Venezuela wurde föderalistisch geboren aus zusammenhängenden Punkten seiner unregelmäßigen Geographie, aus Zentren sich argwöhnisch beobachtender Provinzen, die erst am Ende der Kolonialzeit zusammengekleistert worden waren — ohne Bestand zu haben. Das Fortschrittliche war der Zentralismus, den Bolívar auf sein Banner geschrieben hatte, die Gliederung eines Landes und nicht die Zersplitterung seiner Einzelteile. Der Zentralismus war dem angestrebten dynamischen und schöpferischen Regime angemessener, während der Föderalismus einen *laissez faire*-Stil begünstigte, der dem Streben nach nationaler Einheit Energie entzog, Lehen errichtete und die wichtigen Kräfte in unwichtigen Funken versprühte.

Die Erscheinung ähnelt sich bei verschiedenen Völkern Amerikas: der Argentinier Rosas sprach von einer »Heiligen Föderation«; in Venezuela wurde sie auch »hinreißende, großmütige Stimme« genannt. Diese Gleichzeitigkeit in Amerika ist ein Zeichen für die parallel sich entwickelnde, oder in diesem Fall rückschrittliche Einigkeit, da man angesichts der Unzufriedenheit mit der im Anschluß an die Revolution eingeführten Ordnung — einer nur halbherzig revolutionären —, dazu übergeht, sich gegen das System aufzulehnen, bei dem man irrtümlich das zentralistische Äußere für das Fundament hält.

Indem der Föderalismus in Venezuela die Regierung dezentralisierte und die Länder vervielfachte, vervielfachte er auch die Herde der Verschwörung und des Unbehagens. Als eine Art sozialer Metastase wird eine neue Abart des Aufstandes eingeführt: »Lokale Movimientos«, um Provinzregierungen zu stürzen. Traurige Bestätigung der krassen und deutlichen Anklage Bolívars — vierzig Jahre zuvor —: »Das ist es, was die Radaubrüder wollen; kleine Regierungen und noch kleinere Regierungen, um Revolutionen und immer mehr Revolutionen zu machen«. Zur unfehlbaren Regel innerhalb dieser tragischen und beklagenswerten Föderation wurden die Unbeständigkeit und die Zerrüttung. Nicht weniger als sechzig lokale Umsturzversuche verzeichnet man in dem Jahrfünft nach Einführung des Föderalismus.

In Amerika hatte der Föderalismus auch mehr als beklagenswerte Nachspiele. In der wie zum Hohn auf die echte Revolution inszenierten Debatte, verlor man das Wesentliche aus den Augen und nahm dafür das Nebensächliche als das Wichtige. Man setzte sich über die entscheidende Frage der Not des Volkes und der Diskriminierung der einfachen Schichten hinweg, und legte vollen Nachdruck auf die oberflächliche Frage der politischen Form. Bis 1838 hatte der Föderalismus Mittelamerika zerstückelt. In Argentinien inszenierten die Stadt Buenos Aires und die Provinzen ausgedehnte Scharmützel im Rahmen ihres »föderalen« Kampfes. Etwa um 1828 war in Chile der Föderalismus gescheitert.

Brasilien und Mexiko, die größten Länder Lateinamerikas, sollten diese Ordnung nicht ohne Erschütterung einführen. Mexiko durchlitt zwischen 1858 bis 1860 seinen Föderationskrieg, den Demokraten unter diesem Zeichen gegen konservative klerikale Kreise führten, und der sich durch den Kampf gegen die Intervention Frankreichs und den unglücklichen Kaiser Maximilian fortsetzte. Brasilien führt den Föderalismus 1891 ein, als es seine imperiale Struktur durch die republikanische ersetzt.

Die politische Instabilität, die sich in Amerika als Folgeerscheinung der Konterrevolution breitmacht, hat ihr gelungenes Musterbeispiel in der wuchernden Vermehrung von »Verfassungen«, von denen jede einzelne das Ergebnis einer schweren politischen Krise war und der Kodex einer neuen Richtung oder einer neuen Intention, die im allgemeinen schon nach kurzer Zeit Schiffbruch erlitt. Jesús de Galíndez faßt zusammen und berichtet: »Bevor sich anderthalb Jahrhunderte unabhängigen Lebens vollenden, sehen wir, daß die Dominikanische Republik 25 Verfassungen hatte, Venezuela 23, Haití und Ecuador 18, Bolivien 16, Honduras 14, El Salvador, Perú und Nicaragua 12. Es gibt Länder, die in aufeinanderfolgenden Jahren verschiedene Verfassungen haben; es gibt sogar solche, die zwei innerhalb des gleichen Jahres haben. Es gibt Verfassungen, die abgeschafft und später wieder eingeführt werden; und solche, die nicht einmal in Kraft treten«.

Amerika zahlt die kostspieligen Fehler seiner politischen Verirrungen mit Blut. Bolívar zeigte sichere Wege in Richtung auf Verbesserung und Fortschritt. Das installierte und zum Dauerzustand werdende Chaos bestätigt doppelt und dreifach seine schrecklichen Visionen: »Ganz Amerika ist ein Aufruhr von mehr oder weniger großem Ausmaß«. »Die Lage Amerikas ist so einzigartig und so grauenvoll, daß sich kein Mensch damit schmeicheln kann, über längere Zeit Ordnung in auch nur einer einzigen Stadt gehalten zu haben.« »Ganz Amerika bietet ein entsetzliches Bild blutiger Unordnung. Wir leben auf einem Vulkan und sind so demoralisiert, daß wir jegliches Prinzip von Recht und Pflicht verleugnen, und daß uns deshalb kein anderes wirkungsvolles Mittel bleibt, als das der tatsächlichen, mit Intelligenz und Zweckmäßigkeit angewandten Gewalt«. Diese »immense Unordnung Amerikas«, oder, um es noch einmal in den Worten Bolívars auszudrücken, »die Fortentwicklung aller zerrüttenden Elemente«, war die Konstante in der Geschichte des Kontinents, und niemand weiß, wie lange sie es noch bleiben wird. Die Warnung Bolívars besteht mit jedem einzelnen Buchstaben für die Gegenwart und die Zukunft fort, nachdem sie sich in der Vergangenheit mehr als genug bewahrheitet hat: »Wenn Amerika seine Schritte nicht umkehrt, wenn man sich nicht von seiner Nichtigkeit und Ohnmacht überzeugt, wenn man sich nicht zur Ordnung und zur Vernunft ruft, dann ist in bezug auf die Festigung seiner Regierungen wenig zu erwarten; und ein neues Kolonialsystem wird unser Erbe an die Nachwelt sein«.

Unabhängigkeit, Freiheit, Demokratie und Recht sind die Banner Bolívars für die Generationen von heute. Sie hat er in der Geschichte verwirklicht, unabhängig von der mageren Ernte aus Gegebenheiten, die im allgemeinen erbärmlich und negativ waren.

Entschieden der Zukunft entgegentreten, einen entschlossenen Sinn die Gegenwart zu bezwingen, und vor allem der Wille dem Führer zu folgen — der kein anderer als Simón Bolívar ist —, das sind die Voraussetzungen für die glaubwürdige Gründung einer neuen politischen Ordnung in Amerika.

DER MISSERFOLG DER WIRTSCHAFT

Nicht nur auf politischem Gebiet verspürt man einen Rückschritt, sobald die physische Präsenz Bolívars erlischt. Jedes einzelne seiner großen Ziele wurde am Ende abgelehnt und zerpflückt, und auf dem Mißerfolg der vielfältigen Bestrebungen Bolívars wurde die gleiche hinfällige Ordnung wieder errichtet, die vor der Revolution bestand, oder eine schlimmere.

Bolívar versuchte, der für das Kolonialsystem typischen ungerechten Besitzverteilung ein gerechtes System der Landverteilung an das kämpfende Volk entgegenzusetzen. Außerdem befürwortete er die Annahme ergänzender Maßnahmen für die Entwicklung und bemühte sich um den Schutz der Bodenschätze des Landes, indem er zunächst ausdrücklich das Eigentumsrecht des Staates an den Erzvorkommen verkündete. All dies bedeutete ein Zurückdrängen der autokratischen Führerschaft und der Oligarchien. Trotz des pathetischen Aufrufs Bolívars vor dem Kongreß von Angostura, man solle es ohne Aufschub und in den aufrichtigen Formulierungen seines ersten Entwurfs billigen, wurde das Gesetz zur Landverteilung an die kämpfende Bevölkerung von jener souveränen Körperschaft derart abgeändert, daß man es damit neutralisierte. Dort beginnt die Geschichte, die wir die Lüge der Bodenreform genannt haben.

Ebenso wie gegenüber anderen fortschrittlichen Vorkehrungen des Befreiers verhält sich der Kongreß auch bei dieser wichtigen und vorrangigen Angelegenheit rückschrittlich. Schon bei der Ausarbeitung der Verfassung gegenüber dem Eigentumsrecht, das Bolívar mit Kühnheit zu formulieren vorgeschlagen hatte — indem er den Staat von unvermeidlichen Verpflichtungen bei der Enteignung befreite, während er ihre Voraussetzungen erweiterte —, reagierte der Kongreß konservativ: er beschnitt den Text um die erforderlichen Worte und ließ das traditionelle Recht unangetastet; er gab der Entschädigungspflicht ihre frühere Verbindlichkeit zurück.

Was die Besitzverteilung betrifft, nahm der Kongreß am 6. Januar 1820 bedeutsame Änderungen an dem vom Befreier vorgelegten Text vor. Was man für das bewaffnete, in seiner Mehrheit vom Lande kommende Volk vorgesehen hatte, wurde in übertriebener Form ausgedehnt, »nicht nur auf Angehörige des Heeres, sondern auch auf Angestellte in der Verwaltung und Versorgung des Heeres, und auf wie viele auch immer, die in dieser bedrohlichen und gefährlichen Zeit der Regierung in irgendeiner zivilen Aufgabe gedient haben«. Wo die Revolution schnelle und wirksame Aktionen verlangte und erforderte, und die Landverteilung tatsächlich an einen *ad hoc* Ausschuß übertrug, der später rechtmäßig gegründet werden sollte, legte der Kongreß den Sprengstoff, der das ganze Vorhaben zerstören würde: »Die Zahlung dieser Gehälter wird in Gutscheinen auf das Staatsvermögen erfolgen.« Die Vorschriften zur Verteilung dieser Gutscheine wurden am 31. Juli 1820 verkündet.

DER FEHLER MIT DEN BEZUGSCHEINEN

Als das Gesetz in Angostura veröffentlicht wurde, erfüllte Bolívar seine Pflicht in Bogotá. Mehrere Tage später, jetzt schon in El Rosario de Cúcuta, bekam er die — ziemlich ungenaue — Nachricht von diesen Änderungen, die seinen ehrlichen Intentionen tödliche Schläge versetzten; von dort schrieb er an Santander: »Das Gesetz der Besitzverteilung ist für ganz Kolumbien gemacht, und jetzt, im Guten wie im Bösen, gilt es für alle. Aber es wurden bestimmte Änderungen an dem Gesetz vorgenommen, wie man mir versichert, obwohl ich das Gesetz noch nicht gesehen habe. An die Militärs werden Gutscheine auf staatlichen Besitz ausgehändigt, damit sie am Ende der Meistbietende kaufen soll«.

Im Licht der unmittelbaren Erfahrung bekämpft Bolívar diese unbedachte Gesetzesänderung aufs strengste. Er fordert kategorisch eine Revision dieser Maßnahme, die »die wohltätige Absicht des Gesetzes lächerlich und zunichte gemacht und die dem Staat eine riesige Verschuldung aufgeladen hat, ohne in irgendeiner Weise die Existenzgründung und den Lebensunterhalt derer abzusichern oder zu erleichtern, die das Vaterland in dessen unheilvollen Zeiten verteidigt haben«. Über Briceño Méndez wendet er sich an den Minister Gual, damit dieser den Kongreß in aller Dringlichkeit um die nötige Korrektur bittet, denn das Übel kommt von der Verfälschung dieses Gesetzes, »das die Entbehrungen der Soldaten belohnen und ihnen zugleich eine Existenzgrundlage in Form von Grundbesitz verschaffen könnte, aber fast seinen Sinn verloren hat, und zwar durch den Vorschlag, die Gehälter in Gutscheinen einzulösen, und die damit verbundenen Hemmnisse und Schwierigkeiten, die es in den Weg stellt, indem es die Ausschreibung und Versteigerung des Staatsbesitzes und die Verteilung der Gutscheine im voraus fordert, wo man jene wegen der Gegebenheiten des Landes nicht durchführen kann, und wo dem, der Waffen trägt, es eben deshalb nicht erlaubt ist, die Stellung zu verlassen, um auf eine Versteigerung zu gehen«. Um die Reform klar und deutlich zu machen und die ursprüngliche Absicht nicht in die Irre gehen zu lassen, zeigt Bolívar Gual die Richtung anhand einiger Fragen: »Angesichts dessen, daß es die Absicht dieses Gesetzes ist, die Soldaten zur Belohnung zu Eigentümern zu machen, ihnen eine Existenzgrundlage zu sichern, und ihnen Stabilität und Verwurzelung im Lande zu bieten: erreicht man das, indem man ihnen ein paar einfache Scheine aushändigt, wo sie nicht einmal die Mittel zum Überleben haben, wo es zudem keinen Besitz zu versteigern oder zu ersteigern gibt, weil man noch nicht einmal weiß, welcher der staatseigene sein könnte, und wenn es ihnen ferner möglich ist, in die von ihren Operationen weit entfernten Hauptstädte oder Dörfer zu kommen, wo sich die Verkäufe abspielen sollen?« Von dem großen Ausmaß des Schadens überzeugt, beschränkt sich Bolívar nicht darauf, dem Minister zu empfehlen, dringend eine Gesetzesreform zu verlangen, »sondern er solle vor allem die Ausgabe und Verteilung der Gutscheine unterbinden, um die vollständige Zerstörung seiner Kreditwürdigkeit zu verhindern, und den Ruin unserer Soldaten nicht noch zu vergrößern«. In Voraussicht dessen, was sicher eintreten würde, wiederholt Bolívar an Gual, daß es »in der Zwischenzeit unbedingt notwendig ist, daß der Kongreß ein paar Mittel bereitstellt, die das Heer auf die Erfüllung der Versprechungen hoffen lassen, die man ihm so oft gesetzlich als ihren Anspruch gegeben hat. Es wäre sehr gefährlich, wenn es auch nur einen Augenblick darauf käme, an der Erfüllung dieser Versprechen, auf die jeder seine Hoffnungen baut, zu zweifeln. Der Tag des Friedens naht, der Augenblick das Heer zu verabschieden steht bevor; und wenn sie sich dann nach Hause zurückziehen und nicht die Sicherheit mitnehmen, daß sie in den Genuß des Solds kommen, wird es nicht verwundern, wenn die Leute von uns abfallen, genau wie es die Spanier erlebten, als sie 1814 Venezuela unterjochten, und ich hoffe, daß dies nicht das Vorzeichen des vernichtenden Bürgerkrieges ist, der uns aufgrund der offensichtlichen Besitzunterschiede in unserer Bevölkerung droht«.

Trotz der Eile, mit der Gual die Empfehlung Bolívars weitergeleitet hatte, stimmt die Kammer mit offenkundigem Mangel an Begeisterung für die geforderte Richtigstellung schließlich am 6. September 1821 zu, die erwähnten Gutscheine zu ächten. Bis dahin war geschehen, was zu erwarten war: die Gutscheine waren bereits im Handel und wurden das Ziel von Hamsterkäufen. Der Schaden war angerichtet und das Geschäft war gemacht; deshalb wird ausdrücklich »das Recht jener dritten Besitzer dieser Gutscheine bestätigt«, gegenüber denen man die Schuld langsam abtragen würde. Die Gutscheine sind — außerdem — um 95 Prozent entwertet worden, »und die Soldaten, die einen Wechsel zu diesem Preis bekommen, schätzen sich glücklich (sagt Briceño Méndez). Man kann behaupten, daß keiner von denen, die ihr Guthaben in Gutscheinen bekommen haben, diese noch besitzen, und daß alle oder der größte Teil in andere Hände, in die Hände von Wucherern geraten sind für den lächerlichen schon genannten Betrag.

Man braucht wenig Voraussicht, um zu wissen, daß die Ausgabe und der Handel von einfachen Scheinen den vollständigen und absoluten Verlust unserer öffentlichen Kreditwürdigkeit mit sich bringen würde, sowohl weil es der Schaffung von Papiergeld ohne die nötigen Voraussetzungen, Sicherheiten und Stützungs- und Garantie-Rücklagen gleichkam, sondern auch weil ihre Besitzer in Armut lebende Menschen sein würden, die sich genötigt sahen, sie zu irgendeiner Summe zu Bargeld zu machen, das bei ihren Bedürfnissen sofortige Abhilfe schaffen könnte«. Als wenn das noch nicht ausreichte, und beharrend der dem echten Bolivarismus entgegenstehenden Richtung, hält der Kongreß eine Änderung aufrecht, der sich der Befreier von vornherein entschieden entgegengestellt hatte: die Ausweitung der Vergütungen in gleichem Maße auf die Zivilbeamten — eine Änderung, die mit Phrasen von zweifelhafter Qualität und Ehrlichkeit untermauert wurde: »die den gleichen Entbehrungen ausgesetzt waren, unter verschiedenartigen Risiken arbeiteten, oft auch unter feindlichem Geschützfeuer«, womit die Saboteure der Anstrengungen Bolívars unter dem Vorwand, die Gerechtigkeit zu vergrößern, das schnelle Scheitern dieser Art Agrar-Reform dadurch erreichten, daß sie die Zahl der Anwärter unmäßig und unvernünftig vergrößerten, und den mehr oder weniger untätigen Bürokraten Boden zuwiesen, obwohl sie von Haus aus keinerlei Interesse an der bäuerlichen Arbeit hatten. Durch Briceño Méndez ließ Bolívar fragen: »Gibt es den gleichen Grund, einem Soldaten eine Entlohnung zu gewähren, der seine Gesundheit, seine Ruhe, sein Blut und was es noch alles an Wertvollem im Leben gibt, geopfert hat, wie einem Zivilbeamten, der immer weitab von der Gefahr, dieser nicht stärker ausgesetzt ist als die übrigen Einwohner des Landes, mit dem Unterschied, daß er ein größeres Ansehen als der andere und dazu noch Nebeneinkünfte genießt, die diese Art von Arbeit schon immer mit sich gebracht hat?«

Weder Verständnislosigkeit noch starrköpfige Ablehnungen veranlassen Bolívar jemals seinen Plan aufzugeben, auf dem Land Gerechtigkeit zu schaffen. Obwohl er die Mängel des Gesetzes mißbilligte und die Änderung der Richtlinien kritisierte, die hinter seinem Rücken und zum Nachteil dieser schwierigen Initiative beschlossen wurden, respektierte er dennoch das seiner Meinung nach sehr unbefriedigende Gesetz, weil er auf jeden Fall die Landverteilung verwirklichen wollte, die auf diese Weise letztlich eine verkümmerte Möglichkeit bot, aber immerhin eine Möglichkeit. So erteilt er im Januar 1821 General Páez — einem der Haupturheber der Verteilungsidee — die Vollmacht, in Venezuela die Landreform durchzuführen. Einer ausdrücklichen Anweisung Bolívars folgend, soll der Führer aus den Llanos dafür sorgen, daß die »vom Gesetz verlangten Formalitäten abgekürzt und vereinfacht werden, man damit ein Hindernis überwindet, das dem Sinn des Gesetzes zuwiderläuft: daß nämlich statt Land Wertpapiere verteilt werden.« Bolívar bestand darauf — wir erinnerten schon daran — daß Páez bei der Landverteilung dafür »sorgen« und darüber »wachen« sollte, daß die vom Gesetz begünstigten ihr neues Hab und Gut nicht »zu ihrem eigenen Schaden und dem ihrer Familie, und in Mißachtung der Absicht des Gesetzes« verschwendeten.

LÄNDEREIEN FÜR CAUDILLOS

Páez aber überwachte und vertrat eher sein eigenes Interesse. Neun Monate, nachdem man ihn mit diesen weitreichenden Vollmachten ausgestattet hatte, äußerte er den Wunsch, man möge ihm die prächtige Hazienda »La Trinidad« übertragen, die man dem Marquis von Casa León abgenommen hatte. In einer ausgesprochen schmeichelhaften Antwort befiehlt die Regierung, »in Anbetracht der ausgezeichneten Verdienste Seiner Exzellenz, des Generals Páez, der sich um Kolumbien verdient gemacht hat, übereigne man ihm durch Eure Exzellenz die betreffende Hazienda, genannt ›La Trinidad‹ zu ihrem Eigenwert, nachdem man sie vorher durch Experten hat gesetzlich schätzen lassen, und dazu die entsprechende, von Eurer Exzellenz zu seinen Gunsten im Namen der Regierung verfaßte Urkunde; außerdem solle man als Bezahlung akzeptieren: erstens, die Rinderfarm von Yagua (die ihm zuvor vom Befreier geschenkt worden war) zu ihrem, ebenfalls durch eine gesetzliche Schätzung festgestellten Wert; zweitens, die Summe der Gehälter, die man ihm schuldig ist und damit begleicht; drittens, die künftigen Gehälter und viertens, die Erträge aus den Produkten derselben Hazienda, da auf diese Weise die Wünsche eines so erlauchten Chefs erfüllt würden und die Regierung selbst die Genugtuung hätte, ihm gefällig gewesen zu sein.«

Wenngleich Páez trotz seiner Vaterschaft an der Idee, die diesen Aspekt der Revolution hervorrief, später das vergißt, was für ihn unangenehm ist, so ist doch seine Beziehung zu diesem Thema eindeutig. In seiner Autobiographie beschreibt er die Zeremonien seiner Anerkennung Bolívars bis ins kleinste, weiß aber nichts mehr von seiner einzigen — damals so verständlichen und offenherzigen Bedingung, damit er sich ihm unterwerfen konnte, und die Briceño Méndez — wie wir gesehen haben — sehr wohl notiert hat. Aber aus dem Jahre 1825 gibt es noch eine weitere belastende Spur für die Verantwortung des kriegsgestählten Caudillo. Immer auf seine eigenen Geschäfte bedacht, die er gleichzeitig mit den öffentlichen Angelegenheiten betreibt, sagt General Páez, als er der Regierung von Kolumbien den Verkauf seiner Besitztümer anbietet — »Rinder, Arbeitspferde und Ländereien« in Apure, und von denen er nicht »zuverlässig angeben kann, wie teuer alles sein wird« —, über die Zufriedenheit der Soldaten mit dem zugeteilten Besitz: »Ich war der erste, der mich dieser Angebote zur Besserstellung des Heeres bediente«.

Überall stieß Bolívar auf Widerstand, wenn es um die Einhaltung des Gesetzes zur Gerechtigkeit im Agrarbereich ging, und die Hauptgegner fanden sich gerade unter jenen, die beauftragt waren, die Revolutionsbestimmungen anzuwenden. Von seinem

Hauptquartier in Pasto aus setzte er am 13. Januar 1823 den Ausschuß für die Landverteilung an die Soldaten im Süden ein, zu dem Oberst Juan José Flores gehörte; es sollten solche Besitztümer aufgeteilt werden, die durch ein Dekret gleichen Datums beschlagnahmt werden sollten. Genau wie Páez begann Flores damit, für seine eigenen Interessen zu sorgen; bald wurde er zur beherrschenden Persönlichkeit der ecuatorianischen Szene; durch ihn angestiftet trennt sich Quito von Kolumbien und unter seinem langanhaltenden und zergliedernden Despotismus wird dort alles neutralisiert und allem widersprochen, was die Revolution jemals versprach.

BETRUG AN DEN INDIOS

Wenn das Schicksal der Landverteilung an die Soldaten — in der Mehrzahl Mulatten — schon traurig war, so war der gutgemeinten, sehr gerechten und revolutionären Anordnung, den Indios Land zu geben, ihnen das zurückzugeben, was ihnen gehörte, kaum mehr Glück beschieden. Der Erlaß vom Mai 1820 zugunsten der Eingeborenen wurde bald zum toten Buchstaben, und schlimmer noch, Anlaß zum Spott und zur Stütze für etwas Rechtfertigendes, was nicht zu rechtfertigen war. Ein beweiskräftiges Schriftstück, am 12. Februar 1821 von Pedro Briceño Méndez — auf Anweisung des Befreiers — verfaßt, veranschaulicht mit unanfechtbaren Einzelheiten diese beschämende Situation. Zahllos sind die Beschwerden, die Bolívar »in allen Dörfern dieser Provinz, durch die er gefahren ist« gehört hat, weil es nicht nur einen verbreiteten Mißbrauch in allen corregimientos für Eingeborene gegeben hat, sondern die armen Ureinwohner, »die sich weder verbessert noch zusätzlich Land erworben hatten, und mit ihm die Mittel, ihre Familien zu ernähren, wurden noch ihres Landes beraubt und vielerorts auf unfruchtbare Böden verbannt, die oft sogar kleiner waren als die, die sie vorher hatten.« Nun folgt die grundlegende Enthüllung: »Seine Exzellenz wissen, daß der Vorwand, dessen sie sich im allgemeinen für eine derartige Ungerechtigkeit gegen den Geist des zugunsten der Indios erlassenen Dekrets bedienten, die Einrichtung der Schulen und die Versorgung der Lehrer war«. Noch einmal wiederholte sich die sattsam bekannte Niederträchtigkeit.

Der Befreier bestätigt jetzt seinen Erlaß vom Mai des vorangegangenen Jahres, und macht den Gouverneur und Generalkommandant von Tunja persönlich für die Verteilung des Landes und den entsprechenden Vollzug bis in seine letzten Konsequenzen verantwortlich. Die Absicht Bolívars, die der erwähnte Kommandant »immer im Auge behalten soll, ist die Begünstigung dieses Teils unserer Bevölkerung in ebenso hohem oder höherem Maße, wie er bisher unterdrückt und erniedrigt worden war.« Bolívar schließt seine Mitteilung mit der Hoffnung, keine weiteren Beschwerden oder Klagen über diese Angelegenheit zu hören und unterstreicht, daß seine Sache und der Indios Sache die »der Gerechtigkeit, der Natur und des Rechts« ist.

Das erwähnte Dekret, so wichtig für Bolívar und so bezeichnend für seine sozio-ökonomische Revolution, ging den schmerzlichen Weg vieler anderer, wurde unter anderem im Gesetz vom 4. Oktober 1821 erneuert, um letztlich nicht das Geringste zu bewirken. Das Spiel ist schon bekannt: zuerst die rhetorische Huldigung der allgemeinen Ideen: man erklärt, daß die »Indios« »in allem den anderen Bürgern gleich sein und den gleichen Gesetzen unterliegen werden«, dann die fast wörtliche Niederschrift der Gedanken Bolívars, denen aber sofort der Zusatz folgt, der sie wieder aufhebt, um damit zu schließen, daß alles unverändert belassen wird: das Land »wird an sie zur vollen Nutzung und als Eigentum verteilt werden, sobald es die Umstände erlauben. In der Zwischenzeit bleiben die Schutzgebiete weiter in Besitz der Eingeborenen, unter den gleichen Bestimmungen, die bis jetzt gegolten haben«.

Als Bolívar Ende 1826 nach Perú zurückkehrt und sich nach diesem Gesetz erkundigt, das trotz allem eine Maßnahme zugunsten der Indios bedeutet, stellt er fest, daß sie das Opfer unverschämter Räubereien bei der angeblichen Auflösung der Schutzgebiete ist. Beim Versuch, eine notwendige Korrektur zu machen, stößt er frontal mit dem selbstsüchtigen Interesse der hochmütigen Oligarchie zusammen, die sich seit 1821 in Kolumbien an der Macht befindet, und so wird die Gruppe seiner einflußreichen Gegner immer größer. Die Vorfälle in den Regionen von Guatavita und Guasca haben symbolischen Charakter. Auf der ungerechtesten Ausbeutung der Indios gründete das übermächtige reaktionäre und gegen Bolívar stehende Patriziat seine Macht.

Um 1830 gibt es nach wie vor das Problem der wirtschaftlichen Ungerechtigkeit und des Massenelends, nur ein einfacher Personenwechsel an der Spitze fand statt. Die revolutionäre Absicht wird zum Vorteil einiger Ehrgeizlinge verbogen, von denen manche aus einfachen Verhältnissen auf die Ränge der Privilegierten springen und dann ihre volkstümliche Herkunft ableugnen. Für diese bedeutet die Unabhängigkeit wirklich Überfluß; in ihr Vermögen gehen die begehrtesten Plantagen über. Wiederholte Zuerkennungs-, Verpachtungs-, Tausch- und sonstige Operationen beziehen sich in jenen Jahren auf Besitzzuwachs herausragender Heerführer: der General Santiago Mariño erhält die Hazienda »La Soledad« in Güiria; der General Juan Bautista Arismendi »Yaguaraparo«; der Oberst Cornelio Muñoz »El Trapichito«; der Oberst José Lugo »El Rincón« in Maracay; der Oberst Francisco Martínez »Xoco« in Güiria; der General José Francisco Bermúdez Haziendas bei Cumaná und Caracas; die Generäle Monagas . . .

Gegen die Landverteilung, die die Republik vornahm, gab es ebenfalls eine Mobilmachung. Wichtige Grundbesitzer von Caracas, die gleichen, die 1819 — in einem dreisprachigen, über die ganze Welt verbreiteten Manifest — die schlimmsten Schmähungen auf den Befreier gehäuft hatten, versuchen ihre beschlagnahmten Güter 1821 durch schamlose Schmeicheleien zurückzubekommen. Die Antwort Bolívars auf diese Absicht, den früheren wirtschaftlichen Status wiederherzustellen, ist eisig und dem Recht entsprechend: es liegt nicht in seiner Machtbefugnis, das vom Gesetz verordnete abzuändern; sollten die Kläger das Recht auf ihrer Seite sehen, müßten sie sich an die zuständigen Gerichte wenden.

Skrupellose Aufrührer und ihr Gefolge aus reichen Grundbesitzern — darunter viele in ihrer zweiten Rolle als Senatoren, Abgeordnete und Exekutivbeamte —, untergruben die Revolution. Die Eingabe der Soldaten der »División del Magdalena« im Jahre 1828 an den Konvent von Ocaña prangert den Schwindel ausführlich an: »Alles war Unrecht, alles Vernachlässigung, alles Verachtung. In wessen Hände gelangen die beschlagnahmten Güter? Wohlhabende Subjekte, die sich oft Dokumente mit einem Fünftel oder einem Sechstel ihres Wertes ausstellen ließen; die Regierung räumte ihnen demnach eine ungerechte Bevorzugung ein, und wenn einmal ein Soldat den Zuspruch eines bestimmten Landgutes forderte, fand er es bereits an einen Privatmann vergeben. Die Dokumente wurden zum damaligen Handelswert verkauft: Man betrieb damit eine Art von Spekulation, von Intrige, von Aufgeld und Korruption für die einen, und brachte Schande über alle; das Heer allein war das Opfer; nur wir sind die Geprellten und das Gesetz«.

Wiederholt wechselt das Eigentum in den Umschichtungen und Wechselfällen dieses Jahrhunderts der Konterrevolution, die wirtschaftliche und soziale Kolonialstruktur jedoch bleibt unangetastet.

BOLÍVAR ALS »UMSTÜRZLER«

Sehr bezeichnend und typisch für die konterrevolutionäre Handlungsweise in diesem Bereich ist der Erlaß des Páez-Kongresses — am 5. August 1830 —, der das während der Bolívar-Ära verfügte Beschlagnahmungsgesetz außer Kraft setzte. Der Zynismus ist hier beispielhaft. Jetzt, 1830, entdeckt Páez, daß die Beschlagnahmungen »den Rechten eines freien Volkes zuwiderlaufen.« Schon haben sich die Anführer — an der Spitze der Held von Las Queseras — den wichtigsten Besitz angeeignet. Der offizielle Einführungskommentar in der Gaceta del Gobierno über den gesetzgebenden Akt, der jede Spur der Agrarrevolution auslöscht, ein Text, in dem Bolívar implizit »umstürzlerisch« genannt wird, hat alle Beweiskraft eines Manifestes für die rückschrittliche Position: »Nicht weniger zustimmungswürdig für die Öffentlichkeit ist auch der anschließend abgedruckte Erlaß, welcher die Beschlagnahmungsgesetze abschafft, die, auf Kriegsrepressalien gegründet, in den Augen der Gerechtigkeit immer verabscheuungswürdig waren, und die in Kolumbien die gleiche gewaltsame Räuberei, die einen Privatmann entehren und verdammen würde, als ein legitimes Recht der Gesellschaft bestätigt.

Die Zivilisation und Menschlichkeit, mit der unsere Volksvertreter die Ära der Erneuerung Venezuelas gekennzeichnet haben, wird unserer Sache die Liebe, die Achtung und die Entschlossenheit aller aufrechten Männer innerhalb und außerhalb des Landes zuführen. Mit Vorkehrungen wie diese — von der Gerechtigkeit so dringend geforderten — werden wir Zug um Zug die Ordnung, die Ruhe und die Moral wiederherstellen können, und nicht minder die Wertschätzung von außen, die wir wegen der Umstürzler gänzlich verloren hatten. Nach der Inkraftsetzung dieses menschenfreundlichen Dekrets wird der rechtschaffene Besitzer sich ungestört der Hazienda erfreuen können, die er von seinen Vorfahren bekommen und mit seinen Händen bearbeitet hat, und in dem sicheren Bewußtsein leben, daß er auch für seine unschuldigen Nachkommen ein Rückhalt sein wird; von der Sorge befreit, daß irgendein wachsamer Inhaber von Gutscheinen bei seinen Großeltern einen Adelsmakel entdeckt, der als Vorwand dient, ihm sein Erbe zu entreißen«.

Es ist müßig zu sagen, daß die Folgen des Rückschritts, die dieser »menschenfreundliche« Erlaß mit sich bringt, die weniger einflußreichen Leute trifft, die zufälligerweise zu recht begünstigt wurden, wie zum Beispiel die Witwe des edlen und früh verstorbenen General Anzoátegui, die des Grundstücks enteignet wurde, mit dem sie die Existenz der Familie sicherte, um es den Erben eines vornehmen Royalisten zurückzugeben.

Die Caudillo-Regierungen sind zudem, seit jener von Páez, unerbittliche Gegner bäuerlicher Aufruhr, die dieser Agrarbetrug zur Folge hat. Wie sich Páez während seiner Regierungszeit bereicherte, wurde damals in Ausmaß und Qualität weder erreicht noch übertroffen. Im Mai 1822 schrieb dieser Anführer an Santander: »In meinem Kopf ist nur der Wunsch, meine Feinde zu vernichten: sollten sie morgen aus unserem Land ausgewiesen werden, so wäre es mein einziger Ehrgeiz, zu regieren und den Besitz, den mein Vaterland mir gab, zu vergrößern, das Vaterland hat mich mit Ehrungen überhäuft; es hat mir überreichlich meinen Einsatz zur eigenen Verteidigung und für die Unabhängigkeit vergolten.« Aus Perú schrieb Bolívar am 12. Mai 1828 an Lacroix: »Die Briefe aus Caracas betrüben mich, alle erzählen sie mir von der Misere des Landes und dem darniederliegenden Zustand der Handelsgeschäfte und der Landwirtschaft: nur General Páez sagt mir davon nichts, sicherlich weil seine Geschäfte gut gehen und ihn die allgemeine Armut wenig angeht«. In seinem in New York am 24. Juli 1865 verfaßten Testament erklärt der berühmte Mann aus den Llanos, daß er bei seiner Heirat — 1809 — »keinerlei Besitz hatte«; nichtsdestoweniger, und obwohl er seit 1811 mit Krieg und Politik beschäftigt war, wird sein Vermögen folgendes einschließen: die Zucker- und Kaffeehazienda »La Trinidad« in Maracay — »ein höchst wertvoller Landbesitz«, so betont er selber den Superlativ —, eingeschlossen die Hazienda »Los Cocos«, die er Mariño abkaufte, und Grundstücke, die er in verschiedenen Abschnitten von Vicente Ibarra und Pedro Canino erwarb; das Zollhaus von Puerto Cabello — wahrscheinlich das Hauptgebäude jener Stadt —; ein Wohnhaus in Maracay und ein danebenliegender Hinterhof mit einem wenig wertvollen weiteren Haus; Mietshäuser in Valencia — so in der Mehrzahl aufgeführt —; nicht sehr ausgedehnte Grundstücke, die er in der Provinz Apure geerbt hatte, unweit des Dorfes Rincón Hondo; und sollte das noch nicht ausreichen: die riesige Viehfarm »San Pablo« — vielleicht die größte der Republik, die sich über mehrere Provinzen erstreckte, »ein Gut, das 1848 ausgesprochen wertvoll war (sagt er), mit 20 000 Rindern, 700 Stuten, 300 Maultieren und an die 500 Pferden.« Außerdem hatte Páez die Hazienda »Chuao« gepachtet, ein Universitätsbesitz, von dem er vorgab, die Hälfte der Wertsteigerungen zu besitzen; er behauptete, sie zu einem »Landgut hohen Wertes« gemacht zu haben: 106 000 Kakaobäume, 400 000 Kaffeebäume, 50 Tablones Zuckerrohr; Gebäude Eisenbahnen und repartimientos. Ohne zu erröten fügte Páez seiner Aufzählung hinzu: »Die Regierung Venezuelas muß mir den Wert der Sklaven ersetzen, die mir gehörten und auf der Hazienda ›La Trinidad‹ und der Viehfarm ›San Pablo‹ lebten . . .«. Nichts ist aussagekräftiger als diese Erklärung seines letzten Willens, wenn der Mensch der nahen und unausweichlichen Tatsache seines Todes gegenübersteht, seine Habe nicht verheimlichen kann und seine Gefühle nicht verbirgt. Wie das von Páez, so steht das Testament Santanders im Gegensatz zu dem Bolívars in Santa Marta. Mit Sicherheit wird die Nachwelt nach diesen drei Schriftstücken ihr Urteil fällen und jeden einzelnen einordnen und bewerten.

DIE GIER NACH BODEN

Unter den sich einander ablösenden Autokratien verstärkt sich die Konzentration des Grundbesitzes in sehr wenigen Händen. Die politische Macht ist der kürzeste Weg zu großem, solidem und schnellen Reichtum. In den anderen glücklosen Republiken Amerikas ist das Phänomen fühlbar das gleiche; die mexikanische Revolution des 20. Jahrhunderts — zum Beispiel — wird auf Latifundien von unglaublicher Ausdehnung stoßen. Nicht wenige von eindrucksvoller Größe sind in verschiedenen Ländern immer noch erhalten.

Mit der Tyrannei gekoppelt, verschlimmert die Latifundienstruktur die Neigung zur Monokultur, das Fehlen der Industrialisierung, die allgemeine Armut, den demographischen und kulturellen Stillstand, die Unwissenheit und auch die physische Schwächung des Volkes. Der Großgrundbesitz wird zu einer typischen Einrichtung der landwirtschaftlichen Ausbeutung dieses Jahrhunderts; er setzt, ohne jede Protestmöglichkeit, Hungerlöhne und erschöpfende Arbeitszeiten durch, und nagelt den Knecht an die Scholle.

Im Land Bolívars ist die Autokratie von Juan Vicente Gómez — dies bereits im ersten Drittel des 20. Jahrhunderts — die typischste für die konterrevolutionäre Bewegung. Der ungeheure Tyrann besaß 1 242 403 Hektar Boden für die Viehzucht und 120 470 Hektar für die Landwirtschaft; in seiner Lieblingsgegend — dem Staate Aragua — besaß er 2631 Grundstücke, in dem benachbarten Carabobo 1569, in seinem Geburtsstaat Táchira 274, und ähnlich in weiteren zehn Provinzen Venezuelas und in Kolumbien.

Den auffallendsten Gegensatz zur Haltung Bolívars in diesem Zusammenhang könnte man das unglaubliche Geschäft der »Ländereien des Caura« nennen, einem riesigen Großgrundbesitz, den General Joaquin Crespo mit Hilfe des höchsten Amtes in der Republik zusammenträgt, und das einem seiner Nachfahren — General Juan R. Guerra — von Juan Vicente Gómez 1911 für achtzigtausend Bolívar abgekauft wird. Wertloses Land: 1926 verkauft Gómez es dem Staat für siebzehn Millionen Bolivars!!

FINANZIELLE SPEKULATIONEN

Untersucht man die fiskalische Situation der Republik Kolumbien, wird man sehen, wie die Jahre, die Bolívar Perú und Bolivien widmen mußte, dazu gedient haben, hier eine Ordnung zu verfestigen, die den Absichten des »Vaters des Vaterlandes« vollkommen fremd waren. Der Kongreß von Cúcuta schaffte die traditionellen Steuern ab, ohne sie ordnungsgemäß durch neue zu ersetzen. Die Oligarchie, die sich anschließend auf der Grundlage der Macht in Kolumbien bildete, war rundheraus nicht gewillt, gerechte Abgaben festzusetzen, die sie selbst hätten zahlen müssen, um auf diese Weise die Ausgaben des Staates zu decken. Es war für alle diese Nutznießer der Revolution bequemer und rentabler, kostspielige Anleihen als Ausweg zu wählen.

Die Vorliebe der kolumbianischen Bürger für dieses System — sagt Liévano Aguirre — »war einfach zu erklären. Durch dieses System sollte der Unabhängigkeitskrieg zur Quelle lukrativer Spekulationen werden. Das Volk sollte die Toten liefern, ihr Blutzoll sollte nicht verzinst, dagegen sollten die Geschäftsleute die

Zinsen kassieren und das geliehene Kapital dazu«. Bald waren es die Finanzkreise von Bogotá, Antioquia und Cartagena überdrüssig, ihr Geld abzuliefern, und durch geschickt gesteuerten Druck wurde die Aufnahme eines beträchtlichen Auslandskredites erzwungen.

Eine der beschämendsten Geschichten ist die der Englischen Anleihe. Die kolumbianischen Agenten dieses Geschäftes gehörten den genannten Finanzkreisen an, und trotz ihres offiziellen Auftrages ließen sie sich wie Kommissionsbeauftragte entlohnen. Über das Schicksal des in England aufgenommenen Geldes schreibt Liévano Aguirre: »Indem sie das Land mittels einer mächtigen Handelsoligarchie beherrschten, wurden die Gelder der Anleihe, die in so reichlichem Maße in die Hände von Privatleuten gelangten, für die Einfuhr von Textilien und anderen Gütern aus England bestimmt, so daß sie innerhalb kurzer Zeit nach England zurückgelangten, ohne eine tatsächliche wirtschaftliche Entwicklungsfunktion erfüllt zu haben. Die durch die Anleihe verfügbaren Devisen begünstigten nicht den Import von Kapitalgütern, Industriemaschinen oder landwirtschaftlichen Geräten, sondern von Konsumgütern, die größtenteils eine Konkurrenz für ähnliche, im Lande gefertigte Produkte waren. Auf diese Weise dienten die Gelder der Anleihe einzig dazu, den kostspieligen Luxus einer privilegierten Minderheit zu befriedigen«. Ein Teil des englischen Geldes ging außerdem beim sofortigen Bankrott des für die Anleihe konzessionierten Unternehmens verloren; Kolumbien war wieder einmal das Opfer eines verwerflichen Spekulationsmanövers geworden.

Bolívar mußte sich in den letzten vier Jahren seines Lebens mit der virulenten Opposition der in Kolumbien vorhandenen großen Wirtschaftsinteressen auseinandersetzen, die mehrere Attentate auf sein Leben angezettelt haben, einschließlich jenem vom 25. September 1828. Bolívar versuchte dem Ausbluten des kolumbianischen Wirtschaftspotentials Einheit zu gebieten; in Venezuela befaßte er sich vorzugsweise mit der Organisation der Finanzen. Von Caracas aus eröffnet er Urdaneta 1827: »Es wird eine Finanzverordnung verschickt werden, die genügend Geld ergeben wird, die uns, abgesehen von Gaunereien, durch Einsparungen und höhere Erträge vorankommen lassen und es uns ermöglichen wird, alles zu bezahlen«. An José Gabriel Pérez schrieb er wenig später: »In den zwei Tagen in Bogotá habe ich den Staat von Kosten in Höhe von sechs Millionen befreit, und in Venezuela wurden sehr beträchtliche Reformen durchgeführt; die Moral selbst erhielt erbauliche Beispiele und strenge Lektionen«.

BESCHÄMENDE AUSLIEFERUNGSPOLITIK

Was den Nationalreichtum betrifft, vollendet sich in Lateinamerika im Laufe der auf die Ära Bolívars folgenden Jahrzehnte ein weiteres Kapitel der wirtschaftlichen Konterrevolution. Wo der Befreier die Verstaatlichung »jeder Art von« Bergwerken anstrebte, womit er vorausschauend auf die Kohlenwasserstoffe hinzuweisen schien, wurde eine regelrechte Auslieferungspolitik des eigentlichen Reichtums der Republik an ausländische Konsortien durchgeführt.

Die großen ausländischen Geldinteressenten fanden in Venezuela immer günstige Gelegenheiten für ungeheuren Gewinn. Mit Juan Vicente Gómez wird der Höhepunkt des Verrats an der Würde und am nationalen Vorteil erreicht. Auslieferung ist der Name dieser niederen, der fremdländischen Raubgier gefügigen Haltung; die Tyrannei wurde ein Diener gegen Venezuela. Gómez senkte die Erzgewinnungssteuern, die zur Zeit seines verstoßenen Vorgängers Cipriano Castro galten. 1927 verdient die Venezuela Oil Concession — der Shell-Gruppe zugehörig — auf ein Kapital von zehn Millionen Dollar drei Millionen vierhunderttausend Dollar. Die Lago Petroleum Corporation — ein Ableger der Standard Oil — erzielt auf ein Arbeitskapital von dreieinhalb Millionen einen Ertrag von fast acht Millionen Dollar. Der Wert der Unternehmensaktien steigt zwischen 1924 und 1927 um fast 600 Prozent. Seit der Compañía Guipuzcoana gab es in Venezuela kein gewinnbringenderes Geschäft für seine Unternehmer, und kein nachteiligeres für das Land. In den sieben

Jahren von 1923 bis 1930 nimmt die Republik aus den Kohlenwasserstoffen 187 Millionen Bolivares ein; im gleichen Zeitraum werden den Gesellschaften Zollgebühren in Höhe von 219 Millionen Bolivars erlassen. Das Wirtschaftsministerium bestätigt die unglaubliche und tragische Wahrheit: »Die Gesellschaften nehmen das Erdöl mit und die venezolanische Regierung zahlt ihnen dafür, daß sie es mitnehmen«.

Die gesetzliche Regelung auf dem Erdölsektor wird auf den fremden Vorteil zugeschnitten; nicht einmal auf dem Papier wird das bolivarische Prinzip der Verstaatlichung der Bodenschätze aufrechterhalten. Auf das erste venezolanische Erzbergwerk-Gesetzbuch von 1854 folgen, ohne grundlegende Änderungen, jenes von 1885 und die Bergwerksgesetze von 1887, 1891 und 1893. 1904 verfaßt Castro sein Gesetzbuch, das das herkömmliche »verschenkende« System durch das der Eigentumsgewalt ersetzt — wo die Konzession nicht zwingend, sondern fakultativ ist —, und bestätigt auch 1905 ein Minengesetz. In Wirklichkeit gibt es keinen Fortschritt. Weitere juristische Texte werden 1909, 1910, 1915 und 1918 erlassen; auf das Erdöl werden allgemeine und im Fördergeschäft übliche Bestimmungen angewandt.

Das erste spezifisch venezolanische Erdölgesetz entstand 1920; es begünstigt lediglich — und das in knauserigen Proportionen — den Kreis um Gómez, der sich nur Scheibchen — wenn auch verhältnismäßig dicke — vom spektakulären Geschäft abschneidet; es wird 1921 abgeändert. Das Gesetz sagt dem Geschmack der Gesellschaften nicht zu; Gómez, so furchterregend im Inneren wie zuvorkommend mit den ausländischen Magnaten, ruft sie zusammen: »Sie verstehen etwas vom Erdöl« — sagt er ihnen. »Machen Sie die Gesetze. Wir sind darin Neulinge.« Rechtsanwälte der Unternehmer redigieren das Gesetz 1922, das sie selbst 1925, 1928 und 1935 abändern lassen. »Die Erdölgesetze Venezuelas sind die besten der Welt, für die Gesellschaften«, erklärt die Tyrannei unverfroren 1930.

Zu dieser Zeit gewähren die anmaßenden Konsortien mit den ungeheuren ihnen zur Verfügung stehenden Mitteln dem Gómez-Regime ihre handfeste Unterstützung, ebenso wie ihre

Schirmherren und Partner in verschiedenen sehr einflußreichen Regierungen, wenn diese nicht gar selber Teilhaber der einträglichen Industrie sind. Um den Hauptreichtum Venezuelas wird, vom Regierungsclan angeführt, ein verabscheuungswürdiges Festspiel aufgeführt.

Das über Venezuela Gesagte läßt sich, mit kleinen Retuschen, auf den größten Teil unserer lateinamerikanischen Welt anwenden. Man müßte nur ein paar Jahreszahlen verändern und anstatt *Erdöl:* Gold, Kupfer, Silber, Zinn oder Eisen, Bananen, Kaffee oder Holz, Kautschuk oder andere Rohstoffe einsetzen. Das Thema eignet sich nicht nur für Protestgesänge und entrüstete Romane angesichts der zur Genüge wiederholten Plünderung und Verhöhnung. Auch die Inspiration für zukünftiges Handeln läßt sich dort finden. Die Schlußfolgerung jener Geschichten ist immer die gleiche: Amerika wird geopfert und ausgeraubt. Die Balkanisierung unseres Kontinents paßte den antinationalen Interessen im Schoße der entsprechenden Bruderländer wie der Ring auf den Finger. Die Geschicklichkeit, die technische Leistungsfähigkeit, kurz die Überlegenheit der ausländischen Geschäftsleute verstärkte unsere Abhängigkeit und machte die Lehre Bolívars um so unerreichbarer und unmöglicher. Mit so wesentlichen Grundlagen der sozialen Ordnung, wie eben die wirtschaftlichen Fundamente des damaligen Amerika waren, kann man sagen, daß die Revolution Bolívars gescheitert war. Bolívar jedoch steht aufrecht gültig und unverändert, um der Gegenwart und der Zukunft zu dienen. Die Rettung von Würde, Gleichheit und Gerechtigkeit ist und wird immer sein Anliegen bleiben.

HALSSTARRIGKEIT DER SKLAVEREIANHÄNGER

Es ist bereits gezeigt worden, wie die Absichten Bolívars in bezug auf Freiheit, Demokratie, Verfassung, inneren Frieden und Harmonie, Verstaatlichung der Erzvorkommen, Steuergerechtigkeit und Verwaltungsreform bis zur Unkenntlichkeit entstellt und letztlich durch ganz andere Dinge ersetzt wurden: Unterdrükkung, Despotismus, Autokratie, *de facto*-Regierungen, Bruderkriege, falschen Föderalismus, Großgrundbesitz, Auslieferung des Reichtums, Ungerechtigkeit bei den Steuerlasten, Unlauterkeit in der Verwaltung.

Auch im sozialen Bereich verzeichnet man einen unbestreitbaren Stillstand, vielleicht sogar einen Rückschritt. Das Ziel Bolívars war die Gleichheit. Die Absicht war klar und präzise: Befreiung der Sklaven, eine folgerichtige Konsequenz der Erlösungsrevolution und eine natürliche Ableitung des geschichtlichen Zeichens, unter dem Bolívar antrat: Befreier. Der Zweck war, die Schranken innerhalb der Gesellschaft einzureißen, die Kastentrennungen, die Standes- und Klassenvorurteile abzuschaffen, unsere ungleichen menschlichen und kollektiven Volksteile zu integrieren, die Gesellschaft zu einem Ganzen zu verschmelzen: »Die Masse des Volkes zu einem Ganzen: die Zusammensetzung der Regierung zu einem Ganzen: die Gesetzgebung zu einem Ganzen: und die Volksseele zu einem Ganzen. Einigkeit, Einigkeit, Einigkeit, muß unsere Devise sein«, rief er 1819 aus. Aber die traurige Wahrheit ist, daß das Sklaventum Bolívar überlebte und daß durch das Komplizentum der Mitbegründer der Unabhängigkeit selbst die Anordnungen Bolívars, seine radikalen Maßnahmen und seine aufrichtigen und grundlegenden öffentlichen Verkündigungen in schwache Bannflüche gegen ein so ungeheures Übel der Gesellschaft verwandelte, »das schrecklichste Verbrechen, die gröbste Schändung der menschlichen Würde«.

Auf die pathetische Bitte von Angostura: »Ich flehe um die Bestätigung der absoluten Freiheit für die Sklaven, wie ich um mein Leben flehen würde, und um das Leben der Republik«, antwortet der Kongreß in ähnlicher Weise, wie er es bei der Landverteilung (Agrarreform) getan hatte. Hinauszögerung, leere Worte, wortklauberische Zugeständnisse, Aufblähung der Angelegenheit, um sie schwieriger zu machen, und zuletzt die Rückkehr zum Ausgangspunkt, damit alles so bleibe wie es war.

VERZÖGERUNG IN ANGOSTURA

Der Kongreß nahm sich nicht weniger als elf Monate Zeit, um die Schlußanträge zu stellen — im Januar 1820 — und den Punkt über die Abschaffung der Sklaverei an die »Vertretung von Kolumbien zu überweisen, die Anfang des kommenden Jahres zusammentritt.« Ein großer Sieg, den die Sklaverei für sich verbuchte: eine Hinauszögerung um — praktisch — zwei Jahre. In den Akten von Angostura kann man den Verlauf der Debatte über diese grundlegende Angelegenheit verfolgen. Zum Auftakt des Themas erinnerte Don Fernando Peñalver selbst daran, obwohl er die Wichtigkeit der Sache unterstrich, daß die Landwirtschaft in Venezuela von der Sklavenarbeit abhängig war, und erklärte, er sei dafür, Bolívars Verlangen »nicht zur Ausführung zu bringen, bis der Kongreß die Bestimmungen erlassen hätte, worin festgelegt wäre, auf welche Weise diejenigen von der Freiheit Gebrauch machen dürften, die nicht an sie gewöhnt waren.« Die Angelegenheit wurde den gleichen Abgeordneten übergeben, die den Auftrag hatten, die Verfassung zu studieren »um so bald wie möglich« den entsprechenden Entwurf vorzulegen. Vier Monate später war noch nichts geschehen; der Abgeordnete Pumar war bis zu diesem Zeitpunkt der einzige, der die Frage wieder aufwarf; endlich, nach einem weiteren Monat, lag der Sachbericht vor und man konnte beginnen. Die Diskussion verlief langsam, aber erregt; in der Sitzung vom 17. August »gab es mehrere Streitigkeiten« — hält der Schriftführer fest —; sie wurde wiederholt vertagt. Das Unerhörte geschah in der Sitzung des 8. November: »Man fuhr — sagt das Protokoll — in der Diskussion des Entwurfs für die Sklavenbefreiung fort und Herr España ergriff das Wort und führte folgendes aus: er fände es viel wichtiger, einem Gerücht nachzugehen, nach dem in diesen Tagen im Fluß angeblich Leichen gefunden worden seien . . .«.

So kam der 11. Januar 1820, an dem jener verzögernde Erlaß angenommen wurde, in dem — obwohl im Artikel 1 die Sklaverei für »von Rechts wegen abgeschafft« erklärt wird, im Artikel 2 wie zum Hohn verfügt ist, daß »alles im gleichen Zustand bleiben wird, in dem es sich heutzutage in den drei Departements befindet, ohne die kleinste Neuerung in der Provinz oder wo auch immer einzuführen«.

Wohlgemerkt, es wird in jedem Fall die Verpflichtung des Staates festgelegt, alle Besitzer zu entschädigen, deren Sklaven vom Präsidenten der Republik zu den Waffen gerufen werden könnten. »Die Einfuhr von Sklaven in das Gebiet der Republik« wird verboten, und — so unglaublich es scheinen mag — in »der Feststellung, die Gesetze, Sitten und Gebräuche aller Nationen zu achten, wird erklärt, daß jeder flüchtige Sklave eines fremden Landes ins Gefängnis gebracht und seinem Herren zurückgegeben wird«, außerdem sollten diejenigen bestraft werden, »die sein Hereinkommen begünstigt und diejenigen, die ihn versteckt oder beschützt haben«.

Geschickt weben die Parlamentarier in die Begründung des Dekrets Phrasen ein, die dem Anschein nach die Vorsätze Bolívars noch übersteigen: »Es ist notwendig in dem Zustand der Unwissenheit und der moralischen Entwürdigung, auf den sich dieser unglückselige Teil der Menschheit beschränkt sieht, Menschen zu formen, bevor man Bürger formt. Es ist ebenso notwendig, ihnen den Fortbestand der Freiheit zu sichern. Die Freiheit sowie die Erleuchtung ihrer Seele muß man ihnen stufenweise gewähren, ähnlich wie jenen, die das Augenlicht wiedergewinnen und die man auch nicht unvermittelt der ganzen Helligkeit des Tageslichtes aussetzt«.

MACHENSCHAFTEN IN CÚCUTA

Als der Befreier an den Kongreß von Cúcuta das gleiche Gesuch stellt, ist sein Anlauf wieder vergebens. Die Antwort fällt unbefriedigend aus, obwohl der Antrag mit neuen Argumenten wie auch durch die Woge der Begeisterung über den Sieg von Carabobo verstärkt wurde, erstritten »von dem Befreiungsheer, dessen Blut nur für die Freiheit vergossen wurde«. Der Kongreß diktiert, in falscher Absicht Formeln und Oberflächlichkeiten betonend und in einer Verlautbarung, die nicht länger hinausgezögert werden konnte, ein kompliziertes »Gesetz über die Freiheit der Mulatten oder Neger, die Freilassung der Sklaven und die Abschaffung des Handels mit ihnen« — Juli 1821. Es enthält erneut den Gedanken der »allmählichen« Auslöschung der Sklaverei, um so die »öffentliche Ruhe nicht zu gefährden, oder die wahrhaftig bestehenden Rechte der Besitzer zu verletzen.« Jeder einzelne der positiven Grundsätze, die dort geprägt werden, wird im nächsten Absatz wieder neutralisiert; der Artikel 1 erklärt als »frei die Kinder von Sklavinnen, die von dem Tag an geboren werden, an dem dieses Gesetz veröffentlicht wird«, aber in Artikel 2 wird vorgesehen, daß diese Kinder die Besitzer der Sklavinnen entschädigen sollen — für die Ausgaben für Ernährung, Kleidung und Erziehung in ihrer Kindheit — »mit Arbeiten und Dienstleistungen, die sie ihnen bis zum vollendeten achtzehnten Lebensjahr erbringen werden.« Im Artikel 5 wird verfügt, daß »keine Sklaven außerhalb der Provinz verkauft werden dürfen, in der sie sich befinden, wenn dadurch die Kinder von den Eltern getrennt werden«, und anschließend wird hinzugefügt: »Dieses Verbot ist nur gültig, bis die Kinder in die Pubertätsjahre kommen.« Als einziger wirklich konsequenter und logischer Gesichtspunkt wird angeordnet: »Die Sklaven, die entgegen dem Verbot dieses Gesetzes eingeführt werden, sollen aus eben diesem Grunde frei sein.«

Für die Freilassung wird ein Geldfonds angelegt, der letztlich fast wirkungslos bleibt, um so mehr in einem unorganisierten und armen Land: Dieser Fonds sollte gebildet werden aus drei Prozent eines Fünftels des Besitzes jener, die gesetzmäßige Erben hinterlassen; drei Prozent des gesamten Besitzes jener, die Seitenverwandte hinterlassen, und zehn Prozent des Besitzes jener, die fremde Erben hinterlassen.

Der Kongreß beauftragte — gleichsam als Vorsorge dafür, daß auch dieses unzulängliche Gesetz nicht befolgt werden möge — mit seiner praktischen Überwachung Leute, die daran interessiert sein mußten, das Sklaventum unangetastet zu erhalten. Die Juntas der Freilassung, die den Fonds zu verwalten hatten, sind nur sehr selten in Funktion getreten.

DIE KONTERREVOLUTION AUF DEM VORMARSCH

Kein Zweifel besteht hinsichtlich der Gegner einer Abschaffung der Sklaverei. Es sind nicht nur die Hinterbliebenen der gestürzten Ordnung; man findet sie auch unter den Anführern der Befreiungsbewegung selbst, Generäle, Regierungsräte und Parlamentarier. Die gleichen, die unter dem Vorwand der Bezugscheine die Ländereien der Kolonialherren an sich gerissen haben, brauchen jetzt Sklavenhände, um ihre wirtschaftliche und politische Macht zu festigen. Für sie tritt in Neu-Granada Santander ein, der sich mit der konterrevolutionären Position identifiziert; auf seine Fürbitte zugunsten der Besitzer, »allesamt gute Republikaner«, wirkt die Antwort Bolívars belehrend: »Der Anstoß zu dieser Revolution ist gegeben, niemand kann sie mehr aufhalten«; rückwärts zu gehen war, außer einer Ungerechtigkeit und einem Fehler, eine unkluge und waghalsige Sinnwidrigkeit. Bolívar empfiehlt dem neu-granadischen Caudillo, seine selbstsüchtigen Schützlinge von der Nützlichkeit der neuen Ordnung zu überzeugen: »Ich glaube, es wäre sehr nützlich, diese verblendeten Männer in ihrem eigenen

Interesse aufzuklären. Ihr wirkliches Interesse müßte sie zur Einsicht ihres Irrtums zwingen. Ich meine, man sollte sowohl den Vorgesetzten wie auch den hochgestellten Personen das schreiben, was sie wissen sollten, und ihnen dabei das nahebringen, was sie nicht zu wissen vorgeben«. Um die gleiche Zeit als der Befreier-Präsident darauf drängt, »nicht einen Augenblick zu verlieren bei der Ausführung des Befehls, die Sklaverei aufzuheben« und die fürchterliche Erfahrung mit Boves hinzufügt, macht der Vizepräsident gemeinsame Sache mit denen, die die gesellschaftliche Schmach aufrechterhalten.

In eine Anthologie verblüffender Dokumente paßte ein ungewöhnlicher Brief gut hinein, den der Gouverneuer José Cancino aus Buga am 3. Mai 1826 an Santander schreibt: »Verehrter General und Freund: Es ist mir bewußt, daß bei unserem Gespräch bei Ihnen zuhause über Maßnahmen, die ich in bezug auf die Sklaven am besten ergreifen sollte, Sie mir treffend sagten, daß ihre Freilassung Chocó vollständig zugrunde richten würde. Diesbezüglich hatten Sie die Güte, diese Maßnahme in einem Artikel Ihrer Anweisungen meinem Gutdünken zu überlassen mit dem Hinweis, sie solle, im Falle der Anwendung, niemals von allgemeiner Wirkung sein. Als ich dann in die mir unterstellte Provinz kam und mich dort umschaute und sah, daß von ihren 14 000 Einwohnern 9000 Sklaven sind, fand ich nichts ungünstiger, als auch nur einen davon zu befreien, sah mich aber schließlich aus den Ihnen schon genannten Gründen gezwungen, diese Vorsorgemaßnahme zu ergreifen, aber auf eine mir weniger gravierend erscheinende Art und ohne eine gefährliche Übergangszeit. Ich habe unauffällig, wie ich es Ihnen schon berichtete, die Trupps der Wehrpflichtigen auslosen lassen; aber als ich nach Cauca kam, hörte ich von einem Erlaß, hinter dem sie sich alle verkriechen können. Die Folge wäre der Ruin dieser Provinz und auch der von Chocó. Ich sehe viel Übles voraus und möchte es gern verhindern, und zu diesem Zwecke habe ich versucht, mich mit dem Herrn Gouverneur Concha abzustimmen, wie Sie aus beiliegendem Begleitschreiben ersehen werden, bis Sie nach Überdenken meiner Überlegungen, entscheiden, was zu tun am ratsamsten ist.«

Auch in Perú wurden alle Dekrete Bolívars zugunsten der Indios, einschließlich der *Sui generis*-Anordnung, die Sklaven zu fördern, die den Wunsch haben, ihren Herrn zu wechseln, zu toten Buchstaben. Der Gedanke, der im Einklang mit seinen Vorkehrungen den kolumbianischen Abgeordneten am Kongreß von Angostura unterbreitet wird und der beabsichtigt, diese erlauchte Versammlung zu der Erklärung zu veranlassen, die Sklavenhändler des Verbrechens der Piraterie für schuldig zu befinden, basiert auf einem kolumbianischen Gesetz vom 18. Februar 1825, das als »Piraten« und folglich »mit dem Tod zu bestrafen« alle jene Bürger Kolumbiens oder Ausländer ansieht, die beim Sklavenimport oder Sklavenhandel ertappt werden oder jenen behilflich sind, die mit ihnen Handel treiben; das landeseigene oder fremde Schiff, das sich diesen Piraten zur Verfügung stellt, »wird mit seiner gesamten Ladung beschlagnahmt.« Nebenbei bemerkt entgeht auch dieses Gesetz nicht der schon gewohnten Doppelzüngigkeit; in Artikel 4 wird klärend hinzugefügt, daß trotz des vorher angeordneten, »nicht als verboten gelten soll, zwischen einem und dem anderen Hafen Kolumbiens die im Lande schon vorhandenen Sklaven zu verschiffen oder mit ihnen den Ort zu wechseln, entweder in der Absicht sie zu verkaufen, oder zu irgendeinem anderen Zweck.«

AUCH IN BOLIVIEN

Was die Schritte vor dem Kongreß von Bolivien anlangt — eine Körperschaft die — gemäß dem Vorschlag des Befreiers — im Grundgesetz die Anerkennung der Sklaven als Bürger verankern sollte, die dann *tatsächlich* mit der Veröffentlichung dieses Gesetzes frei sein sollten —, so erhielt er genau die gleiche Antwort wie auf alle vorherigen Anläufe; was leicht zu erklären ist. Der Kongreß dort war Ausdruck der gleichen Struktur wie in Venezuela. Die Erwiderung, die mit Worten spielt und in einem eindeutigen Sabotageakt gegen die Revolution das Wesentliche beiseite schob, war das, was der Kongreß billigte: »Es sind Bolivianer: alle diejenigen, die bis heute Sklaven waren und aus diesem Grunde sofort nach Veröffentlichung der Verfassung frei sind, aber das Haus ihrer früheren Herren nicht verlassen dürfen, außer in der Form, in der es ein gesondertes Gesetz vorschreibt«.

Nie und nimmer verließ Bolívar den eingeschlagenen Weg. Als er, wegen der Angelegenheit von La Cosiata, nach Caracas zurückkehren mußte, kümmerte er sich darum, daß wenigstens das Freilassungsgesetz von 1821 eingehalten wurde, über dessen Ausführung er sich überaus häufig direkt und persönlich berichten ließ. Bei dieser Gelegenheit entdeckte er die Mittäterschaft der vielen, die daran interessiert waren, diese Vorschriften funktionsunfähig zu machen. Als er merkte, wie man diesen Rechtsbestand geschändet und entstellt hatte, erließ Bolívar sein energisches Dekret vom 28. Juni 1827, wodurch alles das, was dem Freilassungsfonds noch geschuldet wurde, innerhalb eines Jahres eingetrieben werden sollte. Um die Angelegenheit wirksamer und rascher abzuwickeln, sollte die Steuer in Zukunft von den Verwaltern der Rentas Internas eingezogen werden. Dem gleichen Zweck sollte das gesamte Vermögen derer zugeführt werden, die ohne gesetzliche Erben starben. Der Erlaß des Befreiers bestätigt außerdem ausdrücklich die Rechte der Sklaven auf Nahrung, Medikamente, Kleidung und Unterkunft, und regelt auch die Versorgung der alten Freigelassenen.

Im folgenden Jahr in Bogotá, nur drei Tage nach Übernahme der diktatorischen Gewalt, verkündet der Befreier ein Dekret mit genauen, dringlichen und schleunigst auszuführenden Anordnungen für die Handlungsweise der Freilassungskommissionen, welche acht Tage nach der Veröffentlichung des genannten Gesetzaktes bestellt sein und mindestens eine wöchentliche Sitzung abhalten sollten; die Ausführung wurde dem politischen Führer des Kantons überantwortet und, in seiner Abwesenheit, dem ersten Bürgermeister des Gemeindebezirks.

ER MACHTE SICH NICHTS VOR

Bolívar war sich dessen bewußt, wie wenig er mit seinen revolutionären Bemühungen erreicht hatte. Von den vielfältigen Anzeichen von Anarchie in Anspruch genommen, von einer erdrükkenden militärischen Aufgabe und einer außerordentlich komplexen Sorge um die Verwaltung absorbiert, konnte dieser »einsame Mann« nicht gegen eine derart hartnäckige Verschwörung kämpfen, die sich widerspenstig weigerte, mitzuarbeiten und ein gerechtes System anzuerkennen, und dazu entschlossen war, sich der echten Revolution mit der ganzen Kraft einer unbeugsamen Selbstsucht entgegenzustellen. Klar erkannte Bolívar, wie sein Werk an allen Fronten angegriffen wurde. Seine Warnung, es sei unmöglich, eine neue Ordnung ohne sozialen Wandel aufzubauen, bestand in knappen und gewichtigen Worten weiter. Das Gesetz reicht nicht aus, sagte er tausendmal. Mit bangendem Pessimismus schrieb er im Juli 1826 an Santander: »Es ist unmöglich, irgend etwas Gutes durch einfache Gesetzreformen zu erreichen; mehr noch, wir sind mit Gesetzen übersättigt . . .«. Es tat Not, zu befreien und zu erziehen, den Gleichberechtigten die Richtung zu weisen, ihre Moral zu stärken und ihnen zu echter innerer Größe zu verhelfen, indem man sie mit Prinzipien ausstattete, die ihre unbewußte, anarchische und im Grunde selbstmörderische Kraft ins Positive lenkte, da sie ohne das nötige Eindämmen die Gesellschaft überschwemmen und unterhöhlen würde. »Die gesetzliche Gleichheit — wiederholt er — reicht nicht aus, wegen des Geistes, der im Volke wohnt. Es will die absolute Gleichheit sowohl im öffentlichen wie im häuslichen Leben; und danach wird es vielleicht die Herrschaft der Farbigen anstreben, ihrer natürlichen und einzigen Neigung entsprechend, um anschließend die privilegierte Klasse auszurotten«.

Ganz sicher wird Stabilität und Ordnung auf keinen Fall von der »Pardokratie« kommen, aber er weist darauf hin, daß auch die »Albokratie«, das »absolute Dogma des Südens« sie nicht hervorbringen würde. Und schon gar nicht würden sie aus der »Nigrokratie« oder »Schwarzenherrschaft« entstehen, jener »Vogelscheuche, mit der sie in Guayaquil um 1830 alle Welt erschrecken«. Weder Pardokratie, noch Albokratie, noch Nigrokratie; dafür Demokratie. Der nationale Fortschritt und die Aufgabe, in Amerika eine neue Welt zu schaffen, ist nicht das Produkt von Kasten, Schichten oder Teilen der Gesellschaft, sondern aus Harmonie, Verschmelzung und Aussöhnung aller geeigneten Kräfte, geeinigt im Streben nach unverzichtbarer Freiheit und unabdingbarer Gleichheit.

Es kann kein Zweifel darüber bestehen, daß Bolívar die wirkliche soziale Realität seines Volkes kannte, und daß er genau den mageren Erfolg seines Einsatzes sah. Ausführlich sprach er in den Tagen von Ocaña, mit Peru de Lacroix über den »Zustand der Sklaverei, in dem sich immer noch das niedrige Volk Kolumbiens befindet: das nicht nur von den Bürgermeistern und Priestern der Gemeinden unterjocht wird, sondern auch von den drei oder vier Magnaten, die es in jeder von ihnen gibt: genauso ist es in den Städten, mit dem Unterschied, daß dort die Herren zahlreicher sind, weil sie durch die vielen Geistlichen, Mönche und Doktoren vermehrt werden: daß die Freiheit und die Rechte nur für diese und für die Reichen da sind und nie für die Bevölkerung, deren Sklaverei schlimmer ist, als selbst die der Indios; die unter der Verfassung von Cúcuta Sklaven waren und Sklaven bleiben würden unter einer noch so demokratischen Verfassung: daß es in Kolumbien eine Aristokratie des Ranges, der Stellungen und des Reichtums gibt, die durch ihren Einfluß, ihre Ansprüche und ihre Last für das Volk mit der despotischen Titel- oder Geburtsaristokratie Europas vergleichbar ist: daß zu dieser Aristokratie auch die Geistlichen, die Mönche, die Doktoren und Rechtsanwälte, die Militärs und die Reichen zählen; denn, obwohl sie von Freiheit und Rechten reden, wollen sie alles nur für sich selbst und nicht für das Volk. Das soll, wie sie meinen, weiter von ihnen unterdrückt bleiben: die Gleichheit wollen sie ebenfalls, um aufzusteigen und mit den Berühmtesten gleich zu sein, aber nicht, um sich Leuten der niederen Gesellschaftsschichten anzugleichen: diese wollen sie, trotz all ihres Liberalismus, immer als ihre Diener betrachten«.

Die soziale Situation der letzten Jahre Kolumbiens, die auch die letzten des Befreiers sind, ist eindeutig und typisch für den konterrevolutionären Prozeß. Die Positionen waren mit großer Schärfe umrissen: auf der einen Seite Bolívar, die einfachen Leute des Volkes und die Revolution; auf der anderen Santander, Páez, Fores, Oligarchie in Bogotá, Caracas, Quito, Lima, La Paz und Cochabamba usw.

Sehr bezeichnend für diese Einteilung ist die Epistel von Santander an seinen Anhänger Azuero am 18. Januar 1828, worin er sich auf die konsequenten und zahlreichen Anhänger Bolívars bezieht, die »des öfteren unsere Existenz bedroht haben«. Er fürchtet die Konfrontation: »Was kann das Ergebnis sein? Ein Bürgerkrieg, den die gewinnen, die nichts haben, und die immer viele sind, und den wir, die etwas haben, verlieren, und die wir wenige sind.« Man beachte die strukturelle und stilistische Identität und die gleichen Worte, die in Perú die Politik San Martíns beschrieben, die darauf abzielte »die Schranken aufrechtzuerhalten, die die verschiedenen Gesellschaftsschichten trennen, um die Vormachtstellung der gebildeten Schicht zu bewahren, die etwas zu verlieren hat.«

Die Politik der Oligarchie war die gleiche in Buenos Aires wie in Lima, Bogotá oder México. Torre Tagle, ein Vertreter der Mächtigen in Perú, verkündete seinen Verrat und die Gründe dafür frei von der Leber weg: »Peruaner: der Tyrann Bolívar und seine gemeinen Satelliten wollten Perú, dieses üppige Land, unter die Herrschaft Kolumbiens bringen. Mein Wunsch war es, Euch mit den Spaniern vereint zu sehen, als die einzige Alternative, um unserem Untergang zu entgehen. Bolívar hatte mich vertraulich darum gebeten, in Perú Verhandlungen mit den Spaniern zu eröffnen, um Zeit dafür zu gewinnen, neue Truppen hereinzubringen, um die Spanier zu vernichten und die Peruaner in Ketten zu legen. Ich habe diese Gelegenheit genutzt, um eine für Euch vorteilhafte Verbindung mit den Spaniern zu erreichen und unser Verderben abzuwenden.« Für die Reaktionäre Limas wie für die Spanier war der Befreier der »gemeinsame Feind.«

Allerorts und für alle privilegierten Kreise verkörperte Bolívar das umstürzlerische Element; war er der Gegner. In Caracas ergingen sich seine Landsleute bis ins letzte aller Schmähungen; in einem 1819 dreisprachig verbreiteten Manifest nannten sie ihn: aufrührerisch, verleumderisch, kopflos und sittlich verkommen in der Freiheit eines zügel- und respektlosen Lebens, undankbar, verräterisch, barbarisch, tyrannisch, mörderisch, feige, fahrlässig ... Den »Zambo« nannten sie ihn in Lima; vom »alten Simón«, dem »Tyrannen« und von der »Schweinswurst« sprach man in Bogotá verächtlich; als einen Manipulator »aller Auswürfe der Gesellschaft, die die Wirren der Revolution und des Krieges in der Masse des kolumbianischen Volkes verstreut haben«, bezeichnete ihn ein ungestümer Verschwörer aus Santa Fé.

EINDEUTIGER RÜCKSCHRITT

Als der Befreier Vergangenheit ist und die Teilung Kolumbiens vollzogen, gerät die Abschaffung der Sklaverei in Vergessenheit. Schlimmer noch, man tritt ausdrücklich den Rückmarsch zu dem Armseligen und Mangelhaften an, das schon einmal da war. Das Freilassungsgesetz von Cúcuta wird vom Kongreß von Valencia durch ein neues vom 30. September 1830 ersetzt, das einen Angriff auf die Sklaven darstellt, indem es die Altersgrenze der obligatorischen Dienstzeit vor der Freilassung auf einundzwanzig Jahre erhöht; drei zusätzliche Jahre des Sklaventums — die kraftvollsten des Lebens — sollten die Kinder der Sklavinnen dem Herren schenken, dafür, daß er sie »erzog«, kleidete und ernährte in der Zeit, in der seine Mutter die Knechtschaft erlitt. Und noch schwerwiegender, die Höchstzahl der offiziell Freigelassenen wird auf jährlich zwanzig Stück im ganzen Land festgesetzt — auf diese Weise hätten nicht weniger als zwei Jahrtausende verstreichen müssen, um dieses beschämende Gesellschaftsübel in Venezuela vollständig auszurotten —. Knappe 118 Menschen erlangten dort zwischen 1831 und 1839 die Freiheit.

Mehr noch, später verübt eben diese Páez-Autokratie, durch einen von Angel Quintero gegengezeichneten Akt, die größte aller Ungerechtigkeiten. Indem er die angebliche Erfüllung des Artikels

6 des Gesetzes anführte — der zum Schutze des jungen Freigelassenen ausgelegt werden sollte —, wobei er die ordnungsgemäße Ausübung seiner Befugnisse über diesen Artikel vorschützte, diktiert Páez seinen Erlaß vom 27. April 1840. Hierin ordnet er an, daß »in Anbetracht dessen, daß die Freigelassenen, wenn sie den Dienst ihres Herren verlassen, im allgemeinen nicht einmal vor väterlicher Gewalt Respekt haben, und in einem Alter und einer Verfassung sind, wo die Polizei eine wirksame und unmittelbare Aufsicht über sie auszuüben verpflichtet ist«, die Freigelassenen ihre Lehrzeit in den Diensten ihrer früheren Arbeitsherren absolvieren sollen, und — in Verkennung elementarer Rechtsgrundsätze, und gegen den Geist, die Vernunft und selbst den Buchstaben des Gesetzes — verlängert er anschließend das Alter der tatsächlichen Freilassung bis auf fünfundzwanzig Jahre; dies alles zu einer Zeit, in der die Lebenserwartung dieser Kategorie geschwächter Menschen wahrscheinlich nicht viel höher als dreißig Jahre war. Die Form ist geschickt und schlau: »Sollte eines der Dienstleistungs- oder Lehrverhältnisse gelöst werden, so werden die Kommissionen dafür sorgen, daß die Freigelassenen, solange sie das Alter von fünfundzwanzig Jahren noch nicht erreicht haben, eine gleichartige Verpflichtung mit anderen Eigentümern oder Geschäftsleuten eingehen« (Art. 10). Der Wortlaut ist überzeugend: »Der freigelassene Lehrling oder Dienstleistende, der sich ohne triftigen Grund aus dem Dienstverhältnis löst, wird von den örtlichen Polizeibehörden in dieses wieder eingesetzt« (Art. 9). »Niemand darf die Freigelassenen innerhalb der Altersgrenze von fünfundzwanzig Jahren in den Dienst oder in die Lehre nehmen, außer unter den Bestimmungen des vorliegenden Erlasses. Für diesen Fall sind die von der Polizeiordnung vorgeschriebenen Strafen auf jene Person anzuwenden, die Tagelöhner aufnehmen, welche einen anderen Dienst, dem sie verpflichtet sind, aufgegeben haben« (Art. 11). Man war sich dessen ganz sicher, daß niemand gegen eine derartig scharfe Äußerung, so rechtswidrig und unmenschlich wie sie war, protestieren würde, gewährte sie doch den Herren — über die schon vorher in den Bestimmungen von Cúcuta hinzugefügten unentgeltlichen drei Jahre

hinaus — vier weitere ertragreiche Jahre der Sklaverei, und, noch gravierender, sogar in eindeutiger Übertretung eines ungerechten Gesetzes. Was sollte das für ein Bürger werden, der seine ersten fünfundzwanzig Lebensjahre in der Sklaverei »erzogen« und »beschützt« wurde? Dieser Erlaß ist der Höhepunkt der schamlosen Aufrechterhaltung der Sklaverei.

General Páez brüstet sich in seiner Autobiographie mit diesem Freilassungsgesetz, und unter verschiedenen falschen Ansichten, die er dazu zum besten gibt, bringt er auch — völlig unannehmbar — Bolívars Haltung gegenüber der Sklaverei mit einer angeblichen früheren Initiative des Spaniers Rosete in Verbindung. Páez versucht sogar, sich die Freilassung der Sklaven in Apure selbst anzurechnen, ohne auf den Gegensatz jener möglicherweise gerechten Einstellung und der reaktionären seines Gesetzes von 1830 zu achten, und noch weniger auf den Gegensatz zu der ausgesprochen gesetzwidrigen und die Freiheit beeinträchtigenden Einstellung des Dekrets von 1840.

Später, und obwohl Venezuela 1839 ein Abkommen über das Verbot des Sklavenhandels mit Großbritannien unterschreibt, kann man sagen, daß die Sklaverei das Jahrhundert der Konterrevolution überlebt, selbstverständlich in verschiedenen Ausformungen und inmitten von anhaltenden Erschütterungen. Von 1830 bis 1854 verstärkt sich der Kampf, den die Sklaven jenes Landes seit dem XVI. Jahrhundert führen; jetzt sind es tägliche Fluchtversuche, Ungehorsam und Rebellion, andauernde blutige Aktionen. Belegt sind an die hundertfünfzig von Sklaven angezettelte Rebellionen und Aufstandsversuche in den ersten zweieinhalb Jahrzehnten nach der Teilung Kolumbiens.

1854 unterbreitet und vollstreckt José Gregorio Monagas sein Abschaffungsgesetz. Bis dahin hatte dieses Ideal viel von seiner früheren Dringlichkeit verloren. Während die Oligarchien und Autokratien sich um die Sklavenbefreiung drückten, vollzog sich ein sichtbarer Wandel der Lage. Die Sklaverei wurde zum unwirtschaftlichen, das heißt sehr kostspieligen Produktionssystem. Seine Auflösung läßt sich als Geschäft für die Besitzer an; es besteht wenigstens die Aussicht, eine gute Entschädigung für eine wertgeminderte Ware zu bekommen, oder auf jeden Fall eine drückende Last abzuwerfen. Selbst nach amtlichen Schätzungen kostete der Sklave mehr, als er einbrachte; die Leistung eines Sklaven wog die Kosten seines Unterhalts nicht auf. Daher kommt es, daß sich zur Zeit von Monagas die Sklaverei in einer Art Metamorphose befindet, und daß die Verkündung ihrer »Abschaffung« friedlich und im allgemeinen Wohlgefallen stattfinden konnte. Nun sichern sich die Großgrundbesitzer für ihre Ländereien billige, fast kostenlose Arbeiter, die ihnen viele Einsparungen und wenig Unannehmlichkeiten bereiten. Der Freigelassene ist der ideale Knecht für die hamsterischen Landaufkäufer.

Dennoch ehrt das erlösende Gesetz Monagas und Venezuela, aber nach dieser »Abschaffung« ist, wie immer, der Schwache das Opfer; die entlassenen Sklaven sehen sich gezwungen, zu ihren früheren Herren zurückzukehren, weil der Staat ihnen keinen Schutz gewährt. Für jene, die nicht das »Glück« verständnisvoller Herren haben, beginnt die Ausbeutung erneut mit größerer Grausamkeit; jetzt besteht keine Verpflichtung, zu »erziehen«, zu kleiden und zu ernähren, noch gibt es eine familiäre Behandlung; jetzt wird der Freigelassene als »freier« Knecht unterdrückt und ausgenutzt, mit einem Elendslohn abgespeist — in der Form von »Zahlmarken«, die nur für den Kramladen der Hazienda samt Alkoholausschank gültig sind, und wo die Preise im allgemeinen doppelt so hoch wie sonst üblich sind —, mit ewigen Schulden, die ihn an den Boden fesseln, den man ihm verpachtet, mit Arbeit von Sonnenaufgang bis Sonnenuntergang, Unterwerfung, Peitschenhieben und Quälereien. Bei den Teilpächtern — einer weiteren Eigenart, bei der sich die Sklaverei hinter der Fassade der »Freiheit« verbirgt — findet man kleine Gemüsebauern, Halbpächter, Keltertreter, Pächter, Kolonisten, Hofgründer. Von Gesetzes wegen frei, sind sie doch in wirtschaftlicher Abhängigkeit, was im allgemeinen die Aufgabe ihrer persönlichen Freiheit in sich birgt; von den Eigentümern ausgeplündert, und angesichts der Gleichgültigkeit des seinerseits von der Autokratie geknechteten Staates, vegetieren sie ohne Anteilnahme, ohne Hygiene, Kultur und Rechte dahin.

Diese Situation verrät, daß die Sozialrevolution sich noch lange nicht verwirklicht hat. Während der Gómez-Zeit ist die Fortdauer und Entartung des »Hausdienstes« in den Städten, oft ohne Bezahlung, unter der Fuchtel des »Señor« oder der »Señora«, eine weitere Form der verschleierten Sklaverei. Ähnlich ergeht es dem Arbeiter und selbst dem Angestellten im Handel, ohne Gesetz oder Rechte, ohne Arbeitszeitregelung oder auch nur den geringsten Schutz. Die Ausmusterung ist ebenfalls eine Hilfsquelle der Halbsklaverei unter den Autokratien. Bis zu zehn Jahre werden viele Venezolaner auf den Hazienden der Vorgesetzten als »Militärdienst« getarnt, verbringen. Juan Vicente Gómez bestätigt selbst die furchtbare Tatsache in einer seiner ersten Amtsbotschaften.

Die Autokratien brachten mit ihrem Individualismus unser Amerika zum Stillstand. Sie begünstigten die Teilung und die Absonderung und zeichneten sich durch Taubheit und Blindheit gegenüber der sozialen Umwälzung aus, die die Welt seit dem XIX. Jahrhundert durchmachte. Der Kontrast ist überdeutlich zwischen der Fortschrittlichkeit, die Bolívar anvisiert und in seinem Programm verwirklicht hat, und dem Rückschritt, in dem unsere Vaterländer untergehen, und dessen augenscheinlichstes Merkmal die immer noch bestehende Sklaverei in den verschiedensten Maskierungen ist.

Im ganzen Wirkungskreis des bolivarischen Unterfangens, das heißt in sechs Nationen unseres Amerika, und auch darüber hinaus, ist das auffallendste, weil unverändert auftretende Merkmal des auf Bolívar folgenden Geschichtsabschnittes, das allgemeine Ausgeschlossensein des Volkes von jeglichem öffentlichen Leben oder Handeln. In der Politik zählten in erster Linie die regierenden Minderheiten, oder diejenigen, die ihnen die Macht wegschnappten; daß theoretisch oder rhetorisch »dem Volke«, nach dem Buchstaben der Verfassung, der Weg zur Macht offen steht, bedeutet nur sehr wenig.

In Lateinamerika besteht die systematische Diskriminierung großer Teile seiner Bevölkerung weiter. Besonders der Indio lebt in althergebrachter und entmutigender Rückständigkeit. Mit Ausnahme der Bemühungen Bolívars, die eingeborenen Amerikaner von ihrem atavistischen Elend zu erlösen, Anstrengungen, die Teil einer revolutionären Gesamtpolitik waren, welche ganz und gar an einer Koalition der Interessen scheiterte, deren Vorherrschaft heute noch vielerorts andauert, ist hinsichtlich weitreichender, ehrlicher und anhaltender Bemühungen nichts weiter geschehen. Die Geschichte des Kontinents ist, in diesem Sinne, eine einzige und lange Aneinanderreihung von Ausbeutung und Ungerechtigkeit. Der bolivianische Professor Carlos A. Carrasco faßt seine Feststellungen in die richtigen Worte: »In den ›Indio‹-Ländern Lateinamerikas wurde die Rassentrennung nicht unterbrochen seit Hernán Cortés die Macht in México an sich riß, und seit Francisco Pizarro den ersten Staatsstreich in Südamerika verübte, indem er Atahualpa seines Königreichs in Perú beraubte. Seit beinahe fünf Jahrhunderten ertragen die Eingeborenen dieser Landstriche mit stoischer Geduld den unwiderrufenen Vorwurf, »keine Seele zu haben«, den ihnen — unter anderen — der Priester Valverde entgegenschleuderte. Eine schnelle Zählung beweist uns, daß in México, Guatemala, Perú, Bolivien, Ecuador, Kolumbien, Panamá, Paraguay und Brasilien etwa dreißig Millionen Eingeborene, die ihre eigene Sprache sprechen, ihre eigene Nahrung produzieren und konsumieren, ihre Kleidung selber weben und anfertigen, Baumaterial herstellen und ihre Wohnungen selber bauen, und etwas darstellen, was die Soziologen ›Randgruppen‹ nennen würden, ihrem Schicksal ohne die Wahrscheinlichkeit einer baldigen Erlösung gegenüberstehen«.

Das Problem der Randgruppen im heutigen Lateinamerika, ein Problem, das gegenwärtig von einer breiten Palette weiterer Probleme noch kompliziert wird, und nun nicht mehr in den ländlichen Gebieten, sondern in den Elendsgürteln um die gewaltigen Metropolen dieser Hemisphäre angesiedelt ist, zeigt den heutigen Herrschern und Führern sehr deutlich, daß eine kühne Rettungsarbeit unternommen werden muß, ähnlich jener, die Simón Bolívar zu seiner Zeit für die Eingliederung der damals Ausgeschlossenen begann. Die Sache der Armen, diese und keine andere, war die Sache Bolívars. Deswegen müssen sie ihn in ihrem tiefsten Bewußtsein tragen, die Indios, und jene, die in der Landwirtschaft oder im Bergbau zum Vorteil ausländischer Interessen oder von lokaler Ungerechtigkeit unterdrückt werden.

Eine Demokratie echter Beteiligung, das ist der Antrieb für die Entwicklung und das Fortkommen des Menschen, mit echter Gleichheit, verbunden vor allem mit der vom Geist Amerikas untrennbaren Freiheit, das ist auch heute noch, wie zu Bolívars Zeiten, die gültige Formel für die Einwohner dieser Bruderländer. Auf der Grundlage einer befriedigenden sozialen und wirtschaftlichen Wirklichkeit kann ein gut fundiertes Regime in der klaren Erkenntnis seiner Verantwortung die Visionen des Befreiers auch heute verwirklichen.

DIE SPALTUNG AMERIKAS

Die Einheit war das beherrschende Traumziel Bolívars. Die Vereinigung unserer Vaterländer in einer festen Brüderschaft der Nationen war das Ziel seines ganzen politischen Wirkens. Vorarbeit dazu war ihre Befreiung, der zweite und endgültige Schritt: ihre Vereinigung. Freiheit für den Zusammenschluß, Zusammenschluß für den Fortschritt. Die Integration war die Hauptaufgabe dessen, der seine Anstrengungen nur in den Dienst der spanisch-amerikanischen Nationalität stellte. Auf diese Ideale gerichtet, durchdachte Bolívar seine Prinzipien aufs genaueste, entwarf die Mechanismen und widmete sich mit Leib und Seele der Aufgabe, sie zu verwirklichen. Aber wenn schon die anderen revolutionären Bestrebungen: die politischen, wirtschaftlichen und sozialen, Schiffbruch erlitten, so wurde die Einheit ebenfalls fast auf Null reduziert und das noch zu Lebzeiten des Befreiers. Daher seine pathetischen Aufrufe und seine lautstarken Klagen an der Schwelle des Grabes.

Wahre Sisyphusarbeit leistete Simón Bolívar auf diesem Pfade der Vereinigung. Zunächst mußte die Einheit Venezuelas gesichert werden. Das Heimatland Bolívars war das Ergebnis einer sehr spät durchgeführten Föderation von Provinzen. Als Bolívar geboren wurde, bestand Venezuela noch nicht einmal seit einem Jahrzehnt; nur sieben Jahre zuvor hatte Karl III. die Schaffung der Intendantur angeordnet, und nur sechs Jahre waren vergangen, seit der Generalfeldmarschall der Primatprovinz — Venezuela — seine Macht mittels seiner Regierungs- und Heeresüberlegenheit gegenüber seinen Kollegen in Cumaná, Margarita, Trinidad, Guayana und Maracaibo ausgeweitet hatte. Als 1810 die

Revolution ausbricht, sind noch keine vierzig Jahre gemeinsamer Geschichte der venezolanischen Einheit vergangen. Kaum war der 19. April vorüber, kehrten die Provinzen schon zu ihren Eifersüchteleien und ihrem engherzigen Stolz zurück, und nur die schwache Formel eines Bundesstaates setzte sich in der Verfassung von 1811 durch. Der Krieg, der sich bald einstellte, brachte durch den Anführer im Osten — Santiago Mariño — die erste Gefühlsbekundung für ein »Vaterländchen« hervor; er schlug dem westlichen Heerführer — Simón Bolívar — vor, zwei getrennte Machtzentren zu gründen: die Ostrepublik und die Westrepublik. Bolívar lehnt — wie wir schon sahen — die Idee rundheraus ab; mit seiner entschiedenen Mißbilligung macht er deutlich, daß er jeden Versuch, die Unantastbarkeit Venezuelas zu verletzen, ablehnt: zur gleichen Zeit weist er auf die Vorteile der Gründung eines Kerns der großen hispanisch-amerikanischen Einheit hin.

DIE CAUDILLOS IM ANGRIFF

Die rückschrittlichen Elemente des Caudillowesens werden sich jedem Gedanken der Integration — sowohl der nationalen als auch der amerikanischen — entgegenstellen; die Hartnäckigkeit, die sie dabei an den Tag legen, ist mit dem zählebigen Enthusiasmus vergleichbar, mit dem sie die Landreform zunichte machten, die Abschaffung der Sklaverei verfälschten, und ein reaktionäres und gegen das Volk gerichtetes politisches System errichteten. Der Caudillo besitzt — das beinhaltet schon die Begriffsbestimmung — nur einen sehr begrenzten geistigen und geographischen Horizont; es überzeugt ihn kein anderes Maß als das seines Machtsprengels, und er sieht »seinen« Einflußbereich als privaten Grundbesitz an, der seiner persönlichen Beziehung dient.

Ein anderer patriotischer Anführer mit großen militärischen Qualitäten, Manuel Piar, betreibt — nach Mariño, — eine noch tiefgreifendere Spaltung, es ist nicht mehr das politisch-territoriale Abbröckeln, sondern soziale Explosion und Anarchie; Bolívar muß ihn energisch und streng bestrafen.

Der Caudillo der Llanos — José Antonio Páez — wird der Führer des »Vaterländchens« schlechthin werden; er droht weder mit einem Abfall, noch versucht er ihn offen zu verwirklichen, weil die zentrale Lage seines Gebietes ihn nicht durchführbar erscheinen läßt; zudem wartet er die nahe Gelegenheit ab, die Macht in ganz Venezuela zu ergreifen. Für den Augenblick sorgt er dafür, daß in seinem Einflußgebiet keine Macht neben seiner eigenen hochkommt; so räumt er 1816 mit dem Plan einer Zivilregierung auf, die Dr. Francisco Javier Yanes und die Offiziere höherer Dienstgrade: Santander, Urdaneta, Serrano und Serviez, unter anderen, bilden wollen.

Die Republik Kolumbien, die der Befreier durch den Zusammenschluß von Venezuela und Neu-Granada und den späteren Beitritt Panamás, Quitos und Guayaquils zu errichten trachtet, errang nie die Zuneigung der mehrheitlichen und wichtigsten Partner. Man rufe sich ins Gedächtnis, daß das Volk oder die Völker als solche keine Stimme in der Politik hatten. Es ist leicht zu verstehen, daß es den Kreisen der Oligarchie sehr schwer fiel, sich von den Interessen und Vorurteilen zu trennen, die sich auf eine wenig weitsichtige »nationalistische« Tradition gründeten, um einer ungewissen und zukunftsorientierten Idee des offenen Internationalismus oder des Supranationalismus Platz zu machen.

Für einen so einsamen Mann wie Bolívar, — nur von einigen ausgewählten Mitarbeitern unterstützt, die sich im übrigen nicht vollständig mit ihm identifizierten, da auch sie ihn nicht zur Gänze verstanden — war es eine mehr als harte und schwierige Aufgabe, den politischen Zusammenschluß, der von allen Seiten angegriffen wurde, in der Bahn seiner natürlichen Fortentwicklung zu halten. »Was ich mit den Händen mache«, — sagt der Befreier — »wird von den anderen mit den Füßen wieder zerstört. Ein Mensch, der gegen alle ankämpft, kann nichts erreichen«.

Ein grotesker Zufall ist es, daß um die gleiche Zeit, als der Kongreß von Panamá, die Urzelle eines amerikanischen Staatenbundes, gerade beginnt, Gestalt anzunehmen, in Venezuela die Zerrüttungsrevolte von La Cosiata stattfindet, an der die Haltung der Regierung von Bogotá nicht unschuldig ist. Weder Santander noch Páez, die Hauptakteure des Vorfalls, setzen sich für eine vereinigte Republik ein; im Gegenteil, sie verschanzen sich hinter ihrem Stolz und ihren das Schisma herbeisehnenden Interessen. Nur Bolívar ist in der Lage zu erkennen, daß der höhere Wert — das starke Vaterland — nicht kleinlicher Zerwürfnisse wegen aufs Spiel gesetzt werden darf; er, der Verständige, gibt nach; während des letzten Besuchs, den er seiner Geburtsstadt abstatten sollte, setzt er sich erneut für Harmonie ein; er bringt das Zweitrangige dem Wichtigsten zum Opfer.

Die Gefahr schien gebannt. Die physische Anwesenheit Bolívars war, noch 1827, machtgebietend und entscheidend. Nichtsdestoweniger wuchs unter den Caudillos, im Verein mit den sie jeweilig stützenden Oligarchien, die Gegnerschaft weiter. Weder Páez noch Santander, noch später Flores, der improvisierte Herrscher Ecuadors, begriffen oder wollten die Idee des großen Vaterlandes begreifen und, natürlich, würden sie die einer noch größeren Einheit erst recht nicht begreifen. Die Unterschiede zwischen diesen Personen äußern sich lediglich im Stil: das regionale und caudillomäßige Schema, die Begierden und Absichten sind einander gleich; die Cliquen, derer sie sich bedienen und die von ihnen bedient werden, ähneln einander.

Die Verschlechterung der Lage in Kolumbien veranlaßte Bolívar zwangsweise zur Ausübung einer »diktatorischen« Gewalt. Er hat in jedem Fall sein Wort gehalten und gemäß seiner im Organischen Dekret zur Durchführung der Notmaßnahmen eingegangenen Verpflichtung, berief er den Kongreß ein, der im Januar 1830 zusammentrat und seinen endgültigen Rücktritt entgegennahm. Seine Gesundheit hielt nicht mehr durch. Auf dem Weg in die Verbannung ereilte ihn der Tod.

Unterdessen wuchs die Bewegung der Páez-Anhänger. Santander gewann an Einfluß; Flores zog die Gewalt im herrschaftlichen Quito an sich. Die anarchische Auseinandersetzung spitzt sich zu; die Wogen der Leidenschaft schäumen auf. Geschickt eingefädelte Aufstände liefern Páez den Vorwand, die Talfahrt in die Spaltung zu beschleunigen. Am 13. Januar beruft er seinen Kongreß ein; am 30. April wird dieser in Valencia zusammentreten.

DAS ENDE KOLUMBIENS

Im tragischen und entscheidenden Jahr 1830 regt der Kongreß von Kolumbien, von Bogotá aus, eine offene Begegnung mit den Separatisten an. Marschall Sucre führt den Vorsitz der souveränen Körperschaft, und er selbst leitet eine Freundschaftsmission, der auch Bischof José María Esteves und der Lizenziat Francisco Aranda angehören. Die Militärbehörden an der Andengrenze Venezuelas, unter Anführung Mariños, dem Páez diese Aufgabe überantwortete, versperren den Parlamentariern den Weg nach Caracas. Daß ein berühmter Venezolaner — der vaterlandstreuesten einer — sie anführt, und daß es eine friedliche Mission ist, hat für die anderen keine Bedeutung. Von La Grita Nueva werden sie zurückgeschickt, und die Zusammenkunft muß in der Villa del Rosario stattfinden, in Cúcuta, am 18. und 19. April. Dort fanden sich die Vertreter von Páez ein: General Santiago Mariño, Monsignore Ignacio Fernández Peña und Martín Tovar. Aus den Protokollen der Sitzung geht hervor, daß Sucre direkt auf den wirklichen Kern des Problems kam; feinfühlig und aufrichtig legte er vor der Geschichte die Wahrheit dar und stellte — wieder einmal — seine einzigartige moralische Rechtschaffenheit und sein Festhalten an der bolivarischen Sicht des großen Vaterlandes unter Beweis. So sagte er, »unter der Voraussetzung, daß es stimme, was die Herren Abgesandten von Venezuela mit den dortigen Vorfällen zu beweisen suchten, daß es sich nämlich um einen Volksaufstand handle und nicht um eine vom Militär durchgeführte und gelenkte Bewegung, wie man bis heute versichert hatte, es nur gerechtfertigt erschiene, seine Resultate zum Wohle des Volkes anzuwenden; und daß es nicht anginge, wenn irgendein Machthaber unter dem Vorwand, das Volk beschützen zu wollen, es hinterher unter ein weit schwereres Joch spanne als das, wovon man es zu befreien vorgab; denn obwohl er fast sechs Jahre außerhalb Kolumbiens verbracht hätte, so schiene ihm doch, daß die öffentlichen Mißstände nicht von dem sogenannten Despotismus des Befreiers herrührten (da es unter der vorherigen Verwaltung und in der Zeitspanne der Verfassung ähnliche oder noch größere Klagen gegeben hätte), sondern im wesentlichen von der Revolution selbst und vom Despotismus einer Militäraristokratie, die überall die Macht an sich risse und den Bürger unter einem absoluten Entzug seiner Garantien und Rechte stöhnen ließe; wobei dieser Mißbrauch so fest verwurzelt wäre, daß nicht einmal die gewaltige Macht der Diktatur ihn hätte unterbinden können. Daß er in dieser Absicht, um die vollständige Wiederherstellung der Garantien und Rechte zu ermöglichen, den Herren Abgesandten von Venezuela einen Vorschlag unterbreiten wolle, damit sie sich — falls sie ihn guthießen — dazu verpflichteten, ihn in jenem Lande zu unterstützen, so wie auch er in diesem Falle ihn vor dem Kongreß von Kolumbien unterstützen werde.«

Sein Vorschlag war folgendermaßen abgefaßt: »Angesichts der Tatsache, daß einige Militärs gefährlich geworden sind, indem sie, ihre Macht oder ihren Einfluß mißbrauchend, zum Teil die Gesetze mit Füßen getreten haben, während andere des Versuchs beschuldigt werden, einen Wechsel in der Regierungsform herbeiführen zu wollen, wird für einen Zeitraum von nicht weniger als vier Jahren allen Oberkommandierenden und anderen Generälen, die während der Jahre von 1820 bis 1830 hohe Ämter der Republik bekleidet haben, verboten, Präsident oder Vizepräsident von Kolumbien oder Präsident oder Vizepräsident einer seiner Staaten zu werden, falls die Föderation der drei großen Distrikte zustande kommt; wobei unter hohen Ämtern die des Präsidenten oder Vizepräsidenten, der Staatsminister und der Oberkommandierenden zu verstehen sind«.

Sucre stellte das patriotische Interesse der echten Revolution seinem eigenen voran, denn hätte man seinen Vorschlag angenommen, wäre es sicher beeinträchtigt gewesen. Er schwankte nicht. Die Páez-Abgeordneten Tovar und Fernández Peña waren der Meinung, man könnte den Vorschlag des berühmten Mannes aus

mittelbaren und schändlichen Begierden glänzend dient, die gegen die Zukunft und gegen die echten Bedürfnisse unserer Völker gerichtet sind.

In verschiedenen Teilen dieses Buches haben wir darauf hingewiesen, wie genau der Befreier die konkrete Tragweite der von ihm angestrebten Versammlung in Panamá in der Einladung definiert, die er am 7. Dezember 1824 an die Regierungen Kolumbiens, Méxicos, Río de la Platas, Chiles und Guatemalas richtet. In drei ausdrücklichen und weiteren umschreibenden Sätzen dieses knappen und grundsätzlichen Dokuments betont er den spanisch-amerikanischen Charaker des angestrebten Kongresses. Die Idee stammt aus dem Jahre 1810 und änderte sich nie und sollte sich auch später nicht ändern; 1822 sagte er, die Assoziierung der fünf großen spanisch-amerikanischen Staaten im Auge: »Der große Tag Amerikas ist noch nicht angebrochen. Wir haben unsere Unterdrücker vertrieben, ihre tyrannischen Gesetztafeln zerbrochen und rechtmäßige Regierungen errichtet; aber noch müssen wir die Fundamente des Gesellschaftsvertrages legen, der aus dieser Welt eine Nation von Republiken machen soll«.

Zwei Monate vor der feierlichen Einberufung in Lima, genauer gesagt am 7. Oktober 1824, hat General Santander, machthabender Vizepräsident Kolumbiens, sehr begeistert von den Erklärungen Präsident Monroes gegen die Heilige Allianz und gegen die europäische Kolonisierung Amerikas, durch Vermittlung Guals in Bogotá den Minister Kolumbiens in Washington — José María Salazar — überstürzt angewiesen, die Regierung der Vereinigten Staaten dazu aufzufordern, Generalbevollmächtigte in die Versammlung von Panamá zu entsenden.

Von diesem wichtigen Vorgang erfährt Bolívar am 6. April — sechs Monate nach der Anordnung —; Santander teilte es ihm am 6. Februar mit, als er ihm den Eingang der zirkulierenden Einladung in Lima bestätigte. Die unterschiedliche Anschauungsweise zwischen Santander und dem Befreier in dieser Hinsicht könnte nicht krasser sein. Bolívar hat dieses Vorgehen nicht gebilligt und auch nachträglich nicht bestätigt, aus zwei Gründen: einem zweckmäßigen und einem wesentlichen. Erstens: um Großbritannien nicht zu verärgern, auf dessen sehr wichtige Unterstützung er hofft, und zweitens: um der Homogenität des angestrebten Zusammenschlusses treu zu bleiben. Am 7. April 1825 ergeht die erste Mahnung Bolívars an den granadischen Caudillo: »Ein Staatenbund mit den Vereinigten Staaten wird uns England gegenüber kompromittieren. Lassen Sie diese Angelegenheit gründlich untersuchen, und ich werde gern auf das Ergebnis warten, weil es gut möglich ist, daß wir, Sie und ich, durch die eingeleiteten Vorhaben enttäuscht werden«. Den gleichen Gedanken wiederholt er ihm gegenüber am 8. und am 20. Mai mit absoluter Eindeutigkeit. Die Zeit und Aufmerksamkeit, die eine Rundreise im Inneren Perús ihm abfordern — um die Verwaltung zu ordnen und seine Absichten auf ein für alle gerechtes System zu verwirklichen, mit besonderem Nachdruck auf vorteilhafte Maßnahmen für die niedrigen Schichten —, lassen ihn nicht vergessen, Santander gegenüber immer wieder seinen ursprünglichen und ersten Gedanken zu wiederholen, daß nämlich zu dem Treffen auf dem Isthmus die Vereinigten Staaten nicht kommen sollten. In seinen Schriften taucht weder Abneigung gegen »unsere Brüder im Norden« auf — wie es in der Charta von Jamaika heißt —, noch wollte er eine willkürliche Gegnerschaft züchten; aber im Bewußtsein des ungleichen Größen- und Kräfteverhältnisses, der nicht gemeinsamen Interessen, der kulturellen und geschichtlichen Gegensätze, von denen die wichtigsten die unterschiedliche Sprache und die verschiedenen politischen Zielsetzungen sind, hielt er es für unangebracht, die diversen kleinen und mittleren Gebilde im Süden mit dem mächtigen Staatenbund im Norden zu vermischen und zu verwischen. In seiner Rede von Angostura war er schneidend gewesen; nach großen Lobreden für das Land, das der Zeit ein »Vorbild« von Freiheitlichkeit war, fügt er klärend hinzu: »Ich muß sagen, daß es mir nicht im entferntesten in den Sinn gekommen ist, die Lage und die Natur zweier so verschiedener Staaten, wie dem anglo-amerikanischen und dem spanisch-amerikanischen zu vergleichen«. Bernardo Monteagudo erklärte er 1823 ohne Umschweife, wie gefährlich es sei, sehr unterschiedliche Länder zusammenzuschließen, konkret ausgedrückt, die amerikanische Liga unter britisches Protektorat zu stellen, da — ohne die Vorzüge eines sofortigen Friedens ableugnen zu wollen — »wenn der Pakt mit dem Starken erst einmal geschlossen ist, die Dankesschuld des Schwächeren bis in die Ewigkeit fortbesteht. Wenn man alles recht bedenkt, setzte man uns in der Jugend Tutoren vor und im reifen Mannesalter Herren, und im Greisenalter wären wir Freigelassene«; sein Einfühlungsvermögen täuscht ihn nicht, die Fabel ist angebracht: »Wenn wir erst vereint sind, wird das Fest der Lapitas gefeiert, plötzlich kommt der Löwe herein und frißt seine Mitbewohner auf«.

Die Beharrlichkeit Bolívars ist lästig. Der Befreier bestätigt Santander noch einmal — am 30. Mai 1825 — was er ihm, zehn Tage zuvor, zum wiederholten Male mit unmißverständlicher Deutlichkeit gesagt hatte: »Die Amerikaner im Norden und in Haití haben, allein durch die fremde Sprache, einen von uns ganz verschiedenen Charakter. Aus diesem Grunde werde ich nie der Meinung sein, wir sollten sie zu unseren Abmachungen einladen«. Am 24. Oktober meinte er wieder rundheraus: »Ich glaube nicht, daß die Amerikaner am Kongreß auf dem Isthmus teilnehmen sollten«. All diese Fragen und Ratschläge stießen bei Santander auf taube Ohren, nur auf die vom 7. April fand er eine Antwort: »Was die von Ihnen befürchtete Kompromittierung zwischen den Vereinigten Staaten und England angeht, so scheint mir diese Befürchtung nicht so begründet«; die anderen meidet er in seinen Antworten.

Auch angesichts der so oft wiederholten Grundauffassung Bolívars bleibt der Starrsinn des Vizepräsidenten und Regierungschefs von Kolumbien unverändert. Er berichtigt die Anweisung an Salazar nicht. Dieser fordert seinerseits, am 2. November 1825, die Vereinigten Staaten formell dazu auf, in Panamá teilzunehmen; bei diesem Schritt wird er von Pablo Obregón und Antonio José Cañas, den Ministern von Mexiko und Mittelamerika in Washington begleitet. Der mexikanische Präsident, Guadalupe Victoria, befürwortete ausdrücklich die Initiative Santanders. Die Regierung im Norden antwortet am 30. November mit der Annahme der Einladung; seine Bevollmächtigten werden allerdings an der Zusammenkunft nicht teilnehmen, weil eine ausgedehnte Debatte im Parlament und in der Presse zugunsten des Isolationismus sie zurückhält; lediglich nach Tacubaya — wohin der Kongreß nach seiner Eröffnung in Panamá verlegt wird — kam einer der Beauftragten, der Rechtsanwalt und Exparlamentarier John Sergeant.

Eine wichtige Klarstellung über die Beteiligung des Außenministers Gual, der sich im übrigen weitgehend mit Bolívar identifizierte, an dieser Initiative Santanders, stammt aus der sachkundigen Feder Liévano Aguirres: »Herr Gual beugte sich wohl den Anweisungen des Vizepräsidenten Santander in dieser Angelegenheit, aber er war sich immerhin gleichzeitig darüber klar, daß ein so drastischer Umschwung in den allgemein bekannten Ansichten des Befreiers nur gerechtfertigt werden könnte, wenn es gelänge, der Monroe-Doktrin ihren Charakter der einseitigen Erklärung einer amerikanischen Regierung zu nehmen, um sie in eine Verpflichtung kontinentalen Ausmaßes zu verwandeln und damit ihre Wirksamkeit und die Umstände, unter denen sie zur Anwendung kommen könnte, nicht von den Vereinigten Staaten allein, sondern von allen Ländern der amerikanischen Hemisphäre entscheiden zu lassen.«

Bolívar verhielt sich immer schlüssig und konsequent hinsichtlich des hispanoamerikanischen Charakters der panamesischen Versammlung. Er beabsichtigte, gleichartige Länder zu vereinen, die außerdem eine solidarisch demokratische Haltung zeigten, und die sich gegenüber den revanchistischen Absichten der Heiligen Allianz und angesichts der angelsächsischen Politik ähnlich verhielten.

Trotz seines Interesses an Großbritannien, und obwohl die Sorge um die politische Stabilität unter jenen dramatischen Umständen lebenswichtig war, entspricht es nicht den Vorstellungen des Befreiers, diese europäische Macht zu der amerikanischen Versammlung auf dem Isthmus zu bringen. Die Initiative stammt voll und ganz von Santander, dem Helden derartiger Verzerrungen. Als Bolívar sich in Lima aufhielt, erhielt er aus Bogotá die betreffende Anfrage, zu einem Zeitpunkt allerdings, als die Angelegenheit schon ihren Lauf genommen hatte. Seine Antworten vom 17. Februar 1826 an Santander und Revenga fallen umständehalber und vorläufig zustimmend aus, — »für den Augenblick« — angesichts der »positiven, nahen und fühlbaren« Vorteile, die ein Bündnis mit Großbritannien zu einem Zeitpunkt versprach, als man aus Übersee einen Angriff mit unabsehbaren Auswirkungen fürchtete. Aber am gleichen Tag wiederholt er die Argumente, die er drei Jahre zuvor Monteagudo unterbreitet hatte; erneut treten die Vorbehalte, die Sorge und der Argwohn gegenüber dieser neuerlichen Entstellung seiner Idee zutage. Im August 1823 hatte er Monteagudo gesagt: »Auf den ersten Blick bietet er Vorteile für die Anfangszeit; aber später, über dem Abgrund der Zukunft und im Lichte der Finsternis, lassen sich einige grauenhafte Gespenster erkennen. Ich will mich etwas verdeutlichen: Wir hätten am gleichen Tage den Frieden und die Unabhängigkeit, und einige soziale und innenpolitische Garantien; diese Güter würden einen Teil der staatlichen Unabhängigkeit kosten, einige Geldopfer und ein paar nationale Ärgernisse. Nachdem England sich an die Spitze dieses Bündnisses gesetzt hat, werden wir seine bescheidenen Diener sein«. Im Entwurf vom 17. Februar 1826 kommt er auf den Unterschied zwischen schnellen Gelegenheiten und ihren Folgen im Laufe der Zeiten zurück, wägt den Vorteil des ersten Augenblicks gegen den langfristigen Schaden ab: »*Vorläufig*, so scheint es mir, wird uns das Bündnis mit Großbritannien große Bedeutung verleihen und viel Achtung verschaffen. Aber diese Vorteile zerstreuen die Befürchtungen nicht, daß dieser mächtige Staat *in der Zukunft* die Beschlüsse und Entscheidungen des Kongresses bestimmen werde«.

Die tatsächliche Furcht vor einem Angriff der Heiligen Allianz hat sicherlich Einfluß auf die offizielle Antwort. Er will trotz allem die Hoffnung aufrechterhalten und stellt eine seltsame Mischung aus Pessimismus — indem er die Gegenwart und die vollzogenen Tatsachen akzeptiert — und einer hoffnungsvollen Bekräftigung seines Glaubens an die Zukunft her; auf diese Weise nimmt er, ohne die genannten »Befürchtungen« auszuschalten, erneut die Gelegenheit wahr: »Geboren werden und an Stärke gewinnen ist das Wichtigste; das andere kommt später. In der Kindheit brauchen wir Halt, im Mannesalter werden wir uns selbst zu halten wissen. Jetzt ist es für uns sehr nützlich, und später werden wir schon anders dastehen«. Einen Monat und fünf Tage vor diesen Überlegungen — am 11. Januar — hatte Senator Manuel José Hurtado, Angehöriger der granadischen Santander ergebenen Plutokratie und Vertreter Kolumbien in London, Großbritannien gebeten, sich bei dem Ergebnis in Panamá von einem Beauftragten vertreten zu lassen; dafür erwählte man Edward James Dawkins, im Rang eines Bevollmächtigten Ministers.

Mehr noch, Santander forderte Frankreich am 28. Mai 1825 dazu auf, einen Beobachter zu entsenden; aber die mit Spanien verbündete Regierung Karls X. folgte dieser Einladung nicht.

Holland nahm seinerseits die Annäherungsversuche des kolumbianischen Ministers in London beifällig auf; es fühlt sich eingeladen und beteiligt sich angesichts seiner Interessen auf dem Kontinent, auf dem es mehrere Kolonien besitzt, spontan: als sein Vertreter wird Oberst Carlos van Ver fungieren.

Santander lädt ebenfalls auf eigene Faust das Kaiserreich Brasilien ein, das am 30. Oktober 1825 den Comendador Theodore José Biancardi — Minister des Kaiserlichen Rats — als Abgeordneten bestimmt und dann, als dieser sich an der Teilnahme verhindert sieht, den Vicomte de San Salvador de Campo dazu ernennt. Dieses Regime stand der Heiligen Allianz sehr nahe, insofern kann man seinen Ausschluß seitens Bolívars nicht als einfache Laune abtun.

Was Haití betrifft, ein Land, das Bolívar wegen der spanisch-amerikanischen Homogenität der Versammlung nicht eingeladen hatte, so reagiert die Santander-Regierung, sonst so beflissen darin die unterschiedlichsten Länder einzuladen, widersprüchlich und begründet mit unglaublicher Absurdität seinen Ausschluß ausdrücklich mit Rassenvorurteilen. Das Regime in Bogotá erklärt damals ohne Umschweife, »großen Widerwillen dabei zu empfinden, wenn man gegenüber Haití jene unter zivilisierten Nationen allgemein üblichen Höflichkeitsrücksichten an den Tag legen müsse«. Vorher war schon — dank Gual — der Annäherungsversuch gescheitert, den Jean Desrivieres Chanlatte in Kolumbien im Auftrag Präsident Boyers unternommen hatte. Santander, der so zu den »Segregationisten« der Vereinigten Staaten gehört, hält die kolumbianischen Abgeordneten über Revenga dazu an, »jeder Frage aus dem Wege zu gehen, die darauf ziele, die Unabhängigkeit Haitís anzuerkennen, Diplomaten zu empfangen oder zu entsenden, und Staatsverträge in der Art abzuschließen, wie es die Republik Kolumbien mit den anderen europäischen und amerikanischen Mächten zu tun pflegt«. Wieder zeigte sich das Caudillowesen in ganzer Größe und bei dieser unseligen Gelegenheit irrte es gänzlich, sowohl auf der ethischen Ebene — indem es die Sünde der Undankbarkeit beging, die Bolívar so verhaßt war, wie auch auf der sozialen und internationalen Ebene an sich — indem es eine zusammenhängende politische Vorstellung auswertete, in der der ethnische Zufall keinerlei Rolle spielte.

Das Verhalten Santanders ist um so abstoßender, als das besagte Dokument von Revenga ausgearbeitet und unterschrieben wurde, einem Provinzler aus dem größtenteils von Mestizen besiedelten Venezuela, der außerdem in eigener Person die Ungerechtigkeit des kolonialen Rassismus erfahren hatte. Wegen der Unvollständigkeit des Gutachtens über die Reinheit seines Blutes, hatte er eine dreijährige Verzögerung seines Universitätsabschlusses akzeptieren müssen. Selbst wenn Bolívar aus den erwähnten Gründen nur sechs Länder des »vormals spanischen Amerika« dazu einlädt, sich in Panamá einzufinden, so hegte er doch für Haití die aufrichtigste und echteste Zuneigung. Petion nannte er »den Schöpfer unserer Freiheit«, nichts treffender als das, und er hatte ihm geschrieben: »Vom Grunde meines Herzens sage ich, daß Eure Exzellenz der Hauptwohltäter dieser Erde ist. Eines Tages wird Amerika Sie als Befreier ausrufen.« In Angostura hatte er behauptet: »Mein sehnlichster Wunsch ist es, Venezuela frei zu sehen, um engere und häufigere Beziehungen zu den tapferen Haitíanern herstellen zu können, und ihnen die brüderlichen und freundschaftlichen Gefühle zu bezeugen, die die Venezolaner, und besonders ich, ihnen gegenüber hegen.«

Die vorurteilsbeladene und nicht zu rechtfertigende Handlungsweise Santanders, Guals und Revengas offen außer Kraft setzend, stellt Bolívar 1829 für die Geschichte eindeutig klar: »Als in Bogotá eine Verhandlung zwischen einem Vertreter Haitís und dem Staatsminister stattfand, war ich in Perú und erfuhr von dieser Verhandlung erst nach ihrem Abschluß; zu diesem Zeitpunkt hatte ich in Kolumbien keinerlei Machtbefugnisse, weil die Verfassung und der Kongreß sie mir abgesprochen hatten. Meinerseits wäre ich nicht fähig, Verhandlungen mit der Regierung Haitís abzulehnen, weil ich ihr dafür viel zu viel schuldig bin«.

Die für diese Entstellung der Absichten Bolívars Verantwortlichen hielten sich sicherlich — ohne die Einfältigkeit ihrer Rassendiskriminierung zu bemerken — für universeller und offener als der Befreier; es ist sogar möglich, daß sie dabei guten Glaubens und sich nicht darüber im klaren waren, was sie mit der Verfälschung der ursprünglichen Absicht hervorriefen: Das vorgeschobene Anliegen, Länder aufzunehmen, die dem greifbaren hispanoamerikanischen Vorteil abträglich waren, mußten die ursprüngliche Idee unweigerlich zum Scheitern bringen. Die internationalen politischen Bündnisse basieren auf gegen- und wechselseitigen Vorteilen, sowie auf praktischen und realen Gemeinsamkeiten. In diesem Sinne hatte Bolívar recht, als er zu Gual und Briceño Méndez sagte, »ein Bündnis mit der ganzen Welt ist in Wirklichkeit nichtig«. Die Taktik ist in diesem Falle *mutatis mutandis* die gleiche wie jene, bei der man unter dem Vorwand, damit Bolívars Vorstellungen von wirtschaftlicher Gerechtigkeit noch zu erweitern, die Ländereien nicht allein an die Soldaten verteilt, sondern die Belohnung auf alle Beamten des öffentlichen Dienstes ausdehnt, womit in Wirklichkeit erreicht wird, daß weder die einen noch die anderen etwas davon haben; und ähnlich verfährt man mit der Sklaverei; man schenkt die Freiheit nicht und führt an, es müsse zunächst an den Lebensunterhalt des Freigelassenen gedacht werden, an seine Erziehung und seine Zukunft; kurz, man kompliziert das Ziel, man bläht es auf, um sein Erreichen um so unwahrscheinlicher zu machen.

Was hielt Bolívar von den Rassenkämpfen und sozialen Spannungen im Schoße der großen amerikanischen Einheit? Der Marsch in Richtung auf nivellierende Homogenität würde den Weg ebnen, das ist seine feste Überzeugung: »Unterschiedliche Herkunft und Farbe würde an Einfluß und Macht verlieren«. Seines Erachtens machte sich Amerika zu einer Mischung aller Rassenmischungen auf. Im Bewußtsein der Verschiedenheit der Hautfarben verlangte er in Angostura ihre Vermischung, um sie zu vereinen.

Dem Mestizentum aufgeschlossen gegenübertretend und von seinen positiven Auswirkungen überzeugt, großzügig mit den Ausländern, die er aufrichtig einlud, bezog Bolívar eine Stellung, die den Vorurteilen der Absonderung und der auf tausend Antipathien begründeten Teilungspolitik entgegenstand, die das kontinentale Panorama nach 1830 noch komplizierter machen sollten.

Am Ende dieses Weges durch die Wechselfälle des bolivarischen Interamerikanismus ist es angebracht, darauf hinzuweisen, daß die aufgezeigten Meinungsunterschiede zwischen dem Befreier und der Regierung Santander bedauerlicherweise nicht die einzigen waren. Der zuverlässige und sachkundige neugranadische Caudillo betrieb seine eigene Politik und beschloß, sie nach eigenem Gutdünken und entsprechend den Lokalinteressen, die ihn an der Macht hielten, auszuführen. Klar zeigte sich die Unstimmigkeit angesichts der Konfliktsituation zwischen Argentinien und Brasilien 1825, einem komplexen Problemknoten, in den Uruguay und Paraguay, aber auch Perú und Bolivien verwickelt waren.

Die Gesandten von Río de la Plata besuchten den Befreier in Potosí, und dieser berichtet Santander: »Die Herren Alvear und Díaz Vélez sind an mich herangetreten, um mir als eines der wichtigsten Ziele ihrer Mission vorzuschlagen, ich solle einen Feldzug unternehmen, um das von Frankreich unterdrückte Paraguay zu befreien. Diese Herren behaupten, wir seien am besten in der Lage, diese Unternehmung auszuführen, aus der sich große Vorteile für Buenos Aires ergeben würden, ganz besonders was den Krieg mit Brasilien betrifft. Sie können sich also vorstellen, in welch tiefer Verlegenheit als Oberhaupt zweier Staaten ich mich befinde und ohne über ihre Ansichten und noch weniger über ihre Interessen entscheiden zu können. So sehe ich mich in der schmerzhaften Zwangslage, dieser Kommission weder entschlossen genug begegnen zu können, noch ihren Forderungen absolut zuzustimmen. Ich habe ihnen offen gesagt, ich würde für Río de la Plata alles tun, was mir meine augenblickliche Stellung erlaubt, und daß ich den größten Eifer darauf verwenden wolle, mit meinem ganzen Einfluß und meiner ganzen Seele die Hilfsmaßnahmen, und sogar etwaige Opfer zu *empfehlen,* die sie von Kolumbien und Perú erbitten müssen, um die Freiheit ihres Vaterlandes zu sichern. Ich hoffe, mein lieber General, daß Sie die Bedeutung dieses Briefes erkennen und davon den richtigen Gebrauch machen werden, um dem Kongreß die nötigen Mitteilungen in einer so schwierigen, so wichtigen und so heiklen Angelegenheit zu geben«.

Was war das Schicksal dieser von Bolívar mit seinem ganzen *Eifer,* seinem *Einfluß* und seiner *Seele* gegebenen Empfehlung? Was war die Haltung Santanders gegenüber einem so herzlich gegebenen Versprechen Bolívars, dem Süden zu helfen, und sogar Opfer zu bringen, alles in Übereinstimmung mit dem Daseinsgrund Kolumbiens? Die beiden schon bekannten Anschauungen stießen erneut aufeinander: Die große amerikanische Vision und das neugranadische Caudillowesen in der Verkörperung der kolumbianischen Regierungsgewalt. Das Ergebnis war immer das gleiche, es behaupteten sich die Auffassungen der kurzsichtigen Unmittelbarkeit gegenüber jenen des weitsichtigen Zukunftsglaubens ohne augenblicksbezogenen Anlaß.

Der kolumbianische Vizepräsident antwortete auf die Anregungen Bolívars mit Einwänden von haarspalterischer Mittelmäßigkeit gegenüber den kontinentalen politischen Gesichtspunkten: »Wenn wir uns an unsere Gesetze halten, werden wir darin übereinstimmen, daß weder Sie noch ich über irgendeine kolumbianische Einsatzmöglichkeit verfügen, um Buenos Aires zu Hilfe zu kommen. Es ist meine Meinung, daß wir Buenos Aires nicht helfen sollen, ohne zu wissen, wie England darüber denkt. Was Paraguay betrifft, würde ich behaupten, daß es nicht geht; von uns aus können wir es nicht tun, weil wir keinerlei Rechte über Paraguay haben und diese Provinz auch nicht der spanischen Regierung untersteht; und auch als Hilfsmacht nicht, denn aufgrund welchen Vertrages oder welcher Verpflichtung kommen wir Buenos Aires in seinen internen Auseinandersetzungen zu Hilfe?«.

Obenstehende Meinung war die Schlußfolgerung wiederholter Manifestationen gegen eine positive Annäherung an die Argentinier: »Wir haben keinen Vertrag mit Río de la Plata« — sagt Santander —. »Einer, der geschlossen wurde, enthält nur Hinweise auf später festzulegende und zu bestimmende Grundlagen und ist bisher nicht durch jene Regierung ratifiziert worden. Diese Herren kommen jetzt zu uns, wo sie uns brauchen können; als sie sich überlegen fühlten, verachteten sie uns mit unerträglichem Hochmut.«

Zwei Monate später bekräftigte er: »Ich habe meine Meinung gegenüber der von Buenos Aires verlangten Hilfe nicht geändert. Wir können sie nicht gewähren, einerseits weil es keinerlei Abmachung gibt, und andererseits, weil ohne Kongreßvollmacht weder Sie noch ich über einen einzigen Soldaten verfügen können. Die Sache an sich erfordert ebenfalls gründliche Überlegung, damit es nicht soweit komme, daß wir unnützerweise einen Streit vom Zaun brechen«.

Der ausgezeichnete Bolívarforscher Don Rufino Blanco-Fombona entdeckt eine Ähnlichkeit zwischen der nationalistischen Einseitigkeit Santanders und der Rivadavias, beide in scharfem Gegensatz zu dem großzügigen und amerikanischen Ideal des Befreiers. Blanco-Fombona erinnert daran, daß der Kongreß in Bogotá, als Bolívar 1824 nach langen Bemühungen endlich von Kolumbien ermächtigt wurde, nach Perú zu fahren, auf Betreiben des Vizepräsidenten — gesetzlich — die Ausreise des Befreiers aus jenem Vizekönigtum in ein anderes Land Südamerikas verbot. »Die Haltung der Regierung und die öffentliche Meinung in Kolumbien waren, wie wir gesehen haben, die Haupthindernisse für den Befreier, um in den argentinisch-brasilianischen Konflikt des Jahres 1826 eingreifen zu können.«

ANGRIFFE VON ALLEN SEITEN

In manchen Ländern, die nach der Unabhängigkeit in Amerika nach und nach gegründet wurden, gab es einen ziemlich verbreiteten Widerstand gegen die Integrationsbestrebungen Bolívars. Es setzte sich in jedem von ihnen die mächtige geschichtlich-wirtschaftlich-soziale Strömung durch, die von einer bizarren Geographie, von einer anomalen Tradition und von dem durch Spanien von Anfang an geförderten Partikularismus genährt, die Machtgelüste der entsprechenden einheimischen Oligarchien weckte. Für diese gab es nichts Günstigeres, als das Wuchern von Mini-Republiken; so war es ihnen ein leichtes, sich in alle Ewigkeit die politische Macht zu sichern und die damit verbundenen zusätzlichen Vorteile wahrzunehmen, ohne sich darum zu kümmern, daß diese den Ungerechtigkeiten und Ungleichheiten des Kolonialismus entsprangen.

In einer klärenden Studie, deren Gedankengänge wir sehr nahestehen, sagt der Geschichtsschreiber Indalecio Liévano Aguirre: »Die granadische Plutokratie, die mantuanischen Großgrundbesitzer Venezuelas, die Händler- und Spekulantenoligarchie von Buenos Aires, die Perückenträger Chiles, die peruanische Aristokratie, die sklavenhaltenden Plantagenbesitzer Brasiliens, usw. hatten ein gemeinsames Interesse daran, die früheren Verwaltungseinheiten der Kolonialzeit in souveräne Staaten umzuwandeln, damit jeder sich seine *Parzelle* politischer Macht aneignen und dabei sichergehen konnte, daß die Konflikte zwischen denen oben und jenen unten von einer Exekutiv-, einer Legislativ- und einer Richterlichen Gewalt geregelt würden, die nach ihrem Abbild und ihrem Wesen geprägt war«.

Gegen derartig verkümmerte und traurige Perspektiven erhob sich der Integrationsgeist Bolívars. Es ist nicht verwunderlich, daß die diplomatischen Anstrengungen des Befreiers, eine wirkungsvolle Korrektur der Separationen des Kolonialismus zugunsten der Völker zu erreichen, um sie in einer Front gegen die Ausbeutung zu vereinen, auf allgemeinen Argwohn, wenn nicht sogar offene Gegnerschaft stießen.

Von all den Aufgaben, die Bolívar an Joaquín Mosquera übertrug, wurde die in Perú mit Erfolg durchgeführt, weil die Notwendigkeit kolumbianischer Hilfe die Regierung in Lima sanft stimmte; trotzdem wurde dort ein Vorbehalt über den *uti possidetis iuris* laut und man mußte in den abgeschlossenen Vertrag die Verpflichtung gegenseitiger Militärhilfe aufnehmen, eine Bestimmung, deren negative Auswirkung auf die nachfolgenden Verhandlungen in Santiago und Buenos Aires sich multiplizierte, und die später vom kolumbianischen Kongreß angefochten wurde.

In Chile traf der kolumbianische Gesandte auf keine allzugroße Begeisterung und seine Vorschläge wurden keineswegs besser aufgenommen. Mehrere Abänderungsanträge der Regierung O'Higgings mußten akzeptiert werden, auch wenn sie die Wirksamkeit und die Tragweite des zu unterzeichnenden Vertrages minderten. Viel schlimmer noch war — wie schon gesagt — das Ergebnis bei Rivadavia; in Buenos Aires wollte man von spanisch-amerikanischen Bündnissen nichts wissen, und noch viel weniger von Verbindungen auf Ewigkeit. Das Abkommen, das schließlich unterzeichnet wurde, war deshalb nur ein schwächliches, bedeutungsloses Instrument.

Richtung Norden waren die Aussichten nicht verheißungsvoller oder glücklicher. Schwierige Umstände in Mexiko brachten die Mission des bolivarischen Gesandten zunächst zum Scheitern; nach dem Fall Iturbides konnte dann der Generalbevollmächtigte Kolumbiens mit dem Kanzler Lucas Alamán ein wichtiges Abkommen schließen. Diese Urkunde, »von Santa María am 19. Februar 1824 unterzeichnet, wurde später vom kolumbianischen Kongreß zurückgewiesen, weil — wie Liévano Aguirre bemerkt — Vizepräsident Santander, dieses staatsmännische Wunder, bereits je einen Handelsvertrag mit den Vereinigten Staaten und Großbritannien unterschrieben hatte, in denen er ihnen vorbehaltlos den Vorzug eines *meistbegünstigten* Staates einräumte. Unter diesen Umständen konnte Kolumbien die im Santa María-Alamán-Abkommen festgelegte Vorzugsregelung nicht billigen, da dies die automatische Einräumung der gleichen Begünstigungen für die angelsächsischen Länder bedeutet hätte«.

Der genannte Geschichtsforscher fügt hinzu: »Es ist daher weder verwunderlich, daß die angelsächsischen Staaten, und besonders die Vereinigten Staaten, gegenüber der spanisch-amerikanischen Politik Bolívars eine starke Abneigung und Beunruhigung an den Tag legten, und daß ihr gieriges Interesse sie dazu veranlaßte, jeglicher damals unternommenen Anstrengung zur Balkanisierung des vormals spanischen Amerikas ihre Unterstützung anzubieten. Eine politische Organisation, die die große spanisch-amerikanische Gesellschaft zu einem Inselreich von untereinander feindlich gesinnten Staaten zergliederte, war ein idealer Rahmen für die neuen Imperialisten, die sich anschickten, den von Spanien geräumten Platz einzunehmen; und diese imperialistischen Antriebskräfte sollten sich aus diesem Grund dem Widerstand anschließen, den die einheimischen Patrizierkasten Hispano-Amerikas gegen den geplanten Staatenbund, auf dem Kongreß von Panamá entfesselten«.

DER MONROE-AUSWEG

John Quincy Adams, der begabte nordamerikanische Diplomat, legte Präsident Monroe nahe, den Vorschlag Englands an die Vereinigten Staaten für eine gemeinsame Verlautbarung gegen die Heilige Allianz abzulehnen. In dieser Verlautbarung wollten die Engländer die Sicherheit des ehemals spanischen Herrschaftsbereichs gewährleistet wissen, außer — und das wird ausdrücklich vermerkt — gegen angelsächsische Gelüste. Adams setzte sich für eine eigene Erklärung Monroes ein, ohne sich an ein Versprechen zu binden, durch das England eher versuchte, die nordamerikanischen Interessen einzudämmen, als die spanisch-amerikanischen Länder zu beschützen.

So erscheint die Monroe-Doktrin im Dezember 1823 als eine Botschaft an den Kongreß der Union unter dem Vorwand, einige russische Vorstöße im nördlichen Pazifik unterbinden zu wollen: »Die nordamerikanische Nation — sagt er — ist der Verteidigung unseres Systems verpflichtet, das mit soviel Blut und soviel

Geld errichtet wurde und mit dem Wissen unserer gelehrtesten Bürger gereift ist, ein System, in dem wir beispiellos glücklich geworden sind. Die Aufrichtigkeit und die freundschaftlichen Beziehungen, die zwischen den Vereinigten Staaten und jenen Mächten bestehen, zwingen uns zu der Erklärung, daß wir jeden Versuch ihrerseits mit der Absicht, ihr System auf irgendeinen Teil dieser Hemisphäre auszudehnen, als bedrohlich für unseren Frieden und unsere Sicherheit ansehen würden«.

Die wahre Absicht dieser Erklärung ist die Absicherung der nordamerikanischen Interessen und das Abbremsen jeglichen europäischen Anspruchs, ohne daß dies Altruismus oder Großzügigkeit gegenüber unseren südlichen Vaterländern beinhaltet hätte. »Für die nordamerikanischen Staatsmänner — sagt Liévano Aguirre — beschränkte sich die Monroe-Doktrin darauf, einen möglichen Eingriff der Nordrepublik nur für jene Fälle und in jenen Gebieten des Kontinents anzukündigen, wo das ausdrückliche nationale Interesse der Vereinigten Staaten es verlangen könnte. So präzisiert es eilends Außenminister Clay selbst, der dem nordamerikanischen Gesandten in Mexiko in einer Note sagte: »Die Vereinigten Staaten sind keine Verpflichtung eingegangen und haben den Regierungen Mexikos oder Südamerikas, oder einzelnen ihrer Länder, keinerlei Versprechungen gegeben, in denen garantiert wäre, daß die Regierung der Vereinigten Staaten dagegen vorgehen werde, wenn eine fremde Macht die Unabhängigkeit oder Regierungsform dieser Staaten angreife, und es auch keine Anweisungen gebe, die eine solche Verpflichtung oder Garantie bestätigen« (29. März 1826).

Es ist überflüssig zu sagen, daß Bolívar, wenn er für die armen Völker der Welt und ganz besonders für die erst kürzlich entstandenen amerikanischen Republiken eintrat, mit den hemmenden Interessen der internationalen Mächte zusammenstieß, die davon unangenehm berührt waren, daß dieses neue Predigen jenen die Augen öffnete und sie zur Einigkeit aufrief. »Daß der Zusammenschluß, dem Gedanken Bolívars entsprechend, sich als das demokratische Gegenstück des konservativen Bündnisses der Alten Welt abzeichnete, führte nicht nur zu heftigen Angriffen der europäischen Presse und der Kabinette in Paris, Petersburg und Wien, sondern veranlaßte auch den englischen Minister Canning, den Vertreter Kolumbiens in London, Señor Hurtado, in sein Amtszimmer zu bitten, um ihn darauf hinzuweisen, daß die Regierung Seiner Majestät es nicht als vorteilhaft oder wünschenswert ansähe, daß die neuen Republiken des spanischen Amerika eine Allianz auf populären Grundsätzen bildeten, Grundsätze, die für die europäischen Höfe eine wahrhaftige Herausforderung darstellten«.

Von den Plänen Bolívars, die bis 1826 noch nicht in die Tat umgesetzt worden waren, machte die vorgesehene Unabhängigkeit Kubas und Puerto Ricos und die damit verbundene Befreiung der relativ großen Zahl von Sklaven dieser Antilleninseln den Vereinigten Staaten besondere Sorge. Die ganze Politik Bolívars stellte zweifelsohne eine Schutzschranke gegenüber dem Yankee-Imperialismus dar, der sich in den Vorstellungen der bedeutendsten Staatsmänner jenes großen Landes schon mit aller Deutlichkeit abzeichnete. Die nordamerikanischen Diplomaten, Joel Poinsett in México, Anderson in Bogotá und William Tudor in Lima waren, wenngleich unerfahren, in die Innenpolitik der Länder verwickelt, in denen sie akkreditiert waren, und von ihrer militanten antibritischen Einstellung getrieben, bildeten sie »ein wahres Intrigennetz, dessen Fäden in Washington und am Hauptsitz der New Yorker Logen gezogen wurden, Intrigen, die darauf abzielten, dem regionalistischen Geist und den Rivalitäten zwischen den verschiedenen spanisch-amerikanischen Republiken jede Art von Anregung zu bieten, um der Bildung der von Bolívar erdachten konföderierten Liga dauernd neue Hindernisse in den Weg zu legen«. Der Vereinigungswille im Norden stand im Gegensatz zur Teilungsbestrebung, die der Süden schürte; unglücklicherweise zeitigte die nordamerikanische Kampagne bei nicht wenigen unserer einflußreichen Politiker Wirkung — und sie gerieten, von einem Blendwerk getäuscht, auf Pfade, auf denen eine Umkehr problematisch und unwahrscheinlich war.

Zusätzliche und überflüssige Beweise, wenngleich jeder für sich selbst ausreichend, für Bolívars richtige Politik, die Aufnahme der Vereinigten Staaten in die amerikanische Versammlung abzulehnen, liefern andere Tatsachen: von 1822 an, und in der Einberufung von 1824 ausdrücklich bestätigt, ist das Ziel Bolívars »eine Versammlung von Bevollmächtigten aus allen Staaten, die uns in großen Konflikten beraten könnte, als Kontaktstelle in gemeinsamen Gefahren diente, ein zuverlässiger Deuter öffentlicher Verträge, wenn Schwierigkeiten auftauchen sollten, und schließlich ein Vermittler in unseren Auseinandersetzungen wäre«. Dieser Zielsetzung tritt die Regierung der Vereinigten Staaten frontal entgegen; die Anweisungen an ihre Abgesandten sind kategorisch und endgültig: »Jeder Gedanke eines staatenbündlerischen Rates, der mit Entscheidungsbefugnis in den Auseinandersetzungen zwischen den amerikanischen Staaten ausgestattet ist, wird abgelehnt.« Radikaler kann der Gegensatz nicht sein. Ein weiterer, sehr wichtiger Unterschied springt ins Auge: die Frage der Sklaverei. Während in den Vereinigten Staaten die Befürchtung, diese Frage könnte in Panamá aufgeworfen werden, ein Gutteil des Grundes für den — von den Senatoren des Südens betriebenen — Widerstand gegen die Teilnahme an der Versammlung des Isthmus ist, nimmt Kolumbien im Gegensatz dazu und diesmal im Sinne Bolívars, dieses Thema unter die sechs wesentlichen Punkte auf, die dort behandelt werden sollen. Dazu kam noch, daß der nordamerikanische Senat das Abkommen über das Verbot des Sklavenhandels ebenfalls zurückweist, das Ende 1824 in Bogotá der Kanzler Gual und der nordamerikanische Gesandte in Kolumbien, Richard C. Anderson, wohlgemerkt auf des letzteren — offenbar unabgesprochenen — Initiative hin, unterschrieben hatten.

DIE TRÄUMEREI VON PANAMÁ

Auf die Einberufung und die Idee des Kongresses von Panamá selbst reagierten die eingeladenen Länder mit Vorbehalt. In keinem von ihnen zeigte sich Begeisterung, Verständnis oder das notwendige Interesse für diese weitreichende Initiative. Umsonst war das Taktgefühl Bolívars gewesen, als er einen entfernten Ort nördlich von Kolumbien dafür bestimmte und er sich persönlich abwesend und außerhalb dieser Republik — ziemlich weit südlich — aufhielt, um die größtmögliche Freiheit in den Beratungen zu garantieren.

Die Regierung Argentiniens ließ, nach verwirrten und zweideutigen Stellungnahmen, halbamtlich die eigenartigen Gründe verlauten, warum sie in Panamá nicht teilnahm: »Wir haben gezeigt, daß der Plan für eine oberste oder höchste Autorität, die die wichtigsten Beziehungen zwischen den Staaten der Neuen Welt regelt, unter allen Gesichtspunkten gefährlich ist, und daß es nicht verwunderlich wäre, wenn sie zum Keim zerstörerischer Kriege zwischen Völkern würde, die der Ruhe und des Friedens so dringend bedürfen. Wir wollen nicht leugnen, daß es zweifelsohne Dinge von allgemeinem Interesse gibt, die man nützlicherweise in einem gemeinsamen Vertrag regeln könnte, den die Bevollmächtigten aller Staaten ausarbeiten, und was mit dem gleichzusetzen wäre, was wir heute den Amerikanischen Kongreß nennen. Aber sogar dieses, was unter anderen Umständen günstig erscheinen könnte, wäre unter den heutigen gefährlich. Der Einfluß, den die Republik Kolumbien auf die Beratungen hätte, oder wenn sie ihn nicht tatsächlich ausübt, schon allein das Geschick, das sie bisher gezeigt hat, um ihn auszuüben, genügte, um Eifersucht aufkommen zu lassen und würde dazu führen, die vernünftigste Vereinbarung, das vorteilhafteste Abkommen, den Vertrag, in dem Rechte und Pflichten alle Staaten der Liga mit gewissenhaftester Gerechtigkeit festgelegt wären, mit Vorsicht zu betrachten. Dieser Gedanke ängstigt uns und läßt uns das Vorhaben mit Schrecken anschauen ...«

In Chile war O'Higgins gestürzt worden; die auf ihn folgende Regierung weigerte sich unter Anführung wenig stichhaltiger Gründe, Bevollmächtigte zu entsenden. Sie unterstützte die antibolivarische Politik Argentiniens und identifizierte sich mit ihr.

Was Perú betrifft, so wollte der Befreier, daß die Peruaner ihre Außenpolitik vollkommen eigenständig ausübten. Auch hierin blieb er wieder seiner Vorstellung treu, daß man zum Zusammenschluß den freiwilligen Weg des gemeinsamen Interesses der Völker gehen sollte, anstatt den des Zwangs. Aber sobald Bolívar sich aus der Angelegenheit heraushielt, veränderte die peruanische Regierung freizügig ihre auf Zusammenarbeit und Ausdehnung gerichtete Haltung, die ihr Vertreter Vidaurre eigentlich angeboten hatte, und nahm die gewöhnliche und allgemeine Haltung des Argwohns und des Mißtrauens ein, die unter den Mitgliedern der kontinentalen Gemeinschaft herrschte.

England verkündete, sein Abgeordneter werde an den Beratungen nicht teilnehmen; es bekräftigte außerdem seine Neutralität in der Auseinandersetzung unseres Amerika mit Spanien. Der Kaiser von Brasilien betonte ebenfalls seine strikte Neutralität.

Wegen all dieser vorangegangenen Vorfälle mußte das Ergebnis jener Beratungen mager und begrenzt sein, in die der Befreier seine Hoffnungen gesetzt hatte, als er 1825 sagte: »Dies muß der universelle Krieg sein. Der endgültige Plan besteht darin, in einem allgemeinen Kampf den Thronen den Triumph gegen die Freiheit wieder zu entreißen. Diese Auseinandersetzung kann keinesfalls partiell sein, weil sich ungeheure, über die ganze Welt verteilte Interessen überschneiden. Das heilende Mittel dafür ist — falls man es findet — der große Kongreß der Abgesandten auf dem Isthmus, der einem kraftvollen, strengen und umfassenden Plan folgt, ein Heer von mindestens 100 000 Mann unter seiner Befehlsgewalt hat, das der Bund unterhält und das unabhängig von den stiftenden Mitgliedern ist«, wie gesagt, die Ergebnisse mußten mager und begrenzt sein, und so war es auch tatsächlich.

Der Vertrag für immerwährenden Zusammenschluß, Bündnis und Staatenbund zwischen den Republiken von Kolumbien, Mittelamerika, Perú und den Vereinigten Staaten Méxicos, und die Übereinkunft über die Kontingente, beide in Panamá am 15. Juli 1826 unterzeichnet, waren ein karger und schwacher Abglanz der kraftvollen Bestrebungen, die der Befreier angestellt hatte. In dem schwierigen und mühsamen Unterfangen, Auseinanderstrebendes einander anzunähern, wurden wesentliche Ideen Bolívars aufgerieben und entstellt, und er war zu jener Zeit der einzige, der eine organische Vorstellung der Gesamtpolitik unseres Amerika und seiner Zukunft hatte. Unter vielen anderen Punkten, die man hier anführen könnte, wurde das Referat Bolívars über die Auslieferung von politischen Verbrechern zurückgewiesen. Der sachkundige Völkerrechtler Silva Otero versichert: »Es war die Meinung des Befreiers, daß alle jene, die auf die legitimen demokratischen Formen der teilnehmenden Regierungen Anschläge verübten, und solche, die Unordnung und Aufruhr unterstützten, um ihren persönlichen Ehrgeiz zu befriedigen, nicht in den Genuß der Immunität gelangen sollten, die ihnen im Falle eines Asyls gewährt wird«.

Wenige Tage nach der Schlußsitzung dieses umstrittenen und dürftigen Zusammentreffens der acht beratenden Persönlichkeiten auf dem Isthmus, und noch bevor er die Nachrichten erhielt, die seine Enttäuschung bestätigen sollten, kehrte Bolívar zu seinem melancholischen Realismus zurück: »Der Kongreß von Panamá, eine ausgezeichnete Einrichtung, wenn sie nur wirksam wäre, ist nur mit jenem verrückten Griechen zu vergleichen, der von einem Felsen aus versuchte, den Kurs der Schiffe im Meer zu lenken. Seine Macht wird gleich einem Schatten und seine Beschlüsse werden gleich Ratschlägen sein: mehr nicht«.

Der Befreier tritt eine überstürzte Reise nach Venezuela an. Es wird in der von Santander und Páez angeführten separatistischen Auseinandersetzung dringend gebraucht. In Guayaquil trifft er sich mit dem Bevollmächtigten Vidaurre, der vom Isthmus kommend nach Lima zurückreist. Bolívar liest die Abkommen von Panamá und seine Enttäuschung kennt keine Grenzen; man schrieb den 13. September, als er sich von dieser traurigen Wahrheit überzeugen mußte. Er legte dem peruanischen Diplomaten nahe, sich in jener Hafenstadt eine Zeitlang aufzuhalten und versuchte so, die Ankunft des Protokolls in Perú zu verzögern. Gleich schreibt er an Briceño Méndez: »Ich habe die in Panamá abgeschlossenen Abkommen gelesen und werde Ihnen ganz offen meine Meinung sagen. Die Übereinkunft über die Truppenkontingente, vor allem aber über die Art und Weise, die Anlässe und Mengen, in denen sie gestellt werden sollen, ist unnütz und wirkungslos. Der Feind kann von festen Voraussetzungen ausgehen und mit doppelter Truppenstärke einfallen. Nur das als Invasion zu bezeichnen, was mehr als 5000 Mann umfaßt, und dies als Mindestgrenze für eine Hilfeleistung anzusehen, käme der Verurteilung bestimmter Staaten zu ewiger Besatzung gleich. Das Zehntel Kavallerie ist mit jedem Prinzip der Kriegskunst unvereinbar. Auch was die Artillerie betrifft, ist das Vereinbarte voller Mängel. Die Verlegung der Versammlung nach Mexiko wird sie unter den unmittelbaren Einfluß jener ohnehin schon übergewichtigen Macht bringen, und ebenfalls unter den der Vereinigten Staaten im Norden. Diese und viele weitere Gründe, die ich Ihnen persönlich mitteilen werde, zwingen mich, dafür zu sorgen, daß die Ratifizierung der Verträge nicht vor meiner Ankunft in Bogotá und bevor ich sie mit Ihnen und mit anderen ausführlich und gründlich geprüft habe, geschehen soll. Das Abkommen für Zusammenschluß, Bündnis und Staatenbund enthält Artikel, deren Annahme die Durchführung etlicher meiner Vorhaben, die meiner Ansicht nach sehr wichtig und von großer Tragweite sind, erschweren könnte. So bestehe ich darauf und wiederhole, daß es nicht vor meinem Eintreffen ratifiziert werden soll. Das gleiche sage ich General Santander, und sagen Sie es ihm ebenfalls«.

So viele Rückschläge hätten jeden anderen dazu veranlaßt, seine Zielsetzungen aufzugeben. Bolívar gibt sich nicht geschlagen; er beharrt auf seiner Aufgabe auch angesichts des Zerfalls des Werkes von Panamá. Als letzten Versuch während der, wie sich herausstellen sollte, schmerzhaftesten zwei Jahre seines Lebens, klammert er sich jetzt an eine besser durchführbare Idee: den Staatenbund der Anden — Kolumbien, Perú und Bolivien —, der indes auch nicht zustande kommt. Nichtsdestoweniger, und in die Zukunft blickend, erklärt er 1828 rundheraus, daß er »den Amerikanischen Staatenbund nie aufgeben« und daß er es nicht unterlassen werde, ihn in besseren Zeiten und unter glücklicheren Umständen voranzutreiben.

Die folgende Geschichte Amerikas mit ihrem Auf und Ab, mehr Ab als Auf, werden Bolívar recht geben. Die Einigkeit, die diese Völker vor dem vielfältigen und immer wiederkehrenden Chaos im kleinen und vor der Tragik der »Vaterländchen« hätte bewahren können, löste sich in Dunst auf; an ihrer Stelle blieb die große Unordnung, die ewig gleiche, die Bolívar vergebens einzudämmen versuchte. »Diese riesengroße Unordnung Amerikas rechtfertigt mein politisches Handeln und seine Richtlinien. Ich hoffe, meine Freunde werden sich in dieser an Wirrnissen reichen Zeit meiner erinnern, und mich gegen die Folgen der Anarchie stellen und mir so das Recht widerfahren lassen, das ich mir immer gewünscht habe«.

DIE SPALTUNG GREIFT UM SICH

In den Jahren, in denen Kolumbien in seine drei Bestandteile zerfällt, schwappt die Welle der Spaltung über Mittelamerika hinweg und aus der föderalistischen Einheit von gestern machen sich weitere fünf Republiken auf den beängstigend mühsamen Weg, um sich getrennt zu gestalten, zu verteidigen und zu entfalten.

Selbst in den Landstrichen, wo Bolívar vorzugsweise wirkte — in Venezuela und Neu-Granada — neigt man, als das XIX. Jahrhundert schon merklich fortgeschritten war, der gründlichsten Aufspaltung zu, diesmal unter der schon bekannten Formel des Föderalismus. Dreihunderttausend Opfer fordert das finstere Jahrfünft des venezolanischen Bundeskrieges. Um diese Zeit erklären sich die Teilstaaten Cauca, Bolívar und Santander in Neu-Granada als unabhängig vom granadischen Staatenbund, um — 1860 — zusammen die Länder Neu-Granadas zu bilden. Es ist merkwürdig, daß sich gerade damals der alte Präsident Mosquera und der venezolanische Demagoge Antonio Leocadio Guzmán zu der möglichen Wiederherstellung Kolumbiens äußerten. Guzmán unterbreitet dem neugranadischen Kongreß, dem er dank seiner engen Freundschaft mit Mosquera — einem Caudillo des Föderalismus im Bruderstaat — beiwohnt, einen Vorschlag; in der Kolumbianischen Verfassung von 1863 befiehlt Artikel 90 der Exekutive »mit den ausübenden Regierungen Venezuelas und Ecuadors Verhandlungen aufzunehmen, die zum Zusammenschluß der drei Teile in einem Nationalstaat führen sollen«. Dabei blieb es. Die pathologische Hervorhebung, oder besser die Verformung der Nationalgefühle, die sich letztlich gegen das zusammenfassende Ideal durchsetzen, hatte als zu erwartendes Nachspiel die Kriege zwischen den Schwesternationen zur Folge. Von Nord bis Süd war das das Ergebnis.

Von 1825 bis 1828 findet der Krieg zwischen Brasilien und Río de la Plata statt, aus dem Uruguay unabhängig hervorgeht. Um dieses neugeborene Land entsteht nach weniger als einem Jahrzehnt ein langwieriger Konflikt, in dem der Tyrann Rosas es zu annektieren trachtet; die erste Etappe reicht von 1836 bis 1838, die zweite von 1844 bis 1852.

General Santa Cruz bildet 1835 mit Waffengewalt den peruanisch-bolivianischen Staatenbund; im darauffolgenden Jahr fing Chile mit dem Krieg an, der 1839 diesem Doppelstaat ein Ende machte. Haití und die Dominikanische Republik liefern sich vernichtende Grenzkriege zwischen 1844 und 1856.

Weitere kontinentale Konflikte: zwischen den Vereinigten Staaten und Mexiko 1846—48 um die Annektierung von Texas. Jahre später wird der entsetzlichste aller inneramerikanischen Kriege geführt: jener von Brasilien, Uruguay und Argentinien gegen Paraguay: 1864—70, mit dem grauenhaften Saldo von etwa achthunderttausend Toten. Während eines Jahrfünfts — 1878—83 — flammt der Krieg Chiles gegen Bolivien und Perú wieder auf. Wiederholt brechen Kriege zwischen den mittelamerikanischen Ländern aus. Der Chaco-Krieg läßt Paraguay und Bolivien ausbluten. Doch das verbrecherische Unheil ist damit nicht zu Ende. Es folgt eine reichhaltige Auswahl ärgerlicher Streitigkeiten: Tacna-Arica zwischen Perú und Chile; der Konflikt von Leticia zwischen Kolumbien und Perú, zwischen Perú und Ecuador; in Mittelamerika . . .

Mehrere europäische Länder haben die Zerrüttung Amerikas benutzt, unseren Kontinent mit großem Erfolg und ungestraft zu überfallen und zu berauben. Frankreich griff in Mexiko zugunsten der Inthronisierung Kaiser Maximilians von Österreich ein;

vorher waren die Franzosen zweimal im Río de la Plata eingefallen — 1838 bis 1841 und 1845 bis 1847 — ebenso im mexikanischen Hafen von Veracruz. Spanien annektiert 1861 bis 1865 Santo Domingo und greift 1863 bis 1867 auch in Perú ein. In Brasilien machten sich mehrere Mächte Hoffnungen auf Teile der riesigen Landmasse. England besetzt die Malvinen-Inseln — 1833 —, ebenso wie Belice — in Mittelamerika —, und verstärkt sein widerrechtliches Eindringen in das Guayana Venezuelas. Das letztgenannte Land sah sich an seinen Küsten Anfang des XX. Jahrhunderts von Schiffen aus Deutschland, Frankreich, England und Italien angegriffen. Die Vereinigten Staaten haben sich, von der kleinen Landfläche der dreizehn Kolonien ausgehend, auf Kosten Mexikos über den ganzen Norden ausgebreitet; sie besetzten die Insel Kuba und blieben in Puerto Rico, griffen in Nicaragua, Haití, der Dominikanischen Republik und Panamá ein. Unguten Andenkens ist Präsident Theodor Roosevelt.

Empörend ist das offensichtliche Mißverhältnis bei diesen Streitigkeiten gegen die schwachen Republiken Amerikas, bei denen die europäischen Mächte, und selbst die Vereinigten Staaten die Hauptrolle spielen. Und auch mit Abstand der Zeit behält Bolívar recht mit seinen Einigungsbestrebungen, um Respekt zu gebieten und die Würde unserer Völker zu wahren. Als England sich ein Sechstel des venezolanischen Territoriums aneignet, hatte dieses Land kaum die leidvolle Etappe seiner Bürgerkriege hinter sich; zeitweise umfaßte das englische Imperium ein Fünftel der Landfläche der Erde und ein Viertel ihrer Menschen.

Auf Ersuchen des despotischen Regimes von Juan Vicente Gómez greifen die Vereinigten Staaten, um ihn abzustützen, in Venezuela ein. Der venezolanische Kanzler macht diesen schimpflichen Antrag und es erscheinen fünf Panzerkreuzer zu diesem schändlichen Zweck. Das Land, das Freiheit weit über seine Grenzen hinaus verteilt hatte, erfleht vom Ausland eine derartige Schande.

Die inneramerikanischen Kriege zerstören die Vorstellungen der Brüderlichkeit und des Friedens als internationale Rechtsgrundlagen Amerikas. Welches unserer Länder ist ohne Narben?

Wo gab es keine Demütigungen und Beleidigungen durch Mächte diesseits und jenseits des Atlantik, Plünderung seiner Reichtümer, Gewalttätigkeit und Drangsalierung seiner Bewohner? Kaum zu überbrückende Haß- und Kummergefühle wurden gesät, Mißtrauen und Rivalität — schwere Kränkungen. Die ausländischen Interessen kamen, in Ausübung ihrer technologischen Überlegenheit und zur Befriedigung ihrer Bedürfnisse für einen höheren Lebensstandard in den Metropolen, in ausbeuterischer Absicht, sie suchten gefügige Handlanger, verdarben und erniedrigten das gesunde Nationalgefühl, subventionierten und finanzierten würdelose Abenteurer, um — mittels Marionetten — die Macht an sich zu reißen und Nutznießer ihrer Vorteile zu werden. Die Geschichte wiederholt sich mit dem Gold, dem Silber, dem Zinn, dem Eisen, dem Salpeter, dem Erdöl, dem Kupfer, den Landesfrüchten, usw.

In so vielen Jahren unaufhörlicher Krisen verlor Amerika ein Gutteil seines Gepräges, es war nicht mehr der Kontinent der Hoffnung für die Menschheit, den Martí meinte. Die Illusion Bolívars blieb im Reich der Phantasie. »Die Freiheit der Neuen Welt ist die Hoffnung des Universums«, hatte er gesagt. »Die Freiheit der Welt hängt ab von der Gesundheit Amerikas«.

Durch die Risse, die unsere Wirrnisse, unsere Uneinigkeit, unsere keine Ruhe gebende Anarchie und Tyrannei hinterlassen und durch unsere Verwirrungen sickert die fremdländische Raubgier. Die düstere Vorahnung des ruhmvollen Vorläufers Don Francisco de Miranda schien sich zu erfüllen, der in seinen letzten Tagen, als er von der fernen Heimat sprach, die für ihn — man muß darauf hinweisen — Südamerika war, zu Level de Goda sagte, »daß dieses eine Beute der Fremden sein würde, nicht als ausländischer Besitz, sondern von ihnen beherrscht, indem wir als Eigentümer die Kosten tragen und verpflichtet sein werden, die Plantage ertragreich zu erhalten.« Das ruhelose Echo des Befreiers hallt wider: »Wenn Amerika seine Schritte nicht zurückwendet, wenn es seine Nichtigkeit und sein Unvermögen nicht einsieht, wenn es sich nicht zur Ordnung und zur Vernunft aufruft, so hat es wenig zu erwarten, was die Konsolidierung ihrer Regierungen betrifft;

und eine neue Kolonialherrschaft wird unser Erbe an die Nachwelt sein«.

In unseren Händen und in keinen anderen liegt es, jene fruchtbare, verheißungsvolle und mögliche Vision des amerikanischen Genies Wirklichkeit werden zu lassen, der unser großes kontinentales Vaterland in Demokratie und Gleichheit, in der Tugend und im Recht, in jenem Rahmen von Vorzügen sah, die er, in die Zukunft projiziert, so schilderte: »Die künftigen Zeitalter durchfliegend setzt sich meine Einbildungskraft in den kommenden Jahrhunderten fest, und wenn ich von dort aus mit Bewunderung und Erstaunen den Reichtum, den Glanz, das Leben beobachte, das dieser ausgedehnten Region beschert worden ist, dann bin ich hingerissen und es kommt mir vor, als sähe ich sie schon im Herzen der Welt, wie sie sich über ihre endlosen Küsten hin ausbreitet, in die Ozeane, die die Natur getrennt hatte und die unser Vaterland durch lange und geräumige Kanäle vereint. Ich sehe sie als Band, als Zentrum, als Weltstadt der menschlichen Familie: ich sehe sie schon die Schätze an Silber und Gold, die ihr Boden birgt, in alle Gegenden der Welt verfrachten; ich sehe sie schon, wie sie durch ihre göttlichen Pflanzen den leidenden Menschen der Alten Welt Gesundheit und Leben bringt; ich sehe sie schon, wie sie ihre kostbaren Geheimnisse den Gelehrten anvertraut, die nicht wissen, wie überlegen die Summe der Bildung der Summe der Reichtümer ist, mit der sie die Natur überschüttete. Ich sehe sie schon, wie sie auf dem Thron der Freiheit sitzend, das Zepter der Gerechtigkeit in der Hand, von Ruhm gekrönt, der Alten Welt die Majestät der modernen Welt zeigt.«

RÜCKSTÄNDIGKEIT UND KORRUPTION

Die so nachdrückliche Sorge Bolívars um die Kultur ist dem tragischen allgemeinen Schicksal der Ablehnungen nicht entgangen, das schon im politischen, wirtschaftlichen, sozialen und inneramerikanischen Bereich dargestellt worden ist. Auch auf rein geistiger Ebene ist der Bankrott zu spüren und man erleidet einen Rückfall in Zustände, die durch die ethische Emanzipation durch Simón Bolívar überwunden waren.

Es lohnt die Mühe, den Kontrast zu rekapitulieren. Innerhalb der revolutionären Generation widmete sich eine Gruppe hervorragender Persönlichkeiten der Anstrengung, die nationalen Grundlagen in der Kultur, der Erziehung, der Moral, der Diplomatie und dem Recht zu legen. Es berührt uns die Tatsache, daß ein Patriot wie José Rafael Revenga, der sich in London in Angelegenheiten der Republik aufhielt und ungerechterweise eingesperrt wurde, später, als seine Ehre wiederhergestellt und ihm eine finanzielle Entschädigung überreicht worden war, dieses Geld dazu verwendete, um Bücher und Lehrmaterial für die kolumbianischen Schulen zu kaufen. Es beeindruckt die Kasteiung eines großen Geistes, eines talentierten und selbstlosen Diplomaten: Manuel Palacio Fajardo. Dieser bestritt mit seinen kärglichen Ersparnissen die Reisen und die Aufenthalte in Europa im Dienste seines Landes bei verschiedenen Regierungen und er lebte so ärmlich, daß die französischen Behörden an seiner Eigenschaft als Diplomat zweifelten, »angesichts der Nichtigkeit der von ihm von seinen Landsleuten zur Verfügung gestellten Mittel«. Wieviel lehren uns als Beispiele extremer Rechtschaffenheit »die Anfragen an den Kongreß seitens des Generals Pedro Briceño Méndez,

Senator der Republik, und von Doktor Pedro Gual, dem Gesandten bei der amerikanischen Versammlung, in denen sie um die vorherige verfassungsmäßige Zustimmung ersuchen, um die Pulverkisten annehmen zu dürfen, die ihnen im Namen Ihrer Britischen Majestät ihr Geschäftsträger geschenkt hat.« Der Pflichteifer und die ständige Hingabe des Befreiers an die Sache der Erziehung, an das Zeitungswesen, an das Lehramt sind beispielhaft.

Man könnte sagen, daß Bolívar sich in Andrés Bello, seinem Kameraden aus Caracas und eine der herausragendsten Figuren jener schöpferischen Zeitumstände, fortsetzt. Bello allein erreicht, kraft seines Intellekts, mehr für die wirkliche Unabhängigkeit Amerikas als viele Legionen kriegserfahrener Generäle; er ist ein Befreier des Geistes. Der Einigkeit schenkt er über Vorträge und Erklärungen hinaus, wesentliche Richtlinien. Sein humanistisches Wirken hat auf dieser Hemisphäre keine Parallele. Sein Werk zielt gänzlich darauf ab, die spanisch-amerikanische Nationalität emporzuheben, ihre Seele zu verteidigen und den Frieden zu erhalten. Bei Bello herrscht die Sorge um die Institutionen vor: er meint, ohne Ordnung und ohne Normen sei das gesellschaftliche Leben nicht möglich; sein Einsatz auf dem Gebiet des Rechts ist hervorragend.

Aber zu den Talenten, die Andrés Bello im Laufe seines fruchtbaren Daseins in verschwenderischer Weise entfaltet, einem Leben voller Erfolge und weiser Richtlinien, fügt er drei konkrete Ergebnisse seines ausdauernden und fleißigen Geistes hinzu: sie sind sein Beitrag, die Einigkeit auf dauerhafte Fundamente zu stellen: sein Völkerrecht, seine Grammatik und sein Zivilgesetzbuch. Das erste beinhaltet zwanzig Jahre gründlicher Gedankenarbeit: ein Text für das inneramerikanische Verständnis und den inneramerikanischen Frieden, ein Handbuch der Diplomatie. Die Grammatik ist dazu bestimmt, das funktionellste Instrument der Einheit unserer Vaterländer zu erhalten: die Sprache; das Buch ist »für den Gebrauch der Amerikaner gedacht; es versteht die Sprache als lebendigen und dynamischen Prozeß, der gleichwohl vor der Aufspaltung geschützt werden mußte. Das Zivilgesetzbuch erarbeitet er in dreißig Jahren beständiger Studien; in Chile heute noch rechtskräftig, war es ein Vorbild in Kolumbien, Ecuador, Uruguay, Nicaragua, und übte Einfluß in Brasilien, Argentinien und Venezuela aus. Keines seiner Werke entbehrt des lebensspendenden Atems, alle berücksichtigen den eigentlichen Ursprung Amerikas und beziehen sich auf ihn.

Im praktischen Bereich hat Bello Gelegenheit, durch seine tatsächliche Führung der Außenpolitik Chiles ab 1832, eine aufrichtige, von der Vernunft und der strengen Rechtmäßigkeit geleitete Politik der kontinentalen Einigung zu entfalten. Die Humanisierung des Kriegsrechts entspringt seiner Initiative und eilt dem Kongreß von Paris 1856 weit voraus. Für alle Zeiten gültig ist die Betrachtung Bellos: »Wir verfolgen fragwürdige Werte ähnlich dem Wilden, der zum Regenbogen mit seinen prächtigen Farben am Horizont rennt, weil er meint, er könnte ihn berühren; und beachten währenddessen kaum einen Augenblick sichere Vorteile, die wir leicht erreichen können, wenn wir uns freundschaftlich verständigen und den internationalen Auseinandersetzungen und Zwistigkeiten mit einer brüderlichen und versöhnlichen Einstellung entgegenwirken«.

Alles in Andrés Bello zielt auf Gerechtigkeit und Gleichheit, und schafft die Institutionen, die unsere Vaterländer im eigentlichen Sinne formen sollen.

Die zivilisierende und zivilisatorische Leidenschaft Bolívars und Bellos, von Gual und Revenga, von Rosio und Palacio Fajardo, um nur einige berühmte Namen der Stunde des Aufbaus zu nennen, erfüllte die meisten ihrer Mitstreiter nicht und wurde oft nicht einmal verstanden. Sucre ist ein Stern unter den wenigen, die eine Ausnahme bilden.

In der Figur dieses Vorkämpfers aus Cumaná, den Bolívar mit seiner Zuneigung und den aufrichtigsten und lobendsten Äußerungen auszeichnete, erkennt die Nachwelt einen vorzüglichen Ausdruck des neuen Amerika. In allen Bereichen seiner Bemühungen war er bemerkenswert. Er war ein vorbildlicher Staatsanwalt und ein tüchtiger und scharfsinniger Verwalter. Ein vom Glück begünstigter, kluger und geschickter Diplomat. Die verschiedenen Zweige der Beamtentätigkeit beherrschte er bis zur Vollendung.

Sein Leben ist gekennzeichnet durch eine einheitliche und beispielhaft treue Verpflichtung auf die Revolution, die Demokratie, die Tugend im besten Sinne, und sie galt auch Bolívar, der in dem jungen Marschall einen Nachfolger sah.

Unglücklicherweise erleiden die erwähnten positiven Kulturwerte, die Gewissenhaftigkeit und die Moralität im besten Sinne, in dem auf Bolívars Ableben folgenden Zeitraum der Geschichte einen Zusammenbruch von ungeheurem Ausmaß. Eine betont negative Haltung beherrscht die Szene als ein weiterer Bestandteil des allgemeinen Verfalls und der allgemeinen Richtungslosigkeit, der man damals zum Opfer fiel. Es konnte nicht anders sein; die grausamen Autokratien, die wiedererstandene Sklaverei, die ständige Ausbeutung, die täglich stärkere Isolierung bildeten nicht gerade den geeigneten Rahmen, um der Moral und der Bildung die von Bolívar gewünschte Vorrangstellung einzuräumen.

ANTIKULTUR IM CAUDILLOWESEN

Der Caudillo verspürt — seinem Wesen nach — eine Abneigung gegenüber der Kultur; er liegt im Widerstreit mit der geistigen Verfeinerung, die eine Erziehung mit sich bringt: er betrachtet sie verächtlich und eines »Machos« und »Führers« unwürdig.

Im Jahre 1825 schrieb Páez an den Befreier eine Diagnose *sui generis:* »Dieses Land braucht etwas anderes, um Ordnung zu schaffen, um denjenigen, die sie verdienen, die nötige Achtung zu sichern, und die Intriganten zum Schweigen zu bringen«. So prägte er eine euphemistische Kurzfassung dessen, was zu einer Art Programm der autokratischen Regierungen werden sollte. »Intriganten zum Schweigen bringen« deutet auf die Beschneidung der Meinungsfreiheit hin, auf das Nichtdulden von Kritik. Bolívar wies den Führer aus den Llanos mehr als einmal auf seine Verpflichtung hin, sich die öffentliche Meinung anzuhören und sie zu respektieren. Die Aussöhnung von Páez mit den »Rechtskundigen« und »Gelehrten«, die er nicht ausstehen konnte — meint Gil Fortoul — geschah um den Preis der Unterwerfung unter seinen souveränen Willen. Andere Autokraten sollten den tapferen Lancero in ihrer Feindschaft gegen die Intellektuellen noch weit übertreffen. Die Freiheit der Meinungsäußerung war der Meinung Bolívars nach »die wichtigste und kostbarste Gabe der Natur«, und selbst wenn sie im Text aller Verfassungen niedergelegt ist, so wurde sie doch in der Praxis unter den meisten Tyrannen abgeschafft. Immer saßen Journalisten und Studenten in den Gefängnissen; mit der Verbannung bezahlte man seine Kühnheit vor dem Despoten vom Dienst. Die Presse, die Bolívar »für so wichtig wie das Kriegsgerät« hielt, spürt die volle Last der brutalen Regierungen, die gegen sie den Zwang, die Zensur und alle Varianten der Feindseligkeit anwenden. Außer daß sie die Zeitungen durch Angst zum Schweigen bringe, versagen die Tyranneien ihnen auch das geeignete Ambiente, indem sie das Lesen- und Schreibenlernen allgemein vernachlässigen. Es tritt auch so etwas wie eine Kindersterblichkeit in der Bildung auf: die Zahl der Zeitungen, die nach den ersten Nummern eingehen, ist groß. Innerhalb so erstickender Verhältnisse bleibt nur die Möglichkeit eines kniefälligen Zeitungswesens, mit dem Rücken zur Nation, dem ausschließlichen Genuß des Führers und seiner Anhänger vorbehalten.

Die tyrannischen Regierungen, die Amerika von 1830 bis in unsere heutigen Tage verheeren, haben als gemeinsamen Wesenszug ihre Unversöhnlichkeit mit der Intelligenz, der sie weder Rast noch Ruhe gönnen. Der gewalttätige Eingriff in die höheren Bildungsstätten ist trauriger Alltag. Sehr bezeichnend für diese unselige Situation ist das Schicksal von Bolívars Lieblingsuniversität, jener in seiner Geburtsstadt, der er moderne Funktionsrichtlinien gab und gegenüber der er sich besonders bemühte, eine Politik des Schutzes und des Ansporns, der Großzügigkeit und der Freiheitlichkeit an den Tag zu legen. In seinem Testament hatte er den feinfühlenden Wunsch niedergelegt, ihr zwei Bücher zu vermachen, die sich einzigartig dadurch auszeichnen, daß sie in seinem und in Napoleons Besitz gewesen sind. Der Befreier zählt in Artikel 250 seines am 24. Juni 1827 erlassenen Dekrets den beträchtlichen Nachlaß auf, den er der caraquensischen *Alma Mater* zuweist. Es bedurfte mühevoller Ermittlungen seitens der Leitung dieses berühmten Instituts, um zu erreichen, daß Páez auch nur teilweise der Verpflichtung nachkam, die der Befreier dem Staat durch das genannte Rechtsmittel auferlegt hatte.

Der Besitz der Universität wurde ihr nicht zur Gänze ausgehändigt, und das Verbleibende unterlag bald der Plünderung. Es genügt darauf hinzuweisen, daß die berühmte Hacienda Chuao, vom Befreier für dieses Studienzentrum bestimmt, an General José Antonio Páez selbst verpachtet wurde, und daß dieser herrliche und begehrte Besitz letztlich in das Vermögen von Präsident Guzmán Blanco überging. Aber nicht nur ihre Erbgüter sollten verlorengehen, auch die Würde und der Name und die Existenz dieser Institution selbst sollte beeinträchtigt werden. Joaquín Crespo und Cipriano Castro, und vorher die Gebrüder Monagas und Falcón, ließen sie ihre Knute verspüren. Mitten im XX. Jahrhundert übertrifft Juan Vicente Gómez alle seine Vorgänger, indem er ihr eine zehnjährige Schließung diktiert (1912—1922).

Das Kapitel des moralischen Verfalls nimmt ebenfalls einen breiten Raum ein. Die Geschichte der leidgeprüften Völker unseres Amerika ähnelt — oft — einer beschämenden Aufzählung von Perversionen. Alle edlen Vorhaben werden erniedrigt und entstellt. Angefangen bei der Politik. Die Tyranneien sollten einen unüberbrückbaren Widerspruch zwischen Politik und »Arbeit« aufstellen; so wird das, was für Bolívar die hochstehende Übung in Redlichkeit und Effizienz ist, Berufung zu Opfer und Dienst, von ihnen als eine Spielart des Gaunertums angesehen, passend für Banditen und Schurken.

Keine Bürgertugend bleibt bei der Erosion der Moral unter der konterrevolutionären Verweigerung unversehrt. Verrat am Vaterland wird häufig vorkommen und für gewöhnlich sogar straffrei bleiben. Die Regierenden werden sogar das geheiligte Gebiet ihrer Nationen bestehlen. Schwierigkeiten mit ausländischen Regierungen werden einheimischen Verschwörern oft bei ihren unsauberen Machenschaften dienlich sein. Den antinationalen Interessen werden immer einheimische Repräsentanten begegnen, die ihnen zu Diensten sind und die nie fehlen, wenn es um Reklamationen geht oder um einen Vertrag, der das öffentliche Interesse schädigt. Hehler und Strohmänner, die mit ihren familiären Beziehungen und ihren Namen schachern, sind in all unseren Ländern gut bekannt.

Unerhörte Verbrechen überschatten die Annalen der amerikanischen Völker in den langen Jahrzehnten der Unterdrückung durch blutrünstigste Tyranneien. Weit zurückgefallen und übel zugerichtet findet sich die Vorstellung Bolívars von der Erhabenheit des Menschen. Ganze Familien sind durch politische Repressalien ausgerottet worden. Aus Venezuela — zum Beispiel — emigrierten Tausende von Bewohnern des Táchiragebiets, um den Grausamkeiten der Gómezdiktatur zu entfliehen; wobei diese Tatsache um so erstaunlicher ist, als der Despot selbst aus diesem leidgeprüften Landstrich stammte. Die Dörfer Queniquea und Pregonero wurden 1921 vollkommen verwüstet. Um diese Zeit gab Eustoquio Gómez, Provinzrichter seit 1813, als Henker seiner eigenen Region an seine gewissenlosen Gefolgsleute drei einfache und unschuldig klingende Namen als Losung aus: »Candelario, Mateo und Roberto«; das waren Schlüsselworte, die es zu verstehen und zu befolgen galt: »verbrenne, töte, stiehl«, um allen Widerstand zu brechen und mit noch größerer Grausamkeit schändliche Unterdrückung auszuüben. Ein großartiges Buch ist das von Cecilia Pimentel, einer außergewöhnlichen Frau, Musterbeispiel für mancherlei Tugend und tapferes Verhalten, die mit derber und lehrreicher Genauigkeit die dantesken Verhältnisse der Kerker der Gómezzeit und das ganze Bild des Schreckens schildert, den er verbreitete.

Die amerikanische Romankunst bezeugt in großartigen Werken unserer besten Schriftsteller mit unübertroffener Lebendigkeit jenes politische, soziale und kulturelle Panorama der Zuchtlosigkeit gegenüber dem Volk. Ohne Schmälerung ihrer literarischen Qualität sind diese Romane über das allgemeine Unglück so etwas wie eine Dokumentation einer unfaßbaren Wirklichkeit.

KLEINLICHE GEFÜHLE

Der Regionalismus, ein tödliches Gift für die Einheit unserer Nationen, und dem großen kontinentalen Vaterland feindlich gesinnt, breitet sich ebenfalls in jener Zeit der Irrwege nach dem Untergang Bolívars hartnäckig aus. Dieser verbissene Regionalismus macht Kolumbien kaputt. Er wirkt von Norden bis Süden als ein Prinzip des Ausschlusses gegen unsere eigenen Blutsbrüder, sät Haß und Mißtrauen und diskriminiert die Ausländer. Im Lande Bolívars legen es die despotischen Regime darauf an, die Weitläufigkeit zu zerstören, die charakteristisch ist für echte Venezolaner, sie scheinen zu vergessen, daß Universalismus und Inneramerikanismus Grundsätze der ganzen Existenz Venezuelas sind. Venezolanische Bürger verstreuten sich über Amerika in tatkräftiger Ausübung von Brüderlichkeit. Darum paßt der Regionalismus nicht in die Gefühlswelt der Landsleute Bolívars, er ist der Ausdruck eines künstlichen Tatbestands, der nur innerhalb seiner subalternen Konturen verständlich wird. Auf der anderen Seite haben Menschen aus brüderlichen Vaterländern hier ein gastfreundliches Heim und die Gelegenheit zur politischen Betätigung gefunden, das die Stunde forderte; sie haben Freud und Leid der gemeinsamen Aufgabe mit den Venezolanern geteilt. Im Sinne des Regionalismus wirkt sich auch die Isolierung der einzelnen Bevölkerungszentren aus, eine nicht selten von den Caudillos selbst geförderte Isolierung, für die das Anfachen von Feindschaft zwischen benachbarten Regionen, zwischen Dörfern des gleichen Landstrichs und sogar zwischen Vierteln ein und derselben Stadt ein Mittel war, sich selbst zu behaupten. Der Kontaktmangel, das Fehlen von Verkehrswegen und Kommunikationsmitteln und die so weit verbreitete Unwissenheit führten dazu, den friedlichen Nachbarn als »Feind« zu verfolgen; jedes Mittel war gut, um die Feindschaft zu schüren und den Kampf zu entzünden — und sei er noch so unfruchtbar —, und damit Prestige und Herrschaft zu festigen. Eine wirklichkeitsnahe Bestandsaufnahme der Energien, die diesen irregeleiteten Aktivitäten unsinnigerweise zum Opfer fielen, ergäbe eine erschreckende Bilanz.

Unterschlagung und Diebstahl unter dem Schutzmantel der Macht sind zwei weitere untrennbare Gebrechen der Autokratien. Bolívar bekämpfte sie mit exemplarischer Härte; sein Leben war eine deutliche Lektion in Uneigennützigkeit und höchster Gewissenhaftigkeit bei der Verwaltung von öffentlichen Geldern. Sehr wenige taten es ihm gleich. In Amerika griff das genau gegenteilige Beispiel um sich. Die wichtigsten Autokraten Amerikas, trugen im allgemeinen mit unerlaubten und krummen Mitteln — unermeßliche Vermögen zusammen. In Venezuela zum Beispiel hinterläßt Páez, der 1809 noch »keinerlei Besitztümer« hatte und sein Leben unablässig dem Krieg und der Politik widmete, nichtsdestoweniger ein riesiges Vermögen, das im einzelnen in seinem Testament 1865 aufgeführt ist. Das von Guzmán Blanco angesammelte übersteigt alles bis dahin bekannte; er posaunte unverhohlen seinen Reichtum aus; bis 1879 hatte er allein auf der Londoner Bank zehn Millionen Pesos. Die Zahl der Häuser, die er schließlich in Caracas sein Eigentum nannte, ist wirklich ungeheuerlich. In die Tausende gingen die Grundstücke von Juan Vicente Gómez; allein der Immobilienanteil seiner Hinterlassenschaft überstieg den Wert von zweihundert Millionen Bolivars.

All jene bolivarischen Träume von politischer Sauberkeit, von unerbittlicher Strafe für die Usurpatoren der öffentlichen Macht, die er in den Rang von »Schwerverbrechern« stellte; all sein Eifer um die Verbesserung der Verwaltung und die untadelige Pflichterfüllung der Staatsbeamten verflog im Nu. Nach seinem Tod, und sogar noch während der Amtszeit des Befreiers selbst, begann man damit, wo immer seine Wachsamkeit getäuscht werden konnte, eine diametral entgegengesetzte Ordnung einzuführen, nämlich die des Lasters und der kriminellen Bestechung.

Für die Plünderung der Staatskasse gab es keine Hindernisse. Jener Mann, der aus Feingefühl kein Gehalt bezog, als er zugleich Präsident von Kolumbien und Diktator von Perú war, mußte von der widerlichen Korruption erfahren, die der ehrbare Revenga ihm meldete? »In richtige Warenbörsen verwandelt sind einige

Amtsstuben, so offenkundig und schändlich ist der Schacher mit Aufträgen und Zahlungen, daß der Gläubiger sie nicht betreten kann, ohne vom Angebot eines Abzugs überrascht zu werden, ohne den er den Rest seines Geldes nicht bekommen kann«. Hinsichtlich der Heeresguthaben war die gleiche Korruption und Nachlässigkeit festzustellen: die Pensionen wurden größtenteils an Leute ausbezahlt, die mit dem Heer nichts zu tun hatten, oder an solche, die nur als Reisende oder um ihren Besitz zu schützen, sich irgendwann einmal das Schwert umgeschnallt hatten. Eine Überwachung der Finanzen war fast überhaupt nicht vorhanden, oder sie war zumindest ungenügend oder unnütz. Die sittlich verkommenen Beamten verstanden es, ihren Machenschaften einen ehrenhaften Anstrich zu verleihen, um die rechtlichen Kontrollmittel zu neutralisieren. In seinem Bericht wagt Revenga spezifische Hinweise, er verschweigt die Namen, aber er kennzeichnet die Betreffenden, wenn er Beweise hat: »Es ist keine Seltenheit, einen Administrator beim Spiel Einsätze von dreißig oder vierzig Goldunzen bieten zu sehen, einige von ihnen haben sich nach wenigen Monaten schwerreich zurückgezogen; und es hat auch den niedrigen Beamten gegeben, der seinen Dienst ohne das Mindeste begann und innerhalb eines Jahres über 50 000 Pesos an Kapital erwarb«. Es steht fest, daß die Situation in Caracas die gleiche war wie in Bogotá, Quito oder Lima: es war ein kontinentales Problem: seine Ursachen und Folgen waren überall spürbar ähnlich. Die unmögliche Kombination von Ruhm und Reichtum war die Antriebsfeder der meisten Caudillos.

In Amerika wucherte die Schule des vollzogenen Tatbestands. Der Putsch verdrängte die Volksabstimmung als Quelle der Macht; die Usurpatoren verwandelten sich dank ihres verwerflichen Abenteuers sofort in verehrungswürdige Führer. Die Tyrannen ernannten sich selbst und wählten sich beliebig wieder, sie regierten entweder in eigener Person oder mittels vorgeschobener Strohmänner.

Die reine und noble Ausübung des Wahlrechts beschränkte sich vielerorts auf eine leere, vom Despoten manipulierte Geste. Die Zahlen wurden immer verfälscht und die wenigen Wähler, die überhaupt am Wahlakt teilnehmen konnten, wählten unter allerhärtestem Druck. Das Unwesen der Akklamation mittels Herden zusammengetriebener, der Bedrohung und der Schmeichelei ausgesetzter Menschen war in diesem Amerika das meistaufgeführte Stück aus dem Repertoire des deprimierenden einheimischen Komödiantentums; der Stil des hochmütigen, selbstzufriedenen Beamten, der seine Autorität zu anmaßenden Handlungen mißbrauchte. Der Mann, der durch einen wagemutigen Streich auf die Höhen der Macht befördert wurde, betrachtete die Nation — und besonders das Staatsvermögen — als eine Beute, an der er seine Gier leicht befriedigen konnte.

Unter dermaßen verheerenden und gnadenlosen Umständen siecht der Intellekt dahin. Amerika bleibt in den Wissenschaften und in den Künsten rückständig. Es gibt keine Möglichkeit zu studieren. Nachzudenken wird ein gefährliches Unterfangen. Die humanistische Tradition Bellos findet keine Nachfolger von Rang, und in vielen Ländern entsteht auf diesem Gebiet ein riesiges Vakuum. Amerika wird zum Vasallen der oder abhängig von den intellektuellen Strömungen Europas; zum Resonanzboden für pessimistische und anrüchige Bewegungen, für den Positivismus, den defaitistischen Determinismus, den Modernismus und die — in allgemeinen dekadenten — Stile und Ausdrucksweisen anderer Gemeinschaften. Was die Technik und die Erfindungen betrifft, so hinterlassen unsere Völker nur weiße Stellen auf der Liste der großen Errungenschaften des menschlichen Genius.

Länder ohne echte Führungseliten, und ohne die Voraussetzungen oder die Möglichkeiten oder die Mittel sie zu bilden, waren der geeignete Boden für fremdländisches Eindringen, das der Identität unserer Nationen in höchsten Maße abträglich war, alles zugunsten jener außenstehenden und entgegengesetzten Interessen. Wie aktuell wirkt heute Bolívars Beachtung von 1821: »Wenn es dem Scharfsinn in den Intrigen unserer Feinde gelingt, Unfrieden zu stiften, Feindschaft zwischen den Klassen unserer Gesellschaft zu erregen, unsere Herzen, unsere Wünsche und unsere Interessen zu entzweien, dann werden wir unausweichlich die Beute des einfallenden Fremdlings sein«.

Als der Befreier uns verlassen hatte und auf der Welle der sofort um sich greifenden Reaktion gegen seine Doktrin und seine Politik der amerikanische Kontinent als Chance der Einheit zerbröckelte, statt eine richtungweisende Gemeinschaft im Dienste des Menschen zu werden zum Ausgleich zwischen Europa und den ausgebeuteten Völkern, statt — wie es Bolívar wollte — das Land der Freiheit und der Gerechtigkeit zu werden, mit Entwicklungsmöglichkeiten, Gleichheit, Fortschritt, mit sicheren Plänen und offenen Horizonten für die Zukunft, wurde der Kontinent zum genauen Gegenteil all dieser Ideale: Tyrannei und Ungerechtigkeit, Rückständigkeit, Ungleichheit, Unterdrückung, Elend.

Es erschreckt einen bis ins Innerste, durch glaubwürdige Dokumente erkennen zu müssen, wie weit man auf dem Irrweg der Undankbarkeit und der Richtungslosigkeit ging. Man sehe sich den Brief des Bürgermeisters von Maracaibo an den Innenminister der Páez-Regierung an: »Gestern lief auf der Korvette *Rosa* aus Jamaica kommend, wo er am 16. dieses Monats abgelegt hatte, der englische Kapitän Pil Riton in dieser Stadt ein. Als Nachricht brachte er die Bestätigung des Todes General Bolívars in der Stadt Soledad, Provinz Cartagena; über dessen Tatsache es nun nicht mehr den geringsten Zweifel gibt, denn alle Mitteilungen und Nachrichten in dieser Angelegenheit decken sich. Einen Vorfall von solcher Tragweite und dazu geeignet, der Sache der Freiheit und dem Wohle der Völker zahllose Vorzüge zu bringen, beeile ich mich, der Regierung vermittels Ihrer Exzellenz und durch einen nur zu diesem Auftrag bestimmten Offizier mitzuteilen. Bolívar, der Geist des Bösen, die Fackel des Unfriedens, oder besser gesagt der Unterdrücker seines Vaterlandes, hat nun aufgehört zu sein und Unheil herbeizuführen, das immer auf seine Mitbürger zurückfiel. Sein Tod, der unter anderen Umständen und in Zeiten der Verblendung hätte Trauer und Kummer unter den Kolumbianern auslösen können, wird heute zweifellos der größte Anlaß des Jubels sein, weil von ihm der Frieden und Einigkeit aller ausgehen wird. Welch verhängnisvoller Ausgang für seine Anhänger, welch eine eindrucksvolle Lehre in den Augen der ganzen Welt, wenn sie angesichts dieses Vorfalls sieht und erfährt, was für einen Schutz uns der höchste Schöpfer gewährt! Ich beglückwünsche Ihre Exzellenz zu dieser löblichen Nachricht und indem ich meine Hochachtung und meinen Respekt unterbreite, bin ich I. E. gehorsamer Diener, Juan Antonio Gómez«.

Der venezolanische Akademiker Joaquín Gabaldón Márquez kommentiert den unerhörten Text in einem scharfsinnigen Kompendium von hohem Rang: »Wir hätten angenommen, daß wenigstens eine unbedeutende Zeile dieses Briefes hätte weggelassen werden können, oder daß er wenigstens eine Zeile enthielte, die auf ein nobles Gefühl angesichts dieses unermeßlichen, eben erst geschlossenen Grabes hätte schließen lassen.

Jedoch nichts von alledem. Als wir anfingen zu lesen ›sein Tod, der unter anderen Umständen . . .‹ hätten wir ein — wenigstens verspätetes — Bekenntnis zum Werk des Befreiers erwartet. Aber nein. Die mögliche Trauer, der mögliche Kummer der Kolumbianer wäre nur in den ›Zeiten der Verblendung‹ möglich gewesen. So, mit diesen drei simplen Worten, schwindet die Hoffnung, die wir für einen winzigen Augenblick gehegt hatten. So, mit diesen drei simpelsten Worten löschte der Bürgermeister von Maracaibo das ganze Werk des Befreiers aus. Da das Epos nur in *den Zeiten der Verblendung* stattgefunden hatte«!

Das war das düstere und entmutigende Bild weit bis in das XX. Jahrhundert hinein. Das ist die Situation, die plötzlich sogar Gemeinschaften heimsucht, die durch viele Jahre hindurch gegen diese verletzenden Rückfälle gefeit schienen.

Die Rückständigkeit ist heute, da wir uns sehr schnell dem Jahr 2000 nähern, dank der hassenswertesten Tyranneien so groß, daß viele unsere Völker eher den Eindruck machen, als hätten sie das XX. Jahrhundert noch nicht einmal erreicht.

EIN ANDERER BOLÍVAR

Die Verfälschung Bolívars war eine weitere erbärmliche Konstante dieser langen, finsteren Ära. Die unterschiedlichsten Interessen haben das historische Bild des Befreiers entstellt. In den strittigen und traurigsten Punkten seiner kritischen Umgebung hat, mit unheilbringendem und sorgfältigem Genuß, eine Geschichtsschreibung Wurzeln geschlagen, die als Mitschuldige und Mittäterin unseres Unglücks gelten kann, indem sie einen Bolívar darstellt, der von dem tatsächlichen gänzlich verschieden ist. So wurde Bolívar als Herold und Vorbote der Tyrannen gezeigt, als die Verkörperung der Willkür, als der verschworene Partner oder Mentor der Mißwirtschaft gegenüber den Völkern. Man hat die Zersplitterung und die Unordnung als intellektuelles Merkmal Bolívars gepredigt, und dies unter dem heuchlerischen Vorwand des Lobes, weil er ein »ozeanischer« Mensch gewesen sei, unermeßlich und vielfältig, der angeblich mit allen Themenkreisen umging, jedoch ohne Zusammenspiel und daher Raum lassend für alle nur möglichen Widersprüche, von denen jeder sich einen für seinen Geschmack aussuchen könnte und niemand vor irgendeiner Ungeheuerlichkeit zurückzuschrecken brauchte. Diese angebliche Zusammenhanglosigkeit Bolívars aufgrund überquellender Interessen wurde dazu benutzt, die Völker zu täuschen, die den echten Bolívar, den man mit verstümmelten Zitaten und zurechtgemachten Sätzen für irgendeinen boshaften oder sogar perversen Zweck entstellte und entwertete, intuitiv erkannten und erfühlten. Wo er keine offene Ablehnung oder Widerspruch erfuhr, war das Äußerste, was man erreichen konnte, ihn in der Stille eines Museums unterzubringen, ihn in die Reglosigkeit eines schäbigen oder auch prunkvollen Standbilds zu verbannen, ihn als gewesen anzusehen, als Thema für Vorträge und geschmackvolle Huldigungen.

Keine dieser Abwandlungen hätte ihn überrascht, wenn er heute noch lebte. Hier ist seine Warnung von 1829, an die wir schon vorher erinnert haben: »Wenn einige Leute meine Denkweise interpretieren und ihre Irrtümer auf sie stützen, ist das für mich zwar sehr schmerzlich, aber unvermeidbar: unter meinem Namen will man in Kolumbien das Gute und das Böse machen, und viele berufen sich auf ihn wie auf den Wortlaut ihres Unsinns«.

Unser Amerika ist nun reif, um die Lehre des Befreiers aufzunehmen. Es ist notwendig, daß die ganze Täuschung aufhört, daß dem Volk der Schatz des richtungweisenden Gedankenguts seines vollendetsten Exponenten, des Dieners unseres kontinentalen Vaterlands schlechthin, nicht vorenthalten bleibt. Mitre drückt es treffend aus: »Ein Wunschtraum ist meist der stete Faden in der Anlage eines Menschen. Jener Bolívars war die Einigung des südlichen Amerika. Diesem Wunschtraum verdankte er die moralische Kraft, um eine große Militärmacht aufzubauen und seine siegreichen Waffen über den ganzen Kontinent zu führen wie Alexander über Asien«. Es tut not, Bolívar von den Cliquen zu befreien, die seine Nutznießer waren. Dringend muß er den Nationen dieser Hemisphäre zurückgegeben werden, für deren Wohlergehen und Glück er sich völlig hingab und denen, vor allen anderen Dingen, seine Sorge galt.

Von Norden bis Süden und von Süden bis Norden verkünden alle seine Größe. Die vortrefflichsten Vertreter der amerikanischen Intellektuellen haben ihm weihevolle Zeilen gewidmet, die ausreichen, um die Wahrheit seines weitreichenden historischen Einflusses festzuhalten.

Der Uruguayer Rodé wächst in seiner Bewunderung über sich selbst hinaus. »Groß im Gedanken, groß in der Tat, groß im Ruhm, groß im Unglück, groß um den unreinen Teil zu rühmen, der in der Seele der Großen Platz findet, und groß, um in der Verlassenheit und im Tod die tragische Sühne für die Größe zu erleiden«.

Der Apostel Martí verkündet: »Von Sohn zu Sohn, so lange Amerika lebt, wird das Echo seines Namens im mannhaftesten und redlichsten Teil unseres Gemüts widerhallen«.

Der Nordamerikaner Sherwell teilt allen seine Ergriffenheit mit: »Wer sich dem Studium Bolívars widmet, fühlt nach Beendigung seiner Aufgabe die gleiche Ehrfurcht, die man beim Verlassen eines geheiligten Ortes empfindet, wo der Geist unter dem Einfluß des Übernatürlichen und des Erhabenen stand«.

Der Maestro Sarmiento versichert, ohne im geringsten zu zögern: »Bolívar, den wahren Bolívar, kennt die Welt noch nicht, und es ist höchst wahrscheinlich, daß er, in ihre Muttersprache übersetzt, noch erstaunlicher und noch größer wirkt«.

Vom Mutterland Spanien aus und an den ganzen Erdkreis gerichtet, sagt es Don Miguel de Unamuno — in sieben Worten: »Ohne Bolívar wäre die Menschheit unvollständig geblieben«.

In der Verantwortung, die uns obliegt, wird sein offenes Wort, sein leuchtendes Beispiel, sein reiches Opfer uns lenken. Befreit aus dem Mausoleum, vom Standbild herabgestiegen, außerhalb der Museumsvitrine, warm und pulsierend, gefaßt, unaufhaltsam, so werden wir ihm folgen, ohne uns Rast zu gönnen in diesem Kreuzzug der — wie Montalvo meint — keine Waffenruhe erlaubt: »Bolívar hat immer noch zu tun; sein Schwert wird nicht im Ruhmestempel aufgehängt, denn solange es in der Neuen Welt noch ein versklavtes Volk gibt, ist seine Aufgabe nicht beendet«.

Mit den Worten des größten Dichters unserer Zeit — Pablo Neruda — besingt die Intelligenz und der Geist den Vorkämpfer Amerikas:

»All das Unsrige kommt aus Deinem erloschenen Leben,
Dein Erbe waren Flüsse, Ebenen, Glockentürme,
Dein Erbe ist unser tägliches Brot, Vater,
O Kapitän, Kämpfer, wo ein Mund
Freiheit schreit, wo ein Ohr aufhorcht,
wo ein roter Soldat eine braune Stirn zerschlägt,
wo der Lorbeer der Freien sprießt, wo eine neue
Fahne sich mit dem Blute unserer erhabenen Morgenröte schmückt,
Bolívar, Kapitän, erblickt man Dein Antlitz.
Hin zur Hoffnung führt uns dein Schatten,
Befreier, eine Welt des Friedens wurden in deinen Armen geboren.
Der Frieden, das Brot, der Weizen entstanden aus deinem Blut;
aus unserem jungen Blut, von deinem Blut her stammend,
werden Frieden, Brot und Weizen kommen für die Welt,
die wir erschaffen.«

VI.
Gültigkeit und Auswirkungen

NOTWENDIGE KLARHEIT DER BEGRIFFE

Eine neue und gerechte Untersuchung der geschichtlichen Persönlichkeit Simón Bolívars und seiner Ideale setzt sich gegenwärtig durch. Die tragische Sühne für die Größe, von der Rodó sprach, ist schmerzende Wirklichkeit geworden in der Entstellung, der Verfälschung und der unablässigen Verdrehung all dessen, was Bolívar getan hat, was er tun wollte und was er für Amerika bedeutet.

Zu dieser fürchterlichen Verzerrung gelangt man auf verschiedenen Verkürzungen. Es gibt eine unbewegliche Denkweise, in die reglose Betrachtung der Vergangenheit gebannt, die sich in eine reaktionäre und schwunglose Position abtreiben läßt und Bolívar wie den Schatten eines Rituals anruft. Von diesem Blickwinkel aus gesehen ist man der Meinung, daß es für den großen Kämpfer nichts anderes gibt als die Ehrungen, wie die bei einer Beerdigung. Auf der anderen Seite hat der traditionelle — auch der grausamste — Autokratismus Amerikas dadurch Größe erlangen wollen, daß er durch mehr als zweifelhafte Analogien mit einzelnen Merkmalen aus der Kritik der bolivarischen Umstände vermeintliche Unterstützung herausfischte. Es hat keinen einzigen Tyrannen gegeben, der nicht von seinem Hofstaat als so etwas wie ein wiederauferstandener Bolívar angesehen worden wäre. Mit staatlichen Mitteln haben viele dieser Despoten bei »Feierlichkeiten« zum Ruhme des Befreiers die Schirmherrschaft übernommen und je protziger sie sich benahmen, um so nichtssagender und unaufrichtiger waren sie. Ein pharisäerhafter Kult von unerträglichem Cäsarismus, bei dem die Despoten als Oberpriester fungieren, erzeugt letztendlich Gleichgültigkeit beim Volk, wenn nicht gar Abscheu gegen die berühmte Person, die als mitschuldiger Faktor des eigenen Unglücks angeführt wird.

Seit wenigen Jahren beschafft sich ein Revolutionarismus, der das bis ins Detail übernommene Abbild von fernen und fremdländischen Zuständen ist, bei Bolívar bestimmte Aspekte jenes echten revolutionären Willens, seiner Fürsorge und seiner Opfer, seines geistvollen Wortes, zur Einführung von Regierungsformen, die — auf Kosten des Geistes und der Freiheit, die beide für den großen Caraquensen unerläßlich waren —, nur materiellen Forderungen anhängen. Auf diese Weise wird nun, nach vielen Jahrzehnten eines quasi Bolívarmonopols der konservativen Rechten, der Befreier dieser Rechten von der Ultralinken streitig gemacht: sein gerechtes und überzeugtes revolutionäres Wesen wird in beiden Fällen verkannt.

Es gibt außerdem noch eine weitere riesige Entstellung Simón Bolívars, die — ganz bestimmt — auf gewaltige Unterstützung und ausreichende Mittel zurückgreifen kann, um sich unendlich fortzupflanzen und auszubreiten, da sie von sachkundigen und mächtigen Interessen angetrieben wird, die sehr wohl wissen, wohin sie wollen und was sie anstreben. Seit mehreren Jahrzehnten wird in der Tat eine Aktionsdoktrin mit dem Bolívarismus verwechselt, die Ziele verfolgt, die von den echten Zielen Bolívars sehr verschieden sind. Es handelt sich um den Panamerikanismus.

Interessant ist zweifelsohne die Bemühung, unterschiedliche und sogar entgegengesetzte Gegebenheiten vor allem mit Rücksicht auf ihre geographische Nähe politisch und wirtschaftlich — dazu gesellschaftlich und kulturell — verbinden zu wollen. Aber der ansonsten vielleicht löbliche Zweck berechtigt trotzdem nicht, die Verwirrung weiterzuführen und auszubreiten. Die Erkenntnis ist schon aufgedämmert; und die kategorische Objektivität der wirklichen Geschichte zeigt mit mittagsheller Sicherheit auf, daß es wenig Gemeinsames zwischen diesen beiden Auffassungen gibt.

Der Gerechtigkeit wegen muß gesagt werden, daß neben zahlreichen anfechtbaren und tadelnswerten Auswirkungen dieser bestimmten von Washington aus verbreiteten Idee auch nützliche und positive Ergebnisse vorliegen. Aber unabhängig von Wertungen über Erfolge und Fehlschläge, oder über brüderlichen Altruismus und imperialistische Gier, über Großzügigkeit und Egoismus, obliegt es dem keine Partei ergreifenden und keiner Partei verpflichteten Forschenden, darauf hinzuweisen, daß die Doktrin Bolívars sich — wie in diesem Buch objektiv dargelegt wird — vom Panamerikanismus unterscheidet.

Auf Veranlassung des Außenministers James G. Blaine versammelte sich in der schönen Hauptstadt der Vereinigten Staaten — 1889 bis 1890 — die Erste Internationale Amerikanische Konferenz. Es war schon etwa sechzig Jahre her, seit der Befreier in Santa Marta gestorben war, und etwas mehr Zeit noch war seit dem gescheiterten Versuch verflossen, das spanische Amerika in Panamá zu versammeln.

Das internationale Vorhaben Bolívars sagte der Politik der Vereinigten Staaten niemals zu — einer bereits sehr einflußreichen Nation mit klar umrissenen Zielen in ihren Auslandsgeschäften, die seit Anfang des XIX. Jahrhunderts danach strebte, das von der spanischen Metropole hinterlassene Vakuum selbst auszufüllen. Es waren in Wirklichkeit, was schon oft wiederholt wurde und worauf der Befreier selbst hingewiesen hat, »zwei dermaßen verschiedene Staaten«. Deshalb haben sich die Regierungen der Vereinigten Staaten mit allen ihnen zur Verfügung stehenden Mitteln, in Ausübung ihres natürlichen Rechts zur Bewahrung ihres partikularistischen Vorteils und ohne auf andere Überlegungen Rücksicht zu nehmen — da sie an keine gebunden waren —, der Aufgabe gewidmet, dieses Vorhaben zu reduzieren und zu torpedieren. Das klassische »teile und du wirst siegen« zeichnete sich als bestimmendes Muster für die diplomatischen Bestrebungen der emporstrebenden Macht im Norden ab.

Die Aufgabe war weder sehr mühsam noch sehr schwierig; es wurde schon gezeigt, wie das spanische Amerika, jenes das Bolívar zusammenschließen wollte, in seinen einzelnen Bestandteilen von Unfrieden, Argwohn, Feindseligkeiten und Mißtrauen zerfressen war. Die in jedem Land vorherrschenden oligarchischen

Gruppen waren sich darin einig, eine Beteiligung in der von Bolívar geforderten Art und Weise innerhalb eines Zusammenschlusses abzulehnen, der ihnen ihre Daseinsberechtigung entzog, indem er die engen und sogar aggressiven Nationalismen überwand. Diese waren eigentlich nichts anderes als die beklagenswerten, aus der Kolonialzeit mitgeschleiften Regionalismen. Am Triumph der Absichten der außerordentlich egoistischen Kreise der Vereinigten Staaten war demnach die Kollaboration nicht weniger der lateinamerikanischen Länder spontan und unbewußt beteiligt.

Das bleibende Auseinanderklaffen der geschichtlichen Horizonte der einen und der anderen Körperschaft, anders gesagt zwischen dem Amerika Bolívars und dem Amerika der Yankee-Politiker, tritt nicht in dem Vortrag zutage, mit dem Blaine die Arbeit der erwähnten Ersten Konferenz abschloß, und der ein Kompendium von Verallgemeinerungen darstellt, die an sich den allen Menschen zu allen Zeiten gemeinsamen Friedens- und Wohlstandsidealen nicht zuwiderlaufen, sondern sich in dem Organ zeigen, das aus diesen Beratungen entstand und dessen schlichter Name aussageträchtig genug ist: Handelsbüro der Amerikanischen Republiken. Im übrigen gebietet die Pflicht, im Blaine'schen Text sein klares Bewußtsein über die ureigene Verschiedenheit der beiden Volksgruppen anzuerkennen, deren Annäherung er befürwortete; so sprach er »von der vorsätzlichen, ehrlichen und feierlichen Verpflichtung *zweier großer Kontinente* an den Frieden und an den Wohlstand, der wiederum den Frieden als Grundlage habe.« Wie zu erwarten war, und darüber konnte es keine Täuschung geben, wurde in dieser ungleichartigen Versammlung sehr wenig erreicht. So wenig, daß der erwähnte Minister — wenn man die Punkte des Handelsaustausches, der Verkehrsverbindungen und alles des damit Verknüpften abzieht — gerade nur das heikle und sehr beschränkte Thema betonen konnte, das im Endeffekt die Verneinung des Negativen war, das heißt des Neins zu den bewaffneten Auseinandersetzungen, was der Expansion der Vereinigten Staaten sehr zustatten kam: »Wir behaupten, daß diese neue Magna Charta, die den Krieg abgeschafft und an seine

Stelle das Schiedsverfahren zwischen den Republiken Amerikas gesetzt hat, das erste und wichtigste Ergebnis der Internationalen Amerikanischen Konferenz ist.« Man rufe sich ins Gedächtnis, daß der Befreier eine noch vollendetere Formulierung der gleichen Idee für den höheren und vielfältigeren Rahmen der Bestrebungen der Versammlung von Panamá hatte.

VOM BÜRO ZUR UNION

Im Jahre 1910, als das spanische Amerika das erste Jahrhundert seiner Unabhängigkeit feierte, ein im großen und ganzen für die großen Vorhaben der Revolution Bolívars verlorenes Jahrhundert — der Fall Venezuela ist vielleicht in seinem derben Symbolismus am aussagekräftigsten: dort kampierte damals die Tyrannei des Juan Vicente Gómez, die dieses Märtyrerland noch weitere zweieinhalb Jahrzehnte unterjochen sollte — verwandelt sich das Handelsbüro zur Panamerikanischen Union. In ihrer Ideologie, die sie in ihren Werbepamphleten verbreitet, wird man eine Begriffsschärfe entdecken, wenn man zu lesen versteht, ohne auf die diesbezüglichen gewohnheitsmäßigen Beeinflussungsversuche zu achten. Man betrachte die These des Herrn Lyn S. Manduley: »Obwohl der Kongreß von Panamá in der Verwirklichung der Ziele Bolívars scheiterte, so war dieser doch der erste Schritt auf dem Wege zur kontinentalen Einheit und zur Bildung des Interamerikanischen Systems.« Beide Ideen sind genau gleich. Erstens: der Kongreß von Panamá scheiterte in der Verfolgung der Ziele Bolívars, das ist offenkundig und wir hatten Gelegenheit, es ausführlich zu begründen. Zweitens: das Scheitern jenes Kongresses ist ohne Zweifel der erste Schritt in der Konsolidierung des danach entstandenen und noch heute bestehenden Panamerikanismus, und das nur deshalb, weil dieser mit dem echten Bolívarismus nicht vergleichbar ist. Die von diesem, später auf eine weniger pragmatische Bezeichnung umgetauften Handelsbüro angeregten Panamerika-Sehnsüchte liefen nicht auf die Stärkung des kontinentalen Geistes oder auf die auf einwandfreien, moralischen und gerechten Grundlagen beruhende Zusammenarbeit hinaus, sondern auf niedrige, auf Nutzen abzielende Absichten, die selbstverständlich für alle verhältnismäßig vorteilhaft waren, aber ertragreich fast ausschließlich für die wichtigste Wirtschaftsmacht der Hemisphäre: so zum Beispiel die Interamerikanische Eisenbahn und die Interamerikanische Autostraße.

Es muß vermerkt werden, daß das 1902 zur Koordinierung eingerichtete Panamerikanische Sanitätsbüro eine sehr löbliche Initiative im Bereich menschlicher Belange darstellt. Es ist gegenwärtig die älteste internationale Körperschaft der Welt und ihre Ergebnisse machen sie unterstützungs- und lobenswert.

Zehn große Konferenzen amerikanischer Regierungen wurden zwischen 1890 und 1954 abgehalten. In ihrer aller Verlauf wurde kein Name öfter angerufen als der Bolívars, keiner Persönlichkeit protokollarisch mehr gehuldigt, als der des Befreiers, aber auch keine Vorstellung war vom wirklichen Bolívarismus weiter entfernt als jene panamerikanistische, die in all diesen Ereignissen heranreifte. In diesen zehn Zusammenkünften beider Amerika mangelte es der zersplitterten Welt spanischen Ursprungs traditionell, aufgrund der fremden Einflüsse, ebenso wegen vielfacher Mediatisierungen, die sie selbst zu verantworten hat, an einem gemeinsamen Kriterium, das ihr spezifischer Standpunkt hätte sein können im Vergleich und zur Verständigung mit dem des anderen Amerika.

In der Geschichte des Panamerikanismus hat sich die Überlegenheit der Vereinigten Staaten immer durchgesetzt. Oft wurden nicht einmal die Umgangsformen der rüden angelsächsischen Art im Zaume gehalten, um Stellungnahmen zu vermeiden, die die anderen Länder der Gemeinschaft demütigen mußten. Die reichlichen, für »Hilfeleistungen« an unsere Völker bestimmten Mittel aus der Staatskasse der Vereinigten Staaten flossen immer mit der Absicht, eine Gegenleistung in Form von Unterwürfigkeit und politischem Anschluß zu bekommen.

Die Gute Nachbarschaft und die Allianz für den Fortschritt, die unter der Schirmherrschaft der Präsidenten Franklin D. Roosevelt und John F. Kennedy standen, waren Korrekturbemühungen, blieben jedoch partiell und flüchtig. Die Ausbeutungsmechanismen sind noch nicht verschwunden und haben, im Gegenteil, ihren Gewinn außerordentlich vergrößert. Die wirtschaftliche Überlagerung Lateinamerikas durch die Yankees hörte keinen einzigen Tag zu wachsen auf. Die Verfremdung unserer Gemeinschaften durch die vielfältigen von dort stammenden Einflüsse ist eine ebenso unbestreitbare wie ärgerliche Tatsache im gegenwärtigen Amerika. Für unsere Länder wäre die internationale soziale Gerechtigkeit, vom deprimierenden Gedanken der Spende oder des Geschenks befreit, eine greifbare Möglichkeit, um sie mit den Vorstellungen eines Zusammenwirkens zu versöhnen, das zwischen den beiden Amerikas verwirklicht werden müßte.

Die Organisation der Amerikanischen Staaten — neu strukturiert und seit 1948 unter diesem Namen — könnte der Treffpunkt der Vereinigten Staaten des Nordens mit den ebenfalls Vereinigten Staaten der Mitte und des Südens sein. Keiner stellt in Abrede, daß der geographische Zusammenhang einen Austausch und eine Zusammenarbeit nahelegt, aber beides muß auf gerechten und wechselseitig vorteilhaften Grundlagen beruhen. Innerhalb der OAS und unter der Ägide Simón Bolívars muß nun der offene Dialog zwischen beiden Amerika stattfinden. Dort muß wie eine einzige Stimme jene gegenwärtig sein, die der Apostel Martí einfach und treffend »unsere« genannt hat. Jene, die ihr Rückgrat in drei Jahrhunderten gemeinsamer Geschichte gewonnen hat und sich fest auf der Plattform der einheitlichen Sprache und Religion, den Sitten und Wünschen aufrichtet, jene die Bolívar im Hinblick auf die Balance der Hemisphäre, und darüber hinaus auf die »Balance des Universums«, durch einen Bund begründen wollte.

Dort sollte auch das andere Amerika mit seiner eigenen Persönlichkeit und seiner Eigenart vertreten sein, vereint durch die angelsächsische Sprache seiner Väter, und kraft seiner Stärke und Modernität lebendiges Beispiel für den bolivarischen Aphorismus, daß »keine Nation sich Achtung verschafft hat, ohne die sie stärkende Einigkeit«.

Die Vereinigten Staaten des Nordens, deren Macht das beste

Denkmal der Einigkeit ist, sind der triumphale Beweis für die Richtigkeit des einigenden Evangeliums von Bolívar. Sie zeigen, daß kein anderer Weg zum Sieg führt, als der der Einheit.

DIE ZWINGENDEN GEBOTE

Lateinamerika hat außerdem die Aufgabe, gemäß den Absichten des Befreiers, sich anderen Zonen der Erde offen anzunähern. So sollte auf das hingewirkt werden, was er als ein neues Weltbild begriff. Seine — vorher zitierte — Argumentation von 1814 paßt, mit den nötigen, die Umstände berücksichtigenden Korrekturen, gut in diese sich dem XXI. Jahrhundert nähernde Zeit: »Herrschsucht der europäischen Nationen (man lese heute: der imperialistischen Metropole welchen Zeichens auch immer) trägt das Joch der Sklaverei in die anderen Teile der Welt; und all diese Teile der Welt sollten versuchen, ein Gleichgewicht zwischen ihnen und Europa herzustellen, um die Vorherrschaft des letzteren zu vernichten. Ich nenne dieses das Gleichgewicht des Universums, und es sollte in die Berechnungen der amerikanischen Politik eingehen.« Besonders für die Dritte Welt, jener Welt, die jetzt in gleichweiter Entfernung der einander ausschließenden Polarisierungen entsteht, erweist sich die Gültigkeit Simón Bolívars. Indem er uns, beinahe zwei Jahrhunderte nach seiner Geburt, zu einem so kühnen Kampf aufruft, in dem es gilt, unser Wesen zu bewahren gegen die Verfolgung durch Knechtschaft, fordert er uns dazu auf, unsere schmerzliche Erfahrung jenem Dritten Teil der Welt anzubieten, mit dem wir aufgrund gemeinsam erlebter und paralleler Schicksalsschläge ebenso wie aufgrund verwandter Ideale und einander ähnlicher unerfüllter Sehnsüchte solidarisch sind.

Was die große nordamerikanische Nation betrifft, so verbirgt und geizt Bolívar nicht mit seiner Bewunderung; dort sah er während seines viermonatigen Aufenthaltes 1807 ein Beispiel von

»rationaler Freiheit«. Vor den Kongreßteilnehmern in Angostura nennt er sie »ein einzigartiges Vorbild politischer Tugenden und moralischer Aufklärung. Die Freiheit war ihre Wiege, in Freiheit wurde sie aufgezogen, und nur von Freiheit ernährt sie sich«. In dem gleichen feierlichen Dokument, und in einer Form, die jeden Zweifel entschieden ausräumt — wie wir vorher schon wiederholt betonten —, erklärt er aber eindeutig: »Ich muß sagen, daß ich nicht im entferntesten daran gedacht habe, die Verhältnisse und die Natur zweier so verschiedener Staaten wie dem englisch-amerikanischen und dem spanisch-amerikanischen zu vergleichen«. Innerhalb jener mächtigen politischen, sozialen, kulturellen und wirtschaftlichen Einheit erkennt Bolívar Unterschiede zwischen dem imperialistischen und ausbeuterischen Überbau, der »von der Vorsehung dazu bestimmt zu sein scheint, Amerika im Namen der Freiheit mit Unheil zu plagen«, einerseits, und dem Volk — »unsere Brüder im Norden« — andererseits, das er beharrlich, noch im November 1826, als »vorbildlich« bezeichnet: »sie, die die größte Menge gesellschaftlichen Glücks mit einer Macht verbinden, die Ordnung schafft; mit der Macht, welche die Freiheit schenkt. Die Vereinigten Staaten, die Söhne Englands, waren die ersten, die uns den Pfad der Unabhängigkeit zeigten, und dieses unser Land, das das höchste Glück besitzt, vom großen Kolumbus entdeckt worden zu sein, mißt sein Glück daran, den Beispielen des Ruhms, der Freiheit und der Tugend nachzueifern, die die Vereinigten Staaten bieten«.

Unter den gegenwärtigen Bedingungen unseres Amerika, innerhalb eines immer mehr voneinander abhängigen, konfliktreichen und erschütterten weltweiten Systems, gleichzeitig kraftvoll und sich mit Überschallgeschwindigkeit verändernd, wo Wissenschaft und die Technik dem Menschen große und ungeahnte Möglichkeiten der Herrschaft über die Natur verschaffen, drängt sich die Verpflichtung auf, einen organischen und umfassenden Plan für die Handlungsweise und Entwicklung aller unserer Länder aufzustellen.

Dafür, für die gute Sache des amerikanischen Wesens und des leidgeprüften Menschen aller Breitengrade, kann das Gedankengut und das Beispiel Bolívars, das heißt seine Botschaft, diesen verbrüderten Vaterländern helfen, sich selbst zu finden; niemand übertrifft in der Tat jenen Visionär in der Breite seiner Perspektive, im Umfang und in der Vollständigkeit seiner Betrachtungsweise, in der Treffsicherheit seiner Entscheidung für richtige und durchführbare Ziele.

Seine Lehre wiederholt sich, wenn es um Freiheit geht. Unsere Länder, selbstlos und großzügig durch Veranlagung, romantisch und idealistisch aufgrund ihres Wesens, betrachten die Freiheit als höchstes Gut, auf das sie nie zu verzichten bereit waren. Der Freiheit soll alles greifbare Gerechtigkeitsstreben unterstellt werden. Bolívar der Befreier, weder Eroberer noch Unterdrücker, opferte sich für sie auf. Seine Revolution sollte auf dem Erdball der erste große Versuch einer Bewegung von umfassender Freiheit sein — verbunden mit wirtschaftlich-sozialem Inhalt. Er erhob sich gegen den Absolutismus, und besonders gegen seine schlimmste Ausformung: den Kolonialismus, um ein volksnahes und positives System zu errichten, das die Vorrechte des menschlichen Wesens achtet und gleichzeitig das höhere gemeinsame Interesse anerkennt.

BRAUCHBARES INSTRUMENTARIUM

Die Länder Amerikas verfügen heute über verschiedenartige Einrichtungen und Instrumente, die mit den notwendigen Verbesserungen, im Sinne der von Bolívar aufgezeigten Ziele angewandt werden können. Auf politischer Ebene, die Generalversammlung und der Ständige Rat der Organisation der Amerikanischen Staaten, wie auch die Beratende Versammlung der Außenminister, verantwortlich für Kontakte auf höherer Ebene, die sich zwischen den beiden Kontinenten ergäben und die bereits in ihrem Inneren aufeinander abgestimmt worden wären. Andere Körperschaften wie der Interamerikanische Rat für Wirtschafts- und Sozialfragen und der Interamerikanische Rat für Erziehung, Wissenschaft und Kultur würden über die Verständigung der amerikanischen Staaten auf den Gebieten der sie betreffenden jeweiligen und weitreichenden Fachgebiete wachen. Für besondere Aufgaben gibt es ein sehr achtbares kulturelles Erbe von Körperschaften: der Interamerikanische Juristische Ausschuß, die Interamerikanische Kommission für Menschenrechte, die Panamerikanische Gesundheitsorganisation, die Interamerikanische Frauenkommission, das Interamerikanische Institut für das Kind, die Spezialkommission für Sicherheitsfragen, das Interamerikanische Institut für Eingeborenenfragen, das Panamerikanische Instiut für Geographie und Geschichte, das Interamerikanische Institut für Agrarwissenschaften, das Interamerikanische Institut für Statistik, die Interamerikanische Kommission für Nuklearenergie und den Interamerikanischen Verteidigungsrat.

Einige Erfahrungen sind sehr ermutigend und nützlich. Im kulturellen Bereich sind Initiativen in der Art der Verträge der Bolivarianischen Länder 1911 — über das literarische Eigentum, die Angleichung der Studiengänge, akademische Titel und andere nicht weniger wichtige Dinge — und das »Andrés Bello«-Kulturabkommen von 1970, neben verschiedenen konkreten Vorhaben über Stipendien, Bücheraustausch, wissenschaftliche Information, künstlerische und erzieherische Vorhaben usw. einleuchtende Ziele, die vervielfacht und gestärkt werden sollten. Arbeiter-, Studenten-, Lehrer- und sonstige Berufsvereinigungen aller Sparten, über den Universitäten stehende Einheiten wie die Union der Universitäten Lateinamerikas, die Lateinamerikanische Fakultät für Sozialwissenschaften, das Lateinamerikanische Zentrum für Sozialwissenschaftliche Forschung, laufen auf die Fusion hinaus, die uns stärker und besser macht. Im wirtschaftlichen Bereich streben die Lateinamerikanische Vereinigung für Freihandel (ALALC), der Subregionale Andenpakt, der Gemeinsame Markt in Mittelamerika, die Projekte für die Karibik, und — von einem anderen Gesichtspunkt aus die CEPAL — danach, dem von Bolívar gepriesenen Zusammenschluß, eine greifbare Grundlage zu geben; sie stellen fruchtbringende Erfahrungen materieller Einigkeit dar, zu einer Zeit, wo Weiterentwicklung unerläßlich, wenn auch kostbar und unerreichbar ist für Völker mit kleiner Einwohnerzahl und beschränktem Wirtschaftspotential.

PRINZIPIEN FÜR DIE WEITERENTWICKLUNG

Die große Herausforderung, der sich unser Amerika auf der Schwelle des XXI. Jahrhunderts gegenübersieht, ist die der Weiterentwicklung, und das allererste Gebot heißt: Ausarbeitung der Formeln und die Kombination der Mittel, um aus dem Stillstand herauszukommen, ohne die höchsten Werte zu opfern, die — wie die Freiheit und die Gleichheit — Fleisch, Blut und Seele, das gleichsam das reinste Wesen unserer gemeinsamen Nationalität sind. Die natürlichen Möglichkeiten dieser Hemisphäre sind mannigfaltig; Synthese der Synthesen, mit ihrer Seelenweite und ihrem freien Geist, ohne den Ballast wilder Fanatismen, könnte sie der Exponent eines wahrlich neuen Zeitalters der Menschheit sein.

Gegenwärtig durchschiffen wir einen mit Pflichten für alle reichlich angefüllten Geschichtsabschnitt. Darin sind Dinge wie das Caudillowesen unheilbar anachronistisch, und der Individualismus ist mehr als verpflichtet, höheren gemeinschaftlichen Anschauungen Platz zu machen.

Der Militarismus, wesenseigener Faktor der Rückständigkeit, muß durch ein Bewußtsein überwunden werden, das in der bewaffneten Institution ein für die Sicherheit und Stabilität der repräsentativen, verfassungsmäßigen und demokratischen Ordnung mitverantwortliches Organ sieht.

Unsere Nationen brauchen blütenreine und einwandfreie Mechanismen zur Bestimmung ihrer Anführer, und es muß ihnen die Möglichkeit offengehalten werden, sie zu wechseln und sie in einer normalen und gefaßten Atmosphäre des Friedens zu ersetzen. Auch die Arbeiterklasse muß sich, mittels ihrer gewerkschaftlichen

Verbände, ihrer bedeutsamen Rolle immer bewußter werden. Die politischen Parteien müssen sich ihrer Verantwortung als unentbehrliche Teile der Demokratie gewachsen zeigen, notwendig für das wichtige Zusammenspiel von Mehrheiten und Minderheiten, von Regierung und Opposition.

Die Vereinigungen des Kapitals müssen sich in eine genuine und schöpferische Gerechtigkeit einfügen, indem sie ihre Gewinne beschränken und sich auf eine Ebene von Recht und Billigkeit begeben, wo eine freiheitliche Ordnung, wenn es nötig ist, ihre Weiterentwicklung anregen kann. Sie sollten die Schirmherren einer Vereinbarung sein, die die sozialen Unterschiede wirklich abbaut. Wenn man ihnen ihre enorme Verpflichtung ins Gedächtnis ruft, wäre es angebracht, Bolívars Worte an Santander über die anmaßenden und engstirnigen Gegner der Sklavenbefreiung zu wiederholen: »Ich glaube, es wäre sehr nützlich, das Bewußtsein dieser durch ihr Eigeninteresse geblendeten Männer aufzuklären, deren wahres Interesse sie ernüchtern sollte. Ich glaube, man müßte sowohl den Führern wie auch den Magnaten schreiben, was sie wissen sollten und ihnen nahelegen, was sie vorgeben nicht zu wissen«.

Die Modernisierung unseres Amerika erweist sich als eine Vorbedingung für die bevorstehende Integration und Entwicklung. Es ist notwendig, die Strukturen gründlich zu überprüfen, die uns in über einem Jahrhundert der Verirrungen zu verschiedenen Formen des Neokolonialismus geführt haben. Lateinamerika fordert die Mitarbeit seiner gebildeten und gutwilligen Menschen, um das Eindringen jeglichen Imperialismus aus diesem Kontinent oder anderen Kontinenten, und unter welchem wirtschaftspolitischen Vorzeichen auch immer, einzudämmen. Den Universitäten obliegt es, neben ihren unverzichtbaren und unübertragbaren Aufgaben zu diesem Bewußtsein beizutragen, das die gesellschaftliche Veränderung im Sinne der großen Ziele Bolívars ermöglichen soll: Gerechtigkeit, Gleichheit, Freiheit, Einigkeit, Weiterentwicklung, Demokratie. Für den notwendigen Austausch ist es unerläßlich, die verschiedenen kulturellen Bereiche unseres Amerika zu beleben — in ihren mannigfachen Besonderheiten vorhanden und in der Folklore, die sie kennzeichnet. Die Doktrin der Integration Amerikas sollte bevorzugte und zwingende Verbreitung durch die Schule und den Massenmedien finden. Im Unterricht über die Vergangenheit unserer Völker müssen alle subjektiven Stellungnahmen entfernt werden, die zur Spaltung unserer notwendigen und unerläßlichen Einigkeit beitragen.

Die Völker Lateinamerikas benötigen dringend eine kritische geistige und moralische Aktion, die es ihnen ermöglicht, sich erfolgreich der höchsten Aufgabe ihrer Befreiung im Sinne Bolívars zu stellen, um damit nicht nur die Schlüsselmechanismen der gegenwärtig noch überlebenden Unterdrückungssysteme zu vernichten, sondern auch ein für allemal zu verhindern, daß neue Kolonialismen die Stelle der ausgemerzten einnehmen. Den Intellektuellen verschiedenster Gattungen (Essayisten, Dichtern, Romanciers, Dramaturgen, Musikern, Journalisten, Malern, Lehrern, Professoren, Studenten usw.) ist diese große Aufgabe gestellt.

Der revolutionäre Wandel, der Lateinamerika in unseren Tagen bevorsteht, ist ein Wandel, der sich um über 150 Jahre verspätet hat; die Gesamtrevolution, die als eine Ergänzung zum Bruch mit den politischen Bindungen der Abhängigkeit hätte erfolgen müssen, ist für mehr als anderthalb Jahrhunderte eingefroren worden. Die Entwicklung der Welt und die der amerikanischen Gesellschaft eigene Dynamik machen ihre Fortführung oder Inangriffnahme heute unaufschiebbar.

Von einem humanen und universellen Standpunkt aus gesehen, kann die Verewigung eines bestimmten Systems, das heißt seine Unveränderlichkeit, kein einleuchtender oder anreizender Zweck der Geschichte sein. So etwas liefe dem eigentlichen lebendigen Verlauf des gesellschaftlichen Daseins und der fließenden Abfolge der Geschichte, also dem Leben selbst, zuwider. Aber es wäre auch nicht richtig gehandelt, wenn man eine bedrückende oder unzulängliche Situation durch eine andere unbefriedigende oder abstoßende ersetzt, nur um den Reiz des Wechsels willen. Richtig wäre es, mit anhaltender Hartnäckigkeit eine Veränderung innerhalb der Freiheit und der Gerechtigkeit zu erreichen, Werte, die, und es ist gut, dies noch einmal zu betonen, nicht besudelt werden dürfen. Es müssen Tatkraft und Zusammenarbeit an den Tag gelegt werden, Einigkeit in der Bemühung und Klarheit in den neuen Zielen, die notwendigerweise höher sein müssen, nie niedriger oder auch nur gleichwertig, denn im Falle der letzten beiden Alternativen wäre es sinnvoller, die schon bekannte Situation beizubehalten, weil sie einerseits einfacher zu bestehen wäre und man sich andererseits die Kosten des Umbruchs ersparte. Die Veränderung ist ein geschichtliches, generationsmäßiges, chronologisches und sogar biologisches Gebot. Unvermeidlich und notwendig. Aber: welche Veränderung? Wie? Wo? Wann? Innerhalb der demokratischen Ordnung, die am besten geeignet ist, die Anstrengungen in Richtung auf das Streben des Menschen nach höheren Werten zu lenken, darf und muß man auf die Ziele hinschreiten, deren Definition wir seit Bolívar mit völliger und umfassender Gewißheit besitzen: eine neue, freie, gerechte, egalitäre, vereinigte, fortentwickelte Gesellschaft.

DEMOKRATISCHE GÜLTIGKEIT

Die Demokratie — »die politische Ausübung des Intellekts« wie Thomas Mann sie nannte — ist und bleibt die geeignetste Methode für die umfassende Verwirklichung der menschlichen Person. Im größten Teil unseres Amerikas ist die Demokratie im allgemeinen die große Unbekannte; nur indem wir Regime dieser Art stärken, verbessern und absichern, werden wir die ungeheuren Schwierigkeiten unserer Zeit überwinden und wirklich zu einer Aufwärtsentwicklung ansetzen. Bolívar sagte es 1829 unverhohlen und wir haben es in diesem Werk mehrfach wiederholt: »Wenn Amerika nicht umkehrt, wenn es sich nicht seiner Nichtigkeit und seines Unvermögens überzeugt, wenn es sich nicht zur Ordnung und zur Vernunft ruft, ist von der Konsolidierung ihrer Regierungen sehr wenig zu erwarten: und ein neuer Kolonialismus wird unser Erbe an die Nachwelt sein«. Später bestätigt er: »Die Nachwelt hat noch nie ein solch grauenvolles Bild gesehen wie das, welches Amerika mehr für die Zukunft als für die Gegenwart bietet«. »Das Schlimmste von allem ist« — schrieb er 1827 —, »daß mein Irrtum sich schon darauf versteift, wir wären nicht dazu fähig, Republiken aufrechtzuerhalten, und noch schlimmer, keine verfassungsmäßigen Regierungen. Die Geschichte wird es erweisen«.

In bezug auf Lateinamerika wird die Demokratie jetzt einer irrgeleiteten und tendenziösen Infragestellung unterzogen. Ihrer Herabwürdigung hat sich eine bunte Palette gescheiterter Führer gewidmet, die Gelüste hegen, auf krummen Wegen aufzusteigen, von denen sie annehmen, sie könnten für sie vorteilhafter sein, um sie dann als Neuerung zu bezeichnen — wobei es sich im Grunde nur um die ausgetrampelten Pfade abgegriffener Autokratien in der Maske der jeweiligen Umstände handelt —. Die gerade und offene Antwort darf nicht auf sich warten lassen. Im Gegensatz zu dem, was man dort verbreitet, könnte uns eine ehrliche Ergründung der Geschichte, die Vergangenheit und Gegenwart zugleich ist — bevor wir für einen Toten, der keiner ist, ein Requiem anstimmen —, dazu bringen, uns auf eine ernsthafte und ausdauernde Bemühung zum Aufbau und zur Vervollkommnung jenes Systems zu verpflichten, das die legitimsten und ureigensten Sehnsüchte des amerikanischen Menschen verkörpert.

Die Demokratie — darauf müssen wir beharren — ist die Regierungsform des Volkes, der Freiheit, der Chancengleichheit für alle, der Wandlungsfähigkeit, des Gesetzes und der Gerechtigkeit. Sie stammt aus Griechenland, wo sie als vortreffliches Werk der Intelligenz ersonnen wurde. War das Römische Recht das geschriebene Recht, so war die politische Theorie der Griechen — in deren Rahmen die Demokratie geschaffen wurde — das Recht in seiner bürgernahen Anwendungsform. Heute wird ihr einstimmig vom entscheidenden Anteil der Menschheit, von fast der Gesamtheit aller Nationen, Anerkennung gezollt durch die universelle Erklärung der Menschenrechte, worin die allerhöchsten Werte dieser vorzüglichen Regierungsform hervorgehoben werden.

Zweifelsohne setzt die Demokratie ein anspruchsvolles Bemühen voraus. Sie ist die höhere Instanz im Vergleich zu den anderen Regierungsformen. Sie verlangt allen das Opfer der Hingabe ab, der unablässigen Wachsamkeit, der größten Redlichkeit und Loyalität. Sie entlohnt mit Rechten und Sicherheiten, sie fordert Pflichten. Es wäre jedoch derjenige übertrieben engstirnig, der behaupten wollte, die Demokratie beschränke sich auf Wahlvorgänge und auf die Formalitäten des Stimmrechts. Die Demokratie ist ein Inhalt, nicht eine magische Formel, und ihre Wirksamkeit ist der zuverlässigste Nachweis ihrer Rechtfertigung. Die Demokratie ist eine Methode — die noch keinen annehmbaren Ersatz gefunden hat — um sich der sozialen und wirtschaftlichen Gebote einer Übergangszeit wie der gegenwärtigen anzunehmen; sie ist auch eine, nicht hoch genug zu bewertende Art und Weise des gesellschaftlichen und politischen Zusammenlebens. Wir unterstreichen noch einmal, daß das Ziel des demokratischen Systems in diesen entscheidenden Jahrzehnten nicht lediglich die Ausübung der Volkssouveränität sein kann, oder die Sicherung der Freiheiten, sondern die Verwirklichung der Gerechtigkeit und der Gleichheit, dies alles innerhalb der modernen Strukturen, die nicht unbedingt im Widerspruch zur Demokratie stehen müssen, da man im Gegenteil, innerhalb der von ihr begünstigten Freiheit am besten deren angemessene Formulierung und deren Anwendung erreicht. Die demokratische ist die einzige Regierungsform, die ihren wesenseigenen Vorzügen noch einen hinzufügt, nämlich den normalen Vorgang der Schaffung und des Einsatzes von Mitteln zu ihrer eigenen Korrektur.

Der Bolivarismus dieser dem XXI. Jahrhundert so nahen Jahre kann nicht die wörtliche Reproduktion der vom Befreier vor über anderthalb Jahrhunderten verbreiteten Auffassungen sein. Bolívar hat keine Religion begründet. Er hat keine unveränderlichen Dienstvorschriften oder Dogmen geschrieben, die mit unbeugsamer Devotion oder kurzsichtigem Fanatismus dem Buchstaben getreu befolgt werden sollten. Nicht umsonst wechseln die Zeiten. Die Verfahren, um jene bejahenden Ziele zu erreichen, revolutionäre Ziele eines im Kern Revolutionären — Architekt und Arbeiter zugleich an der Veränderung unserer wichtigsten Grundlagen — sind in das freiheitlichste Ermessen eines jeden Volkes gestellt, die Formeln der jeweiligen Zeitläufe, die Mittel den jeweiligen Möglichkeiten anheimgestellt. Der wesentliche Gehalt jener Ideologie, immer im Dienste der Unabhängigkeit der amerikanischen Völker und ihrer Einigkeit, ist weiter gültig. Laßt uns seine Vorstellung von Solidarität in die Tat umsetzen, indem wir sie interpretieren und sie der harten, aber faszinierenden Zeit anpassen, in der wir zu leben haben.

Keinen Zweifel gibt es darüber, wie unsere Lage heute wäre, wenn diese verflossenen anderthalb Jahrhunderte seit der unsterblichen Befreiungsfeldzüge richtig genutzt worden wären. In welcher Position des Glücks befände sich heute unter den Mächten »jener Koloß, dessen Ausdehnung« — wie Bolívar sagte — »sich die Einbildungskraft nicht ohne Staunen vorstellen kann (und der), ähnlich wie Jupiter und Homer, die Welt mit einem Blick erzittern lassen wird?« »Wer wird einem im Herzen vereinten, einem einzigen Gesetz unterworfenen und von der Fackel der Freiheit geleiteten Amerika widerstehen können?«. »Dieser Koloß an Macht (es ist seine Wiederholung des Vergleiches mit dem Riesenhaften) kann sich nur bilden aus dem Zusammenschluß des ganzen südlichen Amerika, unter einer einzigen nationalen Körperschaft, damit nur eine einzige zentrale Regierung ihr großes Potential für einen einzigen Zweck einsetzen kann, — nämlich um damit allen Versuchen von außen zu widerstehen, während im Innern die vervielfachte Zusammenarbeit aller uns auf die höchsten Gipfel der Macht und des Reichtums erheben würde«. So begreift Bolívar dieses Amerika, dessen Revolution — seiner Meinung nach — nichts weniger ist als »Hoffnung des Universums«. Von diesem überragenden Blickwinkel aus sieht Bolívar den Chimborazo — Bergzinne seines ruhmreichen Kolumbiens — als »die Leiter der Titanen, die Krone der Erde, die uneinnehmbare Festung des neuen Universums«.

DIE ZEICHEN DER ZUKUNFT

Unser Amerika hat eine bereits festgelegte Ausrichtung und eine wichtige Rolle in der heutigen Welt, Verpflichtungen unbedingter Präsenz und Treue zu seinem Schicksal. Dies ist um so zwingender, als auch andere Kontinente darum ringen, ihre Einwohner in den erhabenen Zustand wirklicher Menschen zu heben, auch andere Völker sich darum bemühen, die Ungerechtigkeit auszumerzen und dafür die Freiheit einzupflanzen, die Demokratie zu befestigen, die Einigkeit zu fördern, die kulturelle Kreativität anzuregen. Für die Verantwortung, die uns die Geschichte auferlegt, haben wir das Beispiel und die uns von Bolívar hinterlassenen Worte; in seinem erleuchteten und freimütigen Wort liegt der Weg, dem wir folgen müssen. In seinen Texten, er selbst hat es gut ausgedrückt, ist seine »auf Papier gemalte Seele«, und genau sie ist es, die wir vom gedruckten Buchstaben in Aktion umsetzen müssen, von ihr geführt.

Die zu kritisierenden oder anfechtbaren Handlungen Bolívars finden ihre Erklärung im Kontext der außergewöhnlichen Begleitumstände. Er hatte Mängel, Fehler und Grenzen — wie es menschlich ist — und wie es außerdem das relative Scheitern seiner Bestrebungen beweist. Aber das Wichtigste ist, daß er nie mit vorsätzlichem Willen Fehler machte. »Mein Gewissen« — sagte er — »hat nie an einem freiwilligen Fehler oder an einer Bosheit teilgehabt, auch wenn ich andererseits vielleicht schlecht oder ungeschickt gehandelt habe. Mein Herz verleiht mir die Überzeugung meiner Unschuld, und dieses Zeugnis ist für mich das echteste, möge dies auch wie ein stolzer Wahn scheinen«.

Seine Führerqualität ist durch die Geschichte voll verbürgt. Für die Zukunft haben seine Ratschläge Vorrang, unser Amerika wird unüberwindbar sein, wenn seine Energien sich nicht zerstreuen und seine Kräfte sich nicht neutralisieren, wenn es für sein tägliches Handeln die Lehre des unermüdlichen und großherzigen Führers benutzt, der sich für es hingab.

Der Befreier predigt weder Haß noch Zerstörung, weder Blut noch Tod. Für ihn soll der Krieg nur gegen jene geführt werden, gegen die er zurecht geführt wird, gegen die Tyrannen. »Nur aus den heiligen Beweggründen der Gerechtigkeit, der Freiheit und der Unabhängigkeit ist es edel, das Opfer des Krieges zu bringen«. Er war kein Anhänger der rasenden und totalen Gewalt. Er machte von der Gewalt nur soviel Gebrauch, wie es die Sache der Revolution verlangte. Er mahnt uns: die wahllose oder plump eingesetzte Gewalt zerstört unausgereifte Gesellschaften wie die unsere. Er lehrt uns sehr wohl, wie wir oben in Erinnerung riefen, daß hier die »Verschiedenheit des Ursprungs einen unendlich beständigen Pulsschlag, ein unendlich feines Taktgefühl erfordert, um diese unterschiedliche Gesellschaft zu führen, deren komplizierte Mechanik sich bei der kleinsten Veränderung verschiebt, teilt und auflöst«.

Die Größe und der Wahrheitsgehalt Bolívars beruhen auf seiner Eigenschaft als Interpret und Diener dieser unserer Welt. Bolívar ist das Sinnbild dieses Amerika, seine Stimme und sein Glanz. Er spricht für die Generationen, die ihr Dasein für die Freiheit hingegeben haben, für die Helden, die im Kampf um die Gerechtigkeit nicht gewankt haben, für alle die Menschen, die ihrem Glauben treu blieben. Zu Bolívar gelangen die Ströme der Vergangenheit und in ihm werden sie angestaut, um sich in die ungeheure Kraftquelle zu verwandeln, die der Motor für die Zukunft sein soll. Keiner von denen, die für Amerika gearbeitet und gekämpft haben, befindet sich außerhalb seines Seins. Er steht für die Symbole des eingeborenen und afrikanischen Widerstandes und des ureigenen hispanischen Stolzes gegenüber unterdrückendem Feudalismus und Absolutismus; in ihm finden sich seine Vorläufer wieder, die die von ihm vollendete Aufgabe vorwegnehmen; in ihm sind alle Befreier, die Baumeister unserer Hemisphäre, die Schmiede seiner Größe, die Urheber des Heute und des Morgen. Es sind alles Mitbürger eines gemeinsamen Vaterlandes, solidarisch durch die Verknüpfungen, die ein inniges Verwandtschaftsverhältnis unter ihnen begründet; es sind alles Freunde — innerhalb seines Begriffes, der »die Freundschaft als das einzige angemessene Band zwischen Brüdern der Waffen, der Aufgaben und der Meinungen sieht«. Auf Amerika gemünzt, versichert der Befreier: »Ich habe die Früchte aller Dienste meiner Mitbürger, meiner Verwandten und Freunde gesammelt. Ich habe sie gegenüber der Menschheit vertreten; und ich werde sie gegenüber der Nachwelt vertreten«.

»Deine Zukunft, Bolívar, sind die Zeiten« — singt der Dichter. Er antwortet: »Nichts ist getan, solange noch etwas zu tun übrig bleibt«. In Erwartung der Völker und Führer weht sein begeisterndes Banner: das der Souveränität und der Unabhängigkeit, nicht für eine autarke Isolierung und nicht für den erbärmlichen Austausch eines Imperialismus gegen einen anderen, sondern für die notwendige Behauptung, ohne Hegemonien, in der Absicht, die aktive und gegenseitig nutzbringende Bruderschaft voranzutreiben. Das der Einigkeit, nicht um anzugreifen, oder um zu trennen; der Einigkeit für den Frieden und für die Weiterentwicklung. Das der Demokratie, nicht zur Betrachtung theoretischer Vortrefflichkeiten oder zu gehaltloser Entfaltung fauler Formalismen, sondern für die tatsächliche Ausübung freier und hochstehender Politik. Das des Fortschrittes, nicht für egoistische Grübelei oder Vergnügung, sondern um die Werke des Ehrgeizes und der Plackerei auszutauschen und miteinander zu teilen. Das der Gleichheit, nicht um geheime Enttäuschungen zu rächen oder um verborgene Minderwertigkeitsgefühle zu kompensieren, sondern um die am Rande der Gesellschaft Lebenden mit Würde auszustatten und unannehmbare Ungerechtigkeiten zu korrigieren, die nicht länger ertragen werden können und dürfen.

Simón Bolívar ist der wahre Exponent des amerikanischen Menschen. Produkt einer intensiven und vielfältigen Bluts- und Kulturvermischung des Schmelztiegels unseres Amerika: Er ist der lebende Kern der kraftvollsten und umfassendsten historischen Bestrebung, die in diesem Teil der Erde entstanden ist. Angeregt durch das Fluidum seines unbestreitbaren Ruhms müssen wir uns moralisch, politisch und geographisch so betrachten, wie er es wollte, »wir befinden uns im Zentrum des Universums und in Verbindung mit allen Nationen; wer sonst kann das von sich sagen?«.